法 学 译 丛

正义法的理论

〔德〕施塔姆勒 著
夏彦才 译

2012年·北京

Rudolf Stammler
THE THEORY OF JUSTICE
根据纽约麦克米兰公司 1925 年版译出。

《法学译丛》编委会

主编　徐显明

编委　（按姓氏笔画排列）

　　　方流芳　王利明　孙宪忠　米　健　许传玺
　　　许章润　吴志攀　宋英辉　张千帆　张文显
　　　张明楷　郑永流　姜明安　袁曙宏　黄　进

《法学译丛》出版理念

戊戌变法以来,中国的法治化进程伴随着频繁的政治更迭和意识形态之争,终于走完了命运多舛的百年。21世纪的中国把依法治国,建设社会主义法治国家作为根本的治国方略,对于法学界来说,历史已经进入了前所未有的大好时期。然而利益价值多元且求和谐的世界中,中国法治社会的建设能否立足于本土资源而又有效地回应域外的种种经验与教训?这是法律学人以全球为视界所首先要思考的问题。

一方面,世界上从来没有一种整齐划一的法治模式,各国地域性知识和经验的差异性构成了法学资源的多样性。中华民族具有悠久的历史和丰厚的人文资源,因此,我们有充足的理由首先立足于中华民族的生活世界,既要对中国的传统怀着真切的关怀,又要对中国的现实和未来满怀真诚的信任,既要有入乎其内的悲天悯人,又要有出乎其外的超然冷静,让思想听命于存在的声音而为存在寻求智慧,以将存在的真理形成语言,"为天地立心,为生民立命,为往圣继绝学,为万世开太平。"

但是另一方面,世界各国法治的多样性是以某种一致性的共识为文化表现的,否则就失去了学术交往的意义。由于初始条件的不同,人类自身智识的局限性和客观环境的复杂性等因素决定了法治进程必然是一个长期的、不断试错的过程。西方国家的法治经历了漫长的演化过程,在此期间,许多制度理念和制度模式经历的试错和检验,能够保留下来的法学思想资源具有可资借鉴的合理性和科学性。他们所经历的种种曲折,可以作为我们的前车之鉴。同时全球化的步伐日益加快,整个世界已经到了几乎是牵一发而动全身的境地,任何国家,任何民族,再也不能固执于自身的理念,盲目地摸索前行。我们确信，只有用人类创造的全部有益知识财富来丰富我们的头脑，才能够建成现代化的社会主义法治社会。因此法学基础理论的译介和传播，对于转型期的中国法治建设具有基础性的理论价值。

商务印书馆素有重视法学译介、传播人文精神的传统。据不完全统计，民国时期，商务印行了全国60％左右的法律译作和著作，汇聚了150多位杰出的法律专家的优秀成果，留洋法学博士和法学教授的成名之作以及法律名著译介几乎都出自商务。这些译作和著作至今仍然有强大的学术生命力，许多作品仍然为学术界频繁引用。可以说，在半个世纪以前，商务印书馆一直是中国了解西方法学思想的窗口，是中国法学思想和现代人文精神的摇篮和重要的基地。

改革开放以后，商务印书馆秉承引进新知，开启民智的传统，翻译出版了许多经过时间检验，具有定评的西方经典法学著作，得到了学术界的好评。然而也留下了一些遗憾。许多思想活力并不亚于经典著作，对法治建设的影响甚至超过了经典著作的作品，因为不具有经典性而没有译介。故此，我们组织翻译这套《法学译丛》，希望将那些具有极大的思想影响力和活力的著作译介过来，以期为促进中国法学基础理论建设略尽微力。

曹丕云："盖文章，经国之大业，不朽之盛事。年寿有时而尽，荣乐止乎其身，二者必至之常期，未若文章之无穷。是以，古之作者，寄身于翰墨，见意于篇籍，不假良史之名，不托飞驰之势，而声名自传于后。"尽管这套丛书不以"名著"命名，但是在选题和组织评介方面，我们一定会以对待名著的态度和标准而虔诚持之。学术成于新知，学理臻于共识，文化存于比较，哲思在于超越。中国法学正在鉴人知己中渐达成熟，组织好本译丛的工作，当是法学界共举之事。

徐显明

2004年12月

目　　录

英译本序言 …………………………………………………………… 1

导论　正义法的问题

第一节　法学的两个类型 ………………………………………… 3
第二节　理论法学 ………………………………………………… 8

第一部分　正义法的概念

第一章　正义法与实在法 ……………………………… 15
第一节　法的正义概念 …………………………………… 15
第二节　法作为实施正义的尝试 ………………………… 18
第三节　极端的公正即不公正 …………………………… 21
第四节　正义法的统一体 ………………………………… 23
第五节　不受移调的特权 ………………………………… 27

第二章　正义法与伦理理论 …………………………… 32
第一节　法律性与道德性 ………………………………… 32
第二节　质料的相同和目的的不同 ……………………… 34
第三节　正义法作为一个独立的问题 …………………… 42
第四节　伦理理论是一个独立的问题 …………………… 45
第五节　共同进步中的融合 ……………………………… 49

第三章　正义法与自然法 ……………………………… 54
第一节　自然法与法的性质 ……………………………… 54
第二节　作为自然法渊源的理性 ………………………… 57

第三节　自然法的效力 …………………………………… 60
　第四节　法哲学的三个问题 ……………………………… 63
　第五节　法的普遍标准 …………………………………… 66
第四章　正义法与宽宥 ………………………………………… 70
　第一节　法律中的宽宥 …………………………………… 70
　第二节　实在法不确定性中的宽宥 ……………………… 72
　第三节　作为实在法矫正措施的宽宥 …………………… 73
　第四节　固有法 …………………………………………… 78
　第五节　宽恕高于正义 …………………………………… 81
第五章　正义法与法的非批判性分析观 ……………………… 84
　第一节　自然正当感 ……………………………………… 84
　第二节　民族精神中的正当感 …………………………… 86
　第三节　法律社群中流行的观念 ………………………… 88
　第四节　阶级道德感 ……………………………………… 89
　第五节　司法裁量 ………………………………………… 92

第二部分　正义法的方法

第一章　正义法的理念 ………………………………………… 99
　第一节　法律内容的要素 ………………………………… 99
　第二节　目的法 …………………………………………… 102
　第三节　自由与平等 ……………………………………… 108
　第四节　福利与幸福 ……………………………………… 110
　第五节　社会理想 ………………………………………… 113
第二章　正义法的原则 ………………………………………… 116
　第一节　齐整性与原则 …………………………………… 116
　第二节　诸原则的推导 …………………………………… 117
　第三节　尊重的原则 ……………………………………… 119
　第四节　参与的原则 ……………………………………… 121
　第五节　诸原则的意义 …………………………………… 122

第三章　正义法的质料 ……………………………………… 125
第一节　质料与形式 ………………………………………… 125
第二节　历史中的法 ………………………………………… 126
第三节　所谓的生活关系 …………………………………… 131
第四节　风俗与习惯 ………………………………………… 134
第五节　社会经济学 ………………………………………… 136

第四章　正义法的手段 ……………………………………… 139
第一节　经济统一和自由贡献 ……………………………… 139
第二节　正义与宽松 ………………………………………… 142
第三节　实际法和形式法 …………………………………… 148
第四节　明显的非正义法 …………………………………… 151
第五节　法律空隙 …………………………………………… 152

第五章　正义法的模型 ……………………………………… 156
第一节　技术模型和实践模型 ……………………………… 156
第二节　特别社群 …………………………………………… 159
第三节　谁是我的邻居？ …………………………………… 161
第四节　履行的种类 ………………………………………… 164
第五节　特殊问题的凌驾 …………………………………… 168

第三部分　正义法的实践

前言 …………………………………………………………… 175
第一章　法律关系的正当实现 ……………………………… 178
第一节　专有权的行使 ……………………………………… 178
第二节　诚信履行 …………………………………………… 186
第三节　避免家庭权的滥用 ………………………………… 203
第四节　可行性 ……………………………………………… 207
第五节　公平裁决 …………………………………………… 209

第二章　合同自由的限制 …………………………………… 218
第一节　其所使用的语言即为法律 ………………………… 218

4 目录

    第二节   违反法律禁止的行为 ……………………………………… 225

    第三节   违反"善良风俗"的行为 …………………………………… 230

    第四节   不可接受的积极行为（不法行为） ……………………… 237

    第五节   不可接受的消极行为（不作为） ………………………… 244

第三章   正义法的义务 …………………………………………………… 251

    第一节   合乎道义的捐赠 …………………………………………… 251

    第二节   适宜性考虑 ………………………………………………… 260

    第三节   出于公平的赔偿 …………………………………………… 263

    第四节   违反善良风俗的故意侵害 ………………………………… 266

    第五节   违反"善良风俗"的履行的领受 ………………………… 275

第四章   正义行为的认定 ………………………………………………… 279

    第一节   法律行为的解释 …………………………………………… 279

    第二节   "真实"意图 ……………………………………………… 283

    第三节   对案件的"合理"评价 …………………………………… 290

    第四节   "善意"解释 ……………………………………………… 293

    第五节   协议旨在达成的要点 ……………………………………… 306

第五章   法律关系的正当终止 …………………………………………… 309

    第一节   专有权的否定 ……………………………………………… 309

    第二节   "正当"理由 ……………………………………………… 313

    第三节   基于参与原则的"正当"理由 …………………………… 319

    第四节   婚姻的恶意破坏 …………………………………………… 321

    第五节   对于违背"诚信原则"结果的防止 ……………………… 325

    第六节   基于客观判断的终止 ……………………………………… 329

结语   正义法的使命

结语   正义法的使命 ……………………………………………………… 335

    第一节   社会关系体系 ……………………………………………… 335

    第二节   社会发展理论 ……………………………………………… 338

第三节　正识……………………………………………… 344

附录一　R.施塔姆勒的批判体系……………………………… 349
附录二　施塔姆勒及其批评者………………………………… 392
索引……………………………………………………………… 420

英译本序言

法哲学是一个含义不确定的术语。对于奥斯丁（Austin）来说，它意味着对法律规则和原则细节中所含的更一般概念的分析。它处理法的质料的方法像语法学家分析语言的方法一样。这是一种根据被考察的质料所显示的以及其中所暗含的特定范畴进行分类的方法。分析的目的是更好地理解细节，而这些细节被看成是构成一个整体的各个部分，是更轻易地把握源于某种更具涵盖力的公式的多面规则，以及通过作为一个整体的主题所揭示的宽泛原则的关联而纠正具体情形中的错误的能力。因而，单数名词加上"s"构成其复数形式这样一个语法规则用寥寥数语就表述了人们在相反情况下不得不在每一个单独情形中所要了解的东西。但要想使这样一个规则成为可能，就有必要将语言的质料——词汇——按其词类范畴进行分类，而每一种词类要按其数、性、格等方面的属性予以进一步的分析。分析法学，即奥斯丁、霍兰（Holland）和阐述该主题的大多数英国著者的那种法学，将同样的方法适用于法的质料，即适用于人们的社会经济关系，而其目的也一样。损害赔偿诉讼是一种确定占有权的诉讼——这是一个包含任何数量的具体情景的公式。但为了表述这一公式，必须先进行大量的分类和分析。人与物之间的关系必须予以分析，以使所有权和占有的范畴有意义。同样地，诉讼以及各种类型诉讼的概念是分析的结果，最终追溯到法的基本要素，即权利与义务及其违犯的结果。

这种对分析法学性质的简述表明，它的方法是后验的（a posteriori）。它完全建立在实在法所提供的材料的基础上，对于这种材料，它进而根据其主题所暗示的分类原则以及人们将对它所作的运用进行安排和分类。法的定义本身是建立在实在法的某种比较基础上的，如它存在于制定法和裁决中的情形那样，连同法这个字眼所适用于其中的其他人类思维和行为部门如物理自然法则、伦理法则、道德法则、荣誉法则、礼仪法则、游戏规则等等。

分析法学从不超越实在法。它是对实在法的揭示,但不是批判性或评判性揭示。它可使人们纠正某个具体法律规则中的错误,或者纠正某个具体案件裁决中的错误。批评将限于实在法的体系以内。批评的大意是,相关规则或裁决与某种其他更具综合性的源于整体体系的规则或原则不符。但分析法学中不存在任何对于实在法的实际批评,或者对其根本原则的批评。分析法学不对法的基本原则作出评价。实在法事实上承认各种权利与义务,并用某种方法保护和实施它们。它的权威源于国家主权,因而没有国家就没有法律。分析法学家要做的是对那种使主权者实际乐于向其臣民或公民发号施令的东西进行系统而科学的揭示。就其中的对与错、正义与非正义进行讨论不是他的事。因为作为一个法学家,他只知道法律上的对与错,法律上的正义与非正义。因而,对与正义、错与非正义分别意味着对法的遵从和对法的违反。法自身无所谓依法或违法,因而法自身既不是正义的也不是非正义的,也无关对与错。

这就因此意味着,分析法学研究主要对学生、律师和法官有价值。对于立法者和政治家来说,它只是在这种意义上具有次要价值:它可使他以某种更精确的方式形成他的立法。但它不具任何实质性的对他富有教益的东西。理想的立法者——而如果我们将他视为代表人民声音,人民的理想声音的人——所需知识不止于某种可欲法制定上的形式上的准确性。他想要的是所议尺度的可欲性和正义性方面的启蒙。分析法学在这方面是无能为力的。而不仅立法者,就连法官也并非总能在具体案件中依据技术性法律规则进行裁断。他可能不得不在就技术层面而言具有同等可适用性的两个规则之间作出选择。或者说根本就不存在任何可适用于手头具体问题的规则。或者说法律自身可能要求法官按照理性和正义断案。分析法学无关理性和正义,它只涉及实在法。一个显而易见的解决方法是将所有法律正义的问题归类于伦理领域。而人们给这个思维部门冠以何种名称是无关紧要的,显示于其在法律关系中的独特可适用性的一组问题必须由法学家和立法者进行研究。而且不宁唯是,还有一组属于伦理学的特殊问题,即意志的完善和个性的形成的问题,而在法律上我们关心的是对于人们相互关系中行为的外在调整。

作为一名法哲学家,施塔姆勒不关心分析法学。他预设了这一点。他将法哲学界定为关于具有普遍效力的法律命题的理论。① 普遍有效的概念是施塔姆勒不停重复的一个概念。而任何对于实在法的研究,无论它们多么广泛和深入,都无法产生普遍有效的命题。因此普遍有效的命题必须用另一种方式获得。它们是关于法(about law)的命题,而不是法的(of law)命题。它们必须普遍有效,即是说,它们必须适用于所有可能的法,过去的、现在的和未来的法。它们首先是一些暗含于所有的法律之中的命题,而且缺了它们,任何法律在逻辑上都是不可能的。它们是不可或缺的思维方式,如果我们想思考法律这样一种东西的话。施塔姆勒将获得这些命题方法说成是对于我们心灵内容的批判性思考(kritische Selbstbesinnung)。这不是很清楚的说法。而施氏的这个说法,即这种批判性醒悟预设了一种法的知识(这种知识越全面越好),它不是一个先验的过程,而且不源于某种想象的神秘来源——这个说法并不让人听起来更明白。没有疑问的是,施氏用康德的方式(施氏是一个新康德主义者)强调意识,强调我们的思维和感知方式。

而如果我们将我们感知现实的模式作一番批判性分析的话,我们会发现我们不多不少有两种这样的模式。我们将自然现象感知为由因果律连接在一起的系列事件。原因决定结果,而结果在时间上跟随原因。这是一种普遍有效的思维模式,这种思维模式决定每一种可能的自然事件,否则它就不是一种自然事件,因而我们不能拿它当自然事件对待。我们还发现另一种感知某些其他现实领域的模式,即手段与目的关系领域。作为其后实现的目的决定将要选择的手段。手段是一种可选择的原因。意志属于这种次类范畴,因而不是被界定为某种力量,而是被界定为某种安排和统一我们精神内容的模式。

法是意志。它是根据手段与目的关系安排人类行为的模式。立法者不像自然科学家描述自然现象那样描述某些行为前后相继的自然过程。他确定的是,哪些行为将作为哪些目的的手段而发生。当法律规定违约将导致损害赔

---

① 《法哲学杂志》(*Zeitschrift für Rechtsphilosophie*),I,4.

偿时,它选择了制裁作为达到防止违约或给受害方造成损失的目的的手段。

如果我们对意志进行分析,我们会发现存在着各种各样的意志。一个个体可选择实现某种具体目的的特定手段。这是个体的或孤立的意志。法不属于这种情形。它是一种人与人之间的拘束意志。它用一个个体的行为作为促进他人目的的手段,反之亦然。但并不是所有有拘束力的意志都属同一类型。其行为可能被因此用于实现其他个体目的的手段的个体可以保留其拒受如此对待的特权,并走出该体系;或者该体系可以是这样一种类型,在这种体系中,除了该体系所乐于准允的事项外,个体没有任何选择。法显然属于第二种类型。它们受习惯规则支配。最后,我们可以设想一种意志模式,有拘束力和主权性,但却具有任意性。此即,意志的创造者随心所欲地改变意志,因此任何人都无从知道某种特定的决定将持续多久,或者无从知道它究竟是否会存续。这不是法。法,只要是法,就是不可违反的("unverletzbar")。法可以被废除,但不得任意违犯。这些是法的基本要素,而作为一个整体,它们构成法的概念。它们是普遍有效的思维模式,而缺了它们,法在逻辑上是不可能的。

将施塔姆勒给法所下的定义与霍兰所下的定义进行比较是有趣的。霍兰将法界定为"一种由一个主权性政治权威所实施的调整人的外在行为的一般规则"。"一般"一词所暗示的无疑不仅仅是它不被导向一个单一的个体,而是被导向一个类型,或者一个作为某类型的成员的个体,而且它还不在某种给定的具体场合作出具体事项上发出指令,而是就某类行为发出一种一般指令。该词也意味着,该指令将持续有效,直到它被适当废除。因此"一般"一词意味着施塔姆勒的第四要素:"不可违反"。如果法是"一种行为规则",它当然事关手段与目的,而无关原因与结果。不过霍兰并没有作出如此具体区分,而施塔姆勒则就意志于何处区别于观察作出了仔细而严格的界说。按霍兰的说法,法必须"由某种主权性政治权威所实施"。这就意味着,没有国家就没有法,而国家先于法而存在。在这一点上施塔姆勒就不同意霍兰了。在施氏的定义中,没有任何关于国家的说法,而事实上,施塔姆勒的观点是,法先于国家而存在,国家是法的产物。社会一存在,外在调整的行为规则就存在——这就是社会的含义——而如果关于这种事项的意愿不被看重,我们就有了施塔姆勒意义上的法，无论严格意义上的国家是否存在。

　　这种区别是有其意义的。它使人们无需走出法的领地而讨论某种法的正义与非正义成为可能。法不再是创制它的某个主权体的命令。实际上按照施塔姆勒的说法，具体意义上的法的实际起源是一个历史学或心理学的问题，而哲学并不关心这个问题。哲学上的概念旨在给出相关事物的基本要素，而起源问题不是基本问题，就像法究竟是成文的还是不成文的问题不是基本问题一样。诚然，批评家可以说这完全是一场口水战。他可能说，法是什么是一个定义的问题。而法的某种特定属性究竟是否具有普遍效力同样是一个界定的问题。施塔姆勒所给的四个特征的确具有普遍效力，因为施氏将拒绝给予任何不能满足这些要求的东西以法的名号。他将拒不给予霍兰的定义以普遍有效性，理由是法无需局限于国家；它可以存在于一个非政治社会之中。而对于霍兰来说，相关特征是普遍有效的，因为他拒不承认不是某种主权性政治权威的命令的行为规则为法。在他们之间我们何去何从？而且这有多大区别吗？法的正义性究竟是一个法律问题还是一个伦理问题也是一个语词与定义的问题。我承认我倾向于赞同这样的批评家的看法，而丝毫不减我对施塔姆勒逻辑方法上的严谨性的倾慕。

　　但是，尽管在两个同样看似合理的定义之间作出选择似乎具有任意性，但我们应优先选择给出更佳结果的定义以优先。而这里人们可能说，像我们稍后将明白的那样，施塔姆勒成功地从他的定义中演绎出了大量的完全处于霍兰计划以外的东西。这将意味着用某种实用主义的测试检验一个非实用主义的哲学家。施塔姆勒会排斥这种测试的。

　　在他的全部分析中，施塔姆勒再三强调法哲学必须处理法律思维的纯粹形式，即处理不包含任何具体法律质料的概念。因而婚姻、财产、代理等概念不是实际法哲学的概念，因为它们不能适用于所有的法，并且包含着形式以外的质料；而法的定义中的四要素满足了这些要求，因为它们表达了一个人所必须拥有的那种思维形式，如果他想思考任何法律性的东西的话。

　　施塔姆勒用这样一个事实证明了该定义的完整性，这个事实是，在推出这个定义时，他并不从法律命题开始，并胡乱地试图列举可适用于它们的特征，而他的方法是分析思维模式的可能性，务使毫无遗漏。

确定了法的概念以后，他进而推演出他称之为法的范畴的东西，某种位于定义和具体法律制度和规则之间的中间概念。不过，这些范畴同样是纯形式的概念，即暗含于所有法律事项之中并从逻辑上决定它们的思维模式。它们既普遍有效又不包含任何具体的东西。诚然它们得到了完全的列举，他是从表述于定义之中的法的四个特征，即意志性、整体拘束性、主权性和不可违犯性中推出它们的。

既然法是一种意志模式，而意志象征着运用手段以实现目的，法实际上必须在所有情况下将某些人或事或行为本身确定为目的，而将其他人或事或行为确定为纯粹手段。因此有了"法律主体"和"法律客体"的概念。同样他从该定义的其他三要素顺序推出了如下几组范畴："法律理由"和"法律关系"，"法律至上性"和"法律屈从"，"守法"和"违法"。

没有必要探讨施塔姆勒的逻辑细节并重述他这些范畴的推演方式。认清它们也是暗含于所有对于任何法律事项的思考之中的纯粹形式这一点就够了。有兴趣的读者将在施塔姆勒系统性专著《法学理论》中找到其全部所需和更多的东西。有"简单的法概念"、"复合的法概念"、"与时间相关的法概念"、"逻辑关系中的法概念"。他所作的处理极端抽象，而易于让读者头晕目眩。

第二个问题更有意思。按照施塔姆勒的说法，法哲学关心这个问题。我们现在已知什么是法，我们想知道什么是正义。因为显然，法之为法不一定是正义的。关于正义，我们的定义中什么也没说。如我们所知，法是一种将社会中人类目的联合起来的意志模式。但它将这些目的联合起来的方式是否正义则仍是一个待决的问题。同样显然，如果法是一种像日食一样的自然事件并被当作自然事件对待，即如同受因果律支配，那么像后一个问题这样的问题将毫无意义。自然科学家从不追问一次日食是否正确或正义。当他已发现日食的规律，即一次日食事件所涉的因果关系时，他的研究即告完成。而法的生成是否如同日食一样受到必然的决定则是一个难以断定的事情。除非一个人是唯物主义者，否则他会承认，目的、理念和动机在法的形成上具有决定性影响。而我们在将法当作某种意志形式处理，而意志意味着某种用以实现某种目的的手段的选择。这里,目的的正当性问题不仅是相关的,而且是唯一的科学处理手段与目的关系的模式。因为如果我们将手段视为原因而将目的视为结果,我们就将我们的阵地从目的领域转移到了自然领域。

而如果我们思考某个孤立的单一行为,比如说像乘火车去纽约,这里的手段就是乘坐火车而目的则是抵达纽约,那么如果该行为将该人带到了纽约,那它就是对的;如果他乘上了一列去相反方向的火车,那么它就是错的。在法律上我们处理的不是某个孤立个体的孤立行为。法的定义表明法是一种将社会中个体的目的联合起来的意志模式。它使甲的目的屈从于乙的目的,反之亦然。还有,社会的存在使其成员得以更好地实现他们的目的。因此,法,因其定义无关任何实际的个体,而事关所有联合于社会之中的个体,以某个特定社会中所有个体的所有目的的和谐为其目的。任何这样做的法都是正义的,否则就是非正义的,简单的理由是它回到了它自身。可以说,它通过做出人们由其定义所意想让它做的相反的事情而使其自身无效。

如果每个个体都被允许无视他的邻居的目的而做出实现其个人目的的行为,那么实现这种和谐就是显然不可能的了。法的目的必须是一种囊括一切的目的,在这种目的中,冲突的个人目的得到了调整。施塔姆勒将一个属于这种情形的社会称为一个"自由意志人的共同体",亦即"社会理想"。而且他将符合这种理想的法界说为正义的法。

要想使社会理想适用于实在法成为可能,就有必要推出特定直接源于社会理想性质的原则。说出这几个原则——施氏称之为正义法的原则——并请对施氏的推演方式感兴趣的读者阅读他的著作在这里就足够了。① 但提请读者注意这样的事实是有益的这个事实是,在这里施氏也体现了他只处理纯粹形式的真实目的,即只处理毫无例外地适用于所有的法,并因此在其内容中不包含任何具体法律质料的东西的命题。还应注意施氏分析方法的严格性,在预先申明他将要做什么和为什么这么做之前从不妄为任何推理过程。源于社会理想的那四项原则是:

---

① 《正义法的理论》(*Die Lehre von dem richtigen Rechte*),柏林,1902。

1.某个特定意志的内容不得被任意作为对另一个意志的屈从。

2.一个法律要求只有在义务人可以成为他自己的邻居(即成为他自身的目的)的意义上才可以存在。

3.一个作为受法律规制的共同体成员的人不得被任意排斥于该共同体之外。

4.给予任何人的法律处置权利或权力只有在这种意义上才可以是排斥性的:被排斥者仍然可以成为他自己的邻居。

这些原则的精确含义及其相互间的逻辑关系以及其必要性和充分性证明在该著作中得到了详细的阐释。

正义法的原则只有四项,但施氏感到,如果没有进一步的理念,将这些原则适用于混乱的人际关系将是不可能的。最重要的问题是,我们(即法律)将如何确定一个人对社会不同成员所负的义务程度?没有人可以被完全忽视,而所有的人不可能都受到同样对待。例如,让每一个社会成员同享一位死去成员的财产是不行的(为什么不?)。但关于这一点那些原则未作任何明说。于是,施塔姆勒引进了他称之为"正义法模型"的东西。这个东西尽管建立在社会理想的基础之上,但可以说是从下面的具体实在法质料上浮以迎合社会理想。不过这并不意味着"正义法模型"的表述中包含着任何具体法律质料的东西。该模型的全部表征是,未来确定具体情形下一个成员对另一个成员所负的义务,相关人必须被视为处于某个区域的中心位置上,而围绕该中心划出同心圆圈,再根据其半径的相对长度衡量这些位置的占有者向位于中心的那个人所提出请求的限度,而这种请求与该半径是成反比的。如果人们问这些同心圆圈将根据何种原则划定,那么答案将无疑是,它们必须如此划定,以使其与社会理想相符。

同样饶有兴味的是施塔姆勒关于法律与伦理关系的观点。它们是并列的,任何一个不能从另一个中派生。正义不能从至善和真理中衍生,至善和真理也不能从正义中衍生。法律与伦理都是意志模式,因而都受这种意志规制的约束。"纯粹意志"(*Willsreinheit*)是正义和至善产生的源泉。它们如同同一树干结出的两个分枝。这种意志将自身分为单个或孤立的意志,以及社会或联合的和拘束性的意志。法属于后者,道德属于前者。在任何情况下,"事物的概念"(*Begriff*)不同于施塔姆勒追随康德所称之为"理念"(Idee)的东西。因而同时满足法的定义中所表达的其他条件的联合意志的任何形式都构成法。它可以是良法,也可以是恶法;可以是正义法,也可以是非正义法。只有当它符合法的理想即如上界定的社会理想时,它才是良法和正义法。同理,满足可能包含于道德定义中的其他条件的任何形式的单个或孤立意志都构成道德。举例说,某人恨他的同胞,另一个人则爱他的同胞。这两种心态,或者与其相联系的意志均属于道德。一种是良德,另一个是恶德。某种道德意志要想成为善的,仅靠它位列道德概念之下是不够的,它必须符合道德的理想,而这种理想按照施塔姆勒的说法,是永远不会将实际的具体事物本身视为目的的。诚然,施塔姆勒说,法和道德同根:意志的纯粹性,因而,就一个人的任何具体行为而言,要想成为良行,就必须既具法律上的善又具道德上的善。不过,从哲学的角度看,这两个领域是不同的并必须予以区别对待。

我们多数人无疑会承认,道德法则不可能衍生于法律规则。或者换言之,我们多数人会乐于承认,一个人可能遵守国家的财产法但又远不是一个甚至与财产相关的道德人。守法与对于第十戒律的违反是相容的。但许多人认为实在法"因人们的违法而得到增益",并认为如果每个人在道德上都完美,人们就不需要法律了。因此,法被视为某种低级的道德,或者说被视为一种用以确保最低限度道德的制度。施塔姆勒反对这个看法。他所说的道德法则不能决定财产制度或它的规则。因为道德处理的是个体的动机、愿望和渴求,而法律处理的是某种添加于或强加于各种个体孤立意志之上的意志,这种意志将所有人的目的联结在一起,并使一个人的目的成为服务于他人目的的手段。法不是单个意志的总括,而是一种超个人的意志;因而无论个人意志从道德角度看多么完善,它们的总汇不能取代法律所体现的那种联结性或联合性意志。后者必须予以单独研究。

最后谈一下法哲学与宗教的关系。法哲学使我们得以明白什么是法和正义。我们可以研究法的发展史,并注意实在法是如何越来越趋近社会理想或正义的。但哲学所能做的一切是指出什么是正当的,它不能使人做正当的事。

一个问题依然存在:我为什么该做正当的事?我为什么要始终如一?我为什么要力求至善?这个问题的答案只能在宗教中找到。

以上概要简述了施塔姆勒法哲学的理论部分。我们知道了法的实质,也知道了什么是正义。我们还知道了法在与道德和宗教的关系中所处的位置。其《正义法的理论》中的大量篇幅由阐释性材料占据。在这些篇幅中,施氏表明了具体情况下如何依正义作出某种裁断。他指出了社会理想和正义法原则适用于实际案件的方式。这里给出细节是不可能的,请读者去看该著作本身。但弄清施塔姆勒是如何在此基础上与像无政府主义和社会主义这样的社会理论展开论争的,对于施氏理论的完全实现来说是重要的,如同简述他对其他法哲学学派即萨维尼的历史学派和自然法学派所提出的批评是重要的一样。

无政府主义被施塔姆勒界说为一种排斥法的实际效力并用他称之为习惯规则的规章取而代之的社会生活理论。我们已经知道,施氏法的定义中的一个要素是"主权性"一词。该词的意思是,法是一种"无视社会成员的愿望而将它自身强加于这些成员"的意志模式。那些受法律约束的人并不会被问及他们是否喜欢施加于他们身上的那些法律,也不会被问及他们是否渴望留在受该法律支配的领土以内。法是至高无上的,并自行决定所有这些问题。习惯规则是一种只有当某个人愿意时才受它约束的规则。我们有这种社会规则的例子。礼仪规则和时尚规则非经人们同意不得施加于任何人身上。它们在本质上是有条件的。如果某人渴望隶属于这种规则施行于其中的社会群体,他就必须遵守它们。但任何时候只要他愿意,他可以离开该社会群体并停止遵守其规则。一个国家的公民不得离开该国家,除非该国家即法律允许他离开。当然他可以不经法律的同意而悄然离开。他也可以违反法律而行凶。但在任一情况下,他都在犯法。一个人离开一个时尚俱乐部并不再穿晚装则没有违反该俱乐部的任何规则。

无政府主义的观点是,不存在任何实际的法律正义。他们的学派反对法的本质中的主权性要素。他们说如果社会由习惯规则——这些规则只要社会成员乐意就予以遵守而一不乐意就不再遵守——来治理,社会将会更好。因此,要反驳这种无政府主义观点就必须证明法律规则是唯一正确的社会调整形式,或者如施氏所说,我们必须用普遍有效的方式证明法力是人类社会组织所必要的。

这里,像施塔姆勒在他处所作的演绎一样,方法才是至关重要的东西。他的演绎必须普遍有效,因此它们不得依赖来自具体历史情景的归纳。当他说法律规则是必要的时候,他不是说实际上的必要性,或者说没有它人类将消失。关于这一点他一无所知,因为他不是预言家。他指的是逻辑上的必要性。如果存在某种一般人类组织,而不仅仅是某种拥有特定资格的人的组织,那么它必须是法律组织,因为习惯组织不能将婴儿、疯子、溺爱者等包含其中。因为他们无法认同法律。就他们的情形而言,这种组织必须是法律性的。不过施塔姆勒说,只有那种不管所有人的特性而将他们囊括在其中的组织形式才具有普遍效力和正当性。因此,只有法律组织才是正当的。

我承认我不能看出这种推论的力量。我不能明白为何成年人和正常人必须像婴儿和疯子所需要的那样仅因"社会组织"这一术语而屈从同样的组织形式。高蹈逻辑的弊病贯穿于施塔姆勒全部的推理之中。这正是他的方法的实质,并构成他的长处和短处。①

社会主义则与无政府主义直接对立。社会主义理论不仅不否定法律的有效性,而且坚持其更广泛的适用。现在的个人主义国家中大量留给个人选择的区域如合同自由在社会主义体制下将受到法律的严格规制。施塔姆勒用"统制经济"(Einheitswirtschaft)和"自由贡献"(freie Beiträge)的语词将个人主义和社会主义之间的这种区别予以简括。

更特别的是,社会主义理论要求生产资料的集体所有制。作为哲学家,施塔姆勒对这样的具体建议不感兴趣。这些是实践政治的问题。作为哲学家,他想知道为什么某种特定建议被提出,而且,由于它是一种社会建议,"为什么"指的是它想实现的目的何在以及这种意图存在的理由何在。而且,如果这种理由具有科学价值,它就必须"普遍有效",即它必须构成我们观念安排和顺

---

① 文本中的演绎建立在施塔姆勒的《无政府主义理论》(Die Theorie des Anarchismus)(柏林,1894)的基础上。在其系统性著作《法学理论》(Theorie der Rechtswissenschaft)(哈雷,1911)第501节及其续文中,他使用了某种稍有不同的推论形式以证明同样的论点——某种更抽象更严谨的形式。其不当性因其抽象性所造成的更大的模糊性而显得不那么明显。

序的某种普遍模式的逻辑上的必然结果。

而社会主义作为一种科学理论是建立在唯物史观基础上的。如同自然科学中物质与运动是所有现象所由衍生的主要因素一样,人类社会生活中的经济现象构成物质,而它们的变化必然决定其他观念性社会现象,如法律、道德、宗教等。因而,这种理论认为,由于生产现象经历了中世纪与现代之间的某种变化,生产资料所有制也必须发生必要的变化。在中世纪,个体工匠拥有其工具和其劳动的产品。现在这些工具和产品不由生产者所有。这导致了大规模生产组织与世界市场的无政府主义之间的冲突,[1]而这种冲突将必然导致生产资料的集体所有制,即新的社会主义政治和法律制度。

施塔姆勒对社会主义理论的批评是富有特色和教益的。一种哲学理论必须具有普遍有效性和不变性。要想具有普遍有效性和不变性,它必须是形式上的,即它不得包含任何具体质料,因为它必须适用于它所探究的领域里所有可能的条件。为了将它所处理的质料永远统一起来,它必须表述出逻辑上不可或缺的方法。而由于具体历史材料总在变化,没有任何包含这种材料的公式可以是普遍有效的。而社会主义的公式恰属这种性质。生产资料的集体所有制不是一个纯形式的原则。它诚然是某种一般原则,但它包含着某种具体质料内容。它不可能具有普遍性。在某些情况下它可能是正当的,在其他情况下则不是。而社会主义理论家们是如何为它提供正当性的?他们完全没有提供这个。他们说这是他们历史观的必然结果。经济现象的变化必然产生法律和政治上的变化。对此施氏回答说,经济现象预设了社会规制而不是决定了社会规则。缺了一方,任何一方都不可思议。而且除此之外,假设他们的论点是正确的,自然必然性与正义何干?正义意味着与社会理想的符合。社会理想与社会生活相关。社会生活意味着人们之间的合作,在这种合作中,每个人将他人的目的当作达成其自身目的的手段。法律调整的是这种个体目的的相互联合。因此,任何就社会规则进行判断的科学公式都必须考虑手段与目的之间的关系,而不是原因与结果之间的关系。要想为某种具体社会规则形

---

[1] 参看施塔姆勒:《社会主义与基督教》(*Sozialismus und Christentum*)(莱比锡,1920)

式提供正当性，必须证明它是一种达成适当目的的适当手段。对社会现象的自然科学研究与目的全然无关。因此施氏并不否认在特定条件下社会主义者们的集中经济可能是可以想望的。他否认的是他们公式的哲学价值。它不是一种能让哲学家感到满足的公式。

从我们对施塔姆勒探讨法律问题的方法的如是说明和阐释看，发现萨维尼的学派即所谓的历史学派在各种法学流派中最难得到施塔姆勒的认同这一点是不会令人吃惊的。该学派的方法按照施塔姆勒的说法完全属于一种哲学方法所不应仿效的方法。他在他最早的法哲学著作中就历史学派的诸原则展开了论争。①

历史法学派的鼓吹者忙于通过历史观察发现法的起源中的实际原因。施塔姆勒的批评的实质是不难言说的。如果历史学派真的除了寻求何种原因在法的起源中起作用以外没有任何其他兴趣，那么他们就是在处理具体事物，因而无权声称是一个哲学学派。因为法哲学方法存在于对某种具体法律体系以外的东西的认识。施塔姆勒列举了两个问题，这两个问题是每一个法哲学家和哲学法学家所不得不追问的。1.法是实然的，还是应然的？2.法生于违法，这是如何可能的？

施塔姆勒认为，第一个问题显然不能用历史的方法来回答，因为后者局限于事实事项，而我们正在探讨的是判断事项。对一事物产生方式的最清楚的解释无法告诉我们任何关于其所涉正当性的东西。后者是一个完全不同的问题。诚然，如果某人能够证明某种特定结果完全由机械物理原因所致，那么有关它的适当性的问题就变得毫无意义。而历史学派并没有提出这个问题。他们只追踪实际事实，却不愿意说——他们没有这么做的理由——立法者的作用受限于纯粹物理原因，因而不能受到理性在正当性方面的影响。

施塔姆勒还证明，上述第二个无法回避的问题不可能用纯粹历史的方法回答。有兴趣的读者请看该书本身。施氏得出的结论是，历史学派的理论完

---

① "论历史法学的方法"（Über die Methode der Geschichtlichen Rechtstheorie）载《伯恩纳德·温特沙伊德博士五十周年纪念文集》（哈勒，1888）。

全不是一种哲学理论，尽管其鼓吹者们声称它是。而作为一种非哲学的理论，声称法的历史研究是一种恰当的探讨法的模式是无益于科学或实际生活的。智识门外汉心中最重要的问题不是某种特定法律规则究竟是否可以得到历史的解释——施氏认为，对一事物作出历史的解释无异于承认它不再具有任何意义——而是它是否得到了某种合理的解释，即该规则是否应成为它的实际模样，它是否与正义相符。习律者和法学家之所以如此不受人们尊重是因为后者从纯技术的角度审视法律问题。他们追问的唯一问题是：这个特殊规则与其他众所周知的规则一致吗？而如果他们拥有某种学者心态，他们也希望知道法是如何碰巧接受它实际所具备的那种形式的。但政治家和立法者除了要考虑这些问题以外，还得思考其他问题。而如果职业法学家由于长久习惯和实践而致使其法律判断——而非技术和历史判断——归于委顿，那么毫不奇怪，作为社会和政治问题顾问，他们会被视为百无一用。施塔姆勒写明这一点是在1888年的德国。这种批评在何种程度上依然适用于当今的美国，请读者自行判断。

因此显然，一种堪称科学的法学理论必须致力于回答这样一个问题，即，我们怎样能够得知某种特别法究竟是正义的还是非正义的？或者换言之，正义是什么？

通常与它最伟大的倡导者萨维尼联系在一起的历史法学派由古斯塔夫·胡果所创立，而且它事实上取代了主要与胡果·格老秀斯相联系——尽管某种形式上可追溯到斯多葛派甚或亚里士多德——的自然法学派。着眼点从先验的根据自然和理性所进行的应然法的演绎转移到了对于实际与法的发展相关的要素的某种归纳式研究。而这一点导致这个新学派的倡导者们否认先验地陈述何种法是正义的以及何种法是非正义的可能性。他们指出了不同时代和不同地方法的多样性，并指出了当时当地曾被视为正义的不同法律规则。于是，人们习惯地认为，历史学派对自然法理论进行了驳斥。施塔姆勒毅然为后者辩护。历史学派不仅实际未能对自然法理论进行驳斥，而且从事情的性质上说它要想不抛弃其作为历史学派的视角而获得成功是不可能的。因为只要它的唯一方法是历史考察法，它唯一能够证明的东西是，从不存在某种建立在自然和理性基础上的实际法律体系这样的东西。这将难以给自然法理论造成任何程度的影响。因为对事实的经验考察永远无法认定它业已发现的那些条件是永恒的和具有普遍意义的。因而这样的可能性不会被排除,即,某种自然法可能成为某种未来的经验可能性。此外,施塔姆勒在这里将自然法学派广义地概括为这样的一种理论,这种理论认为,通过理性确立某种正义标准是可能的,这种标准不是建立某种现成的在所有时代都正义的法律体系,而是一种其自身不变,又可由此衡量所有的法律以确定其正义性的理想标准。如是,我们可以进一步承认,不仅过去而且未来的某种由理性确立的用于所有时代的法律体系是一件不可能的事情,但是某种具有普遍效力的形式标准或许是可能的。任何想证明后者是不可能的尝试意味着对历史方法的放弃。

然而,施塔姆勒是自然法理论的倡导者吗?从该理论的某种形式上说,答案是肯定的。如果自然法意味着某种与自然和理性相符并因而应该永远保持绝对正义的法律或法律体系,那么施氏会确然否认任何此类事物的可能性。没有任何具体的特定事物,无论是物理现象还是人类事功,是免受因果律支配和免于不断变化的。没有任何法律内容是永远正义的。如果它今天是正义的,情势一变,它注定会变成非正义的。早期自然法学派的错谬之处就在这里。他们寻求的是一种将是绝对正义并因而永远正义的法律体系。这是一种妄想。但如果自然法意指这样的理论:可能确立意指形式标准,作为藉此判断某种给定法律的正义性的准则,那么施塔姆勒是赞成这种学说的。施氏倡导和维护的正是这种学说。但他不厌其烦地坚持认为,这种准则或标准并不是法。它不具备任何具体的法律内容,并因而可适用于所有法律内容。法律内容由此得到判断,并被视为正义或非正义的。施氏不言自然法,而言正义法的理论。正义法,像自然法一样,是包含着符合标准的具体法律内容的法。于是它具有客观正义性,而不具绝对正义性。因为,一伺情势变迁,同样的法律内容将不再与该标准相符,并因此将不再正义。他也将他的理论称为"内容可变的自然法"。这个术语的含义从以前的讨论中清晰可见。这个标准是什么,以及人们将如何获得这个标准,已经在此文的第一部分中得到了阐明。

施塔姆勒是德国的前沿法哲学家。从气质上说,他是一位哲人,而不是某种特定理论的倡导者和辩护人。他的风格与另一位新近过世的伟大德国法学家约瑟夫·科勒(Josef Kohler)的风格形成了强烈的对比。科勒是一位新黑格尔主义者,尽管他的法哲学专著①中少有黑格尔色彩,更乏哲学色彩。科勒大言欺人,并对那些与他持不同见解的人过于严厉。他对耶林的攻击尤其严厉而缺乏同情心。② 他没有饶过施塔姆勒。③ 他的批评是武断的,常用寥寥数语打发他的对手,并用一种高人一筹的和几乎是蔑视的架势对待他们——用某种令一个具有伟大而严肃心灵的人所不屑的方式对待他们。毕竟,我们面对未知世界所作的无助斗争使我们所有的人都保持谦恭,而只有傻子才配受到科勒所给予耶林和施塔姆勒的那种待遇。

施塔姆勒从不用武断的话语打发他的对手。他对人们提出的每一种理论都严肃对待,并从他自己的视角对之进行客观、无偏见和非个性化的分析。他不发脾气,而他的风格是他沉静心态的反映。

他一直因其学理的极端抽象性和模糊性而受到批评。这种批评是有的放矢的。如果他在他的阐释中更放松点的话,他可能会将自己的观点表述得更清楚些。不过同时,他的方法的实质本身就是抽象的。他探讨的是法的形式层面,而非其质料层面。他设定问题的方式和解决问题的方法似乎是现时代该领域最有希望的东西。毕竟,法的最重要的问题是正义,而我们都期望哲学家尝试寻求这个根本社会概念的某种公式。而且,所有语言中——古代和现代——表达正义的不同语词的含义中必定存在着某种共通的东西。否则的话为何将它们视为同等的东西?这种共通的特征必定是抽象的和形式性的,因为具体的语词是不同的。不过,撞上某种正义的定义易,证明其正确性难,而证明人们应该只求正义尤难。所有这些施氏都刻意求之,并持之以恒、有板有眼、激情四射和不厌其烦。他成功了吗?这个问题远非本作者所能武断地

---

① 《法哲学教科书》(Lehrbuch der Rechtsphilosophie)(1909);英译本由 A. 阿尔伯特译出:《现代法哲学文丛》(Modeer Legal philosophy series),第 12 卷(1914)。

② 参看:《法哲学与一般法的历史》(Rechtsphilosophie und Universalrechts geschichte),载赫尔岑多夫的《法学百科全书》(Holtzendorff's Enzyklopädie der Rechtswissenschaft)(第 7 版,1915),vl. i,第 13 页;参见《法学教科书》(Lehrbuch d. Rechtsphilos),第 16 页,英译本第 25 页。

③ 《法哲学》(Rechtsphilosophie),第 12 页;《法哲学教科书》,第 16 页,英译本第 26 页。

回答。施塔姆勒的某些理论他不能领会,施塔姆勒的更多说法他怀疑是人为的并缺乏特殊价值。他所宣示的某些原则不具新意,而其抽象性似乎太过一般化,以致用它们来证明任何具体情景的正义与非正义都是可能的。或者至少,某种从前模糊的情景似乎事后同样模糊不清。不过,这是一个我们永远无法摆脱的问题,而在现代法哲学家中,施塔姆勒已经单枪匹马力图用恰当的方式解决这个问题,这是施塔姆勒的荣誉之所在。

导 论
正义法的问题

> 文字杀生，而精神养生。
>
> ——保罗

第一节 法学的两个类型

法学研究可以带着双重目的进行。我们可以企望把握一个历史给定的法律体系，将其知识本身视为某种目的。或者我们可以对这一点了然于心，即，法律规则不过是一种服务于人类目的的手段，一种可藉以获取某种结果的被限定的手段。在前种情形下，如果我们弄清了特定规则和规定的含义和真实内容，将它们作为一个单元来理解，并按系统顺序予以呈示，我们就心满意足了。在后种情形下，我们提出这样一个问题：如此给定的法是否构成一种达成正当目的的正当手段？我们称前者为技术法学（technical legal science），后者为理论法学（theoretical legal science）。* 所有实用科学的特征是，它必须解决一个由质料所限定的问题。它不得追问向它呈示的目标是如何可能在意识的绝对统一（absolute unity of consciousness）**中找到它的位置的。相反，理

---

* 在施塔姆勒的法哲学中，"技术法学"相当于我们所理解的"法理学"，或康德所说的"法律科学"，即实在法学；而"理论法学"相当于"法哲学"，即康德所说"纯粹法律科学"，即价值法学。——译者

** 在认识论上，古希腊以来的欧洲哲学就有追求知识的"普遍性"、"绝对性"、"统一性"与满足于认识"特殊性"、"有限性"或"实在性"的分野。先验论者特别是理念论者倾向于前者，而经验论者倾向于后者。在法哲学中，柏拉图所开创的"善的理念"论传统直接影响了奥古斯丁和托马斯·阿奎那，并为康德所秉承。而施塔姆勒是个新康德主义者，在法哲学认识论上与康德一脉相承。在理念论者看来，形而下的实在法体系不可能提供关于法的普遍知识，这种普遍性知识（法的价值特别是其最高价值）只能在形而上的法理念体系中找到；它来自理念界并可适用于经验界。而在关于法的知识的"统一"与"分殊"中，实在法论者倾向于"科学地"探讨"分殊"。在法律实证主义者看来，法的价值是一种应然的不确定的知识对象，因而不可能成为可供人们实证认识的对象，因而这种知识体系不可能构成"科学"。而在施塔姆勒看来，实在法知识体系只能提供有限的知识，人们不可能从中获取普遍的、一般的、统一的知识，因而只可能属于"技术科学"，如果说它可以叫做"科学"的话。由此可见，理念论者和经验论者关于什么是"科学"的法知识的判别标准是完全不同的。施塔姆勒的法哲学思想艰深晦涩，了解他的理念论者本色对于理解《正义法的理论》这本书的意旨是至关重要的。——译者

4　导论　正义法的问题

论法学的本质是，从特殊情形上升到最高法则，然后再渐渐循序下降，不加飞跃地俯身解决特别问题。

技术法学，如其概念所示，仅仅与再生产相关。伯克（Böckh）为文献学所下的定义，即，"对人们曾经了解的东西再行了解"，也许更适用于法律科学。我们是否必须研究一部法典的经过准确解释的条文，或者研究法律习惯和司法实践的那些宽松原则？我们的讨论是否关乎一种所谓立法权的真实意图，或者对法律创制的必然结果进行精细的描画？所有这些情形都不过是一种意志的再生产，这种意志是既存的，且因为它是存在的才呈现在这里。随着技术法学的不断完善，它开始使用抽象概念，但这个事实并未改变这种状况。因为这些概念只不过是人们理解特别法的一种框架，并为达到再生产后者的目的而使用。当这种再生产完成时，工作计划就完全终结了。

因此，近来人们对一般法学或法学原则的强调并未真正让我们走得更远。该学科所研究的一般概念独立于法学研究的特别部门，并适用于所有法学理论的逻辑推演。但在这里，很明显，这一工作仍停留在技术法学的范围内。因为它们不过是人们为了确定实在法律规则的含义和目的而把握某个特定问题的次要手段。这里所涉及的终极问题——显见的最高目的——是对于某种特定法律意志的揭示。对于观察者来说，这个特别意志本身即构成一个问题。而不管人们所收集的作为特别知识对象的特别法有多少，人们从未超越仅仅弄清某个曾经表达过的特定意志这个技术目标。

如此截然分界线的划定对法学家来说有某种好处。把尽可能详尽地了解实在法的真实意图（连同法的适用艺术）当作目的，就此而言，他会将如此设想的法律艺术带到一个更高的完善程度，并将这种艺术提高到科学的行列。

每一种旨在获得统一性且在达成这个目标时得到完善的意识状态都是科学。科学有别于信息（information）的地方在于它寻求统一性。当如此设想的统一性是绝对的并呈现出那种独立于所有质料的完善理念时，它就构成最确切意义上的纯科学或纯理论。另一方面，如果它满足于一种时刻受限于某种特定质料的知识，它就是一种技术科学了。

但是，这种自愿的自我限制不得作为一种公理而予以接受。谁这样做——许多法律实证主义者已经这样做了——谁就选择了将一种只有作为达成某项良好目的的相对手段才能具有真实价值的目标当作其工作的最终目标。

这个命题在目前这个意义上是无需详细论证的。因为，不管我们怎么设想法律制度的起源、形成和消亡，但有一点是毫无疑问的，即，它要求那些受它调整的人形成某种行为模式。在命令或禁止某种事情状态时，法作为某种为了一个或几个甚或多个目的的达成而受限的且服务于人的手段而呈示自身。对于一个技术性观察者来说，是完整说明这种意志产品的愿望将它提到了他的终极目的的心灵位置上。确定的实在法被排除在无限且构成目的的手段机制之外，同样也被排除在构成手段的目的机制之外。它被放在一边，并接受了一个它自身的王国——一个被认为构成某种限定的绝对性王国。

这不无好处。那种技术性眼光也调适它自身。一个习惯于总是专注于某个附近的固定而确定的平面并探究其特殊性的人会轻易地失去观察其周边事物的敏锐性。因此可以说，技术法学尤其对那种由来被人们称之为法学家的形式主义态度（the formalistic attitude）的产生负责。

而这种形式主义态度是什么？显然无非是指这一点：人们将一种受到经验限定的对象——在这种情形下指的是某个特别的法律体系——视为终极的东西。他将一个实在规范视为最高命令，而不顾及它仅仅是一种手段这个事实。

于是就产生了一种对这种态度情有可原的不满。一个只学了围绕某个给定的点画线的人在一个其事业涵盖了几何的整个面的人看来不免显得有些狭隘。而一个实际上将这个显然固定的地球视为宇宙的固定中心的人用他的这个标准会很难对那个放眼整个星系的人作出准确的衡量。

形式主义的危险对于法学来说尤其巨大。因为，就社会的概念而言，法律规则代表的是那种决定性的形式；而关联起来的人们的共同活动构成由该形式所决定的社会存在的质料。在构成公共生活的人们的实际合作中，规则和共同生活这两个要素可以是分离的。作为形式*条件的前者，人们可以根据

---

* 自亚里士多德就事物的本体进行"形式"与"质料"的区分以来，欧陆的理念论者都强调这种区分。法律理念论者也一样。而且他们认为，在形式与质料两要素中，形式是决定性的，质料是被决定的。重形式轻质料是理念论者的共同认知特点。——译者

它自身对它的内容进行考虑；而对独立于限定它的那些规则的社会经济的考虑则似乎是不可能的。因此，法学必定是形式主义的，如前所示。它的结果独立于有秩序的合作内的真实实践。法学必须在不顾及社会经济的特别形式的条件下弄清某个特定法律体系的内容。而这是每个将其自身显示为另外某个东西的形式条件的观念体系所具有的特性。形式可通过它自身得到科学对待。

我们再探讨形式科学(a formal science)和思考的形式主义方法(a formalistic manner of consideration)之间的区别。前者是一种其结果构成其他知识条件的考察；后者只是一种特定领域里的倾向，这种倾向将受到具体限定的对象视为仿佛它构成一种绝对意识统一体的东西。法学整体属于前类科学，因为它涉及限定社会生活的形式。形式主义处理方式的危险只危及那种限于它自身的技术法学。

一种旨在消除这种危险的努力被人们尝试过了。看看在技术法学的限度内人们如何在形式主义和目的论处理方式之间作出了某种区分是有趣的。在后种处理方式中，我们获得某个特定法律体系的某种知识的途径不仅包括抽象法律概念——迄今为止，法律科学已经获得了这些概念并且为了达到它的目的而总体上恰当利用了这些概念——而且包括对那种导致所涉及的法律的创立的具体目的的观察。从"形式主义"一词的另一种更狭义的意义上说，前者可称为一种形式主义表述方式。

不过，这是一种变数很大的区分。在判定某个特定法律体系的实际含义时，我们不得不有时使用这种方式，有时使用另一种方式。而要说明某个特定时期的法学家们专门利用这个或那个程序是困难的。这只是一个对两种方式的相对侧重问题而已。

在任何情况下，刚刚提到的这种区分与这里所看重的那种思考没有关系。如我们已经注意到的，它仍停留在技术法学的限度以内，这两种名称的揭示方式都只涉及对特定法律制度的含义的阐明；而且它们只是用一种技术方法形成它们的目的，并将它们有限的目的视为绝对法。在特定法的创制中具有决定性意义的具体目的的插入并不改变它的技术性特征，因为它们不过是被当成事实。它们被固着于它们呈现自身的那种形式之中，其目的不是融入到普遍目的理念中并在其统一性中得到判断，而只是按其自身方式被用作弄清某个实在法含义上的疑问的工具，然后被弃置一旁。

但这无助于消除我们对于什么是这类法律活动的好处方面的疑问。对这个问题的满意回答必须来自整体的人类智识活动。而法学家的特殊作为无疑必须构成这个整体不可分割的一部分。顽固地拒绝这种思考并在这样一种说法——声称这不属于他作为一个法学家的任务——中寻求庇护的人会毫无防备地将自身暴露于各种对他的努力的尊严和价值所进行的激烈攻击面前，并无法抵御对他所作所为的原则自身的疑问。

认为法学著作不通俗，这种抱怨由来寻常而尖刻。还有一种说法是，法学家和俗人之间存在着一种疏离。不过事情似乎是这样的，即这种社会现象的真实解释没有被人理解。它源于作为一种技术性研究的法律科学的孤立。法律科学由于其技术性目的变成了绝对价值的某种狭隘公理，而不是将其自身及其对象仅仅视为社会存在整体的一个附属部分，因此必定失去与社会智识生活的全部关联。而这种实实在在的局限再次证明了路德的说法："一个律师如果仅仅是个律师就成了一个实在可怜的东西。"

通过给予如此盲目工作的那些人更多的法律知识来填补这种鸿沟，这种建议是徒劳的。一个退隐闲居然后感到有些孤独的人如果邀请他人分享他的隐士生活的话，其行为就不太合乎逻辑。造成这种疏离的不是实在法知识的缺乏，因而法律知识的增加不会消除这种疏离。原因在于对实在法的处理和将其自身当作一种目的而宣讲。而在这种对立中，该责备的一方是将手段变成了终极目的的那个人。

法律人从未能通过其个人的与其他知识兴趣的关联而充分避免这种指责。那将只涉及他的人格，而不会对那种抱怨的理由提供补救。

相应地，在我们意志意识（volitional consciousness）*的统一中赋予法学

---

* 施塔姆勒将人的意识分成"意志"和"印象"两部分。前者形成于人们对本体界的观察，受目的律支配；后者形成于人们对现象界的观察，受因果律支配。法律意识是一种意志意识。——译者

研究某种和谐的位置,并将法律安排在目的王国里适当的位置上就是我们的义务了。我们必须宣讲一个法律规则之成为达到某个正当目的的正当手段的那些条件——我们通过什么方法能够获得它?这种意志怎么可能在实践中得到贯彻?因此,与单一技术法学的准备活动相比邻,我们需要理论法学来补充和完善它。

第二节　理论法学

当我们区分两类法学时,我们不得认为它们在所处理的质料上有区别。两个部分的考察都与同样的东西相关。二者都与对既存的实在法的某种处理相关。

这一点在理论法学的研究中尤其要牢记在心。这里我们的目的不是要抽绎出一种理想的法律体系,而只是要对已经衍生于历史之中的那些法律进行处理。我们也不是想创设某种新型的法律起源,比如说从纯粹思维中推演出特别的法律规则。相反,所有经验中可能的法律都构成理论法学考察的对象,因而我们完全不关心某种独特的法律创设方式。如果我们想形成一种相应于技术法学的理论法学的适当观念,我们就得从一开始排除这么一种观念,即,这里在法的起源上存在着某种区别;似乎技术法学可能关乎历史经验中产生的某种法,而理论法学关乎某种来自别处的法律体系。不;就法的起源而言,这两个研究模式之间完全没有区别。

我们要说的可能区分在于观察倾向上的差别。我们想介绍和实施的是一种对一个相同课题——源于历史中的法——的形式处理上的差别。

技术法学的探讨将形式确定的实在法本身看作一种目的,而理论法学的探讨将所有特殊规则视为达成某种目的的手段。相应地,后者追问的是所使用手段的真实价值,并勉力批评和引导法律规则条文。

而且,如果我们仔细思考一下,我们为什么要小心翼翼地躲避这种探究呢?唯一重要的事情是,不要把问题的解决留给作为随意收集的印象结果的个人灵感,而是要寻找一种方法(并在找到该方法时宣讲它实践它),通过这种方法就能够对任何可能给出的答案进行批判性和令人信服的检验。

只要我们试图对人类行为作出正义的判断,我们就必须确立一种堪称"正义"的意志作为我们的标准和目标。由于这就是法的功能,因此我们就有了正义法理论的问题。

与理论法学观念相协调,我们必须提出如下问题:我们能够通过何种途径以系统的肯定性确定特定法律规则的内容正义与否?何种其他法律规则会在特定案件的特殊情况下更好地满足法律规则制度中的客观性要求?

理论法学因此是一种方法研究。尽管像技术法学分支一样,它将经验中衍生的法作为它的质料,然而,它以它自身的方式对这种法进行考察,且为了建立它的观念体系而要求一种固定的方法。这种方法不仅能够使我们进行一般的批判性认同和拒斥,而且能够引导我们按实在方式系统地确定特定案件中的正确判决。

通过何种思路能够找到这种方法?回答是,通过避免内在矛盾。任何一旦拥有普遍性就会破坏法律社会基本观念的行为都不得认可为正当行为;相反,我们必须如此安排我们的公共生活,以使每一个行为都与法的最终目的相协调。托马修斯*的一句名言道:"去做那些,对于增进人类社会的共同生活目标来说必要的事情,而不去做那些,必然会引起社会动荡的事情。"(Fac ea, quae finem cuiusque societatis necessario promovent, et omite ea, quae istum necessario turbant.)

相应地,我们的考察必须旨在发现法的基本原则,并策划出一种理论,这种理论将使我们能够通过一个连续的推理链从这些法律原则过渡到特殊问题。我们因此得出这样一个定义:一个正义的法律规则是指这样一种规则,在特定情形下,它与一般法的基本理念相一致。

现在我们可以更清楚地看出上述两种法学在其最终合作和相互分立状态下的关系了。如前所述,它们所处理的质料是相同的;唯一的差别在于观察的倾向不同。它要么可能仅仅用技术方法对该质料进行分析并以同样方法进行

---

* Thomasius(1655—1728),德国自然法学家,认为人的天性是想企望长寿和幸福。——译者

10 导论 正义法的问题

陈述；要么作为一个链条再次把它捡起，而这个链条是在意志的最高法则支配下的手段机制中形成的。因此，这两种对相同的主题进行加工的模式不禁被联动起来形成一个统一体。

技术法学因此看似获取正义法的条件，实际上是一种必要条件。认定技术法学因其探讨局限于一种暂时的目的而具有次要价值是绝对错误的。它的功能，即对经验地给定的法律材料进行清晰的阐释，它的协调和具体连接构成探讨上述正义法问题的理论法学不可或缺的准备。在我们弄清作为意志的实际表达的一个立法体系的内容之前，我们显然不能论及对其客观价值的正确判定。

另一方面，证明技术法学存在理由的可能性绝无仅有，即，它是正义法的不可或缺的条件。任何其他证明这一点并从中得出评判法律工作的价值和客观意义的努力是注定要失败的。

如果我们称赞一部法学教科书或论文的明晰性、敏锐性和对确定的实在法含义进行深刻揭示，那么我们显然仍然停留在技术法学的范围内；而就我们因其技术性成就而称赞它而言，且正因为我们因此而称赞它，我们还没有证明其在人类智识进步方面的意义。要做到这一点，这项工作就有必要作为其中的一个有用手段而构成整个发展过程的一部分；有必要作为社会生活的某种良好条件的必备框架而显身。这只有通过对其获取正义法的形式必然性的承认才能出现，否则的话就不会出现。

用它的实际用处来检验它是完全错误的，就像人们经常所做的那样。因为理论和实践只是作为原则和实用才有区别，而不是像理论法学和技术法学一样在它们的基本客观观点上有区别。因此（如很久以前人们已经证明的那样）没有什么东西比这样一种说法更假，这种说法是：某种东西可能在理论上完美无缺，但在实践中会走样。因为，如果一个东西操作起来失灵，这就意味着它不是达到适当目的的适当手段。而这一点反过来又必须从理论角度加以证明。无疑，适用它的努力可能构成发现理论信条不正确的机缘。但实践本身永远无法提供某项活动客观价值的额外而独立的标准。

因此，技术法学只能通过证明它构成追求正义法的理论法学的手段和必要实施条件来证明其存在的理由和其操作的内在价值。

技术法学藉此形成自觉意志(the conscious will)统一体中一个有益而和谐的要素。它丧失了它的孤立性，并与整体结合。尽管自身关注细节，但它现在可以避免那种夸大实在事物价值的错误——一种必然异化所有斥责某种限定和非限定意志的虚假观念的错误。

兹用席勒在他大学任职演讲中的一段话结束本导论："一个在完全自由的王国中背着一颗奴隶心灵的人是可怜的！但一个让他自身顺从地用如此微不足道的精确性为他未来职业积累细节的人更加可怜……他所做的一切在他看来不过是一个碎片。他在他的工作中找不到目的；而没有目的，他就无法忍受生活……他自感隔离，从事物的联系中撕开，因为他忽视了将他的活动与大千世界的整体联系起来。某种更优质文化的光辉一旦照出了法学的赤裸，法律人就立马对他的法学产生恶感。他的真实态度应是勉力地对它进行再造，并从他更丰富的贮藏中改掉因此而暴露的缺陷。"

第一部分
正义法的概念

法是善良与公正的艺术。

——克里索

第一章　正义法与实在法

第一节　法的正义概念

下面的探讨推定了法的概念。法有两个特征。它以至上(sovereign)方式决定谁必须受它约束,并要求不得违反性(inviolability),只要它尚有效力。以上概念公式缺乏一致同意这一点眼下无需麻烦我们。

眼下我们也可以将下面的问题放在一边:我们如何理解一个法律规范的效力?一个事实上的法律秩序的实施要求的正当性能否得到证明?因此,我们眼下既不考虑法的概念形式上的明晰性,也不考虑一般法的可实施性推理。

我们眼下的考察与法的内容相关。并非每个具有法律规则形式属性的外在规则都惟其如此而具有内容上的正义性。也存在内容不正义的法;而我们现在必须解决的问题是:我们如何能够用一种普遍有效的方式确定可能出现于法律创制中意志的某种可能内容的正义性?

正义法是实在法的一个特别类型。两种法律内容之间的区分只能在法的概念框架内进行。我们不得以为,实在法充斥了整个法律王国,而正义法站在它的对面,或如阴影或如光亮。这里讲到一种空间关系图景是不对的,因为它是一个逻辑上的区分问题。实在法根据其内容的性质被分成两类。它要么是正义的,要么是非正义的。而正义法是这样的实在法,它的内容具有正义的性质。因此,正义法与实在法的关系是一个种与属的关系。因而,我们的目的永远不能是设定一些只对前者有效而不同时旨在产生实在法的具体规则。在每种情况下,人们看到的是后者。

特定法律规则是否现在有效,它们是否属于历史因而已经失效,或者它们是否最终作为未来的计划或规划而出现,这些问题对于我们的讨论而言无疑是无关紧要的。我们所作的区分适用于全部的三种可能性,即适用于现行法、古代法和将来可欲的法。一种法的历史位置在这个意义上是无足轻重的。这种区分特别不意味着这么一种暗示:实在法是现在或者也许已经是流行的,而正义法是我们力图实现的那种法。

最后,我们希望再次提醒读者,将我们对法的区分建立在法的起源方式上——推定实在法是由强力制定的,而正义法出于理性的思考——是错误的。实在法的起源对于我们目前的考量而言是无关紧要的。法生成于经验条件下,并经由历史给定的因素形成于历史过程中。不过,如此形成为实在法的那种东西的内容如今在与正义的关联中得到了审视和判定。在前一种情形下,我们追踪法的缘起,而在这里,我们旨在形成某种系统的判断;而二者必须各居其位。

概括一下:正义法并不作为没有法律条件的规范居于实在法之外;它在概念上不全同于我们试图得到的与历史地给定的法相区别的法;而它的特性不在于它的实际起源的特别形式上。正义法是其内容具有某种客观性质的实在法。它适用于所有的法,过去的、现在的和将来的。就它将历史地生成的法律内容系统性地分成正义与非正义的而言,它指的是一种对这种内容的批判性处理。A. 费尔巴哈(A. Feuerbach)说得对:"我们必须设计出一种实在法科学;因此,我们不得因其实在性而忽视其法律要素,或者因其法律性而忽视其实在性。"

我们有了正义与非正义的区分;而这种区分也适用于法律。每一种对法律制度的批判都揭示了这一点。而否认这种区分的激进怀疑论者如果想保持清晰的思维的话,就必须宣明某种法的正义内容概念不具备真实理由。不过在这个不可避免的恶性循环中,他已经承认证明某个东西客观正当性——无论是肯定的还是否定的——的形式上的可能性。在法律问题上,这与某个一般法的正义概念是相同的。因此,我们可以合乎法则地仅对这种基本区分在特定法律内容上的适用表示怀疑,但我们不能怀疑内容的正义与非正义的原初区分——一种必定预设于每一次观察中的区分。

相应地,如果这种区分是基本的,那么我们必定也能够表明我们在何种统一条件下以及用何种形式方法将某种法律内容概括为正义或非正义的。我们无疑会这么做。我们经常作出这种区分。我们不厌其烦地将最复杂的法律问题归于正义的相同概念下,并肯定或否定正义在其中的适用。因此,我们肯定会对我们实际上正在做的事情形成一种清晰而贴切的理念,并对法律内容的一般正义概念以及对将特定材料归入它项下的过程形成一种方法论上的洞见。

诚然,我们不得不顾及我们时代的某种普遍流行的特性。它是一种长期存在的经验主义的结果,其特点是对基本方法的忽视,而这种方法有助于我们判定我们的认知和意志意识的内容的正义性。不,它似乎完全忘记了,所有的科学都不过是通过意识的一种绝对统一方法对特殊事物所进行的理解。一个事实概念或权利概念被幼稚地视为某种给定的东西,而它们表示的是一种按特定方式组织起来的有意识的内容。事实是,只有统一的方法才能使人们对具体材料的理解具有价值;因此,就这种方法的形态形成一种清晰的观念是适宜的。但许多人对这个事实视而不见。与此相反,人们已然形成了实物感,这种感觉在统一安排的资料中只看到质料,而觉察不出方法,因为方法不是也不可能是质料。

因此,许多法学论者丧失了认识到正义的概念构成一个问题以及这个问题是什么的能力。由此可能产生这样的错误,即认为我们再次关注具体规范,而从中进行抽象只意味着形成一种理想的法典;或者认为在我们的系统原则中,我们必须最终回到起源模式的差异上。他们失去了方法的方法,通过这种方法,我们必须首先对一些概念进行清楚而精微的理解。通过这些概念的统一适用,特定的意识内容被系统的概括为属于或不属于正义的类型。

不过,在法律科学中,认为深入探讨这里所展开的问题易如反掌的是专家;因为他习惯于把玩抽象概念。例如,他认为有必要考虑真实权利的概念。因此,可以用同样的方法形成正义的理念,这个理念可以进而适用于特定的法律内容。我们必须自己弄清的是,我们是在探讨实在权利和义务的某种形式上的特性;而这是对于我们将要在下面论及的那些概念的理解。

我们迄今所论述的只起到说明问题的作用。对特定法律内容的正义性描画是一个统一过程。它是一种普遍有效的判断方式。它可以适用于每一个属于实在法的问题,且表征着一种基本方法。因此,当我们想判定什么是正义法以及我们如何能够藉此在实在法范围内划定一条形式上的分界线时,我们就开始从各种适用正义法概念的尝试中完整地进行抽象。正义是特定实在法的一种特性。它的概念必须用形式方法予以判定。

由此我们再次回到了这个问题:客观正义的特性在何种普遍条件下显现于某个特定的法律规则中?

第二节 法作为实施正义的尝试

"'我常问自己,'彼得罗纽斯(Petronius)说,'为什么犯罪——即便是当它出现在恺撒这样一个不可能受到惩罚的强权人物身上时——总是趋向于真理、正义和美德的出现?我相信,对某人母亲的谋杀对于一位亚细亚酋长来说是无不可的,但对一位罗马大帝来说却是不妥的。然而,如果我要犯这种罪,我不会像尼禄那样向元老院呈递求谅信。尼禄想保存脸面,因为他是个懦夫。但提比略*是个勇士,但他也为他的每一步提供正当理由。犯罪对美德的多么奇怪的不自愿屈从!你知道我的想法吗?这只因为罪是丑的而德是美的。因而一个有审美意识的人是有德行的。'"(引自显凯微支的《你往何处去》[Sienkiewicz's "quo vadis?"])

我不知道这种通过审美动机对这种伦理感的解释是否仍为如今的任何人所接受;实践理性对于审美判断的必要优先性是否真的依然不为某些人所识。但我们不会在这个问题上与他们争论。我们的目的是坚守这一有趣的观察,即所有社会行为和人类制度中都隐藏着一种追求正义的情感和渴望,尽管这种倾向有时被人们作了不同或曲线的描述。

法的这种在其规则内容中实现正义的倾向不是一个可以时而出现时而缺

---

* Tiberius,因拥护共和制而刺杀恺撒的古罗马勇士。——译者

失或在一个特定法律体系中可以随意遵循或拒绝的次要问题。它显身于法律制度自身之中。耶林说过，法是"强力政治"，须由富有远见的统治者付诸实施。这种统治者从经验中习知，"最冷酷最不可救药的自私主义者永远受他自身利益引导，经验不断丰富，收集一些生活规则，所有这些规则都倾向于教导他为了从他的权力中获取最大好处而必须遵循的正当方法。"我们用这一节开篇时所说的那句话——每个法律规则实质上都是一种实施正义的尝试——反对这个说法。

从法的强制性中可以必然推出这一点。法一现身于历史，就以强制方式使那些受它支配的人屈从于它自身。法独自决定谁受它约束，以及在何种条件下他可以进入联合体或获准离开它。它在社会生活的一切领域都要求这种权威性。

不过法的这种实施要求也遇到了根本怀疑和激进反对；同时也必须面对质问其实施要求正当性的怀疑主义。法哲学的考察结果是，不管其内容如何，法的真实强制性是具有普遍健全的根由的，因为法是统一组织人类社会生活的必要条件（《经济与法律》[Wirtschaft und Recht]，§96）。

从如是演绎中可以不可避免地以上示方式推出所有法律内容的普遍参照。如果法的存在理由仅仅是作为一个统一社会的条件这一点，那么如果它根本偏离了为它设定的方向，它就会陷入一种致命的矛盾之中。因此可以认为，每个法律规则就其法律性和对其基本理念的真实性而言，都构成了一种通向正义的统一意志和倾向的要素。

最后，法分享了所有意识资料所具备的这个必要特征。认知行为被人们界定为对某种特别现象的理解，而每个认知行为中都包含着心灵对知识整体的某种态度。认知本身并不为我们提供任何知识。但我们渴望尽可能具体地了解和描述一个客体是什么。就此而言，我们所意图的是勉力在这个客体的存在中寻求真理；并表达这样一个理念，即，个别情形包含在自然的整体之中——表示着认知作为求真的尝试的理念。

不宁唯是，在每一种伦理学说和宗教反思中，总有一种教导和感觉关于什么是正确的基本愿望。这最终同样适用于艺术品。在形形色色的规则和变动不居的认知和努力中,人们总可以观察到这种思维形式上的统一性和普遍性。我们继而在眼前的法理念中发现了一种与其他那些知识现象相同的东西;尽管我们必须用一种特别适合于它的论点来阐释它。

因此,实在法和正义法之间的关系也可一作如下表述:所有实在法都是一种成为正义法的尝试。

也许,这里有人提出异议,认为刚才所说的目的有时可能是缺失的;认为存在着这样一些统治者和政治条件的情形,在这些情形下,难以找到上述理念被付诸实践。但是,个体的滥用行为绝不会破坏那种必然蕴藏于该事物自身中的目的。冒牌医生和庸医在治病时可能利用其患者的信任,但这并不改变这么一个事实,即,在他们对他们的学科和艺术的诉求中存在着一种经过客观思索的、导向真知的目的意蕴。因此,无耻的贪婪或暴戾的专制——无论是暴君的还是暴民的——主观上利用法律工具捞取自身的好处这种事情完全可能发生。但这并不会摧毁法律秩序的理念,而这种秩序是以客观正义为目的的。

某个法律体系在其制定中可能完全缺乏正义要素,以致我们几乎看不到内在于其中的朝向正义调整的基本倾向。这种可能性也并不使法的理念归于无效。还有,对于一个个体人来说,他可能变得如此懵懂无知,他那将自己有意识的内容与他人的有意识的内容进行对比的能力(健全心智的标志)会如此丧失殆尽,以致对这样一个如此弱智的人来说,认识人类都很困难。但是,使对象具体化的理智和能力仍然构成人的典型标志。同理,尽管存在粗俗而扭曲的社会条件的可能性,但朝向正义的趋向必须被视为人类社会生活的一个必要标准。无疑,我们可以在历史中发现不良的、未展开现象的特例,但是这些特例永远不能破坏所有法律内容的普遍属性,即法的趋向正义的进步。只有当我们这样想时,我们才能说明法的实施要求的正当理由。

诚然,构成法的必要特征的只是朝着所示方向的勉力而行。这种努力是否总是成功是另一回事。一个法律体系可能会迷失正确的方向。它可能碰巧在其制定中使必要的基本理念变得模糊不清。在这种情况下,法误判了其自身的最终目的和我们以后将有机会谈到的那种正确的理解。而且,这样的事情一再发生,即,它的特定规则不符合正当意志法的要求。确定的目标和部分获得的立足点之间的这种不幸失衡需要某种进一步的讨论。

第三节 极端的公正即不公正

刚提到的那个法的根本目的与其部分实现之间的对比在每个地方都是个问题。这种对比不是法的某些部分所特有的,在某处现身,在另一处隐身。它的出现是一个必然产生于法的基本性质的问题。

这是从法的作为一种特别和受限的手段的性质中所必然推导出来的。法律规则是一种命令,这种命令通过强制力从外部向接受命令的人呈示它自身。因此,外部秩序永远不能成为受它约束的人的绝对法则。作为服务于人类目的的法要证明其正当性就需要提供这样的证据——它是达到正确目的的正确手段。这个证据有两面。首先,我们必须证明法的实施的正当性,即,我们必须表明,法的概念中所包含的至上性构成社会统一体不可或缺的手段。此后,我们可以进而处理特定法律规则内容的正义性问题。相应地,只要我们仅仅知道某个特定法具有法律规则的性质,我们不能仅从这一点推出该法内容的正义性。为了弄清这个问题,我们必须对它作一次批判性分析。

我们这一节开篇所引用的特伦斯的那句名言表达的就是这个问题的区分。我们可以对这句话作如下简要表述:作为一种最终目的的法是最大的不公。法是一种条件而不是一个目标;是一种手段而不是一种终极目的。任何人如果用有限法律规则内容的绝对性来维护一个特定的法律规则,仅仅因为它具有法律性,那么他就会失于一种意志的客观非正义行为。

上述这个区分并非全然不为法学家们所知。同时,更明确地把它提出来并为了技术法学的目的而更生动地强调它可能是有益的。技术法学只与实在法的解释和适当应用相关。而由于处于实际效力中的法并不总是符合正当法律意志的要求(即便这仅仅是一种朦胧的个人感觉),因此在技术法学中经常会发生这样的事,即法的实际意图的含义是从某种正当意义上的应然意图的角度推演出来的。这样做的法学家遵循的是普罗库鲁斯的教导:"尽管如此,注意力不应该放在人们在罗马做了什么,而应该放在人们应该在罗马做什么。"(Non tamen spectandum est, quid Romae factum est, quam quid fieri debeat.)(D.Ⅰ18,12.*)由于希望看到法律中的正义,他们以为这就是实际意图。

对正义法概念和功能的洞见旨在使我们远离这种错误。我们知道,技术法学有其自身的独立任务。通过对有效法律实际内容的清晰而确然的了解,技术法学为我们提供了建立内容正义的理论的必要基础。首先要做的事是,用最大的精确性将作为立法权主观意图的法的实际内容呈示在我们面前。它能否进而被证明是正义的,是另一回事。

这个问题应该如何回答?必须用一种冷静的客观方式处理和决定这个问题。法学家必须学会在给定的既存法中察觉出某种非正义,"客观公正地"(sine ira et studio);并须对他的首要问题的技术性局限了然于心。因为他必须处理两个独立的问题和思维过程。每个实在法规则(过去的、现在的或将来的)必须由理论法学的方法决定,如果它想忠实于其旨在实现正义的基本意图的话。

法律经验论的想法不同。经验论者认为,上面所称的目的可由技术法学达到。而且他用多种方法尝试过这么做。

他们的注意力集中于对经验性法律事实的归纳。他们声称,通过这种归纳,我们可以获得普遍性法律真理。但是,诸多法律意志内容的积累和分析比较最多能够为我们提供曾是人们实际意图的一个均数。但从这种资料的收集中完全不能得出这么一个结论,即,人们的实际意图在内容上是正义的。你同样完全可以通过从经验性法学书籍的归纳决定一个法律人的概念。

另一方面,人们一直认为,通过对法的发展历史轨迹的考察,我们能够弄清它能否要求持续的效力,以及如果它不能提出这种要求的时候,它应该如何得到调整或替代。为此,我们必须注意,正义和非正义法律内容之间的区别是

---

* 这里 D. 指的是优士丁尼《学说汇纂》(*Digest*),后面的字母或数字分别指《学说汇纂》的编、章、条、款。因此该注可读为"《学说汇纂》第 1 编,第 18 章,第 12 条"。以后凡有关《学说汇纂》的引注不再译成中文。——译者

以一种普遍有效的方式预设的。人们认为,对于每一种法而言,在其发展过程中会出现一个点,在这个点上,简单的存续会产生一种非正义的条件,因而绝对要求某种变化。不过在这个设想中,我们这里为了用相关方式陈述问题的目的而设定为基础的一切都被承认。能够告诉我们传统法的内容不再正义的东西是什么? 由于这是一个对所有的法都适用的普遍性问题,因此它必须以一种将普遍适用于所有社会生活的方式得到回答,且因而不再是仅仅属于技术法学范围内的事情。

这里有人可能提出异议,认为实践行为的目标存在于已经给定的东西的可能发展范围以内;认为对给定的东西的考察是唯一的可以告诉我们何种发展是可能的,可能发展的何种方向应该得到推进或反转。但是,我们研究的材料与我们用以研究它的方法再次被混淆了。诚然,发展中可能出现的具体目的受到了经验的限定。它们衍生于特定社会现象,这些现象当然必须以尽可能最清楚的方式得到认知和阐释。而这种发展在其经验层面上是在社会生活的循环中进行的。对这一点的更精确的描述请读者参看另一处(《经济与法律》)。不过,将"正义的"这个谓词适用于产生于经验中的一个特定目的意味着对某个普遍有效程序的利用。这个现象发生于每一种可想象的法律材料中,并且绝对发生于一切法的发展中;同时作为一种独立于各种特定法律制度有限范围的形式方法而呈现其自身。

第四节 正义法的统一体

在现代法哲学文献中,我们有时发现某种对自然科学中进化理论的粗陋模仿。不过,此论并未恰当表述传统遗存法和从中演化出的更理想的法之间所蕴涵的差异。演化的理念可以特殊形式有益地适用于社会历史的整体。但将它作为一种指导原则适用于特定的法律体系将意味着失于一种不真实的类比。

但除此以外,发展的理念即便对于我们目前问题的陈述而言也是不适当的。因为,设想将实在法和正义法之间的差异限制在已经传承下来的法的发展问题中是错误的。这只是其适用可能性中的一种。同时将正义法的理念适用于民事交易的实践和公共行政管理、法律咨询和司法裁决尤其重要。

特别是在我们这个时代,立法倾向于特别强调后者。这不仅仅是一个规定或维护某些实在规则的问题;换言之,不仅仅是考虑它们作为法律规则大体上是否可以理解和证明的问题,而是将它们适用于特殊案件的问题。而这种适用也可以要么经由对某个特定法律关系存在的判定,要么经由某个特定情形而将其贯彻于实践之中。于是,我们可以对作为实在法制度的财产、利息、父权进行批判性审视,并攻击它们或为它们辩解。但我们也可以质问将它们适用于具体情形之中的正当性。我们可以设法了解某个人是否有权成为或继续作为所有人或债务人或父权的享有人。或者,我们可以考察一个人在具体案件中可以正当行使其财产权的限度,不管其邻居或第三人是谁;考察债务人必须依据正当判断支付多少以及如何支付;考察一个人在一个特定行为中是否没有滥用其父权。

但是,不管我们对一种客观性和批判性正义法——区别于单一的实在法——的理念作何种利用,它总是同样的正义法概念,具有同样的基本特征,并与单一的实在法则区别开来。

我们必须花点时间简要阐释一下这个重要的命题。现实中的理念不会遇到难题,但存在着失去组成其表述的语词的多样性含义的危险。

在政治研究中,关于新法的制定或关于既存法的性质,同样的思想存在着多种多样的表述。我们谈到平等的正义、公平分配、正当需求、道德义务、社会伦理;或者我们呼唤公共福利、公共秩序、普遍道德、社会必需品等等。而所有这些措辞都具有相同的含义。它们表征着这一点,即,法的内容必须是正义的。

当我们遇到法律交易和司法裁决时,用以指称正义法语汇的数量尤其会增加。读者不妨想想罗马人用以指称善良与正义的那些大量语汇:"善良与公正"(bonum et aequum);"诚实信用"(bona fides);"公正"(aequitas);"自然法或者自然理性"(jus naturale sive naturalis ratio);"善良风俗或者社会道德"(boni mores sive mos);"善意"(benevolentia);"人性,人道"(humanitas);

"敬畏"(pudor);"责任感或者尽义务的行为"(pietas sive officium pietatis);"正当理由/原因"(justa causa);"一个正直的人的叛决"(arbitrium boni. 3 viri);"正义"(justitia)等等。

当今的法律术语也显示了表达的丰富性,而《德国民法典》也一样。不过这两个情形有所不同。在罗马法中,我们很难发现一种用以确定所使用术语的选择的共同方法。相反,它们作为正当法普通概念的同义词出现在罗马法学家现存的片断之中。而我们当代立法的情形不一样。指称正义法语汇的数量无疑也是巨大的,但除了极少数例外情形外,它们构成了不同的连贯使用的词群。

这里我们要特别关注下列称谓。"诚信"适用于某种义务的履行;而在家庭法中,相应的术语是避免"滥用"。"合理"多用于数量的确定上,特别是在要支付数额的减少的场合,或在某个期间的指定上(为了某个程序性行为的实施),且有时也适用于指定某项服务的质量。"可行性"与告知、警告或审理的义务相关。"有效理由"适用于法律关系的正当解除。"对事实的真切理解"适用于法律行为中错误意思表示的避免。"衡平"一词,或依"衡平"判断所作的裁决,常用于这样一种情形,这种情形涉及两个当事方之间就一个对双方来说都不完全确定的领域进行画线的问题——注意到这些是有趣的。举例说,两个有资格得到一笔已经允诺的酬金的人对这笔钱进行的分割;合伙中对几笔利润的派分;划界纠纷;当供役地受制于它不可能同时履行两个地役权时的调整;未确定的合同服务的确定;等等。因此我们知道,"诚信"可以为一次自身已完全确定的履行的变更提供正当理由(它还适用于合同的解释和对一种条件和结果的出现的非法阻却);而在"衡平"中,我们面对的是一种争议事项中尚不存在理由的一种界限划定问题。同时,刚提到的两个术语在这一点上是相同的,即,它们都旨在履行既存的法律关系(《德国民法典》(BGB)第829条除外)。当问题涉及按正义法原则为这种关系提供正当理由时,我们的制定法使用的不是上述术语,而是"道德义务",或者说,一件事不得违背"善良风俗"。

我不能认为,将这些术语进行组类区分是编纂者们心中有数的。事实上,相反的情形似乎是真的,且这些术语是无意中设定的。无论如何,迄今为止我们还没弄清所有这些不同术语是否实际上追溯到一个统一的概念——正义法的概念。

33　　从法律概念的内涵中可必然推出这一点,其最具代表性的东西刚才已经得到称述。我们必须追问,我们所说的几个术语所暗示的方法论上的判断方式是什么?而在每一个这类情形中,唯一的答案是,公民、律师或法官必须对那个为争议问题给出正确方向的规则作出判定。法律所适用术语的类型的象征是,它已经对可能的疑点作出分类。但它们都是一个单一根本理念的例证,而这个理念将它们全部包容在其形式上的普遍性之中。如果一个雇工可以不经雇主同意就在有了"有效理由"时提出告知,这只能意味着,根据正当和正义,他的服务的结束是正当的。当承租人必须按"诚实信用"归还租赁物时,这又意味着他的义务必须根据正当和正义而定。在所有前述情形中,情况也是一样。

　　因此,用"公正善良之术"进行判断意味着根据那种决定何种东西是客观正义的以及在特定案件中其内容是正义的规则解决法律争议。它们是正义法概念的具体适用,而不是法律问题中正确判断的根本不同的方法。帕比尼安(Papinianus)于是单纯而恰当地说:"人们已经达成共识:在诚信审判中,原则上必须遵循的是,不能主张违背善良风俗的履行请求。"(Generaliter observari convenit *bonae fidei* judicium non recipere praestationem, quae contra *bonos mores* desideretur)(D. XXII 1,5)。如果我们现在记得某种法律内容的正义性只是特定法的一种形式属性,那么有一点又是清楚的,即我们必须使用一种从逻辑上确定某个特定规则是否具有这种属性的统一方法。在每个问题中,只有一面能成为正面——这个流行的说法的含义就是如此。

34　　由此我们可以清楚地知道,我们理论中所有的难题都源于正义的概念。特别是现代立法所提出的以各种名称出现的涉及不同类型的法律问题的诸多问题,不可能单独得到解决。它们必须回溯到更高的概念,而它们是它的某些情形的体现。如果我们能够成功地对这个正义法的概念进行明晰的表述和明确的划界,如果我们能够赋予它一种可以普遍适用的正确方法,我们也将能够安全而有把握地将它的特殊适用贯彻于法律实践中。

第五节　不受移调的特权

现在的问题是,为了就某种法律内容的正义性质的存在或缺失作出一种系统的、有十足道理的判断,我们要诉诸何种法庭?

乍一看,我们似乎应该从外部寻求帮助,并从其他公认的学科寻求有关法的客观正义的信息。不过,带着这个目的所已经进行的一切尝试都已证明这是不合适的和力所不逮的。

原始宗教倾向于将法律规则和政治行为的正当性建立在神的即时授权和命令的基础上。在东方一神教中也普遍如此。《利未记》和《申命记》提供了特别显著的例证。而《古兰经》中的章节将其详细的法律规则视为神法,而作为立法者的安拉本人就是其作者。我们现在很难在我们的领域中完全接受这种现象。

正义法不是作为一种必须接受来自第三个渊源的支撑和防护的奇特而独立的秩序与实在法相对抗。"正义"一词只有形式意义,仅表明某种特定法的内容与它的基本理念相和谐。因此,导致人们所想望结果的唯一方法是对法律制度的统一目的进行批判性反思,并依照这种目的对特定法律现象进行判定。如果我们想回答"何种特定情形下的法律内容是正义的"这个问题,就永远不能忽视这项工作。

有人以为,这个问题可以通过树立可敬而正确思维的人的形象作为正义标准这一方式而得到解决。但这是一种可怜的解决方法。因为这样的问题又会出现,即,哪些人具备这种素质?我们如何能够判断这种人——假设我们已经找到他们——在争议的案件中是否真的思维正确?而这个问题是没有令人满意的答案的。事实上,我们不明白究竟为什么人们会使用"思维的人"这个中性词。我们无论是希望弄清正确思维的人会说些什么,还是希望弄清什么是正义,它们都是一回事。因此,我们不得认为至少可以通过赋予这个问题另一个形式来解决这个问题。

另一方面,我们不得以为可以通过指涉善良风俗——一个如前所述法律有时用以判定特定案件中什么是正义的术语——解决问题。视实在法为将某种固定的传统习惯当作最高上诉法庭的这种念头是笨拙的；因而，一种尚不能被实行已久的更好的习惯所废除的恶法将不得不悄悄地被允许继续存在。这将意味着赋予文字以效力而对法律中所体现的正当精神予以摧毁。

相应地，适用于具体案件中的上述语汇所能正当指称的只是：任何行为，如果成为普遍习惯就成了恶行，就不能被法律所容忍。正确的方法已经因此显示于该语汇中。不过它只是表明，只有那些可以一般化并且和谐地贯彻于良好社会生活之中的法律后果可以得到容许。我们认为我们所讨论的这一行为是重复性的，而且如果我们发现当它如此一般化时竟与社会生活以及其自身的最高理念不合，那么我们就认定它是非正义的。因此，在这种情形下，一个具体的法律事件也受到了一般法律原则的检验，并依照这个原则受到判定；但并不仅仅受到作为一种独立课题、强行侵犯法的领域的实际习惯的法庭的裁决。

这就是"善良风俗"这一术语所能拥有的唯一含义。它作为一种古代历史情景的结果走到我们面前。它有时被用于希腊论理学中；而每个人都知道梅南德所说、保罗所引用的关于善良风俗（$ήθη\ χρηστά$）的那句话——被不良伙伴所糟蹋的一句话。罗马人也有此意，并用法律术语进行了恰当的表达。没有什么语言比帕比尼安的那句名言更体面地表述了它："任何违背我们的责任感、诋毁我们的名誉以及触犯我们羞耻感的行为，以及当我从一般意义上来说的话，那些违背善良风俗的做法，即便我们能做也是不可以接受的。"(D. XXVIII 7, 15)。随着人们对罗马法的接受，这个术语来到了德国并很快有了不同的译法。1610 年的《帕拉坦地方法典》(The Palatine Provincial Code) 规定，合同不得"违反善良道德、非诚信、欺诈，……因为这些东西导致罪恶、无耻和犯罪。"而在 1685 年的《修订的普鲁士公国法典》中，我们看到："总之，人们无需履行所有违抗上帝、他的圣言或善良风俗的合同。"而 1756 年的《巴伐利亚法典》规定，"违背自然或违反荣誉、法律和秩序事项中的协议是无效的。"现代法也展现了足够多类型的这类表述。于是，对于"不道德或者违背善良风俗的要式口约"(stipulationes turpes sive contra bonos mores)来说，《普鲁士一般法典》(*Prussian General Code*)规定了"违反荣誉的行为";《法国民法典》(*Code Civil*)里有"违法的原因……违反道德和公共秩序"(《巴登法典》(*Code of Baden*)再次译回了这样的术语:"违反道德或国家秩序");《奥地利法典》(*Austrian Code*)中有"禁止";《瑞士义务法》有"实施非法或不道德行为的合同"。而当我们的民法典委员会决定对"boni mores"一词进行翻译时,该词很长时间内处于从其传统的复数形式变为单数的危险之中。这并不会构成一种极大的不幸。

总结一下所述:"善良风俗"是一个有时出现于法律之中的偶然术语,它本来是一个无害的短语,其音节和字母不能为我们提供我们所要求的标准的任何信息。不违反"善良风俗"的命令只是正义法成为判断规范这个普遍可能性的一种适用。

而另一方面,我们不能将涉及具体法律内容中客观正义的存废的裁定拿到实在法领域以外,并把它交给一个陌生的主人,即交给"善良风俗"。疑难案件中正义法的寻找与确立必须依照一般法律秩序的基本统一性进行。因为正义法无意成为一种拥有其自身质料并适用于特定经验事务状态的规范,而是成为一种拥有特定形式上的品质的法。"善良风俗"或"诚实信用",或其他此类的术语并不指称一种维持某种法律之外的存在的规则。当某种法的内容具有形式上的正义品质时,它们就显身了。诚然,我们可以恰当地把一个符合这些理念的法律规则称为高级规范,但仅此而已,就像我们只能将一个聪明人说成是比一个智力有限的人更优越一样。因而,一个依照"诚实信用"或"善良道德"——或一般来说,依照正义原则——而制定的规范也只是一种拥有特种品质的法。

举例说,多数早期的法赋予佃农在他的年成因异乎寻常的厄运而大量减少时要求减租的权利。关于农民的这种权利,《民法典草案报告》认为"它仅仅是一种建立在衡平基础上而不具任何法律基础的权利"。这是匪夷所思的。从技术观点看,这种减免权要么是法律所赋予的,要么是法律所否认的,因而相应地要么具有要么不具有法律基础。从理论上考虑,每个案件中的法律裁决要么具有完全的客观依据,要么不可思议。而在第一种情形下,它就是正义法。这里的根本错误在于一种隐藏的理念——与实在法比邻并在它之外还存在着另一种规范,这种规范拥有一种它自身的质料和无尽的数量,而它现在被称为"衡平"。

这与上面提到的那种面向狭隘的经验主义的倾向有关。无疑,一个只认识和看见经验地聚集在一起的事物的人;一个认为难以区分性质与客体、方法与质料,并视某种形式方法为某种特殊科学考察的主题的人会轻易陷入这样的错误之中——以为正义法以及适用于其中的法令全书里数不清的名称必定再次构成大量独立的特殊经验,或者说拥有物质存在的道德幻想。我希望我们的讨论将摆脱这种错误的解释。正义法是其内容具有某种特征的实在法。在本书中,我们将从法律制度的基本理念中并且摆脱僭越性暴君的任意权力对这种特征作出断定。

这也可以用另一种方法来表述。涉及特定法律内容的客观正义的判断不得从外部带进来,而必须仅仅从法自身的邻近统一中作出。因此,正义法既不必在实在法内容以外构成,也不必用另外带进来的学科作为法律内容的判断标准,根据前者的外在法则来调整它。它总是也只是法律科学自身的一个问题。正义法必须被看成是一种特别构成的法;它必须以这样一种方式构成,这种方式将把人们的注意力仅仅导向某个具体法律内容与法自身的最终目的之间的一致。

先验地闯进法的地盘并用另外一个部落的勇士征服其领土的努力长久以来一直在进行。与此不同,如果我们的计划成功的话,它自身的基本原则将独行统治。但承载它的表牌*已丢失,它的内容已暗藏。深深挖掘它们是必要的。不过,不管出现什么结果,有一点必须坚持,不得退缩且不得动摇。这块土地不得由外力来统治。法律之外的任何力量都不能决定这些规则所蕴涵的概念。任何判断都不能决定什么是正义的,除非这种判断与法自身的原则相一致。

---

* "the tables",如《十二铜表法》(*The Twelve Tables*)中的"表"。——译者

不过，我们应否至少将道德作为某种例外？我们应否将人们常说的"时代的伦理观"认定为解决我们问题的即时权威？正义法的内容应否从伦理理论中产生？我们的回答是绝对否定的。

第二章　正义法与伦理理论

第一节　法律性与道德性

伦理理论的目的是个性的完善，而法律制度与行为的调整有关——我们可以视此为一个公认的基本事实。前者试图教导人们，一个特别情形中的特定个体如何在其内心决定和思维内容中保有善意。其进一步的配制是朝着这一方向的各种努力。而其权威完全建立在这样一种共识的基础上，即它们为意志的正确意图提供了可行的理论。

法作为一种对人的行为的外在调整器而呈现其自身。我们这里是指规范的制定，而这些规范是独立于个人遵守它们的意愿的。一个人是因为认定法的正当性才遵守它们、出于对法的尊重而服膺它；还是因为某种自私的动机、对惩罚的畏惧或对奖赏的希求；或者最终他是否对它有任何思索，抑或仅仅依习惯而行事——这些都是无足轻重的。

伦理理论涉及一个人自我意志内容的问题。在这个人的心中，必定不存在实然和似然的对抗(the opposition of being and seeming)。法的含义在命令他人的意志中得到了完全的表达——它以人们外在合作的正当性而不以他们内心生活的善良为目的。就法对受它约束的人的意志的理会而言——如在债或善意取得的情形中那样，问题总是仅仅涉及行为人对特定法律规则内容的认同，而不涉及道德法则绝对命令意义上的其思维的纯粹性。

如已所述，道德的内在性和法律的外在性之间的区别是显而易见的，且被人们关注已久。在引述它时会存在常识的危险。不过，最伟大的思想家们再三认为，强调目的上的差别和两种规范的要求是值得的。在苏格拉底的哲学中，我们发现了上述区分。塔苏斯的保罗对此有很深的印象；路德给了它一个强大观念体系中的中心地位；而康德用精致的精确性把它体系化了。但他们只向我们给出了一种这种区分的启示。系统性阐释工作已然等待着人们去做。

法律方面照例没有得到多少关注，或许是因为法律被视为辅助性的东西，因而被视为一种不重要的工具而已；而他们思维的重心专门导向了伦理和宗教问题上。有一点是可能的，即，一种对伦理和法律问题的更执著的比较会导致许多有益理念的发现。这种比较旨在为两个领域提供真正成功的例证，而且是比仅仅对它们作出区分进而对其中每一个进行单独追踪的做法更有效的例证。

矿井已深掘，它会把我们带到金层。我们现在必须对矿石进行加工，敲开顽石看看我们能够成功地找到什么。这可能是值得的。

伦理和法律不得不实现两种不同的任务——如果这是真的，那么怎么可能将二者结合起来？它们真的必须在共同显身于历史早期以后完全分离吗？ 42 它们必定永远不再相见，而是单独、孤独地行事吗？

完全可以肯定我们这里遇到了巨大的麻烦。首先，这两个学科的实质尚未因上面就意图的调整和行为的规制所作的区分而显得足够清楚明白；而且我们不能清楚地看出实际情形中应该如何划定界线，以及何种人类行为应当归属到一个学科，何种应归属到另一学科。

严格地说，道德性和单单法律性所引致的差异对双方来说都是消极的。积极地概括其特点，我们必须沿着平行线追踪它们。只有这样我们才能获得一种既清晰又有效的共同程序方法。通过对这个领域的精确观察，通过对我们希望控制的属于每个领域的任务的适当划界并通过对和谐地指望的目标的系统把握，我们将会把二者共同发生作用变成现实。

追求这一点的一个新的有效刺激来自社会意识的进步。在这种进步中，我们上面谈到的法的必要特征得到了比以往时代更清晰的标识和更明显的可见性。为避免重复，我们提请读者参看前一章，并作进一步探究。就实施正义的目的而言，迄今为止尚处于分离状态的法和伦理的两种范围再次如此紧密地相互靠近,以致法律判断和伦理学说之间的关系问题成了一个活生生的问题。它们以一种表面看来不确定的方式相互靠近,而"法的伦理化"这一术语并没有令人满意地解释这一点。我们不可以也谈谈"道德的法律化"吗?我们由此可以获得什么?答案将不得不顾及三个方面的考虑。

1. 属于伦理学说和正义法的实际领域是什么?将人类意志的质料层面分成绝对不同且代表我们两类规范的两个类型是可能的吗?或者说,也许这种意志的每一种如是表达难道不同样属于两个类型的规范吗?如果法在一种确定意义上确然与伦理同行,那么我们也必须知道其中一个在其活动中在何处与另一个相遇。而既然正义法旨在用客观有效性对人类行为进行判断和认定,它似乎可能想为它自身获取新的地盘,而这个地盘迄今为止尚处于道德学说的独霸之下。这仅仅是一种前沿插曲,或是一种边界线那边主权变换的广袤土地的实际占有?抑或说,也许确立这两个统治权威共同而不分割的疆域难道不是解决现在悬而未决的问题的正确方法吗?

2. 最后那个选择方案将证明是正确的。从质料上说,正义法和伦理学说拥有相同的领域。它们共同控制和引导它,但是在不同意义上,并怀着不同的目标。因此,其中每一个必须保有自己的方法并用它自身的方法贯彻它,而不能简单地从另一个手里接管它,或简单地屈从于它。我们将用两节篇幅考察这一点,其中一节用于正义法,另一节用于伦理理论。

3. 但它们不同问题的区分不得走得太远,以致我们所关注的这两个规则体系在控制相同的质料上永远保持绝对的分离状态。因为二者是同根的。它们都涉及人类意志的判断和认定;且因此受制于相同的法则。因而,其中任何一个在其孤立状态中都不能完全令人满意地完成其使命。而唯有在其联合中我们才能成功地建立一个人类持久渴望其和谐形成的根本而普遍的观念统一体。

第二节 质料的相同和目的的不同

一方面属于伦理理论,另一方面属于正义法的不同问题不能通过一种人类行为的分类而得到界定。我们不能将人类自愿行为分成两类,其中一类属于纯粹道德范围,而另一个属于正义法范围。这是不可能的,因为我们总得面对意志的正义内容的问题。伦理理论涉及思想的纯粹性,连同内心生活的至善;正义法指的是一种确有根据地判定外在行为的意志的内容。因此,它们之间的区别不在于这种或那种行为的特定内容,而在于对正义的渴求显示自身的方式的不同。前者寻求实现个体人的善良意图,后者旨在实现社会外在生活中的正义。因此,伦理和正义法所涉及的行为是相同的。区别在于目的——我们在调整相同质料时所怀的目的。

相应地,人的每一个行为可以属于一个双面的理念体系,并可依正义法规则予以判断,或从伦理理论的视角得到考虑。因为在每一种情形下我们都可以提出这么一个问题:某个特定行为的外在方面是否是正义的,以及在此种行为中是否也存在纯洁意图和行为人自身纯洁意志的结果。当一个善良的撒玛利亚人*救起一个受伤的人并对他进行护理,且如此自发地大发善心,以致筹钱给店主以便治疗伤员时,他是在依正义法行事。而如果他这么做是出于外在的考虑,是为了得到称赞或避免责难,那么从我们的第二个问题的角度看,他的行为不会是善的。

这种双面考虑方式可以毫无例外地在所有行为中找到。甚至当一个问题初看起来似乎远离这两种处理方法时,它仍适用于伦理和法律规则的制定。我选择友谊的建立及其对在这种友谊中联合起来的那些人行为的影响作为例证。认为这属于正义法领域之外的想法是错误的。

之所以会出现这种错误,大概是因为这种情形,即我们混淆了一般法律秩序的理念与它的特殊形式,似乎一般法等同于它的那种指称可予实施的集权命令(centralizing command)的形式。同样,我们错误地将法的一般理念与它的一种形式即确定的相互权利义务的直接形成等同起来。而为什么赡养的义务与继承的权利以及其他结果不能在技术上附丽于此类友谊的联合(见证 affatomy 即收养为儿子,或德国法中的 blood-fraternity)。但社会秩序照

---

* The Samaritan,古代巴勒斯坦城市撒玛利亚地区人。按《圣经》的说法,撒玛利亚人乐善好施。——译者

例允许朋友间按他们自己的方式自由决定其相互间法律行为的细节。不过这样做是有所期待的,即,交往者之间作为与不作为的正义由此会得到真实的推进。考虑到这个问题上的通常立法态度,我们这里有了一种规则,这个规则利用了个人自由奉献于社会的特殊手段。这与集中化命令是有区别的。但二者在其对立中都只是实现法律秩序的不同手段,而这种秩序用强制力包括了所有的社会存在,并仅仅按照其自身的理解依这样的设想——这样可以导致社会生活的福祉——允许个人的自由活动。然后那些朋友们创设其行为的正义规范的特定内容。不过他们如此建立的东西在观念上形成了外在规则统一体中的一个连接。而且它在其意志的倾向上与意图问题和联系起来的那些人的理想忠诚问题有区别(既然它涉及外在的和相互的行为)。

于是,如果在每一个毫无例外的意志活动中,那个双面问题由正当行为规范和适当引导动机所致,那么每种情形中对不同问题的答案必定按适当方式产生于意志的根本法则。关于这个问题的两个要素即关于双面问题对所有行为的适用和关于方式上区分的必要性,我们可以有几个初步的考虑。

能够只从伦理的角度考虑的行为,文献中已经列举了三个。它们是:人对上帝的行为、对低级物种的行为和对其自身的行为。但其中任何一个都无望切断这里所呈示的推理链。

第一个只能作为模糊的平行物被引述。对一种绝对存在的义务永远不能放在与伦理理论所要求的义务的相同水平上。因为后者是建立在人性理念基础上的,作为一种理性存在物的人由此必定总是被视为他自身的目的。在这个意义上,一项对上帝的义务没有任何意义。

同理,单说与动物、植物和石头相关的道德义务也是一种难以琢磨的理念。相对于它们,我们实在不处于法律义务的关联之中。它们既不约束我们,也不能为我们所约束。"正直人尊重畜类的生命"这个说法无疑是对的;因为不怀任何目的让无辜的动物受罪的人是情感愚钝的人。这种情感的愚钝性使他在施与人类的善意方面大有可疑,如贺加斯*的著名雕刻《残酷的奖赏》里

---

* William Hogarth,18 世纪英国画家和雕版家。——译者

所表现的一样。摧残动物的行为在道义上的确是可谴责的,但这不涉及任何与通常伦理动机相区分的东西。禁止的目的是防止与人类目的相关联的观念的野蛮化。

另一方面,从法律上禁止粗暴对待低级动物是可能的,就像存在着对亵渎神明的惩罚或保证宗教忠诚的法律一样。但在这里,也是人类社会形成了这些规范的动机。争论的问题是针对他人的正确的、外在的行为。而这种考虑与伦理学说特殊问题的分离并没有因此而触及。

不过,那种所谓的对人自身的义务也不能导致不同的结果。它们只构成在人的相互关系的正确意志中产生的一种特别情形。一个人不得像任何其他人一样把自己降格到仅成为其欲望的工具的地步;他不得忘记是社会造就了他,且每个人在其他的每个人身上分有一份。但如果这种情形确实发生了,我们就再次面对着那两个问题:是否适当的社会生活未因此受到伤害或毁灭,以及其次,这种伤害是否即使在思想上也必定无法避免,以及意志是否被引向忠诚意向下的适当行为。

如果情景涉及可能的人类在孤立状态下的生活,事情也不会有任何改变。当罗宾逊·克鲁苏远离他的同类独居而他的思维和意志中保持着人类的理念时,他做的是不错的。而我们可以在想象中承认,可以设想人类过孤立的生活并发展出一种理性的意志体系和一种开明的意图道德境界。但这个孤独的个人来自社会并回归社会。而当他的作为或不作为受到判断时,它就被放到了与社会人的关联中了;恰如在设想孤立状态下的理性存在物时,我们最终不能避免考虑他们与其他人的相会。试图证明一个意想行为的正当性与非正当性,你就会意识到,不关注他人——行为的对错是相对他们而言的——那么证明是不可能的。

我们现在已论毕上面所提出问题的第一个层面。不存在任何我们不能从中提出上述两个问题的人类行为:它在法律上是正义的吗?在伦理上是正确的吗?这两个学科拥有相同的质料基础,并与相同的意志活动相关联。与此相对,我们现在必须更清楚地强调它们在方法上的区别。

我们在四种不同意义上使用"道德"一词。

1. 我们将它用于所有正确的一般人类意志,不管其目的是意图的纯洁性还是行为的正确调整。在这个意义上我们说,社会问题是一种道德问题。

2. 该词也适用于道德学说的特殊问题,这个问题与设定和维持意图的纯洁有关。因此针对法利赛人自满的骄傲感提出的劝告是一种道德教条,"你将成为一个完人"也是一种了不起的命令。

3. 一个规则如果将某种特定行为模式展现为具有客观正义性的东西,并因此奠定了正义法,那么它就是道德的。"依道德义务所作的赠与不得撤销。"(《德国民法典》第534条)举例说,一个有钱人的弟弟不因自身的过错而成了穷人,这位富有的哥哥就搭救他并给他适当的赠与。后来该赠与的接受者作出了一项卑鄙的恩将仇报的行为。上面的法条规定,该项赠与不得撤销,除非其原始动机不是完全道德的。现在的问题是,赠与人能否在这种情况下说,我作出此项赠与的动机是体面地面对公众、避免这样那样的不愉快;我并非依照单纯爱我弟弟的道德义务而行事,因而,在设定的法律情景下,我现在可以撤销我的赠与吗?没人会怀疑,这不是该法的意图。该法指的是体现为正确行为的赠与,而不是从纯粹动机中产生那类东西。

4. 最后,道德一词被用作性问题上的正确行为的同义词。在这个意义上,我们论及一种违反道德的行为,等等。看公式:

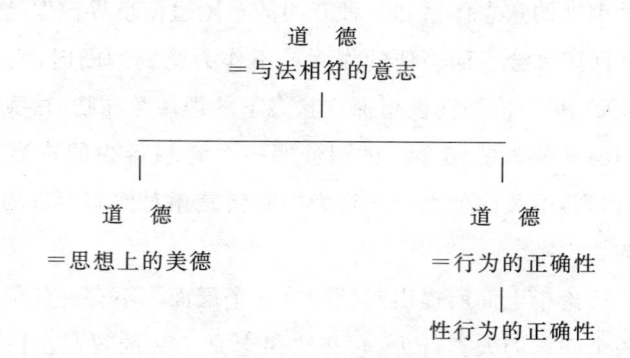

$$\begin{array}{c} 道\quad 德 \\ =与法相符的意志 \\ | \\ \underline{\qquad\qquad\qquad\qquad} \\ |\qquad\qquad\qquad\qquad | \\ 道\quad 德 \qquad\qquad 道\quad 德 \\ =思想上的美德 \qquad =行为的正确性 \\ | \\ 性行为的正确性 \end{array}$$

这里我们不谈该词的第四种用法。不过我们也必须不考虑该词的第一种含义。它不能为我们提供任何好处,而且存在导向细微末节的危险。因为如果道德意味着等同于与一般法相符的人类意志,那么这个社会问题也肯定会属于这个范畴。不过这种包含还不会指称任何很深刻的东西,就像,比如说,如果有人说科学问题是一个自然法则问题是不深刻的一样。因此,在适用"道德"一词时,我们必须小心,不要卷入关于纯粹文字的论争。因为这显然不是我们的目的。不过,为了弄清事情本身,我们必须在我们人类社会生活问题的每个方面都小心谨慎,以便在我们考察这两个根本问题的方法上保持清楚的认识。这两个问题是:行为人的内在意图是正当的吗?他的行为是正义的吗?

一夫一妻制婚姻恰当地建立了一种不同性别人之间完全的爱的关系。这里,将婚姻说成是一种正义法制度比将它说成是一种道德制度更合适。因为当一个人缔结一项婚姻时,我首先只知道他的外在行为是正确的。他是否能够经受伦理判断的考验则是另一个问题。这取决于他迈开这一步时的意图,他的动机是否属于不带任何隐衷的真爱,或者也许属于财富、有影响的关系或者其他离题的动机。我们不能逃避这么一个事实,即,我们因此有了两个不同的问题。而我们感兴趣的正是这种区分。

因此,那些试图通过论及正义法义务的履行而展开和解释伦理问题的知名伦理学家是错误的。这两个不同的问题不能用这种方式辩明。连康德这样一个巨人在表述基本伦理法则时也适用了下面的例子:"一笔储蓄款在我手里,其所有人已经死亡且没有留下任何与它相关的文字依据,"并由此推出结论说,通过所有安全途径增加个人财富的座右铭不能成为一项普遍立法原则。而仅就归还一笔存款的义务而言,它不一定构成我们刚才所认定的那种伦理问题的一部分,而显属一种正当行为的情形。这方面的伦理性问题可能是,激励受托人归还信托给他的东西的动机是什么?而且,仅仅归还一笔存款的义务不是一个需要人们绞尽脑汁思考的问题。但当相关当事方的关系变得更加复杂时,疑难问题就会出现。而这些疑惑将清楚地表明,我们必须首先调查清楚涉及正义法情形的诸方面。特利封尼(Tryphoninus)引述过如下情形(D. xvi 3,31):"一位证人因一项公罪而被判递解出境(deportatio in insulam),而他的财产被国家没收。受托人将把信托于他的那些财产交给谁?"他还提出了一个问题。"如果一个人存了一笔钱,而钱庄同时发现这笔钱是通过抢劫得来的,那么这笔钱必须交给存款人吗?"这些疑问由伦理学解决。伦理学探讨的是意图纯洁性的完善和"像爱你自己一样爱你的邻居"的动机。就方法而言，理想的解决途径必须发现于一种独立的考察，并发现于正义法的性质问题之中。

还有一件事必须提及。在揭示法与道德的关系时，我们经常发现人们在一种纯净的、完善的道德信条和一项实际的制定法之间作出区分。这种比较是错误的。道德也生成于历史条件下，而且，在它试图形成某种体系时，可能轻易地将自身展现为某种实在信条。在人们可能适当尝试形成一种伦理哲学信条之前，必须对道德的这个实在阶段进行研究。相应地，这两个领域的发展中存在着某种平行关系。实在法和正义法与实在道德（positive morality）和基于理性的伦理相关联。我们可以暂且将这两个阶段合而为一，并对法与道德进行比较。但如果我们只想从一个方面打量这两个阶段中的一个，并与另一个进行比较，那么我们就必须要么对两个方面的实在规则进行打量，要么用这么一种方式在两个方面确立两组规则，以使它们将在其各自领域中在其与各自问题——这些问题使人类意志与法律相符——的关系中占据相同的位置。

最后，通过对法与道德这两个问题进行更精确的区分，我们确定伦理学的质料域——一个人们如此长求而不得的东西。而通过这种方式，我们可以填补一种甚至批判哲学*的形式伦理都没能完全填补的空隙。绝对律令（the categorical imperative）——它的缩写公式是"自由意志"——自身的实质和含义肯定受到了人们经常而激进的不必要误解。许多人认为它旨在成为一种道德法则意义上的普遍化命令。他们并不知道它只是意在作出某种界定。它只是对这么一个问题的一种表述——诚然是一种终极的表述——什么是作为一种人类意志性质的"善"？那种以为自己已经知道"善"的概念是什么并作为一种已知的量而将它放在他的理念圈里的人；那种只关心这个概念在人们中间的起源的问题并希望知道它在历史过程中以及在不同民族中经历了何种变化，或者想知道我们现在通过何种程序才可以逐渐拥有它的人；——那种对这

---

* 指康德的伦理哲学和法哲学。——译者

些问题怀有极大个人兴趣的人从绝对律令的公式中学不到任何东西。它只对这样一些人有意义,对于这些人来说,所谓"善"的概念是一个问题。它是对该概念的系统界定,而没有其他意义。

这就因此意味着,甚至在我们建立了这个伦理公式以后,这样一个问题仍有待解决,即,它的活动范围有多大?如此确立的概念将在何种意志行为中找到它的适用?我们的回答是:在个人的私人活动中,随着它在一种法律安排的社会生活中展现它自身。相应地,我们必须首先在正义法的具体层面中确定正义法的内容,而伦理问题将带着真诚的信念和爱心进而成为正义法向主体一方施加的诸多要求的满足。至于上面提到的那种质料基础是否穷尽了正义法为伦理学所准备的全部基础,我们无需被这种疑问所困扰。因此出现的关于如此界定的意志主题的完整性问题必须给予肯定的答案。

理由如下:所有就一项意志行为的正当性所作的分析判断将拿一种指向某种目的的意识的内容作为它的客体。批评的适当主题并非此类行为,而是它后面的意志内容,就其能够被认定的情形而言。该行为本身作为一种外在现象属于自然科学,并受制于因果律。作为一种特殊而基本的意识行为的意志属于目的法领域的问题。如果我们将这一点适用于我们的问题,我们会明白,就与单个主体自身相关的该主体的意志行为进行判断,或者就作为其他人行为规则而出现的某种意志内容进行判断,是可能的。没有第三种可能性。因此,当行善的伦理意志将实现于某种特别情形中时,除了依照正义的社会规则行事以外不存在任何其他基础。由于伦理的本质是无条件地服从正当法则并从信念转向正当法则,因此就必须存在着正当行为规则。而如我们以前所述,这些都包含在社会规则的概念中。而在这些社会规则中,法律规则因其强制有效性而占据了首要地位,即将那些习惯规则认可为从属的东西。

显然,我们不得将法视为法典条文里所规定的东西。正义法完全不必得到实在法的认可。在那种情况下,前者与那种应取代实际有效规则的规则相一致。而伦理意志应当服从的那种规则与实在法规条之间的矛盾的确是可能的。但认定如何作出正义行为的方法在任何情况下都是正义法的方法。如果有人不愿接受这一点,他就必须知道用以确定正当行为规则的另一种基本方法。这另一种方法属于何种理论？联结所有必要因素的公式是：从善良动机的角度形成法律上的正当意志。

第三节 正义法作为一个独立的问题

此书的第一部分以这样一个问题结尾：正义法的内容能否径直从伦理理论中推出？我们上面的讨论表明，这个问题必须得到必然、无条件的否定回答。一个以性格形成时和观念净化时的意图的完善为目的的理论在解决它的问题时必须遵循一种与另一种理论——这种理论的客体是要显示某种行为规则何时具有内容上的正义性——不同的考察和揭示方法。前者的首要目的是，那些从科学所提供的教育和指导中受益的人在所有情况下都应当自行设定其自身的正当意志，而就正义法的内容而言，这种目的对于那些受制于它的人来说是不存在的。为了正当协同而为其他人提供目的的某种意志的内容就因这个原因而带有与那种以主体自身的内在完善为目的的意识状态不同的性质。诚然，二者都相应地回溯到人类意志的相同最高法则。但这种最高法则在以上显示问题的区分中找到了其不同的具体适用。我们尚须把我们目前的问题弄清楚。

人们认为两个真正受到基督教教义精神激励和熏染的基督徒永远不会按照正义法进行一场争论。但是，这只有在这种情形下才有效，这种情形是，我们对这种教义形成了某种苦行观念，并设想他们不仅从伦理评判和完善的角度鄙视所有有限的善，而且他们将这种理念直接贯彻于其外在活动中。我们将有机会在后面的篇幅中谈到这一点。不过在这里，有一点的确是显而易见的，即，如果他们中的每一个都愿意除了将可能成为争议实体的外衣送人以外，还将他的斗篷送人，那将完全不存在任何法律争议。但这仅仅是抛开了正义法的问题，并且没有解决其内在问题。

但我们面对着正义法的问题。它出现于我们无法摆脱的社会生活的存在之中。不，即便我们设想有朝一日所有的人都按照对正当性的无私而真诚的热爱的原则行事时，外在合作规则仍然永远不可能被废除。因为它们直接包含于一个社会的存在之中。它是那种自身就赋予合作性协同中活动的理念以内涵和现实性的观念性因素。我们因此不仅认为,由于人们后代邪恶的欲望将肯定不会消失,因此法律制度是人们很难摆脱的,而且认为法是一种必要的先验性东西,因为它不可避免地暗含于合作的理念中,而后者是我们全部讨论的主要对象。

因此,不管人类的伦理完善在历史过程中可能走得多远,作为一种具体考察对象的正当社会生活规则将永远存在。世界不同地区生活的技术可能性、变动不居的性质和性能、外在条件——所有这些都为合作提供了特殊的基础,而这种合作必须得到调整。而这种调整构成了某种独立方法和研究的对象。一种单纯的技术经济不可能直接由个性的良好意图和完善控制,如果我们想得到最后的结果的话。我们的问题具有这种性质,以致我们必须首先依靠外在的行为规则把握它们。在我们打下了一种适当调整的外在合作的基础以后,我们才能将良好伦理活动的架构立于其上。

不过,即便在我们建立了这种伦理架构以后,正义法仍将保留其自身独立的问题。因为在确立我们的外在合作规则时,我们总需考虑权利与义务的相互性。而伦理法则不具有这种相互性。它定下一个标准和一项义务,而不关注相互的保证。伦理律令因此将受它自身制约的个人孤立了起来。即便它关注所有的人并对他们施以同等命令,但所有这些命令仍然只是一些独立因素的简单堆积和总括。因此,不存在任何相互且限制于这种相互性的伦理义务。伦理法则向个人施加无条件的义务并对每个人单独发令。唯其如此,关于某种法律——这种法律对它的规则进行权衡以满足相互的关系,并在此基础上制定正当的外在行为规则——的独特问题,伦理学没有任何发言权。正义法的获得因此仍是一个需要其自身方法的独立问题。

我们也可以用如下方式更准确地表述这个问题。不存在任何调整人们之间相互关系的伦理事项。一个道德上的良好意图也与其他人有持续的关联,而且道德律令所造成的孤立状态不得被视为一种具体的空间上的孤立,这诚然是真的。但伦理要求一旦用某种正当内在意图提供了它的宣示主题,它就完结了。道德宣讲者在其实践工作中只要求又一个单独的个体,而正义法的

44　第一部分　正义法的概念

创制者和施行者则无法摆脱两个人之间的某种关系的正当调整。

57　　在我们的时代,政治学与伦理学的关系中已经特别频繁地出现了问题。在此前讨论的基础上,我们可以用以下方式肯定地认定这个问题。实际政治问题属于正义法领域并且与伦理理论无任何直接关联。在政治学中我们总在探讨个人或社群相互之间的行为,无论我们探讨的是外在规则的创设还是它们的适用。如果我们对标准的选择排他性地置于伦理理论和蛮力之间,我们就不得不得出这样一个悲惨的结论:政治问题的决定性因素是蛮力和私欲,而不是任何其他东西。但上述选项是不成立的。伦理宣教只是那种与蛮力对立的正当意志的一部分。正义法构成它的补充,而政治问题属于后者。

　　不仅国内政治和个人自身领域里的权利组织如此,而且各民族和国家之间的接触和条约中所展现的外交关系也如此。人们追问和质疑的是,通过接纳外国组成一个外在社会是否正当?在何种程度上提出要求并将自身的义务确认为这样一个社会的基础才是适当的?所有这些都是正义法的问题。因为

58　我们这里考虑的还是实际的和理想的合作,并正在寻找那种将使这种合作变得可能的并显示于其中的法律调整方式。而如我们前面所言,法律调整必定以争议为目标。

　　我们不能说社会关系是历史的产物,起先处于野生状态,然后伦理判断才适用于它们。社会问题首先关注的是外在行为,即它们必须首先考虑道德事项——在道德一词最一般的适用上使用该词,即与正义法的目标完全一致的那种使用。当我们对后者进行了独立的思考,并发现和适当确立了它时,那时,也只有到那时,伦理理论才带着它的律令走进来,这种律令是:被确认为正义的东西应该接受我们对真理的神圣热爱。

　　就正义法内容的正义性而言,没有道德,试图通过基督教伦理对正义法问题进行认定就是一种事功的浪费。而反过来说,对基督教伦理吹毛求疵的那种批评是非正义的,因为它也不包含正当外在行为规则的原则。就基督教伦理理论忽视正义法问题的程度而言,它被赋予了用一种超过所有预期的效率和纯粹性的方式提出其自身问题解决方案的能力。

第四节　伦理理论是一个独立的问题

通过仔细分析伦理理论（在该词的严格意义上）以内在完善和善良意图为目标的基本观念，我们可以更准确地了解伦理理论的功能。这么做时，我们无需详尽的伦理学。我们也无需考察它的基本原则或推演出它的最高法则。我们更无需进入伦理辩伪术的细节或考察伦理教育的相关问题。最后，我们不关心道德律令在人类历史过程中的起源。我们这里关心的问题是：在何种意义上伦理理论的独特问题能够得到与正义法问题不同的适当考虑？

在反思这个独立问题时，我们必须先提请读者注意这个问题的消极面。伦理理论必须忽视仅以外在行为的正义为目标的一切东西。所有那些可以通过外在行为和服务得到圆满和彻底解决的问题都涉及法律指引，而与伦理学无关。当耶稣将当一名判官或决定遗产分割看作是其宣教功能以外的事情，并拒绝对要求征税的政府的正当行为问题表态、拒绝就任何涉及"属于恺撒的事情"的问题表态的时候，他就给这种观念作了正确的表达。

在基督教缔造者的这种情形中，这种拒不关心外在规则的态度可能尤其意在宗教问题的解决。他想表明的是，上帝的恩典、恕罪、通过信仰的拯救和证成与那些事先确立的规则和外在性仪式是不同的。但对于我们这里正在讨论的道德问题来说，道理也是相同的。

二者都在这样一个有名的说法中得到了强有力的表述："而你，在祈祷时，进入你的内室吧，并关上你的门，向冥冥中的你父祈祷吧。"还有，"当你施舍时，别让你的左手知道你的右手所做的事。"这种伦理因此尖锐而显著地与良法区分了开来。"你已听说过，夕时他们被告知，不得杀生；任何杀生的人将面临审判的危险：但我告诉你，每一个与他兄弟动怒的人，将面临审判的危险；……你已听说过，有人说，你不得通奸：而我告诉你，每一个带着色欲打量一位妇女的人已经在心里与她进行了通奸。"

这些律令在其外在观念上构成正当行为规则。这种净化人心的劝诫旨在表达意思和思想。从后者的角度看，这种理念是否转化为外在行为是无关紧要的。过错,如果存在的话,已然存在于心灵中。新的宣示的目的,作为伦理教条的新的律令的目的,是净化心灵,尽可能干净地消除邪念,并代之以真诚的思想和某种纯粹的意志。

承认这个真理并将它作为一种与正义法不同的独立问题予以贯彻,人们无需坚持任何特定宗教承认原则。死硬的无神论者也必须承认既独立于宗教又独立于法律的伦理问题的可能性。可以这么说:在你的思维和意愿中,在你自己最内在的生活中,要表现得如同一位全知者站在你面前。消除可能象征着与存在和似在(being and seeming)对立的一切观念。真实于你自己。

如果这一点要得到成功的实现,我们显然必须拥有一种伦理理论的系统纲要——迄今为止这种纲要只有哲学家们在罕见而偶然的努力中才通过介绍的方式尝试过——作为基础。不过,我们必须从这种前瞻式偏离回到对我们开始探讨的那种独特问题的进一步揭示上来。

显然,我们的问题(将所有细节放在一边)的终极目标是要将自我从所有私利中解放出来,并且代之以这样一种行为:让意志充满对于普遍目的的忠诚。如路德所言:"所有非发自爱心的活动都受到诅咒。当活动的目的不是个人自身的快乐、功用、荣誉、舒适和福利,而是当它来自心灵并为了他人的功用、荣誉和福利而进行的时候,这种活动就是发自爱心的。"如果意志想获得正当性,欲望获得正义性,内在动机获得善意性,那么伦理理论必须务使呈现其自身的诸目的的内容受到自由精神的引导和决定——免纯粹主观欲望的自由。拿托普说得好:"如果一个人视其自身意志的目标为他自身的事务,那么他的意志就不是纯伦理的。只要他将自身事务放在与他人事务对立的位置上,它就不会满足它自身的法则。只有当我承认我的事务不是也不应该是那种应然的并且实质上是其他每一个人的事务以外的东西时,这种意志才具有伦理性。"

许多传授给我们的明确教导也含有相同的意思。我们可以轻易地看出那种爱我们的敌人的崇高律令如何能够构成某种哲学思维链的一部分。"你已听说,有人说你应当爱你的邻居,并恨你的敌人;但我告诉你,爱你的敌人,并为迫害你的人祈祷。"正当意图需要普遍性,而除非根除所有纯粹主观欲望,我们不可能得到这一点。而个人的厌恶和敌意是思维的这后一种性质的真正典型。而另一方面,一种对人良好而充满爱心性情的理念只能在用爱心拥抱个人私敌的情形中找到更普遍和绝对的表达。

但存在着造成更多困难的其他表达方式。耶稣在他的教义中强调了谦卑、受难和放弃个人权利的立场,这一点经常成为人们反思的对象。"但我对你说,补药抗恶:无论谁打了你的右脸,请将左脸也转向他。无论谁迫使你走一里路,就跟他走两里。向你讨东西的人,给他东西;向你借东西的人,别拒绝他。"这些表达一直被人们从字面上理解,而禁欲主义相应地被看作是基督教美德的最高理想。为了他人或本人而自卑和自抑、禁欲和自我折磨被认为是基督教的最高律令。人们部分尝试过通过强制来推行这种禁欲制度。另一方面,整个学说却被当作谬误而被拒绝。或者那些表述只有作为与其他命题相对立并与该缔造者自己特定行为相对立的不精确的自相矛盾的东西时才被认为是有效的。这表明,禁欲倾向不能当作支配型性倾向,而只能当作辅助性倾向。不仅如此,由于存在着其他教导放弃和牺牲的章节(《马太福音》19、12;21),因此人们表达了这样一种观念:应该在一种为普通人设计的伦理学说和一种为更狭窄的选定人圈子设计的伦理学说之间作出区分。

而这个问题也许可以通过这样一种假设而从原则上得到解决,这种假设是:我们所说的这种宣教不是实际行为,而只是正确的思维方向;这么做的目标是"你应当完美无缺"这个内在命令。

因此,这些语句的作用绝对不是要显示人们相互活动之间的正当分界线,或者显示外在合作的正义方式。一个人可以向另一个人提出何种正当要求,以及后者反过来可以向前者主张何种权利,是一个没有得到认定的事项。所表达的是一种理想的方向,一个人由此可以受到教育,并使他的思想听起来真诚。这些宣教并不旨在成为伦理法则。它们并不涉及具体行为方式。它们只以想象的假设昭示个性和动机基础的绝对观念。

内在生命摆脱所有主观欲望的净化可以在这样一种思想中更好地完成,这种思想是:一切外在事物都不应当太过看重。微不足道的事情不得占据一个人思想和意志的中心位置。而唯一能够满足这种要求的人就是那种已经逐渐最清楚地认识到这样一点的人——这一点是：外在的善里面不存在、绝对不存在任何他一旦迷失就会感觉到自己被歼灭或受压迫的东西，那种用他全部的心灵力量意识到在他内心生活的和谐中、在他心灵的安宁中，他是独立于所有外在事物的人。

另一方面，如前所述，一个如此受训和如此成熟的人将如何决定他对他人的行为中何种东西是正当的，是另一个问题。这个问题的答案必须在一种独立的考察和分析中寻求。如刚才所说，伦理学不仅自身是一个问题，它在完成自身的任务时也独立于所有外在行为规则。这也是其力量和重要价值之所在。既然它的专门目标是通过一种严格的个性约束去实现一种良好的意志，并经由自由和整体动机而加强判断，它就不能通过伴随它的何种合作秩序对伦理目的作出任何区分。伦理努力的独特内容，即每个单个个人的内在完善，仍然是相同的，不管外在立法忠实于其创制正义法的功能与否。

这些思考会引起进一步的话题。不过我们将话题限制在另一个例子。为什么一位穷寡妇的绵薄捐献恰好具有如此典型性？答案是，该赠品中存在着一种人们强烈感受到了的真正牺牲。但从这种牺牲自身考虑，它只是从苦行的角度来说是一种美德。它所引起的更大外在压力归根结底不是最重要的事情。真实的事情是，当一个人将其全部所有真实地送给别人时，其动机得到了明白的反思。我们毫无疑问地知道，这种牺牲的作出源于一种真正纯洁而真诚的意向，而非源于任何外在的计较。穷人的捐献中显示的是那种纯洁心灵的真实证据，且它并不是因为它是一种牺牲而是因为它出自一种正当的内在意向而成为了一种善的典型。

另一方面，在何种情况下进行施舍具有正当性，在何种地方进行赠与构成一项伦理义务，这样的问题在《福音书》的相关叙述中或它的任何其他教义中都完全找不到答案。福音没有为我们提供任何正义法的方法。它们只为我们提供了关于人类社会生活的一般学说。它们教导我们真诚热爱正义。所有的强调完全放在了人的内在生命的净化上。关于外在行为，一无所言。在我们的确明显发现关于外在行为的指示的场合，比如说在信徒们受遭外出成为布道徒并且其行为受到指导的时候，那里也不存在任何对于相互的行为的正义尺度的认定。那些指示局限于将他们的教义作为该教义自身的一个构成部分传播给他人，并局限于加强他们的信念作为其教义内容中信仰的证据。在这种意义上，耶稣可以谈及他的道德学说的范围："我的国不在这世界，"还加了一句，"我是王。"

第五节　共同进步中的融合

曾经有三个向同一个师傅学艺的制梳人。他们是他们自身之间以及与他人之间关系中温和、友善和耐心的化身。从来没有人比他们更勤奋、更寡欲，而且他们总是表现得同样意气、顺从和诚实。不过——凯勒* 在他引人入胜的故事中说——这一切都是"一种苍白的正义（a bloodless justice）"。三个人中的每一个都打着相同的有朝一日自己获得师傅手艺的算盘。"而一旦他成了师傅，他就想和塞尔德维拉**任何一位公民一样，过着精打细算和唯利是图的生活——对于任何不能给他带来财富的东西都漠不关心，不花一文钱，而是尽可能多地攒钱。"为了实现这种算盘——这是他们唯一的激情所在，他们毕恭毕敬地服侍那位虐待他们的师傅，每个人都想望用温和、正义和无与伦比的爱心将另外两人排挤出局。而当他们听说同一条街上住着一位有着一项七百福罗林收入的年长而富有美德的少妇时，他们就变成了竞相获得该少妇青睐的充满激情的竞争者。他们把这件事看作是一项有利可图的竞赛。

这种行为是正当和善的吗？这个问题本身就是答案。但相反的情形也是不合适的，也就是说当一个人自我满足于善良的意图而不费心在实践中实现他的意图也是不合适的。当现代文学讲到一种"恻隐派对"（party of sympathy）——那些善良的和爱他们邻居的人被要求参加这种派对——时，问题并没有因此得到解决。根据那个有名的故事，这可能为我们提供一个克里斯宾那德（a Crispinade）。我们必须知道人们在何处以及怎样能够将他所感觉到

---

*　Gottfried Keller(1819—1890)，瑞士德语作家。——译者

**　凯勒作品中乌托邦式的想象地。——译者

的恻隐之心恰当地实现于实践之中。缺少爱的正义是空洞的；缺少正当规则的同情心是盲目的。

二者必须再次联结起来。正义法与伦理理论分离的理由是为了清楚地理解两种不同方法的意义和问题，并且为了使其中每一个都能够独立遵循其自身的独特规划。但他们都涉及人们自愿活动的相同主题，并最终回到相同的根本法则：意志的最高目标。

因此，它们从不会真正自相矛盾。就它们每一个都在其条文和学理中得到了连贯和准确的表达而言，它们必须一致。当两种代表不同观点的考察最终都服从相同的法则时，情形总是如此。

最后，说正义与爱彼此处于互惠关系之中也不能使情况得到改善。因为我们的讨论涉及意志而不涉及认知现象。不过上述表述能够为意志提供某种类比，就此而言，它并未讲述任何使它得到更深层阐释的东西，而这种东西是我们这里所需要的。我们需要的是正义法与伦理理论为实现共同的进步而达成的联合。

这种要求的确不是没有危险。我们不得对它屈服到允许这种法吸收伦理规则并使它们成为自己的东西的地步。这样会意味着法的强制力将使善良的内心意图方面的命令成为它自身的一部分——一种不仅不可能而且是错误的事务状态。路德已经用一种有趣而恰当的措辞拒绝了这种建议："因此，当现时的权力想为灵魂制定法律时，他们篡夺了上帝的规则，且只能成功地强奸灵魂并腐蚀它。"而康德从另一个角度表达了相同的意思："那种旨在用强力在其宪法中实现伦理目的、想通过法律强制产生美德直觉的政治立法者是可悲的！因为这样他将不仅造成完全相反的结果，而且也会破坏和危及他的政治宪法。"

如果伦理法则反过来竟然试图调整外在义务，似乎它们属于它的领域并带有独立和自足义务的性质，那么混乱将同样巨大。个体完善的理想目标不能通过这样的规则实现，这种规则以相互正义的名义命令他人作出正当外在行为。当马基雅维里说"饥渴使人勤劳，法律使人善良"的时候，他的根本错误就暗含在这里。真理不可能受到比这更彻底的误解。

因此，正义不能通过混淆我们一直在讨论的这两个学科的内容的方式实现，而可以通过一种二者之间的攻击性和防御性联盟实现。但是，其中每一个在追求其自身的目标时也不能缺少为了共同的进步而进行的融合，如果它想恰当地完成任务的话。一个需要另一个。

1.正义法的完全实现需要伦理理论。什么东西在特定情况下构成正义法，开始时仅仅是一个知识问题。但利用这种知识并在实践中实现它就需要一种坚定的、不动摇的意志，而这种意志已经在对正当性的无私奉献之中找到它的目标和法则。对正当性的认知是不够的，人们必须有实践它的热情。而这种热情是由伦理学提供的。

对于那些不得不用言词和命令并通过法律指令和引导社群的人来说尤其如此，不管具体实在法设定做这种工作的人属于哪类人。这里我们必须区分(1)决定某个特定情形下何种东西客观上与正义法相符的指导，和(2)迫使正式立法者实际上表现出正当意志的教义。后者本身与柏拉图所要求的立法者的美德相符。这可以（以拿托普的方式）按个体美德的平行线设计出来：真理，作为认知正当性的那种坚定意志；勇气，用坚定的决心事实上实现正当性；纯洁，消除自身和他人身上一切带有自利味道的东西；以及包含它们全部的正义，在针对第三方的思想和决心中维持其他的三个要素。

由此可知，我们无需辩论正义究竟是一个伦理概念还是一个法律概念。这取决于人们判断该概念的视角。如果我们将它视为一个制定并实施法律的人的一种美德，那么它就属于伦理。如果相反它被适用于特定规范的客观内容，那么它就是一个法律问题。在第一种情况下，我们就立法者和法官个人进行判断，且把他们当作人来审视。我们思考的对象是他们意图的真诚性及其性格的纯粹性。我们检验其灵魂和意志的善意性，因而，"正义"作为"给予每个所应得的坚定而恒久的愿望"属于伦理理论的问题。但在我们对法的思考中，我们也可以从立法者个人身上抽象出某种东西。作为一种法律规则被传播的东西只能就其内容进行考量，而它的创制者作为一个个体则完全与我们无涉。在这种情况下我们就遇到了第二个问题，即，这种法的内容是正义的吗？还有，它是一个正义问题，但它是正义法的问题。

而这个问题,如我们前面所述,必须用它自身的方法予以解决。同样,这里不可能从立法者的美德直接演绎出我们所议的某种特定法律的正义内容。不过,如我们现在正试图证明的那样,正义法需要伦理理论以促成其完全的实现。二者必须联合起来并共同进行对非正义的抗争。

可以承认的是,这些热衷于这种联合的论点初看起来最像是"出自个人偏见的论调",诸如法律强制本身不可能维持人们之间的秩序与和平;我们必须也倚赖伦理教条的影响,以及其他同类的言说。但上面提及的这种联合的必要性也暗含于法典本身的本质之中。既然后者终究试图强制实施正义,这就必定意味着它必须接受那种旨在净化非正义意志的教义。

于是我们可以总结说,在社会问题上,存在着某种比单纯的正义法更高的东西。无论是法的制定者还是法的遵守者都不能将他们自身局限于对单纯正义的寻求。"使法律完备的是爱。"

许多政治家和党派所抱的利用单纯的正义法制度革除社会弊端和实现社会秩序的那种希望是注定要让人们失望的。法律国家的确是达到这种目的的必要条件,但仅凭它自身是无力达到这种理想目标的。这种理念在很久以前《萨克森明镜》(*Sachsenpiegel*)的序言中得到了更好、更真切的表达。

"一般来说我无法使人们更明智,因此,除非纯粹的上帝帮助我,否则我无法向他们宣讲法的义务。"

2. 伦理学说需要正义法以促其实现。如前所述,伦理宣教的对象是独立的个人。伦理学的要求完全独立于相互性服务。它要求个性和动机的完善,而不顾及他人是否同样愿意担负起净化其思想的伦理义务。不过,无论伦理学所包含的人类意志的内容是何种东西,它在其运行中都与人与人之间的关系和与他人的共同生活相关。相应地,对意志进行引导并用善来巩固它的确是一个自身完善的过程。但如果这个过程的结果要实现于实践之中的话,我们必须在另一种研究中确定正当的外在行为规范是什么。而正当意志现在就要适用于这种规范。

人们照例将这两个问题合而为一。足够敏锐地看出他们在其有意识的意志中同时遵循着两个不同的思维方法的人并不多。比如说,如果一个人说:

"我决意在这个特别情景中做或不做这事那事,"那么他这话中就涉及两种考虑。首先,他认定了这种情况下要做的何种事情是正当的——暗含的意思是也许他人的要求是非正当的。而第二个方面,他宣布,这种情况下正当的东西真正体现在人们的意志之中,而非正当的东西不得受到人们的认可。前者是一种建立在社会正义基础上的认定,后者表征着一种坚定地保持善良意志并且不允许倾向于削弱这种意志并使它偏离纯粹意图的影响物的误导。这些考虑在所有情形下都体现着两种不同的思维方法,其中一个导向正义行为的内容,而另一个导向善良的决心。

但这两个方法之间存在着这么一种区别。第一个能够自行提供一种可以施行于实践中的规范。因为它告诉人们如何必须依正义行事。而且,尽管如我们前面所言,它的因此受到限制的活动是不完整的,但显然人们仍然期望这种结果本身在实践中得到施行。

相反,第二个思维过程——它旨在善良意图的创造——的结果不具适用于直接实践的可能性。其目的是催生做正当事情的坚定意志。但这种正当性是什么必须用另一种考察方法找到。因此,就伦理理论围绕着它的独特目的即让人的内心变得崇高划出一条明线的尺度而言,它面临着悬于天壤之间的危险。它的活动可以完善用另一种方法——那个处理正当行为的方法——获得的那种结果。但没有后者,它永远无法导致任何实际结果。

但我们不得自我满足于一种否定的态度。伦理学说必须依据它的基本原则力争与正义法方法的融合。从伦理本质中我们得出的合理结论是:它必须使法律规则成为它实现的主题。可以证明的是,法的强制性是一般社会统一性的必要条件,这种条件实际导致人类社会生活的正当调整。而将自身与正义法原则的具体结果联结起来并赋予冷冰而枯燥的正义法命令以一种行正事的忠诚意志和不变决心的温暖而清新的趋向是伦理学的事情。伦理学必须做这件事,或者否定其自身的无条件趋善的命令。因为伦理理论在建立在正义法规则基础上的行为之外不可能找到其实现的任何其他领域。在这个意义上,我们可以顺意引用下面的语录:"因此,不仅因为畏惧惩罚而且因为自己的良心而服从是必要的。"

第三章 正义法与自然法

第一节 自然法与法的性质

自然法是一种其内容与自然相符合的法。但"自然"的意思是什么？该词不是有几个可用来举例的含义吗？这个问题不是不恰当的。因为实际上关于这节置顶的那个问题由来存在着巨大的意见分歧。如果我们想就"自然法"形成有效的判断，我们就必须首先弄清"自然"一词这里所指的意义，以便制定和证明某种与它相符的法。

"自然"一词在这方面可以从两种意义上加以理解。我们可以说"自然"与"文明"相对，我们也可以在与纯粹个体事例相对立的统一性意义上使用它。这里必须强调的是后一种用法。诚然，我们也发现"自然法"一词用于这样一种含义：它指称可以被视为流行于一种自然状态中，即处于人类社会生活之外并因此处于文明之外的、陶冶和完善人类能力的法则。这种用法特别由斯宾诺莎所阐明，并得到他以后其他人的确认。这些人认为自然法是强力法或强者法。在这种情况下的"法"一词指的是某种物体自然性质的表述，而相应的问题属于一个自然科学问题，而完全不是一个社会科学问题。它不再属于一个调整社会生活的问题，因为作为如此理解的"自然"与社会生活相对。而在这种"自然法"中我们一方面既不设定一个获得理想正当性意义上的稳妥建立的权威，另一方面也不存在一种与这种强者的权威相应的弱者所服从的自然义务。

现在从一种自然状态的理念跨到社会状态的理念，并将"自然法"理解为一种不加刻意系统考虑和判断而出现于自然事件过程中的法，我们将用这个术语指称实际存在的自然法;因而自然法和实在法之间的对立消失了。我们现在知道,"自然"一词的第一个意义并没有在我们目前的思维链上将我们带到更远的地方。

诚然,"情趣盎然的田园牧歌"要求向"自然"的回归,作为人类生存的正确模式;我们也将一位诚实而正直的人说成是"自然的"。但我们这里的全部意思是,某个特定历史阶段的所谓"文明"的具体内容不是正当的;正义将通过去掉某些属于该文明特定实践的方式找到。或者说我们的意思是,在上面提到的第二种表述中,某个特定的人在秉性的完善方面比某种特定类型文明中的一般人更接近于理想的要求。因而,这里"自然"一词是被无意识地使用于一种完全不同的意义上了。

在该词的第二种含义上,"自然"是作为一种统一而普遍本质的同义词而使用的。而根据那个古老的公式,一个物体的本质就是其永恒属性的统一体。于是,自然法将指称某种不涉及实际具体事例——这种事例是偶然的而不是"自然"的——而是以永恒统一性和系统同一性为目标的法律内容。

但这种"自然"概念也赋予其自身以双重含义。有人认为,法的内容必须符合人的天性,而其他人则认为法的内容必须适应法的本性。第一种观点是17世纪探讨这个问题的论者们所持的。格老秀斯是这一路径的首位的思想家。他回溯到人性的属性,并将人的"交往欲望"(appetitus societatis)即与其同胞共同过上一种平静和理性秩序的生活认定为人的(在所有动物中独具一格)基本属性。在这一点之上他加上了人类超越一时感官欲望并承认和遵循正确的东西的禀赋。而现在我们可以先验地证明,某个特定的规则属于自然法,"当谈论到某个人或者某样事物与理性本质以及社会团体本质的协调或者必要的不协调时";比如说,不要对他人使用暴力,他人拥有自卫的自然权利;或者信守合同,等等。这种先验证明可以受到一种后验论点的强固,这个论点是:一个特定的法律规则被所有民族或者说至少被文明民族看作是一种自然法则并加以遵循。

与他的杰出先行者遵循同样的方法,霍布斯很快走上了一条不同的道路。

他认为,人性的基本特征是人对人的恐惧。在他看来,这种恐惧必定存在,因为每个人都想伤害他的邻居,而且一个人像另一个人一样可能轻易地丢掉性命。因此,他的"自然状态"——个体人自身所处的那种自然状态(不过,要作抽象理解,而不可视为一种历史事实的陈述)——的法则是,每个人为了保全自己可能会使出浑身解数,而这种状态的基本要素因此是:"所有人对所有人的战争。"但战争是与人的自保对立的,而人受天性驱使会倾向于自保。"自然的首要基本法则是,在和平能够得到保障的地方,和平是应该被诉求的。而在和平不能得到保障的地方,就得寻求战争的帮助。"

众所周知,普芬道夫在对上示两种理论进行了一种折中的糅合以后,概要列出了一个自然义务的体系,这个体系显示了他对想象的自然状态的可悲不足和"社会状态"优越性的洞见。不过在普芬道夫的这个概要中,我们已经看到一种朝着上述"自然"一词的第二种解释方向演进的倾向,即试图将法律原则建立在法的本性之上。托马修斯——德国自然法最富独创性的导师——的理论似乎更完整地体现了这一点。他把"幸福"看作人类活动的原则,并认为,没有普遍幸福,个人幸福是不可能的;反过来说,没有个人幸福,普遍幸福也是不可能的。

卢梭是第一个将自然法的基础与人的本性观念完全分开的人。他的考察对象仅仅是根据法的理念寻找社会生活的标准。他在研究这个问题时所体现出的独创性使他用希腊法哲学家们的方式陈述了它。

事实上,在探究自然法问题时掺进人性问题在方法上是错误的。要证明人拥有某些固有的社会生活属性和某种指导其在这种生活中行为的先验冲动是不可能的。(参见《经济与法律》,§32)这里所能做的全部观察都是相对的,并只有相比较而言的普遍性。而他的有目的的生活不能从他受普遍冲动支配的真实表征中得到认定。基于这种冲动的设想,我们永远不能获得正义社会意志的绝对和根本理念。

我们可以通过回想这一点来证明这个:我们这里探讨的东西与社会规则系统,特别是法律秩序体系有关。这是某种与所谓的其效力对独立个体有利和不利的独立规则的总和完全不同的东西。我们必须从作为某种特别类型的需要对其本身进行考察的对象的社会合作的理念出发,并通过批判性分析发现内在于其中的法则。

相应地,不存在任何个体与生俱来的并作为其本性的一部分与人的自然存在一起属于他的固有权利。这些权利在他进入法律范围的时候被他当作一种不可违犯——"像星体一样不可转让和不可辩驳"——的利益捐献给了共同利益。*

"暴君的权力"的确是有限的。一个法律主权者的权力也是有限的,无论它是谁,一个单一的个人,一群个人,或是"民众"。但正义法的这种限制性权力永远不能从人性中衍生并得到认定,而只能从一般法律秩序生活的理念中衍生和认定。不存在自然法第一种意义上的自然法,但可能存在隐含于法的性质之中的方法论原则。

第二节　作为自然法渊源的理性

自然法与实在法可能在两个方面存在着对立。而这两个方面中的每一个又可以从两个视角加以审视。

1. 起源方面。(1)法律规则具体内容的起源。许多人以为,实在法的内容来自历史,而自然法的具体层面是由理性独立于经验之外创造的。(2)两种法的效力根据。人们说,实在法是由于某种特定的造法行为即通过国家立法或习惯的使用而有效。而自然法的效力与这种职能机构的具体命令无关,他们说。

2. 内容方面。(1)法律规则具体内容的一般性质。这些性质取决于某种特定的法律是否拥有(与正义的性质相符的)自然正义的属性。(2)两种法各自的效力方式。实在法对每一个服从它的人提出至高无上的效力要求,而自然法的效力则属于一种不同的类型。它是作为一种学说而不是一种强制体系

---

* 按社会契约论,享有自然权利的自然状态中的人们在签订社会契约进入社会状态(法律范围)的时候,将他们的一部分自然权利让渡给了国家(共同利益)。——译者

施加于人们身上的。它的目的是要显示一种标准,在维护这个标准时,实在法将与自然相符。它的信念是,它已经成功地显示了这种正当标准。除此之外,它不具任何其他权威。我们可以用下面的表式展现这一点。

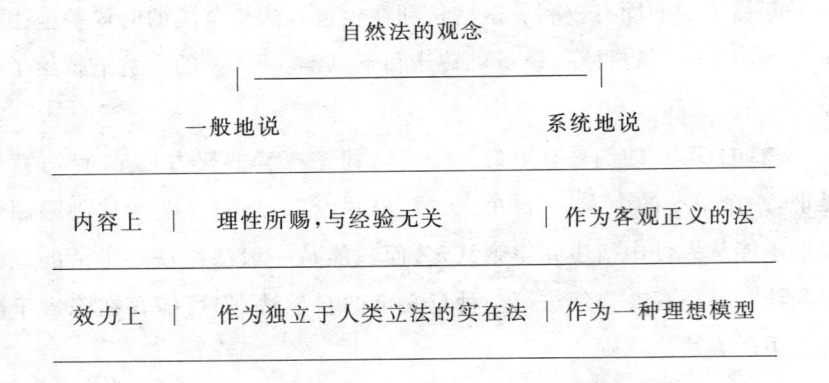

	自然法的观念	
	一般地说 系统地说	
内容上	理性所赐,与经验无关	作为客观正义的法
效力上	作为独立于人类立法的实在法	作为一种理想模型

上面提到的第一种关于自然法与实在法之间的区别的观念在它的两个分支方面都是完全错误的。它对自然法不公,并赋予了它一种其基本性质和含义中根本不包含的目的。它对其两个分支的性质描述只带有发生性。其根本错误在于这一一种推定:这两种法的效力和内容本质上都具有同等价值,而差别在于起源上。这种未经证明的推定中存在一个方法上的错误,而这种错误是许多自然法的反对者所犯下的。这种推定不仅未经证明,也无法证明。如果我们想知道自然法与实在法之间的关系,那么我们就必须系统地审视它而不是从发生的角度审视它。

这一点可以通过对这两个发生学上分类的再次区分分别进行审视而予以简单而清晰的证明。我们将先考虑这么一种意见:自然法的起源外在于经验。真实的事情是这样的:实在法和自然法并非来自两个不同的领域。二者的主题是一样的,它们起源的条件是一样的,而且二者都产生于同一个世界。区别在于形式价值,而将这些价值恰当地予以给这两种法需要一种系统分析。

每一个自然法所主张的法律规则可能在某个时刻变成一种实在法。人权的宣告;通过自然法的信徒们的演绎制定一部保护私有财产、合同自由和继承权的宪法的愿望；反对极刑等等——所有这些情形都来自经验领域以内。相反的推定是完全不可能的。

于是，如果自然法理论因为它是建立在理性的基础上而不可信任，那么理性就必须被假定为一种从现实领域以外施加经验事项（这种情况下是指具体法律原则）的权能。诚然，理性如何能够作出这类事情，它来源于何种未知的地盘——它将从这种独立于经验之外的地盘里推出一些可以理解的理念——是一个完全不为人知的事情。科学地说，那种把"理性"看作一种我们可由以从某个未知领域将某种魔术般的东西变进经验世界的魔力的人抵达了一个死点。因为，如果我们将理性视为脱离全部经验的东西，那么任何人都不具备这种魔力。有人认为，理性的这种权能产生于每一个"新型的"的个体（individual "de novo"）。这也是不对的。这种存在于个体身上的自然的精神属性的理念是一种空洞的幻想和一个不具任何清晰意义的模糊字眼。理性一只脚站在经验世界以内而另一只脚站在经验世界以外，并将法律原则从界外带到界内的能力并不真正体现任何可以理解的理念，无论这种梦幻般的形象被认为是多么神通和精致。这种能力甚至不能（像自然法的反对者们所说的）"提供主观上真实而客观上虚假的知识"。因为它完全不是一种能力，且不具任何主观或客观现实性。

如果我们把理性理解为那种专用于对经验主题进行加工的调整性原则权能，那么就完全是另一回事了。如果我们从这个意义上理解该词的话，那么将这些理性概念视为执行某种其自身的功能并要求其结果的客观真实性的东西就不存在丝毫的困难了。相应地，将实在法与自然法之间的区别理解为：在一种情形下，法律规则的内容产生于经验，而在另一种情形下，其内容由理性从独立于经验之外的地方带进经验领域内——如此理解是不行的。真实情况恰是，法律规则的主旨毫无例外地来自经验，而这两种法之间的区别是，一种法的主旨作为一种给定的无需进一步反思和认定的东西被人接受，而在另一种法中，其主旨则作为一种指导性要素被插进了作为一个整体的目的王国之中。这种主旨来自历史经验，而且不存在任何独立于历史经验的质料。不过它的经验起源不妨碍它的系统阐释,而且另一方面,对这种经验材料进行系统认识的努力赋予了它一种完整性,并提出了法的客观正义的问题。我们因此完全有理由遵循路德的告诫:"因此,成文法应当仍然从属于理性,它像一股法律源泉一样从理性中喷出;但条文不应使理性束手就擒,源泉也不应受困于它的溪流。"

第三节 自然法的效力

自然法的理念遭受到了如此激烈反对的原因之一是,它想将自身置于实在法之旁甚至其上。人们认为,这会导致一种对手间的竞争,而这种竞争会导致其中一个将另一个逐出。反对者认为,同时确立二者会违反适用于法律中的不可渗透性原则(the principle of impenetrability)。

这就导致我们刚谈到的那种错误。自然法的效力问题不得从起源方式的角度予以考虑,似乎这两种类型的法拥有同样的效力方式,而区别只是一个这种要求的来源不同而已。真正的区别是它们各自效力性质上的不同,并必须得到系统考虑。自然法拥有一种与单纯的实在法不同类型的效力。前者旨在成为一种标准,而后者,一种强制规则。而这一点绝不成为怀疑这两个体系是否可称之为法的理由。因为自然法的目的是成为实在法,而反之,实在法应该总是在内容上与自然法保持一致。

非正义的实在法可能引致良心的疑问并与正义法的理念相冲突,这个问题难道不可能产生某种难题吗? 当一个法律规则包含邪恶和非正义的命令时,人们无视它难道是不合适的吗? 或者说,即便国家法的内容是非正义的,将它付诸实施是法官和官员们的义务吗? 不是有人说"我们应当服从上帝而不是服从人"吗?

这里必须作出一些区分。每个人都必须努力为人类带来正义法,这诚然是对的。立法者的特别职责是自始注意保证正义法的必要进步。而每个在制定和实施正义法方面有影响的人在他的权限范围内应注意务使正义法的内容保持良好。不过,只要传统法律制度不反对正义的意志,对实在法规则的任意偏离就不能得到适当的允许。用诗篇作者(the Psalmist)的话说,"法就是法。"如果由于某些法律规则的非正义性,我们就擅自在一种情形下弃之如敝屣而在另一种情形下遵循它们,那就意味着我们的社会不是一个普遍实施法律的社会,而是一个任意行事的部落。法的本质在这种情形下是它的不可违犯性,只要它实际有效。一个强制性命令如果我们不束身相向,如果我们想适用的时候就适用,而不保证在它有效期内的不可违犯的效力,就是一种任意力量;恰如当一个法律规则意在保持普遍效力的时候,随意违犯它是一种任意专制行为一样。

不能期望任意强制成为一种良好社会生活的适当工具。为达此目的我们需要的是法律规范。诚然,法律规范只是一个人类社会生活统一制度的条件。但它也是一个必要条件。如果想拥有一种正义的社会生活,法律规则的适用就不可或缺,而每一种对这种规则的任意违犯原则上已经构成一种非正义。那种否认这种一般社会统一性必要条件的人或者在特定情形下将它弃之不顾的人使这方面适当结果的达成从一开始就变得不可能。

因此,法的变动必须总由新法来完成,无论这种新法遵循旧原则还是属于一种原创物。而危急时刻一种非正义法遭到非法废除、它被废掉并被一个新的源于一个自身并非衍生于该法甚或与迄今有效的法律制度相对立的法律规则所取代,也是可能发生的事情。这种手段必须谨慎使用。只有当通过传统历史材料绝对没有希望获得正义法的时候,在极端危急时刻才出现使用创制新法的极端手段的问题。而且即便在这个时候,创制新法的人必须非常仔细地考虑到通过对既定法的违犯他是否从一开始就在削弱新法的基础,以致他不仅没有因此促进正义行为的实现,反而由此危及了它的存在。在这种情况下,满怀希望地站在既定法一边比甘冒潜在的威胁性混乱的风险还是要好。只有"在极其严格的条件下"才可以通过违犯旧法的方式求助于创制新法的可能性。但作为一种源于法的概念自身的理论上的可能性,这一点是不可否认的。不过所有这些极其精确的正当性并不真正属于我们讨论的话题。关于这个问题的详释,请读者参看另一个地方(《经济与法律》,§§86、90、96)。这里我们只追踪一个问题的结果。

62　第一部分　正义法的概念

"法律必须终归是法律。"这意味着一个法律规则只能用另一个法律规则来取代。于是后者取代前者，或多或少对它进行修正。但对既定法的认可与同时通过在特定情况下违犯它而与它背道而驰是互相矛盾的。当我们以为我们将因此获得比遵守该法——只要它未被另一个法律规范所取代——更好效果的时候，这里显然存在着某种幻想。放弃特定情形下人们所说的某种好处的危险性小于在那种使一般系统性社会经验变得可能的渊源上找麻烦的做法。每一种让司法或行政官员在其专门界定的问题和职责上留下缺口的尝试是注定要失败的。正是在为了支持特定情况下某种假想的更好结果而偏离实在法的过程中，他会染上任意力量的危险病症。他会跨越那些使一般正义成为可能的限制和条件，且会因此不仅得不到所想望的正义，而且会促成对它施以致命一击。设想一下这么一种实际发生的情形的确是可能的，在这些情形下，司法和行政法律官员认定在实践中实施一种非正义法是困难的——不，是不可能的。在这种情况下，他的首要义务是试图使自己免受他所背负的职责的约束。而当这种尝试因法律本身的命令而变得不可能时，他除了谦卑地服从实际的法律以外，什么也不能做。设想在这种情形下违犯法律他不过是"为了更大的正义而促成了一个微小的非正义"是错误的。对法律的一次任意性抛弃毁坏了它的权威和存在；而且如前所述，这种做法使一般正义法的获得成为不可能。

"它将作为一个先例而被人们引述，并成为许多流传于国中的谬误的例子。不，它不可能这样。"

这种在这里找到了它的精确阐释的逻辑错误在于这样一个事实，这个事实是，相反的意见将某种不同于正义行为原则的东西设定为法的标准和最高目的。因为，如果对既定法的遵守构成这种最高原则的实现条件，而后者由于特定情形下的任意偏离而遭到了实质上的摧毁，那么显而易见，那种认为对法的任意违犯（即诸如不导致新法产生的情形）可能是正义的人必定求助于一种不同于单单其内容正义的社会生活的终极目的。但这种更高级的另类原则是不存在的。

这里，我们还要避免这样一种错误设想，即，在特别情况下随意违犯法律可能是一种道德义务。因为道德义务旨在形成和维持那种总是形成正当意志的意图。但我们这里的问题是,这种人们有义务予以实施的正当性的内容是什么。我们正在考虑的是正当行为。这必须用一种不同的方法予以确定,尽管如前所述,它永远不能与那些旨在产生良好道德意图的学说相抵触,因为二者都追溯到相同的最高意志法则,尽管方法不同。我们情景下的这种和谐可以通过力争合法地催生正义法——"与那些相安无事的人相安无事"——的方式形成。正义法的目标永远无法通过这种实际存在的并且意在继续有效的法的屈尊和断裂来获得。因此,不存在任何做这种不恰当事情的道德义务。

上面所引《传道书》用以反驳的语句并不真正地而只是表面上与我们的结论不一致。我们从这个关于实在法与伦理法关系的说法中得知的只是:关于什么东西构成正当性的确信不能通过法律命令获得,而且在承认一个人所理解的何种东西是善的时候,他不得让自己受到法律的影响。确信是一种理论思维过程的结果,而这种结果是通过理性辩论获得的,而不是通过权威命令获得的。而对正当东西的承认表明的是一种内在意图和对真理的热爱——这些东西不可能由于外在权威而得到什么或失去什么——的宣示。但这丝毫不意味着当法律中人通过任意违犯一个非正义法律规则而将它废除时,他的做法是正当的。命令说:"用善良意图形成正当意志吧。"既然法是正当性的必要条件,它就必须作为正当条件得到维持。假定它在某种特定情形中的推论之一是站不住脚的,法律规则必须仍然作为善的一般假设而得到尊重和容忍。否则法律,用苏格拉底雄辩的语言说,会对那种想通过违犯它们而规避其效果的人迎上前去,并拦住他的去路使他不能通过,他们会问他如下问题:"你将用你的行为全力以赴推翻我们——法律和整个国家——吗?如果在一个国家,法律裁决失去效力而由个人废除和推翻,你认为这个国家能够生存而不会被推翻吗?"

第四节 法哲学的三个问题

法律科学中有三个问题,所有这些问题的共同属性是,它们不能仅仅通过对特定历史法的思考而得到解决。这三个问题是：

1.法是什么？要想使一项考察可以被恰当地称为法律的，在这种考察的基础上必定存在着何种普遍概念？

2.法的约束力的原理是什么？每一个法律命令无论其内容是什么都仅仅因为它是"法律的"就具备要求人们服从的权能，这是怎么回事？

3.法律规则的内容何时具有客观正当性？合法的立法者必须遵循何种最高原则以使他的立法可能具有正义性？

86　　法的概念不能从法律规则的分析性思考中获得，因为任何时候当我们拿一种"法律"经验与其他同类规则进行分类时，我们已经预设了这一点：它属于法的概念。准确的问题因此是：我们用何种基本综合方法认定社会（而非法律）经验内的某种特殊外在行为模式将被概括为一种法律规范？因此，在确定法的概念时我们必须越过技术法学的范围——如果这是成立的，那么这一点就是不证自明的，即，对上述问题中的第二个和第三个问题的回答必定属于这种情形。

所有以前法哲学的特性是，它试图用一个公式解决上面提到的全部三个问题。这种特征也适用于自然法宣讲者的理论。这一点可从伟大的卢梭的体系中最清楚地看到。如所周知，他的法理念包含在"社会契约"理论中。他的公式是，一个社会中每一个成员都必须在"公意"的高超指导下服从整体，而后者表征着人类福利的增进。该公式不是对人类历史中法的起源的叙述，却同时构成对我们全部三个系统性问题的回答。一个符合"社会契约"的社会是一个"法律"社会；它正当地使用"强力"；而它的法律的"内容"是正义的。

这里我们首先注意一下第一个和第三个问题的并合。其次我们提请大家注意这样一个事实，即，"法是什么"这个问题是通过指明社会规则的某种具体内容而得到回答的。

在对卢梭理论所进行的一次全面的科学揭示中，海曼最近恰当地提请人们注意的事实是，法律实证主义者针对卢梭所提出的这种自然法主张可能无

87　　话可说。因为如果他说对法律概念的这种认定因其与实在法相悖而名不符实，那么回答将是，实在"法"的性质就是争议的问题本身。我们的对手可能答

复说,提及已经实际实现的东西即可解决这个问题,这就从而意味着,只有当一种社会命令按照该命令的内容体现出一种决定人类有目的的行为的成功尝试时,该命令才具有"法"的属性。但这种答复是不能令人满意的,因为它通过提出一种它自身的主张而反对卢梭的主张。它并未证明通过提及某种实际规则的具体内容的方式界定"法"的概念从科学的角度看是不可接受的。

只有当我们将法的概念视为包含于社会生活经验之中的社会概念的一部分的时候,后一个结论才成立。这里,法的概念作为一种调整社会生活的条件而出现,因而不过是具有一种由人制定的规范的特别属性。法律规则因此是一般社会规则的一个次种,而法的概念必须界定为一种从属的东西,而且不过是社会生活形式条件的一个特殊次类。社会生活的具体条件到目前为止可以不予考虑。

同样的批评适用于最近那些将法视为对一个社群既存规范的一致"确认"或视为"普遍意志"或"一般确信"等法律理论尝试。我们到处看到人们用同样的一般公式表述法的概念、法的强制性和法的内容的相同努力。如我们已经证明的那样,这是不行的。那三个问题中的每一个都必须用一种与其自身不同的方法予以解决。诚然,我们也必须在它们中间寻求统一性,但这一点不能用将它们混合于一种外在公式的方式完成。

此处受到批评的这种理论在许多托马斯主义信徒中找到了鼓吹者。这个学派在法的性质问题上存在着巨大的意见分歧。著名的经院主义学派的基本方法本身是它们所共有的。在将托马斯的理论适用于社会生活方面他们有着广泛的分歧。其中一些人用一种现代形式采用了托马斯·阿奎那(Thomas Aquinas)的教义。其他人则用一种原创方式修正了他的观念,并或多或少与圣托马斯的学说不同,且它们自身之间也不同。而且甚至有的人基本同意这里所主张的观点。在那些属于这三个托马斯主义派别的第二个派别的理论中间,有一种理论受到了人们的极力辩护,这种理论是:不可能存在诸如非正义法之类的东西;与自然法相对的制定法不具有法的属性。卡特林(Cathrein)说,"非正义法是在与我们谈到假冒的金子、冒牌的德米特里或者虚假的朋友相同的意义上被称为法或法律规范的。它们具有法的某种外在形式,但不具备其基本内在内容,像空心核桃一样。"

　　这位聪明的论者提出的这些类比是没有说服力的。人类意志的全部表达就其内容而言可以有对错之分。但这种区分与把社会意志分成习惯、法律和任意的形式分类没有关系。像对错之分可以适用于这三类中任何一类一样,这种区分不能同时成为其自身分类的标准。而反过来说,一旦我们用形式标准以普遍方式对这三个类型分别作出了界分,每一个因此受到概念确认的类型的内容可能或对或错。我们因此可知,一项社会命令从概念上说可能属于法律规范的类型,但在内容上却是非正义的。法的概念并不与强制一夫多妻、寡妇自焚、奴隶制和体弱孩子的遗弃的法律规范相矛盾。一位"虚假的朋友"确属一种语词上的自相矛盾,像一种"三角形圆圈"一样。但完全可能存在一位非正义的法官,恰像一位病人或罪人仍然属于"人"的概念范围一样。从概念上说,布道与政治演说属于不同类型的演讲,但就其内容而言,谁会说不存在不良布道呢?

　　法的概念必须通过对与它不同的社会经验中其他要素的认识来确定。如前所述,这些要素是习惯规则和任意命令。从这种关系中审视法,谈到"一种可以随意违犯的法"或者"一种不要求服从的法"将是一种自相矛盾。因为这将模糊法与其他两类社会规则之间的分界线。而一种其内容是非正义的法的理念并不包含任何逻辑矛盾。

　　我们已经阐明了正义法理论和自然法理论之间的第一种根本区别。前者仅涉及确定某种法的内容何时是正义的方法,而后者则竭尽全力徒劳地试图在同一个考察中既确定法的概念又确定法的强制性。这两种理论之间还存在另一种区别,一种从意义上说更深远更根本的区别。

第五节　法的普遍标准

　　自然法的各种理论都试图用其自身的论辩方法描绘出一部理想法典的概要,而这种法典的内容将不可变动且绝对有效。而我们的目的仅仅是寻找一种普遍有效的形式方法,藉此方法,经验地受到限定的法律规则的必要变动材料可以予以如此加工、判断和认定,以使它们将具有客观正义的性质。

自然法的那种尝试是注定要失败的。因为法的内容与人类社会生活的调整有关,而这种调整旨在满足人类需要。而与人类需要以及满足这些需要的方式相关的一切都只是些经验性东西,并且经受着不断的变化。不存在任何其确定内容可予以先验确定的法律规则。这个命题的证明可在另一处找到(《经济与法律》§32)。卡特林最近对此提出了反对意见,主张这样一个原则:"给予每个人其所应得。"他认为这个原则是一个带有某种实在内容的先验而普遍的法律规则。现在我们知道,"让人人各得其所"这个原则实际上被罗马人视为"正义"的固有属性(D. I, 1, 10 pro.),而他们是对的。这个原则可以表征两个东西。首先,它表示了那种忠实遵守既存法并避免任意违犯它的坚定意志。第二,它表征着那种用法律帮助每个人获得"其所应得"——像法的基本理念所要求的那样——的持久决心。在任一情况下我们都拥有一种伴随着具体法律内容的基本理念;但从它本身来看,它并不体现一种法的实在内容。

方法的理念是与某个特殊事件的理念对立的。方法是一种以整体为目标的程序。它是全部规则的总合,通过这种总合,某种特定的知识或意志材料得到根本认定和判断,并旨在把它当作一个单位予以把握。没有这种固定的方法,我们只会面临一种一些特殊情形的混乱状态。科学的重要事情是将那些孤立的个例安排到一种适当的秩序之中。这就是系统观念的含义。这就因此意味着,方法论认识的理念意在将每一个单一事实当作一个绝对整体的成员加以打量。"方法"一词有时也用于以某种受到技术上限制的目的为旨归的那种程序意义上。但这种情况下我们必须记住这是为了特殊目的对该词所作的一种有限使用。由于某种技术上受到限制的东西的特殊客体也是一种个例,用以对它进行加工的具体程序就在那种绝对有效的方法——该方法以整体为目的,而这种程序构成它的一部分——之中找到其合理性。

自然法的谬误在于这样一个事实,即,它不仅为它的方法主张绝对效力,而且为由该方法所加工的材料主张绝对效力。含有确定内容的具体法律规则的基本特征是,它们的内容是具体材料。这种特殊性使它们与方法原则区别开来。在具体法律规则中,经验材料的特殊性质是基本的东西,而方法论原则的特征是它不包含任何这样的具体材料。因此,法的研究中存在一种普遍方法,但不存在任何其内容绝对有效的具体法律规则。

因此,遵循基本原则的方法和质料的特殊性之间的差别不得与抽象理论和具体情景之间的差别相混淆。前者有时也被宽泛地称为"理论"。于是我们发现比如说像自由贸易和保护关税之间的决定不得按照"抽象理论"而必须按照"特定地方的具体情况"作出这样的命题。或者发现这样的规定,即,土地的法律地位必须在公共记录簿上登记被视为一个"原则",而立法者是否可以从中就比如说承租人的法律处境作出进一步的推论则是有争议的。也有人说,罗马法将损害赔偿的义务问题建立在过失"原则"基础上。而在德国城市的历史中,存在着有关市政、市场、基尔特等的"理论"。

在诸如此类的一些表述中,人们在被具体加工的材料的结果以内进行区分。这些情况下的问题是,这些结果能否被完全包含于一个充满了具体材料的公式之中。

而我们的考察涉及一种完全不同的区分。我们这里探讨的是一种真正的普遍方法,这种方法必须作为一种独立的研究对象予以考虑,并且与可以根据这种方法进行加工的任何特别情形的具体内容无关。只有这样我们才真正拥有某种普遍的法律标准。我们必须在一种形式程序和绝对体系的意义上对这种方法进行考察。因为只有这样才有可能对特殊事实进行适当的界定和认定。

我们必须承认,对法的系统而普遍的看法也可能经历变化和进步。而经验告诉了我们许多关于正义法律内容绝对有效方法上的意见分歧。不过,这种考察的目的是找到某种绝对的东西。绝对效力不属于占有,而属于请求。我们的问题因此是在一种形式方法中确立那种绝对有效并使具体系统理论成为可能的东西。

所有意志和思想都不可避免地具有相对性,但我们并不因此而受到阻挠。我们的目的是对历史给定的材料进行把握,并按系统顺序对那种永不停息的变化进行控制和安排——这种变化在相反的情形下就是一种无序的运动。为了把握这种材料,我们不得将它变成一种毫无生气的刻板之物。只要我们是

在对具体材料进行处理，对它的控制和安排上的改善就总是可能的。而这种 93
程序永远不会完结或者在所有时候均有效。但我们寻求的东西是安排的程
序，而这是一种绝对有效的方法。它完全不受可变的历史事实材料的影响。
因为这样的方法与质料毫无关系。

第四章　正义法与宽宥

第一节　法律中的宽宥

　　一位游客在他的返程途中发现,那张已付款的返程车票不在他口袋里。他以为已经丢了,他再买了一张单程票。一段时间以后,他在他大衣侧袋里找到了那张返程车票,并问铁路管理部门他是否有权得到一些补偿。得到的答复是,按照规章他应该在发现丢票以后立即通知管理部门,并保留新购买的车票。由于他没有遵照这些要求,他已经丧失了法律请求权。但作为一种特别照顾,他将获得返还的第二张车票的价款。这是一种宽宥行为还是一种符合正义法的行为?这两个概念之间的关系是什么?每个概念在多大程度上保有其自身的合理性?

　　宽宥制度通常与刑法有着密切的关系。它在刑法的施行中起到了非常重要的作用。但它也可以自然地适用于其他法律部门,在民法领域也丝毫不例外。罗马法中的"恢复原状"与法院施予已定罪犯人的仁慈基本上是一样的,这句已由先前的学说汇纂派学者们(the Pandectists)说出的话是恰当的。唯一的区别是,恢复原状恢复的是人们在私法中的地位,而上面提到的法院的仁慈属于公法。

　　在所有宽宥或仁慈情形下,我们应对的是一种经法律授权行事的人的特殊行为。这种行为可能以法律形式表达,如赦免法。但它通常是一种涉及个案的特殊行为,内容是法律利益相关方权利的放弃,或者是一种公共法律机关的行为。就上面最后提到的情形而言,有人恰当地建议将它视为一种公共法律行为。

宽宥行为总向某个特定的在相反情形下必须承担不利法律后果的人施惠或行善。在这种情况下，他人的确因这种惠顾而遭受损害。因而，作为一种施惠而自愿放弃其法律权利的当事方，或者由裁判官所判定的"恢复原状"案件中的对方当事人，或者给予有罪当事人宽赦案件中的公共社会——所有这些都因这种行为而遭受不利影响。但宽宥理念的实际分量在于，它旨在减轻法的负压。法兰克时代形成过"国王恩典"的撤销这样的事。这表征着法院与所有个人关系的断绝，也表征着失去恩典的人已经从国王那里得到的以官职和物品形式出现的一切东西的丧失。但这与我们现在正讨论的宽宥法的目的无关。法兰克人的这种制度被看作一种法律安全的手段甚或一种惩罚方式，就此而言，它代表了一种奇怪的立法模式和正式施行该法的模式。

法律中的宽宥理论涉及两个问题：

1. 初步技术问题，即，根据某个特定法律给予宽宥的情形是哪些？可以行使这种特权的人或权威是谁？

2. 主要问题，即，决定设定和实施宽宥行为内在正当性的原则是什么？第一个问题在技术法学中得到了全面探讨，而第二个问题则更切近我们的考察范围。

这里，我们首先必须确定一个基本原则，这个原则是，法律事项中的宽宥行为不得作为一种个人性情和任意冲动而以主观方式实施。宽宥行为本来就要经受客观批评。"一切随我所欲，"查理八世这种独裁方式的回答是不行的。正当行使问题也适用于宽宥制度。这不受社会历史的好奇心的影响。罗马角斗场上的观众可以凭一时性情提议留下受伤角斗士的性命；中世纪的法警有权随意留下每十个被判死刑的人中的一个人的性命。但值得认真探讨的宽宥法不受这些畸变的限制。

这个基本观念必定已经得到了所有宽宥法领域论者的普遍承认，而他们在这个问题上都无异议。他们只是在细节问题上有分歧。有的人将"正义"或"衡平"视为宽宥的原则，还用一种大胆的修辞手法称之为法的"安全阀"。另外一些人则将"爱"、"善意"、"善良"视为原则，而还有一些人认为它的原则是"政策"或"政治便利"。但是，这些都不过是许多用于技术法学领域作为系统讨论该问题的初步口号而已。不过,他们都拥有一个共同思想:实现正义比严格遵循实在法条文好;而且他们通过强调在宽宥的实际施行过程中所感受到的这个或那个因素来表达这个理念。

要求一个宽宥行为具备客观正义性的那种原则是否在上面提及的任何一个句式中得到了准确的表达?对于这个进一步的问题我们现在不感兴趣。注意到这么一个事实就足够了,即,它们都试图表达的理念是:法律宽宥行为也必须具有正义性质。但问题是,宽宥与正义法的关系究竟是什么?我们可以通过对正义应当在宽宥的施行中得到遵守这个基本原则的两个不同使用方式的系统陈述而弄清这一点。

第二节 实在法不确定性中的宽宥

刚谈到的宽宥目的的首次说明可以从这么一些案件中看出,在这些案件中,实在法所产生的后果在其起源上即使是根据该实在法本身也是有疑问的。这可能是由于这样一种情况,即,相关的案件事实得不到清楚的认定,特别是在间接证据(circumstancial evidence)的情况下。困难还有可能是因那些已经适用于特定案件中的法律规则的真实含义的不确定性而引起。

让我们设想一个审后待决的案件。职能法律机关必须作出一个确定的、不迟疑的裁决,尽管它看出了判决的理由是不确定的这个事实。作出一项确定的判决的必要性是不可否认的。它在《法国民法典》第4条中得到了明确的规定:"审判员借口没有法律或法律不明确、不完备而拒绝受理者,得依据拒绝审判罪追诉之"这里为宽宥留下了空间。

就像刚才所说的,在何种条件下可以适用宽宥必须从由法的规定本身决定。而这个技术法学问题不属于我们现在讨论的问题。但一旦法律显然允许实行宽宥,适当的判断思路就是这样的:某种不为实在法所明确要求的以及从另外一种更好的角度看其实现不可能是正义的后果必须得以避开。或者更明确地说,宽宥的正当行使意味着:通过适当规制,根据实在法本身的精神,为法的完善的可能性留下空间。

这个理念是简单而无需进一步讨论的。读者会立即想到根据并非完全确凿的证据所作的死刑判决情况下的宽宥或赦免的例子。这里的赦免权作为一种制度是如此有理有据和不可或缺,以致许多18世纪的论者们甚至包括康德对它所提出的反对意见只能通过某种权力的滥用而给予历史的解释,而这种滥用全然不顾所有的正义考量。那个时代恶法的任意性传统今天看来在任何情况下都构成一种障碍,这种障碍阻碍了公共生活中的人们将一种客观标准适用于他们的行为之中。

使用这种客观标准时,我们必须提及我们的法律规则,根据这个规则,除非国家首脑已经决定对他的赦免权不做任何使用,否则就不得执行死刑处罚。这里实在法自身一般认定宽宥应予考虑。这里它是一项法律义务,而在多数情况下,在明确允许这种行为的情形下不再是一个外在规则问题。

不过当我们说到"法律面前的宽宥"时,我们并不是指迄今所讨论的那种宽宥的适用。宽宥的概念和功能与某种不确定法律的后果大体无关,相反它们涉及的是实在法所明确要求的对于实在法某些后果的矫正。迄今所述的宽宥的施行事关真实实在法的准确实施。它与"正义法"的关系因此只是间接的。宽宥的第二种功能是不同的,且构成下一章的主题。

第三节　作为实在法矫正措施的宽宥

我们有时在作为与纯粹任意且与实在法毫无关联的行为相对的一种正当行为规范的意义上使用"宽宥"或"仁慈"一词。因而在那个俄罗斯寓言中,当狼逮住了兔子并想翌日吃掉它——除非它对它"嘴下留情"——时;或者当那位游客恳请抢劫者"施恩"免他一死时——在这些情况下,"仁慈"或"宽宥"一词被用到了另一个领域。

任意性强力(arbitrary force)在这里被预设为一种与观念上的法律命令相对立的东西(参看《经济与法律》,§86)。前者的内容总是非正义的。由于握有权力的一方并不想通过他的强制命令约束他本人,因此,这种在其约束力上是纯粹主观的命令根本不可能被看作是一种内容客观有效的规范。作为与任意性强力相对的对宽宥的诉求只不过意味着这样一种恳求：暴君放弃其暴力行为。

相反，法的内容可以是正义的，也可以是非正义的。法是一种其约束力具有相互性的普遍性命令，这个事实使这一点成为可能。因此我们只有在涉及法的一部分即其内容是非正义的那部分时才能诉诸宽宥。这一点我们务须记住。宽宥只意味着让步而非更多的东西的观念，一种朦胧的仁爱性厚道，一种仅仅是怜悯而不是任何其他东西的观念——这种观念是我们必须小心避开的。这是一种幻觉。

这种幻觉不能通过一种与神性恩典的对比而获得正当性。因为后者如同宗教所宣讲的，也旨在帮助人们获得一种正当意志。唯一的区别是，神性恩典无时不在，总能通过一种对善的无条件忠诚而获得，且永远不会丧失。它开始时远离那种不怀正意的人。它必须在对正当性的寻求中获得。无论我们从《旧约》的意义上将它理解为作为人的外在正义结果的原罪后果的消除，还是根据保罗的教导把它理解为一种因人对神圣无限者的完全内心忠诚而引致的仁慈行为——在任何一种情况下，悔恨和忏悔消除人类依照法律理应受到的那种惩罚的理由这个理念都是存在的。

我们的问题与外在行为相关。相关的人地位绝对平等。给予一个人的东西必定从另一个人身边拿走。不加反思地实施一项宽宥行为，被一时的冲动冲昏头脑，这种只考虑一方恳求者利益的行为将构成露骨的非正义而不是其他任何东西。这因此意味着，我们确立为一种与实在法相对立的要求的宽宥所能拥有的唯一目标是形成正义法，如果它想获得正当性的话。它是一种服务于正义法的直接而特殊的工具。它的功能是在适当情形下并朝着特定方向促成一种与正义法相符的事务状态。

因此，正义法与宽宥的关系是，二者都旨在获取相同的结果。有时宽宥的使用意在帮助我们走出一种因实在法的不确定性所产生的困境——撇开这方面的考虑不谈，我们必须将这个制度视为一种正义法的特殊工具。而下一个问题因此是，宽宥行为藉以与正义法的通常施行区分开来——不是为了形式功能和技术法律建构（比如说立法中的法律行为等）而是为了察知导致正义法的典型方法的真实价值——的一般特征是什么？

在我们费心回答这个问题之前，我们或许可以提请人们注意某些可能有助于我们作出判断的材料。从技术角度作出的某种有趣的观察表明，人们将司法活动与给予宽宥权力区分开来并将这两种功能赋予两种不同机构的努力正在不断加大。关于罗马民众法庭，蒙森说，它们基本上是"自由裁量法庭"。"对刑事法官有拘束力的法律对这个主权性公民团体没有约束力。每个人自身，因而大多数人，都有让正义选择其轨道或免除被判刑者处罚的自由。"而古老的德国司法程序法规定，一个被控犯罪的人可以自行认罪并听由法庭宽恕（一种源于古代赦免法的实践，该实践废除了支付款项和原告的同意），这一点是众所周知的。

上面提到的这种区分在其长期的通过艰苦奋斗所获得的发展过程中逐渐得到施行。但维持这种分离是艰难的。人们日益频繁地报道我们西面的邻国——一个有着杰出法院体系的民族——关于其法院宣告这样一些被告人无罪的事情，这些被告人认为在危难情况下有必要为了他们自身或者为了他们的孩子而犯法，即便按照刑法的严格规定并不存在必要的条件。而且我们知道，许多地方的陪审庭已经一再表现出了一种避免先用刑事判决维护实在法然后通过另一个机关实行宽赦的转弯抹角的倾向。原因之一大概是这样一种不愉快的感觉：他们被迫作出一项非正义裁决时，不能肯定它稍后会否被纠正。这就造成了技术性程序秩序的混乱——这是显而易见的，而对此进行讨论我们将所获甚少。但提请人们注意这些事实的好处是，这里我们清楚地看到了那种获得正义结果的不懈努力，并因此能够找到作为一种正义法工具的与单一实在规则相对的宽宥制度的客观正当性。

因此，我们这里不讨论关于赦免权的合理性问题。统治者撤销"正在审判中"（sub judice）的诉的权利只有通过将司法和政府行政权力的绝对区分当作一种先验法律原则时才有可能在原则上被否定。但由于这种先验法律原则不能得到肯定，因此我们无法明白为什么有时通过终止特定案件中的刑事程序比通过如斐迪南一世所说"宁可让世界毁灭，也要让正义实现"（Fiat justitia et pereat mundus!）更难获得某种更好的结果。

在刑法以外的其他法律分支中，人们甚至不再坚持宽宥必须对合法的司法裁决进行矫正。在那些既存法允许宽宥介入的情形中，任何时候如有必要对那些通常由实在法所致的后果进行改进，宽宥的适用就准备就绪了。在帕比尼安的解答中(D. XXIX, 2, 86 pr.)，有一则有趣的法律案件。我们这里引述如下：

"阿维塔斯(Pannonius Avitus)在吉里吉亚担任地方行政长官时，曾被指定为继承人。后来，他在得知自己被指定为继承人之前就去世了。因为阿维塔斯的继承人没有同意阿维塔斯的事务处理人提出的"遗产占有(bonorum possessio)"的申请，他们便根据死者的情况请求将死者的财产恢复到原先的状态。而根据严格法，他们是没有权利这样做的，原因就在于阿维塔斯是在继承遗产的期间内死亡的。就像Maecianus在其《疑问集》一书中提到的那样，奉若神明的庇乌斯在以下两个案件中表达了与此相反的意见。其中一个案件涉及的当事人正处于驻罗马使团任上期间；另一个案件则涉及一位本应得到其母遗产的儿子，却因缺席而丧失了予以继承的权利。庇乌斯认为不考虑两种情形的差异均应允许将财产恢复到原先的状态。基于此，在阿维塔斯一案中，基于人性化的理由，同样的结论也应适用于该案。"

为了避免实在法的不利后果而允许"恢复原状"，如前所述，是一种宽宥行为。它形成于法律解答者们的司法行政过程中，并且后来成为了一项确定限度内的罗马法固定制度。这些限度是"最低（不利）"(laesio)和"正当原因"(justa causa)。这两个条件的出现是实行宽宥所必需的。而上面引述的那个段落的主要情况是，这两个条件可能出现了，但并没有一同出现在同一个人身上。死去的阿维图斯由于不能出席公共事务而可能拥有"正当理由"。但由于当他死亡时认可的时限还在延续，因此法律上他没有遭受不利。而他的继承人们的确遭受了不利。由于没有人为他们提出"财产占有权"请求，他们无法认可它。但他们缺少另一个条件。他们不具备遗嘱人在其情有可原的缺席中所拥有的那种合理理由。就该案的技术法学层面而言，问题因此是这样解决了。"恢复"作为一种宽宥事项没得到允许。

帕比尼安作出了不同的认定。他引述了一个类似的例子,不过这个例子并没有在我们的文本中清楚地流传下来。但大意是再明白不过的。唯一不清楚的一点是,这两个案件中引致类似裁决一般概念的共同要素是什么?为了回答这个问题许多人进行了解释。马勒佐尔(Marezoll)仅仅在这样一个事实中看出了两案的相似性,这个事实是,"恢复原状"没有许给"已故的人"(ex persona defuncti)。另一方面,他认为帕比尼安的裁决意在只由他适用于所引述的特定案件之中,而且他通过将"人道"(humanitas)确定为决定性因素的独特方式显示了这一点。范格罗(Vangerow)所发现的共同特征是坚持"公共事务上的缺席"。温特沙伊德(Windscheid)走得更远,在基于"公平"而给予某位继承人的继承者们的帮助中找到了相似性。

在这些以及许多其他解释尝试中,其作者的目的是要从安东尼·庇乌斯(Antoninus Pius)的裁决中和帕比尼安的解答中推出某种确定的法律规则。这些罗马法学家的言说被赋予了法律效力,且当时的法学理论需要专业形成的规则。无疑,古典罗马法学家们的原有观念及其成就的内在意义要打折扣了。这有点像"被羁束的飞马"(Pegasus in Harness)*一样。

源于上引材料片段中的判决显示的反而是,按照他们的观念,宽宥行为可允以"恢复"的确定条件也要经受客观正义的检验。人们利用的最高原则来自法的本质,并由正义的概念构成。帕比尼安在这里用"人道"一词对此进行了表述。它的使用源于古典法学家们的和善灵感,而我们将在后文中有机会更详尽地探讨这一点。

因此,作为源于某种偶然情况集合的结果,在特定情况下从正义法的理念中得出的特殊结论,很难成为一种仅用技术方式加以对待的固定法律规则。另一方面,允许在严格实在规则以外寻找正义法的那些条件在其性质上是确定的。而安东尼·庇乌斯和帕比尼安是否对他们的实在法进行了正确的解

---

* 希腊神话中的双翼飞马,其奔蹄踏在哪里,哪里就会出现喷泉,诗人啜饮这种泉水会得到灵感。——译者

释，即"现行法"(lex lata)是否真的允许像他们所做的那样对它进行如此自由和广泛的延伸——对于这一点他们必须自负其责。不过最后,如何对由传统遗存下来的这种客观结果进行系统的推演并用确定的理由加以正当化则是我们自己的问题了。

"恢复原状"制度在我们的现代民法中完全不适用,在我们的司法程序中也很少适用。但处于该制度基部的那种倾向却被见于宽宥行为在豁免、认领、改名、特许以及在某些法律体系中的延期偿付中的不同适用之中。而在某些方面,也出现了对因延误或未能适时行事而造成的损失进行补救的问题。

这一章开头所引的那个案例也属于这种情况。正义法在这里因缔约方的某种自愿行为而得到实现。合法权利没有在法律规则规定的时间内得到主张的类似情形是很多的。比如最近有一个很奇怪的案例,说的是一个当事方没有即时提取其在一次大型博彩中获得的彩款。另一方面,在附条件的"法律行为"或那种尚未实施的行为的情形中,最高行政当局已被授权将由签订某文件的公证员已经贴上的印花予以返还。法案说是"基于公平"。这是由宽宥行为实施的正义法。不过我们必须从这些特定历史情景中返回到我们的系统性考察。

第四节 固有法

现在我们熟悉了法律上宽宥的两个问题:因存在于对实在法的后果进行认定方面的不确定性而实行的宽宥以及作为纯粹实在法的矫正措施而实施的宽宥。此外还可以加上两种其他形式的适用:由于某种正义法的不确定性或者为了对正义法的后果进行矫正的目的而实行的宽宥。

1. 后一种宽宥即作为对正义法进行矫正的宽宥,从语词上说似乎是自相矛盾的,但实则不是。某种正义法内容所经受的必然变化可以为它提供合理性。曾经是完全正义的东西由于我们判断上的变化以后不再正义了。这里我们必须小心避免自然法信徒们的那种错误。如我们所知，这些人认为存在着一种绝对正义的法——绝对具体且又不可改变的而且内容上绝对有效。与这种绝对有效规则相协调的一种法律后果自然永远不能丧失其效力和正当性。因而遵循那种理论学习教会法的那些学生发现，要赋予教会所许可的豁免和特权以正当性是非常困难的。他们不得不在不可改变的"自然法"和可变的特殊规定之间作出区分，"这些规则创造出永恒法不是为了顾及一位先圣，而是出于功利的理由为了顾及到子孙后代。这是规则不是被用来获得灵魂根本上的拯救，而是将通过遵循其他规则而获得的灵魂上的拯救更稳固的巩固下来"。就其教义而言，后者也一般代表正确的东西，但在特殊情况下，它们的实际后果可能显得不适当，并因此可能受到教会职能机构的宽宥行为朝着正义方向的调整。沙特尔主教（Ivo of Chartres）在这个意义上说："人不允许摆脱那些遵守它即能获得灵魂上的拯救，而违背它则必定招致死亡的规则；因此人们应当遵循所有的命令与禁令，就如同它们在永恒法中是那样规定的；但是对于那些关注其是由于纪律的严苛性或者出于增进福祉目的的规则，如果能够得到一个可观的而且合适的赔偿的话，允许人们出于主教的威望在认真斟酌后从这些规则中予以解脱。"

　　这里所暗含的关于某种不可改变的具体法律内容的基调是错误的，如我们在上一章已经揭示的那样。用我们以前的话来表述，只存在着一种内容可变的自然法。不存在其命令是绝对有效的具体法律规范，尽管这种命令可能是客观正义的。正义与其对立面之间观念上的差异是绝对固定的，而在实践中实现它的那种形式方法是有绝对意义的。但受制于这些观念的质料和取决于它们的具体结果是要经受必然和不可避免的变化的。于是我们这里就又有了一个宽宥的施行的问题。它的功能是进行矫正，即将一种曾经是客观正义的但随着时间的推移而变成了非正义的结果转化成一种正义的法律结果。换言之，只要可行，宽宥就必须尽责，务使"理性"不致变成"废话"。这里有两种事情是可能的。

　　（1）宽宥的施行在时序上是居后的，即它在正义法已经变得非正义时才就位。大赦的情形就是这样的。惩罚是对违法的矫正,而法在事前对每一个受它约束的人说:不要以身扰法或试法,一切都会得到重新调整,不管这种调整的形式是自由赔偿还是某种其他替代形式。在某个特定案件中,实际发生了通过惩罚进行的矫正,而实际发生这种矫正是对的。但现在,由于情势变迁的结果(例如犯罪者个人方面的变化,或者政治条件方面的变化),惩罚的继续不再具有任何意义。从前正确的东西不再正确,而矫正通过大赦或者赦免的形式发生。这时我们无需提出有关证明这一点的任何方法上的困难。因为那样会是一种预期,因而会打乱我们考察的顺序。

(2)宽宥的施行可以出于同样的目的发生在既存法的后果被完全实现以前。这里我们的考虑是,现在正义的法律以后可能会丧失这种品质。诚然,我们不能肯定这一点,但这种可能性是不可忽视的。在这种情况下,人们在未经允许进行某种事后矫正的情形下促成某种无法修复的结果时会犹豫不决,或者(在另一种情况下)当存在着他可能随着时间的推移有机会进行补救的希望时,会不情愿完全剥夺一个人尝试请求这种修复的权利。

2.每一种与正义的施行有关的考察必须考虑的一点是,在何种东西是正义的问题上出错的可能性开拓了正当适用宽宥的广阔领域。不管一个人多么不厌其烦和心怀好意,一个被视为正义的事情最终被证明是人们对何为正义理解不足的结果这一点总是可能的。这种错误可能涉及正义法的目的或其根本方法及其在特定案件中的适用——一种足以使人们促成正义法律结果的努力步入歧途的错误。在这种情况下,某种稍后出现的更好的理解可能足以为宽宥的干预提供正当性。

这种干预还可以因这样一种可能性而获得足够的正当性,这种可能性是,此前的裁决没有依据正义行事,即便这种担心不能完全得到证明。由此便有可能在那种与被告的主张无关的场合——如对某个纪念日的庆祝或对某个欢快的国家事件的庆祝——为给予赦免提供正当性。这里我们得承认,所有对正义的寻求和追求终究可能是一种取决于人的有限能力的尝试。这种承认涉及,世上最好的意图和最了不起的人的能力在追求正当性的斗争中和在寻找和维护正义的努力中都可能不成功。但如果我们永远不能摆脱人类操作的念头及其不可避免的不完善性，那么我们可以给予宽宥的怜悯以某种空间就是可以理解的了。

人们关于正义是否会真的通过民法和刑法促成正义的实现方面的不确定感不仅不会由此施恶，反而会引导权威人士选择这样一种条件，这种条件用诗人的话说，在远古时代"当爱情从黄铜时代仓皇消遁的时候"一度消失过。

第五节　宽恕高于正义

宽恕永远不能施行于非正义事业中。它的目的必须总是在任何情形下都寻求正义法，并尽可能施行正义法。这一点通过何种不同方式可以实现我们已经在前面的讨论中试图加以证明。我们的结果是：

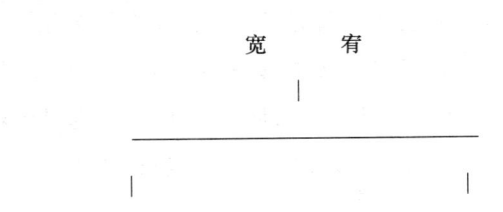

```
                   宽宥
                    |
         _____|_____
        |                       |
 由于实在法的不确定性        为了对正义法进行矫正
```

现在我们想对宽宥行为的基本特性有所了解，因为这种特性把它与其他以正义法为目标的行为区分了开来。这种特性在于这样一个事实，即，一个被授权在法律允许的限度内施行宽宥的人有通过一项宽宥行为实现正义的权利，但他并没有法律义务去这么做。不存在法律义务，却存在一种伦理义务。

当法典规定，法官必须"依诚实信用"或考虑某种"合理理由"或某种其他此类说法裁决某个特定案件时，按照正义法的原则，我们就又有了一个实在法规则。而请求依照正义法进行裁决的一方就对这种"善意"(bona fide)裁决拥有正当请求权。如果法官不依，则意味着一种违法。

另一方面，当宪法赋予国王以赦免权的时候，这意味着这位国家首脑拥有一种权利，而希望得到宽宥的个人对这种权利的行使是不具请求权的。实在法对宽宥进行外在规制。它规定宽宥在何种情况下被允许，并指出有权施行它的机构。但是它将用这种方法获取正义法结果的可能性留给了有权者本人的良心去裁量。举例说，一位公共官员通过官方行为宣布一名不合法的孩子合法化是一项宽宥行为，并且不能受到法律的强迫（《德国民法典》第 1734 条）。如果一位已宣告成年的孩子在他年满 21 岁之前要求结婚，而他的父母拒绝给予法律所要求的许可，情形就不同了。这时监护法庭必须取代父母给予同意，如果父母的拒绝没有"合理理由"的话。这孩子显然拥有获得实在法所规定的正当裁决的请求权。而监护法庭则负有证明和确定是否存在"合理理由"的法律义务。

以上诸例表明，宽宥不仅适用于君主或其他国家机构的宣示，而且每当一方当事人放弃自己的权利以有利于他人时，就出现了宽宥行为。叫法可能因地而异，但根本含义相同。宽宥是未被实在法所要求的正义规范的实现。

现在我们可以总结一下正义法和宽宥之间概念上的关系。区别不在于所处理的主题或目标。宽宥有实现正义法的意图。从法律上说，只有在法律允许的时候，宽宥才可以登堂。宽宥是立法所采用的用以达到客观正义效果的一种特殊方法。宽宥是一种基于伦理义务而不带法律强制的正义法的施行行为。

因此，为使宽宥在法律规定的限度内可以得到正当和切实施行，有两种东西是有必要预设的：正义法的方法，即对特定案件中构成良法的东西的正确认识；其次是伦理意志的能力，即将已经被确定正义的东西进行检测并付诸实践的能力。

鉴于第一个条件与正义法的普通要求是耦合的，在思考宽宥概念时，我们大可强调第二个条件。特定案件中宽宥行为的正当性取决于它与正义法相符的程度。但作为一个整体的宽宥制度的正当性——我们许多先前的讨论所导向的——在特定社会条件下将取决于我们可以安全地依赖上面提及的第二个要素影响的程度。恰当施行宽宥以实现正义法的唯一检验手段是上面界定的伦理法则。只要后者旨在尽可能强烈地向个体灌输忠于正当性的精神，我们就可以任其对宽宥权的正当和可靠行使施加良性影响。至于其他，

"它不具任何强制性。"

"宽宥立于皇权之上,
它的宝座位于君王的心中,
它是上帝自身的一种品性。"

第五章　正义法与法的非批判性分析观

第一节　自然正当感

"如果一个人竟然被允许公然保留他通过非法行为获得的东西——从另一个对该物拥有法律上所有权的人手中拿走,那就不符合自然正当感(the natural feeling of right)了。"这是帝国最高法院在一桩棘手的案件中给出的意见。该案中,有人提出销毁那张非法获得的俾斯麦亲王尸体照片。该法院诉诸的是什么东西?代表法院意见的这种"自然正当感"是什么东西?人们或许会回答说,它是那种每个人都拥有的对于构成正确东西的强烈个人感觉,一种关于必要法律规范的主观意见。但它是作为该法院据以裁断的理由而出现在其判决之中的。该法院为了证明某种东西而诉诸它。它提请读者注意这种感觉,以让他相信其结论的正义性。他们因此想通过它昭示一种思考法律问题的客观有效模式。

于是我们清楚地看到,它实际上不过是一种包含正义内容的法律规范。即便撇开任何立法者的特殊制定法不谈,该法院想说的是,人们所求诸的那个原则属于正义法这一点是可以看出的。"自然正当感"这个引人注目的短语只是表达了这样一个理念:法律内容的正义性是由任何思考它的人的那种"自然"感觉来保证的。

这是一个自古以来就一直为人们所倡导的观念。亚里士多德尤其详细论证说,我们可以通过考察所有人对于正当感的思考发现,这种感觉是由自然根植于人身上的。不过更有趣的是现代哲学和法学所给予这个理念的原有称呼。因为说到这种人类自然拥有的正当感时,这些人所指的不仅仅是个体的人的正义观的历史起源,而是同时想指称那种我们感觉是正义的东西的正当性。这就是莱布尼茨和他的时代所持有的"固有理念"的大体含义。完全与此相同,现代的比尔林(Bierling)在他的那部在其他方面都很杰出的《法律原则和法理学考察》(*Investigations Concerning the Principles of Law and Jurisprudence*)著作中说:"除非我们认为人的心灵在其结构上是基本类似的,否则任何法律科学都是不可思议的。"他还进一步指出,在"法律原则理论"中,我们必须拥有一些"源于所有人在法的理论与实践方面的智识结构上的基本相似性的概念和基本理念"。

但是,这意味着将我们的法观念抛进了一种深不可测和不可探究的海洋之中。因为像上面所引的这些语句只意味着,在一个叫做"智识本性"的未知X中,可以找到那种未知的对于法律意志的根本认识的可能性。这里我们为自身设定的问题是通过回避而得到回答的。我们不知道某种法律内容在何种普遍有效条件下可以是正义的或非正义的。我们只受到幕后某种神秘东西的隐秘动作的安慰。

但是,即便我们对被称为"一种自然正当感"的正义法理念的起源有了准确的了解,认为这在任何程度上确定了该理念的真实价值仍然会是一种幻觉。我们探讨的是一种确定的意志内容,而我们希望知道它是否具有客观正当的属性。而如果一个人给予这个问题以肯定的回答,因为这种判断必然来自给予这种肯定答案的人智识本性,那么这种表述是不能令人信服的。因为错误出自同一个渊源。而且存在着更好认识的可能性和朝着真理和正义方向进退的可能性。我们意志中某种内容正义与否的问题因此是不能仅通过指明其心理学根源而得以确定或避开的。问题的解决必须依照某种形式上的典型标准完成,而这些标准允许或禁止将所涉内容放进正义内容的类型之中。

因此,某种特定法律意志是基本正义的——因为这个说法本身体现了一种所谓源于人的一种未知智识组织的"自然正当感"——这个单一命题在各方面都是不能令人满意的。它没有为我们提供任何关于该判断的真实起源的客观信息。而且即便它提供了这种信息,它也没有为我们提供任何关于正义理念(仅适用于上述命题中)由以构成一种普遍有效概念的标准的认识。

第二节 民族精神中的正当感

如所周知,这是建立在浪漫主义哲学基础之上的。它的终极形式上的观念是,由于个人被赋予一种灵魂,于是便存在一种作为一个整体的民族灵魂。这种民族灵魂是一种精神现象,而这种现象肯定不能作为一种独立事物进行考察,但它通过在该民族的成员中产生某种对于各种问题的共同信念而在经验界显现它的现实。

用萨维尼在他的《当代罗马法体系》中的话说,"它是显现于所有个人身上的作为实在法的创造者的那种民族精神。实在法的相同性因此不是偶然的而是必然的,因为每个人的意识……因此我们必须推定实在法的某种看不见的、存在于共同民族心灵中的来源。而制定法不过是给予了它某种外在的体现和表述……

民族是一个贯穿于世世代代并将现在与过去和将来联结起来的自然同一体……唯一可能的区别是,这种民众心灵的产品有时为某个特定民族所独有,而有时又同时出现在不止一个民族中间。"

在将这种独特的形而上学运用于法律领域时,该理论的倡导者们自身分成了两个学派。较老的一派认为,当这种民众心灵所产生的确信将它自身与"法律"事务联系起来时,它,即该信念本身,就成了法。立法者并不创制法律,他只是确定、汇编和编辑已经出现了的东西,即那种共同的信念。稍后的那个学派则承认,法律规则在它实际成为过去的东西之前是不存在的(The legal rule does noe exist until it is actually passed),无论这是由国家立法者所为还是由法院或由受法律约束的个人的习惯实践所为。但此派成员也认为,所有这些要素都只听从体现于这种共同确信之中的民众心灵的命令。

按照法哲学中浪漫主义者们的理解,这种民族精神不得因此与民族特性的理念等同。后者可视为属于特定族群的人相对统一的性质。民族性质构成某种不可忽视的质料,而每一位立法者都得考虑到它们。但它们因时而异,且部分是国际融合的结果。因此它们的特殊属性不可能被看作是一种民族和法律的绝对单位。而且它们自身自然不代表某种最高上诉法庭和浪漫主义者们所主张的"民族精神"的绝对标准。

根据这种主张,"严格地说,"如萨维尼所言,将根本不存在任何对法律——过去的、现在的和将来的——提出怀疑或客观批评这样的事情。这将是不可思议的,因为法是民族精神的直接产品,它的摇摆不受制于批判性判断。正义法和民族精神的"正当感"是同一个东西。一种其内容具有客观非正义性的法律将是一种语汇上的自相矛盾。

实际上,相反的说法才是正确的。即,从来没有任何人也不可能由任何人给出任何关于作为一种独特的非质料性存在物的民族精神存在的证据。这种精神——它的活力构成一个民族的自然统一体——被说成是活跃在所有人类经验之外的一种精神主体,并用那种共同意识内容的产品激励人类经验。但是,由于它被认为是一个民族体——即一个确定的单个民族,因此自身必定是一种有限物——的精神本质,因此人们就难以理解它如何能够免受那些对于所有有限经验都有效的法则的支配。但由于人们已经提出有关它的这种主张——好歹得提出这种主张——因此它随着人们更仔细的检视消失在了社会神话学领域中。

不过,这种法律唯灵论作为一种启发式信念在当时是有某种重要意义的。因为在对民族精神现实性的信仰中,他们毕竟拥有了一种包含所有可能的法律内容的更高统一体的理念。每一种特别法都被视为它身后民族精神的一种体现。其真实存在的假设构成了囊括某种特定法的所有特别规则和规定的联结纽带,而这种纽带将处于历史变化中的特殊情况连成一个整体,并使用类似方法处理所有外国法成为可能。而且最后,由于民族精神的设定成为了一种对于所有智识活动形式的解释,且这种民族精神被确认为所有这种表达的终极的、不可认知的基础,因此法律领域里某种共同信念的理念构成了受制于几种民族精神作为一个整体统一意识观的一部分。

自然存在的民族精神理念因此提供了一种统一的系统处理法律的方法,且同时作为一个有益的成员将自身融进了一个更具涵盖性和广延性的整体观念中。浪漫主义信仰的太阳就此落山了。"魔幻的诗意之幕"消失了。但与它连接在一起的纽带尚未更新。以前为民族精神作辩护的事业仍在等待它的夺标者。

第三节　法律社群中流行的观念

这个表述人所共知。也许它在这方面比在任何其他方面都得到了更经常的运用。在《民法典》的注释版本中，很少有不用这个术语的。无论什么地方出现这样一种批判性段落——其中立法者引导读者自行找出该个案中客观正义的东西，我们肯定能发现一种"人民中流行观念的说法"。

这种说法在形式上和实质上都是糟糕的。说它形式上糟糕，是因为使用法律社群一词比"人民"一词要好。没有哪个语词比"人民"含有更多的歧义。而只有相关的语境能使我们确定所说的是其中哪一种含义（比如说，"人民"一词是否与亲王、政府、官员、学者、有教养者、富人、中产阶级、贵族、军事阶层等等相对）。显然，人们赋予"人民"新义的难点是，该公式将局限于一群有判断力的人。如果考察一下"流行"一词，难度还会增加。是多数人说了算吗？哪些人中间的多数？最后，"观念"是什么意思？它不可能是伦理性的，因为伦理性观念以善良意图为目的，因而在决定正当行为问题时没有直接助益。为此目的，我们在每个案件中必须做的事情是将个案归并到确定的一般原则之下。而这些原则必须本质上是抽象的，如果我们想在施行正义时在实现这里所意指的正义目的上拥有任何确定性的话。但迄今为止，人们很少发现这种原则明显地包含在"人民中流行的意见"之中。

但尽管如此，该公式的实质是完全不能接受的。因为假如的确存在着这种人们所意指的"观念"，我们基于何种理由坚持认为它们真的与法的正义内容相符？如果问题涉及某种疾病的性质以及它是否具有传染性，或者如果我们在讨论彗星的性质，那么任何人都不会承认"人民中流行的观念"具有绝对决定意义。任何律师如果想对财产、法人、犯罪意图、最高主权等概念进行正确的界定，也不会这么做。那么我们将如何效忠于一项作为个体成员偶然表决数结果的决议,并把它视为决定某种意志内容是否具有客观正当性这个远远重要得多的问题时的最后一招?这种根本错误与苏格拉底斩钉截铁地指出克里托所犯的错误一样:"因此,我的朋友,我们不必在意许多人对我们的议论,而要留意他——那个理解了正义与非正义的人——会说什么,以及真理会说什么。"

我们并不因此想说理论法学的结果不必是"大众化的"。相反,这是一种它们必备的性质。我们不能由它而始,更不能将我们立论的过程建基于其上,最后,每个人显然按照这种结果指导他的行为。而即便将正义的知识及其证明方式尽可能完整地依个人所愿传播给一个社群中的所有人是不可能的,尽管我们必须承认在这种事情上某种不可避免的放弃——像自然科学和创造性艺术领域里的情形那样,但如果我们使尽可能多的人分享我们对正义法的某种适当理解,我们的这个目的仍然具有正当性。但就"大众"法的内容而言,这就是我们能够正当主张拥有这样一种法的愿望的全部。我们必须科学地认定正义的内容是什么,然后尽我们所能传播它并尽可能坚定地维护方法的普遍性。但关于某种意志内容正义与否的认定自身不必源于随意收集的"舆论",即便这种舆论是"流行的"。这种认定必须来自一种确定的正义法方法。

第四节　阶级道德感

社会唯物主义理论的一个基本思想是,善与正义的观念取决于经济基础,并因此因代表经济现象的人口的阶级性而异。这些确定的观点被大致称为"观念"(idea),即便其内容完全是具体的和经验性的。这导致了表达上的严重差异,而如果我们想理解他们的意思的话,就必须记住这些差异。与这些唯物主义者不同,我们的"idea"一词的语义是那种拥有完全的无所不包的认识目标。所有知识和所有意志都附着于一个确定而受到限定的论题。因此,认知和意志意识的内容获得客观有效性的唯一途径是那种绝对整体的理念,而这种理念被预设为认知和目的的逻辑基础,并使人们赋予每一个特殊的意识内容以位置和与其他内容之间的正当关系成为可能。只有通过如此预设,一种理想的现象统一体和目的的统一体特殊资料才免于在不可思议的混乱中互相碰撞。也是这种理念才使人们依据固定原则将特殊事物融入一个紧密的体系成为可能。相应地,在我们的考察中我们将用理念(idea)一词指称一般法律内容正义性的概念。但我们将不如此指称比如说这样一种原则:父亲不得对他的孩子滥用他的父权;更不会指称这样一种认定:这种滥用已经实际发生于某个特定的案件中。关于表述上的差异就说这么多。

如果不是另外一种暗含的观念上的差异的话,这种表述上的差异可能不会存在。我们区分(1)应然或非应然与法律规定相关的意见和努力的受到限定的质料;(2)这些意志内容将由以根据正义的理念得到认定的那种普遍有效方法。如果唯物史观的倡导者们用"观念"一词指称这两种区分中的第一个,那无疑是由于他们对第二个没有足够的认识。

于是存在着认为正义的观念及其在经验地生成中的质料中的适用本身也构成一种要用同样的方法予以处理的质料这种进一步的误解。我们的理论是没有这种错误的。我们不想确立两种不同的现实,一种"物质性"现实和一种"观念性"现实,一个与另一个肩并肩或者起着某种不同的作用。我们在意志的质料和它的内容的某种可能的统一体的理念之间划出了一道非常明显的界线。

正义意志的观念因人口中阶级的不同而差异甚大,这种观察只涉及实际事功的经验性质料。它是一个相对正确的一般判断,尽管涉及细节问题时我们必须时常作出许多保留并列出例外。但尽管如此,上面提到的这种观察只与我们两个问题中的第一个相关,即只与实际经验的主题相关。而我们现在的目标不是要给出一种关于某些人实际观念和意志的一般描述,而是要找到这样一个问题的答案,这个问题是:我们如何能够分辨这些意见和意志的客观内容是否具有正义性?一方面正义法理论倾向上的差别和另一方面阶级道德性倾向上的差别在于提出这个问题的方式上以及相关的强调上。在被某个特定阶级视为正义的那件东西本身中,除了具体要素外,必定包含着正义的概念。在对相关问题进行判断时,具体要素从属于这个概念。于是,我们如何能够通过言说特定"阶级"摄涵于其下的那个东西而认定这个主要前提是什么?

正义概念并不涉及任何现在或将来任何时候在实际生活中所经历的东西。它涉及一种基本形式程序,藉此程序我们才能将普遍论断适用于经验质料。可能有些人对了解这种基本方法所表征的东西不感兴趣,这是他们自己的事情。但如果一个人想了解我们的关于某种法律内容客观正义的概念和与之相连的方法程序,就必须首先学会在这个如此提出的问题和关于某个特定人或其阶级的实际感受的单纯描述之间作出区分。

对第一个问题的解决是通过一种有意识的抽象来完成的。在这种抽象中,构成某种意志意识内容的正义理念和方法被当作一种不同的考察对象。这个问题解决了,我们也就能够看出这个"阶级"是否已就其关于正义的非批判性观念作出正确的猜测。

让我们举例说明。《法国民法典》规定,当居室的使用与对健康的巨大危害相联系时,承租人有权搬家(第544条);它还规定,在服务合同中,履行该项服务的安排必须属于这样一种类型:劳务者在履行其义务时尽可能"免受那种对生命和健康的危害"(第618条)。事情提交到了法院。法官将按照当事人双方或一方所属阶级所主要或一致认同的观点就前提的卫生条件问题进行裁决吗?如果在这种情况下不会的话,那么为什么在人们对解除一项服务合同的"合理理由"的存在问题上有疑问的情况下;或者在这样一个问题上,即当事一方未履行其合同义务时,是否应允许他方依"诚实信用"标准进行抗辩;或者在这样一种情形下,即统一房屋租赁中一个以上的地域权必须受到"衡平"调整——为什么在这些情况下又要这样做?

我们因此知道,将我们自身局限于对不同"阶级"之间道德感差异的强调并将它视为判断意志内容的最高原则将意味着受限定的质料与普遍形式——这种形式是我们对这种质料进行系统安排和认定问题上的目标——之间会产生混淆。我重申,"正义"的概念不能仅通过被确认为其具体适用的某个地方来确定。它必须由它自身确定。同样的道理也适用于使依据该概念就正义法作出客观有效判断成为可能的那种方法。

第五节 司法裁量

我们现在来谈最后一种关于正义法律内容的判断，而这种判断是未经分析性证明和方法上的创造性自为（creative self-activity）而确立的。所有这些类型的判断都有一个共同点，即，它们试图寻求某种异类的本质，期望从中得到需要的结果——人的一般自然感觉、大众精神、当事方的流行观念或者社会经济阶级的坚定意旨。有的人不满这些方式中的任何一种，于是就试图采用"法官"本人的判断。他们说，关于什么是正义的裁决取决于法官的"自由"甚或"最富于个性"的观念。他的"正义感"是决定性的。作为一种方法和一个原则，这肯定是所有议论模式中最经不起推敲的一种。

法主要与那些受它约束的人相关。它的目标是践行某种这些人的行为模式和社会生活模式。它的规则显然首先意在成为该社群成员的一种指引，而法的重要关怀是该社群成员的正当行为和自制，而不是其他任何东西。于是，我们如何能够用某个第三人的未来裁决来确认这种命令内容在个人行为和服务中的正义性？那将是一种对"基督徒离开法庭时才学会穆罕默德的法律"这句阿拉伯俗语的不自觉的证实。当我们的法律规定，"避免'违背善良风俗'的合同和故意侵害；'诚信'主张你的权利并履行你的义务；远离你家庭权利的滥用"时，如果我们从中读出了这样一个原则——"眼下你就按照法官根据他的自由判断所相应表示出的意志行事吧"——那就荒诞不经了。

不仅如此，我们还不能认为法官可以让某种"自由"意见或"纯粹个人的"裁决流行。相反的情形是真实的。甚至当法庭依"诚信"解释一个合同时，或者依"合理"理由宣布对于一项租赁的裁决时，或者确认进行一项捐赠的"道德义务"时，或者裁定某项服务的履行"有违善良风俗"时，或者表达某位丈夫不能被"推定为"继续某项特定婚姻的意见以及诸如此类的类似情况时——在所有这些情况下，法庭必须以一种尽可能有说服力的方式证明它的意见。判决必须是客观公正的，而不是"主观而自由的"。它必须是一种裁决，而不是一种

"个人"决定。如果我们将《维罗纳的双绅》中的那种表白适用于法官的意见,那么事务状态将极其不堪。那种对白是:

"我只禀有一位妇人的理智,

我认为他如此,因为我认为他如此。"

法庭的判决必须逻辑地推出。某种确定的条件必须从属于作为某种标准的决定性规范。只存在这么一种区别,即在某种情况下,法律判决是从某个专门形成的法律规则推出的,而在我们感兴趣的这些情况下,推理必须来自法的基本理念。技术法学关注的是务使一个法律案件与某个确定的规则相符。理论法学必须从方法上证明某种特殊案件中的特定判决与法的最高目标相协调。

这就将我们带到了正义法的方法附近。关于这种方法我们将在后文中论及。因此我们无法指向任何一位解决了这个问题的先行者,无论是法学方面的还是哲学方面的。但我们可以提到一些精到的实践,这些实践就其操作效果而言将永远成为人们效法的榜样,尽管就论辩和证明方法而言无足观者。我指的是罗马法学家们的实践。

我所指的那个时期是古典罗马法学时期。我们的现代立法比以前更强调将正义法的基本原则当作一种司法的规范。但像有的人所试图做的那样将这种努力与那些罗马裁判官们所面临的问题相提并论是完全不正确的。诚然,裁判官在行使其特命全权时,其目的是在"自然衡平"的意义上对"市民法"(jus civile)进行矫正:"假如法律是公正的、必需的,裁判官将在法律存在漏洞的地方补充诉讼的形式。"(D. XIX 5,11)不过他的活动更多地在于(而且最终完全在于)坚定地用其他规则代替固定的法律规则,而这些替代规则与那些被其所替代的规则得到了同样的专门界定。

将特殊案件置于基本法律原则之下的问题作为一种"公正与善良之术",落到了第二个世纪以及接踵而来的那个时期的解答法学家们身上。客观地说,他们以一种后来未曾出现的方式登场。他们表现出了一种戴克里先式的(Diocletian)法律行政(从技术上说够好了)所不再具有的技巧和能力。中世纪的世俗法官也表现出了同样的倾向——在个案中寻找根本正义的法律。但

94　第一部分　正义法的概念

126　无论是他们还是迄今为止的现代法庭的实践都从未达到罗马法学家的水准。

　　罗马法学对我们时代的意义一直是一个有争议的问题。当萨维尼认定古典法学家的形式技巧的重要性时，他是完全正确的。另一方面，耶林将他们所制定的规则和规章的内容视为他们法律中有价值的因素，但他忽略了这样一个事实，即，真实的法律规则内容是注定要受到历史限定的，而普遍意义则只能属于那种限定性形式（conditioning form）以及它由以被把握的确定性。但另一方面，我不能同意那位首先提到的作者的这种看法：他只从他们技术法学的角度看待罗马法学家的形式技巧——从他们用以把握他们时代主要实在法原则的确定性的角度、从其实践性适用的角度、从其"概念上的"微积分角度看待问题。其他人试图通过指明罗马人概念的弹性、其定义的完整性或其系统建设的精确性来说明罗马法技术上的优越性。但是，即便我们承认所有这些（这些并不完全真实），我们依然颇为怀疑这种纯技术性的服务能否赋予这些古典法学家作为典型大师的永恒名声。从技术上说，其他时代的人肯定至少取得了与他们并驾齐驱的地位，尽管他们已经作出了某些高度创见性发现的声誉是别人拿不走的。

　　但他们无与伦比的杰出性——这使他们上升到了智识文化进步共同劳作者的行列之中——在于他们刻意且成功地力图在根本正义的意义上对法律判决进行引导。他们的所有阐释和裁决都贯穿着那个发现客观善良和正义的理
127　念。而且事实上他们完全知道一方面某种对法律规则的纯粹技术处理和某种对它们的有限从属，与另一方面某种按照法的基本理念进行的裁决之间的区别。而且他们也知道，这种裁决不得依据作出判决的个人的偶然观念或依据其"自由"意见进行："这是一个什么是公平与正义的问题。他（杰尔苏）说，不幸地是在某些类型的案件中法律知识的影响经常使人们产生错误的想法。"（D. XLV, 1, 91, 3）。

　　在我看来，这就是古典罗马法学家的普遍意义之所在，也是其永恒价值之所在。他们有勇气将他们的目光从当时的普通问题提升到整体的高度。而在对个案的逼仄地位进行反思时，他们将他们的思想导向了所有法律的引路星辰，即正义在生活中的实现。而当他们从事这项任务时，那种将特殊事物归属

于整体的绝对统一的超凡能力是由某种幸运的馈赠所赋予他们的。如前所述，这就赋予他们的反思结果以正义的品质，而这种品质使他们的成就具有了令人称慕的仿效价值。

诚然，他们之间有巨大的分歧。但我们所称的那种特点是他们所共有的。而从我们这里所强调的那个角度将这些人进行一下罗列和概括（像诗史中的英雄那样）可能是一项有趣的研究。他们中首屈一指的无疑是伟大的帕比尼安。我们完全可以明白罗马人是如何必须将他尊为其最优秀的法律人的；而现代那些只对技术面感兴趣的法学家则想将他置于尤里安（Julianus）和其他人之下。在他之后，睿智的保罗（Julius Paulus），一个从来都能击中问题要害的人，横空出世了。然后是敏锐的斯凯沃拉（Cervidius Scaevola）、极富思想的特利丰尼（Claudius Tryphoninus）、早期的克里索（Celsus）和 C.凯基里乌斯（Caecilius Africanus）以及外加许多其他显赫的名字。

不过这幅绚丽的画卷并非是没有其阴影的。有一件东西是这些正义哲学家所没得到的。某个特定案件中所需的理念他们很快就肯定会确定地知道。在我们所拥有的他们关于这些问题的大篇幅的意见中，我们很少发现任何明显的错谬。但他们没能考虑到——更没有详细规划出——善的理念如何可以在法律规制的行为中被感知、何种普遍原则可以由它而来以及通过何种研究方法我们可以建立一种所涉个案与法的终极目标之间的关系。而我们需要这个。我们时代的要求缺了它就无能为力。

我不想进行一次我们这一代人与古典罗马法学家之间的比较。我无法肯定自己能否很清楚地证明我的命题。但有一点是肯定的，即对于那些根本不知从何而来的判断的单纯让步既不会满足统一体系的愿望也不会适应详细说明的必要性。"有什么样的法官就有什么样的判决"（Tel juge, tel jugement）可能在某种程度上是一种不可避免的感受，但它不得被视为一种原则。其他国家或时代可能会设法与不包含任何适当正义性的裁决和谐共处，但我们不能永久忍受这种不完善状态。在这两个方面，除了某种清晰的方法外，不存在任何安全的补救措施。我们求助于法官的"机巧"作为一种人们设想的适当把握我们问题的手段是徒劳的。如果一个人拥有良好的技巧那的确是一件幸运的事。个人发现它在社会生活中有用,法律案件中的律师和法官也如此。人们在将个案归并于一般法的时候以及在实践中施行其法律判断力的时候必须拥有它。但这只有在归类行为中才有用。对法的理念和从中推出的一般原则的明确认识、对系统适用它的可能性的有意识的认知——这一点是"机巧"所从来不能给予的。机巧是一种将某种特定情景协调地归并于某种预设的主要原则的才能。如果一个个体自身满足于此,那是他个人的私事。但一个人作为法官或助手若想在良好基础上形成一项导致正义结果的判决并用令人信服的方法把它陈述出来,必须首先要具备某种关于这种主要原则和使用它的方法的知识,而不得专门依赖他的"机巧",在他与第三方的关系中也无权诉诸这种机巧。他无权这么做,恰如一个人无权认为确定月球距离的最佳方法是通过肉眼对它的观察。在童话中,一个人可以从他自己的美妙意志出发,到一个遥远的地方采集治病的草药;而且童话中他也碰巧到处游荡,最终找到了草药。但在实际生活世界,我们必须进行方法论研究和有意识的反思。没有这些东西的帮助一个人永远没有把握到达他的目标对象。忽视这些东西的人在这个路径上将一无所获。

第二部分
正义法的方法

  我应该将来自原则的知识称为通过概念在普遍中认识特殊的那种能力。……这是一种也许有时能够实现(谁知道何其迟也!)的古老愿望:在无限的民法多样性之外,我们终于可以找到它们的原则。这是解开法的简单化秘密——如人们所称——的唯一方法。

——康德

第一章　正义法的理念

第一节　法律内容的要素

每一个外在行为规则都包含两种要素。这两种要素构成该规则的内容。一种是由这么一些因素组成的，这些因素使该规则成为某种特殊的东西。它们代表的是所涉法律内容的作为被限的和可变的东西而出现的那个组成部分。这个要素的特性是，它体现的是这个可变的具体质料，而不是其他任何东西。

第二种要素由必定且普遍包含于每一种法中的某种意志内容的智识因素组成。这些因素赋予规则的具体内容以法的特性，并将这部分内容——这种内容本身仅指一种孤立的意志——与所有其他具体法律内容联成一个真实的整体。这第二个类型的统一体因此构成将那些否则会成为分散材料的东西联结成一个完全整体的纽带——像事实上它从一开始被人们无意识地所看待的那样。

第一类无需进一步讨论。一个法律规则内容的这一部分对于每一个观察者来说都是显而易见的。的确，大多数人认为，看出它身旁还存在一群智识因素是不容易的。我们必须即时声明并在下面的篇幅中时常牢记的一点是，法律内容的这两种要素实际上永远不是互相分离的。我们全部的法律经验是由意志内容组成的，而在这些内容中，这两类要素联结在一起。只有在思维抽象中我们才能对构成某个特定法律内容的要素作出区分。同理，我们可以设想将一个特定物体的质料与它所占的空间区分开来，并对后者进行抽象的认定，尽管实际上根本不存在空无一物的空间这种东西，而且特定质料从未脱离其空间形式而出现在我们面前。

在法的问题上,同样的思维抽象似乎遇到了更大的难题。这是由于存在着如下事实,即,同样的过程必须经历两次。我们必须首先找到一个外在规则,并通过将它与习惯规则和任意命令区分开来而在其中察知法的特性。有了这个法律规则,我们进而必须从尝试以强制实现正义的适用这一角度(可适用于所有法律)来考虑它。

按我们的计划,我们只需探讨后者。当法律规定"承租人或借贷人无需对按照合同规定的使用方式所导致的租赁物或借用物的变化或损毁负责"(《德国民法典》第548条;第602条)时,这个断定就其内容而言是建立在"根据正确的法律观念"这样一个暗含的理念基础上的。恰如当我们说"太阳晒热了石头"时,我们暗含的意思是"根据普遍的自然规律"一样。

前者可用两种方式来表述。我们有这么一个规则:"受一个双务合同约束的当事人在对价支付之前可以拒绝履行他应该提供的服务,除非他已同意率先提供他的服务。"这项"未履约抗辩"(exceptio non adimpleti contractus)特权必须被理解为包含这么一种暗示,即正义将会由此在所议个案中得以实现。不过我们还有另外的法律规定:"如果一方已部分履行其义务,如果在当时情景下特别是当尚待履行的部分无足轻重的时候,而拒绝支付对价会违背诚信的时候,不得拒付对价"(《德国民法典》第320条)。在前一个规则的无条件适用会违背贯彻一项正义规则的基本理念的情形下,立法者从该规则中退了回来。我们因此知道,每一个法律内容中都存在一种与普遍法律整体理念的方法论上的关联。

因此,不仅要朦胧地感觉到某个法律规则将在特定案件中显示出正义的特征,而且要明察它,确证它——这是一项艰巨的任务。如果我们想为这项任务说句公道话,那么第一个要求就是我们得明察一般法的统一性,再检视从这种一般统一性过渡到个案中,并以刻意的审慎和确定性掌握它的那种方法上的可能性。这就再一次把我们带回到前面一般纲要中业已陈明的要求中了,所不同的是,我们现在对该问题有了更准确的领悟。我们的问题是要反思那些普遍理念,而这些理念作为不可分割的要素是伴随着每一个具体法律内容的。这些理念必须得到抽象思考,且是自身确定的。就法的内容而言,正是这些理念的统一体现着法的最高原则。

我们解决这个问题所必须遵循的方法是一种旨在对上述法律内容的要素形成认识的概念分析。与此同时，我们必须进行一项考察，以决定我们如何可以将这些所有法的普遍的、必要的要素用一种它所独有的公式融入一个整体。最后，我们必须最终形成一种综合，在这种综合中，我们可以肯定地在每一种情形下将特别法律意志与我们的最终原则结合起来。

这意味着，为了寻找这种普遍的必要要素及其基本建构性整体，我们必须进行一次批判性分析。我们必须弄清当我们将一项法律命令说成是正义或非正义的时候，我们的实际意思是什么？这里我们诉诸我们的内心经验。我们考察的主题是历史给定的法。我们考察的独特性在于，在把法的内容视为一种经验产品时，我们将我们眼下的注意力导向了发现于每一种历史给定的法之中的那些构成要素（及其统一观念），而这些要素旨在赋予如此源起的法律内容以正义的品质。相应地，我们通过对一种历史给定的客体的分析找到其统一的限定性因素。还需要消除一种误解，即以为我们的考察是在与一种先验的寻找和发现有关。构成一种历史给定的法律内容客观正义诸条件的效力自然是普遍而绝对的，因为我们探讨的是一种在其他条件下可能发生变化的质料的形式特性。但这些统一条件的特征和它们所由以被理解的相应公式的证明完全建立在对经验对象——其具体内容受到历史限定的法——的处理的基础上。

另一方面，对法律内容要素的彻底分析表明，一般化的方法*并不导向对基本原则的认识。因为这是普遍要素的统一体，而唯一可以被一般化的东西是那些受到限定的部分。也许，一般化也可以有助于将人们的注意力引向特别要素的那些特性上，甚或可以带来对它们更精确的认知。但由于这仅仅与那种可变而受到限定的质料与整体的关联相关，因此，一般化只有在一种普遍的调节方法的设定上才能找到它的合理性和价值。

---

* "the method of generalization"在这里指的是分析法学意义上的对经验性法律材料进行一般性处理的方法，即"一般法理学"的方法。与先验的普遍而绝对有效的方法相对。——译者

最后,在反思某种可能的法律内容的统一性时,强调必然性要素、将人们的注意力集中于每一个真正具有普遍意义的意志内容的那些要素上是有益的。因此,仅仅谈及"社会生活的条件"是不够的,因为特定法律领域里的具体历史情景也可以成为社会生活的条件。这种方法因此不能保证分析的可靠性。将"永恒社会的可能性"当作我们考察的基础也是靠不住的,因为永恒的观念中存在着某种相对而任意的东西,而这种东西与其说与普遍条件的统一体相关,不如说与特定法律制度的印象相关。而清楚地阐释一种形式上的*系统理论的一个首要条件是,联结在一起构成一个统一体的那些理念不得带有任何经验条件因素——必须从这些理念中获取其统一性的因素。

第二节 目的法

法律规则的观念必定引出目的理念。如概念所示,法律规则旨在将某种特定的行为模式施行于受它约束的那些人身上。因而,我们是在探讨一个属于目的领域的课题。因为目的是一种有待实现的目标。相应地,法律基部的原则必须与目的的功能相和谐。目的法是什么?答案暗含着对该问题的某种理解。在将一般法或一般原则适用于目的理念之前,我们必须首先领会一般法或一般原则的含义。

138 有的人将法或原则理解为某种人们在其因果关系中加以认识的事件的必要过程。相反,其他人用以指称某种意识内容包含于其中的每一个统一体。前者认为人们在对客体存在过程——其发生和解体的过程——的认识中发现所有智慧的目的。而分析的方法认为,根本的东西是对存在的观念形成系统的认识。因为如果我想知道某种特定的东西是如何兴起、展开和

---

* 在理念论哲学语境中,"形式"(forms)与"质料"(materials)相对;且形式限定质料。在施塔姆勒法哲学中,法的形式是由法的理念构成的,而法的质料由全部的实在法规则构成。像柏拉图、亚里士多德和康德一样,施塔姆勒认为,法的形式决定着法的质料;法的形式具有普遍性和恒定性,而法的质料具有有限性和可变性。——译者

产生的,就必须(从逻辑上)弄清楚这个特定的事物在本质上以及在其永恒属性的统一体上是什么。或此或彼,每个人都可以自由选择。但我们现在可以要求人们注意"法"或"原则"一词的两重含义,并注意一种沿着其中一个思维路线移动的演绎,以及将系统同一性确立为一种根本统一体的目标不应与这些论点相对——这些论点源于该词的另一个含义,在该含义中,它仅指某种因果解释。

从刚才所述中可以推出,在目的法问题上,人们已经从下列在原则上互不相同的方法中寻找解决途径。将因果知识视为最高事项的人自然必须弄清作为因果链中有用连接的手段和目的如何找到它们的位置。另一方面,将因果观念仅仅视为一种能使我们将我们意识的特定形式内容统一起来的形式过程的人将不得不用另一种方法处理那种与目的相关的意识内容。

根据其鼓吹者是将我们所考察的最终原因视为其他原因的结果,还是视为因果关系上意志的自由决定,即根据它们是赞成还是否定决定论,第一种倾向又分成两组。

相应地,瞄准一般意识内容统一存在的第二种考察方法也被分成两种学说。其一只研究历史地被决定的目的内容的知识,因而被称为经验论。它避开对其程序方法的清晰分析。毋庸置疑,它在工作中使用的是普遍的方法。但它自身只承认经验材料,而不知道形式方法自身也构成一种不同的考察课题。这种经验论研究的是在历史中展开的社会生活,就此而言,许多人称之为历史主义。与此相反的基本理论则在质料和形式之间作出有意识的区分并且在自然承认前者的历史偶然性的同时,认为为了对质料进行系统的把握,我们必须有一种建立在绝对同一理念*基础上的程序方法。它的目标是根据摆脱了意外和偶然的目的理念引导和决定特定目的的主观内容。这种学说名为理念论。我们用如下一种形式图解来表述它:

---

* "the idea of absolute unity",在理念论者看来,形式与质料之间的关系是一种"同一"与"分殊"、"普遍"与"特殊"、"绝对"与"相对"的关系。在施塔姆勒看来,属于法理念领域的法的形式是不含任何法的质料杂质却可以普遍适用于任何法的质料的绝对同一体。这种形式同一体不来自经验却可以适用于经验。理解这一点是理解施氏法哲学理论的关键。——译者

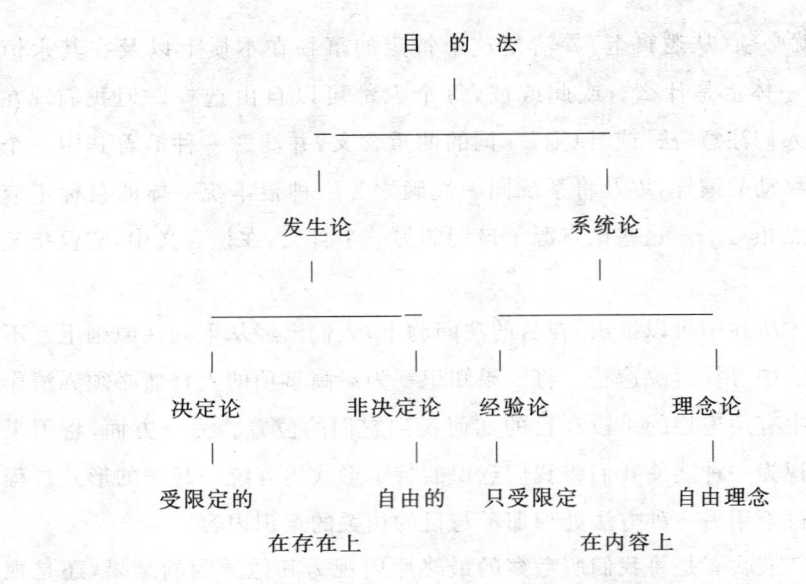

```
                        目 的 法
                           │
              ┌────────────┴────────────┐
              │                         │
            发生论                      系统论
              │                         │
         ┌────┴────┐               ┌────┴────┐
         │         │               │         │
       决定论    非决定论         经验论     理念论
         │         │               │         │
       受限定的   自由的         只受限定   自由理念
       在存在上                  在内容上
```

现在有一点完全清楚了，即，仅就发生学考察而言，非决定论是全无科学价值的。因为当我们追问一个意志行为的起源时，我们探讨的是一个构成某种特殊现象的外在世界的事件。这种关于存在的知识只能通过设定一些原则的方式获得。单凭这些原则，被称为现象的意识内容可以被赋予系统性秩序。这些原则中的一个——但仅仅是其中的一个，就是因果律。事件只有在我们把它们看作受到连续状态的必然连接的限制时才可得到客观理解。而除非我们形成一种作为必然受到先前事件限定的统一的事件观念，否则我们对变动不居的状态的意识不可能是系统而统一的。观察者是否能够通过因果统一的规则成功地把握他的全部事实是另一个问题。而且这个问题是否能够得到令人满意的回答并不影响因果律在解释现象的连续性方面的绝对有效性。而且，由于一个现象的每个原因本身也构成一个现象，因此它必定也是一个结果，因而那种"无限"回还是不可避免的。"自由"原因的概念因此是站不住脚的。这么说，我不是在讲述任何新的东西，因此恳请读者在一种编辑意义上理解前面所说的其实旨在尽可能全面而避免空洞地陈述我们自己的具体观察的那席话。因为将人们限制在第一类即发生学上的观察范围内显然是可能的，但是，没有人能够正确地说这样会解决目的法的问题。

在我们指为目的的意识内容中，必然涉及一种有待实践或实现的对象的理念问题。在一项计划或一次选择等事例中，我们完全可以明白这一点。问题是，如果我们从发生学角度考察一个目的，它就不可避免地被转化成了一个结果。诚然，并非所有的结果都一样。但将它们区分开来的东西是其受到限制的质料的特性。不过作为结果，它们必须全部用一个相同的方法加以对待。因此，我们必须弄清目的的含义，并进而设法依其自身的特性对它进行系统处理。相反，如果我们把它放在存在的因果链的连接点上，它就会完全丧失其作为某种有待实现的东西的所有差异性，因而由此被排斥在其自身所特有的观察方法之外，而不会依此方法在其同一性中得到考察。

不过我们拥有一个有待实现的对象的意识。我们的确拥有意志的概念，而且我们知道制订计划的独特理念。谁能否认这一点呢？不过这就导致这样一个问题：这种作为一种根本不同思维倾向的意志意识的内容如何能够用一个统一的方法加以处理？这个过程必须根本有别于那个我们由以理顺和安排存在理念即自然观念的过程。这一点是显而易见的。后一观察过程尤其通过因果律进行，而我们自己的问题创制了它自身的用以处理手段和目的这两个相关理念的方法。而这里我们可以说，不存在总是将因果理念和目的理念一起考虑的理由。事实上，这两种理念位居下列正方形的两个角上，而这两个角并不与任何边相连接。

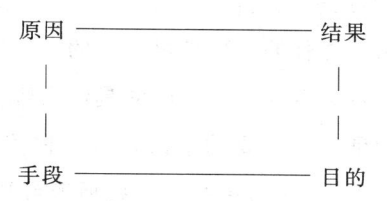

```
原因 ——————— 结果
 |              |
 |              |
手段 ——————— 目的
```

目的法因此意味着一种普遍方法的建立。通过这种方法，我们能够将我们心中的目的内容分成两个不同的类型——正义的与非正义的。它是一种绝对统一的理念，在这其中一种意志意识（其存在受到限定）的内容可以得到理顺和界定。人们发现这种建构性统一体的种子播种于每一个综合的目的理念之中。而全部所需的就是将它挖掘出来，认可其与个案中具体目的之间的关联,并按照这种认识对它加以利用。

这种适用和对目的法的实际阐释所获得的结果因此只能是对意识内容——旨在促成某种结果的那个类型的内容——的矫正。如果任何人不满足于这种作为法的界定的结果,如果他希望再次引进一种积极"力量"和一种"活生生"的力量的理念,那么他也就像浮士德一样在苛求。他的因果理念是神秘的,而且他将它视为某种只是把意识内容同一起来的方法以外的东西。他成了一种绝对未展开的、将因果冲动包含在其自身之中的过程观念的牺牲品。按照这种机械性神话,的确不存在寻求"积极"理念以外的可能观点。这种思维方法总是倾向于回到发生学原题,而错失了目的内容的独特同一体。

不过,后者有什么存在的理由吗?在对目的内容的正义性反思中存在什么目的吗?目的的客体是有待在经验中实现的某个事件。而它的出现要么不可能,要么受原因的逼迫。既然所怀的目的(这是常用的论点)在它真出现时必定是以某种特殊方式出现的,那么目的的设定和对其独特同一性的思考就不具正当性了。

这种主张不仅仅是似非而是的。它是错误而矛盾的。因为它不加证明地设想人们所怀目的的出现可以决定目的的正当性。但这么说的时候,我们已经设想了一个更高的目的法则,并表达了某种具体见解,而这种见解与其说事关这类法则的存在,不如说事关其正当性。

而这种见解又是站不住脚的。事件过程中的实际结果并不决定伴随它的意识内容是否正义。后者只有当某种目的的具体内容与某种一般目的的绝对标准相一致时才能得到证明。重要的事情是从一种统一的立场来审视目的。我们获取这种统一性的方法是,用某种方式将所有经验中的可能目的连贯起来,以致我们将它们设想为受制于一个标准。这个最高的统一标准长久以来在各学派的语言中被称为终极目的。我们现在可以清楚地看出,一种具体结果、一项计划的这种或那种特定实现不能决定作为一项计划存在于意识之中的意志内容的正义性;这一点只有通过一种不同类型的为一般计划、目标、选择和目的设定的统一法则来完成。目的内容的实际事件和统一法则之间的区别得到了相当一般而显著的揭示。设想一下一个人对一位下棋的人说,某着棋在他看来是不对的。如果他得到的回答是,手指在棋盘上的移动在因果律上是注定的,而且关于这件事所能说的就是这个,那么他肯定会大吃一惊。而在更严肃的事情中,我们常听人说某个特定的决定可以理解但不能得到证明。这再次表述了这么一个事实,即,人们已经从两个根本不同的观点表达两种判断。

因此,实现一个目的的可能性问题必须与该目的内容的正义性问题严格区分开来。前者依照经验法则——因果律位于其中——考虑实际事件。后者旨在对意志意识的内容形成系统认识,而这种内容的理顺和安排只有利用与刚提及的那些原则根本不同的原则才有可能。这种区分与决定论和非决定论之间的差别无关。因为后一种差别出现于上面已经分清的两个类型中的一个之内,并且完全不适合于作一次穷尽的分类。

决定论承认因果律在这个平面的探究中的作用,在这种探究中,这个规则引领我们意识内容的秩序并拒不承认任何其他与之相矛盾的规则,仅因为它是矛盾的。就此而言,决定论表现为一种正确的考察方法。但如果认为所有可感知的意识内容都属于这个领域,那就错了。因为实际上,存在着另一种联结意识内容的根本方法,而因果律在其中什么也发现不了。

非决定论强调因果存在理念之外的目的理念的独立性。就此而言,它是对的。其错误在于如下事实,即,它将目的理念交给了因果王国*。当人们说我们不得将我们自身局限于作为一种规则的存在因果秩序——因为它不能完全解释这些事实——时,这并不意味着在现象存在的范围内我们必须在自然原因之外设定某种特定的神秘力量。上述强调意味着,在与现象存在相关的意识内容之外,还存在另一种内容,这种内容的特性在于将目的内容变成它的中心理念,在于力求把握这个概念的独立法则。

还需要消除一个误解。手段这个概念涉及作为尚待实现的某种东西的未

---

* 原文如此(... it subjects the former to the kingdom of causation)。这里"因果王国"疑为"偶然王国",否则与文意难符。——译者

来对象的理念,而原因这个概念暗含着作为将要形成的某种东西的未来对象。145 因此,原因与结果之间的联系体现了一种必然性。在这种必然性中,结果被看作是某种即将形成的东西。另一方面,手段与目的的秩序不可避免地意味着人们所想望的东西被看作是某种将要获得的东西。不过这两种思维模式不得从碰巧正在反思它们的那个人的现有立场去审视。否则的话,我们会被逼到如下一种观念上,即因果链就在偶然开始于此刻的将来面前突然被打断以为目的规则腾出空间;而后者同样对实际的过去没有任何影响。

这里所介绍的理论与这些概念中的任何一个均毫无关系。它是一种抽象方法之间的系统性区分。它们可以同等并同时适用于整个人类历史过程。而就这两个方法的有效性而言,一个问题是否属于碰巧正在思考的那个人的过去或将来是无关紧要的。我现在可以完全正当地将因果律适用于 2000 年的人类行为,唯一的问题是我能否在细节问题上获得成功。而另一方面,我们为什么不能将奥古斯都的改革法交付它们所怀目的问题的批判性审视及其客观正义的审视?不存在任何这样的理由。原因与目的之间的差别仅在于一种抽象理论的倾向及其中所含的统一法则上。就偶然而经验地界定的时间段而言,它们之间不存在任何区别。

第三节 自由与平等

外在规则目的的根本法则是什么?我们现在探讨的就是这种目的法,这一点是没有疑问的。因为我们正试图在联合于一个社会中的那些人的相互之间的外在行为上实现一种正义的社会生活。我们怎样将一种目的规则的统一综合理念适用于此呢?代表调整人类合作最终目的的最高目标是什么?

146 公民自由作为法的最高目标在这方面施加了最大影响。许多时候,作为一个整体以及特殊法律规则和规定的国家宪法一直由于它们限制了这种外在自由而受到谴责。相应地,个人自由已提升到了作为正义法标准和原则的高度。

这种自由国家观在理论上是站不住脚的。它使它的信奉者陷入了无法逃避的逻辑矛盾之中。它在由威廉·洪堡所写的题为《一种决定国家活动自由的尝试》的著作中得到了著名的表述,"真正的理性所希望的条件只能是:每一个个体应该享有按其自身决定的特有方式发展他自身最无拘束的自由;而且,不仅个体人而且自然本性从人的手里所应接受的形式只能是个体人按照他的需要和想望的程度所拥有的自由意志所赋予它的、只受他权力或权利的限度约束的那种。"但"他的权利限度"是什么呢?一个人声称他自己的、因为他受之于法律而拥有的那些权利。它们是受法律约束的那些人之间的受到调整的关系,而根据这种法律,某种行为模式将被强制实行。不管我们考虑的是财产或义务要求、父权,还是对公共生活的参与,它均构成一个这些范围界限——在这些界限内,每个人都希望受到他人的尊重,也承认尊重这些界限的相应义务——划定的问题。而在这些权利与义务的联合中,我们发现了一个社会的基础。正确的合作方式、正确赋予和行使"权利"的模式——这正是我们要考察的问题。这因此意味着,这种国家理论将某种法律秩序通过其命令所创设的东西本身称为该法律秩序的标准。

如果我们坚持认为自由的理念构成法的原则,这种根本错误就无法得到纠正。即便我们去掉洪堡公式中"和权利"三个字,仍然存在法的最终目的是公民自由这种思想。但这在各方面都是自相矛盾的。该理念与法的一般概念不符。后者具有主权这个基本性质。它是一种强制规定,其命令的效力完全独立于受它约束的那些人的自由同意。原则上固守这种强制规定,并同时认定其目的那些受法律约束者的不受拘束的自由,会陷入一种无法解决的矛盾之中。

如果我们思考一下此事本身,也会遇到同样的矛盾。这里所说的自由指的不是伦理自由,而是外在自由。它不是指人的意志内容相对于一种简单的主观愿望的独立,而是指对人的外在行为的规制的排斥。这种自由如果被当作一项原则会意味着一个人被允许按其自身的个人愿望作为或不作为。而这会导致人们所追求的客观目标的对立物。

由此可见,个人自由决定其参与社会生活方式的问题属于对正当立法方法的考察方面的问题，但它在正义法的理念这个根本问题上不起任何作用。

这一节标题中第二个概念的情况则稍有不同。如众所周知，外在自由的要求长久以来一直与平等的要求相联系。后者有时作为与前者相对立的东西出现，像无政府主义的个人主义情形下的情况那样。这里我们只需强调，平等的公式——"法律面前平等"，如宪法所规定的那样——作为一个解决我们问题的方法绝不比另一个更加合适。它使解决方法悬而未决。

由于我们在探讨一个普遍原则的观念，因此我们不得将平等理解为某种相对的东西，或某种可按数量授予的东西。我们也不是在这里探讨历史个别现象的问题，如具体阶级差别的消除问题。我们不谈特别实在规则内容，也不谈通过现代立法对从过去传承下来的法律制度的禁止。我们这里的问题是：法律平等原则是否可能为我们提供正义法理念所需的那种恰当表述。我们的回答必须是否定的。因为权利平等的法律原则只体现在这样的规则中，即，所有受法律支配的人必须以一个相同的方法对待。而客观地想，这个基本方法是什么仍有待详加思考。同样，所有个体在社会上拥有同等地位这个原则也与法的概念相适应，且必须按系统方式而非任意地从中推演出来。不过，这也只是一种从法的概念的分析中产生的结果。而法律意志内容的基本原则仍是一个待解决的问题。

第四节　福利与幸福

这个原则无疑在个体利益的言说中得到了最佳表达。人们的设想是，法的最高目标是保证受它约束者的福祉，并促进其幸福。但这种社会幸福主义是没有基础的（参见《经济与法律》，§100）。

生活在法律之下的人们的主观幸福的促进从一开始就是一个找不到答案的问题。如果我们指的是内心幸福、内在安宁、源于心想事成意识的幸福感、哈茨山区（the Harz）*谚语所说的"欢乐的心"——任何法律或法典都不能给

---

* 哈茨山，位于德国西南部威悉河与易北河之间的山脉。——译者

予这个。就何种东西构成外在福祉以及如何得到它达成一致也不容易。已有人试图将幸福看作是一种独立的东西,并认为要紧的是创造尽可能最大量的福祉,然后应尽可能平等地将它们分配于社会个体之间。似乎幸福可以分离于感觉主体,并像食物和欢愉一样分配于他人之间。

对于立法者来说,将个人欢乐的获取设定为一种理想目标只有当个人权利意志的最高法则是促进其个人福利时才具有正当性。但是,由于情况并非如此,相反,由于正当人类意志的特性是义务的履行,无视行为人的主观舒适,因此,人类社会的最高目标不可能是其个体成员的幸福。

对欢愉作为人类意志终极原则的否定固然总是与追求欢愉的主观欲望相冲突。主动而坚决地进行这样的使主观欲望受制于法律和秩序王国的斗争不是每个人的事情。而如果他在斗争中屈服了,在自爱的促动下,他会轻易地秉持这样一种立场:坚持认为并要求承认,让他的人身屈从于他的欲望是并且应该是一项客观正义法则。幸福主义因此上升为一个设想的原则。而许多人认同维兰德*所表达的那种情愫:

"给我幸福的谬误

与真理等值

它把我拉下到地面。"

但事实上这个格言是站不住脚的。

这种推理中的恶性循环之处在于,因此确立的原则反过来会宣称其客观正当性。其恳切的愿望是要暗示某种人类意志的内容在何种条件下可以被称为客观正义的。而它给这个问题的答案是:当它具有主观有效性的时候。这个答案预示着,人类客观和主观意识中是存在某种差别的;但它在不经意间用属于后者的诸特性界定前者,尽管二者被认为是相互矛盾的。

实在地说,个体将何种东西视为他的主观幸福可能仅仅是一种有限的目标。它总是一个仅仅实现某种具有相对性和有限性欲望的问题。因此之故,一个人所追求的具体幸福感可能再次变成达成进一步目的的特别手段。它不

---

* 与歌德同时代的德国文学家。——译者

可能最终合适地解答这么一个问题,即,为什么任何人应当享受某种特定的欢愉。它不通过提出一个客观有效的命题——这个命题可能被视为意志的最高法则——解决这个问题。而如果一个人的真实人格不能代表普遍人类目的法的宣示,那就意味着探讨正义社会问题的正当方法不可能是那种纯粹依赖主观努力和愿望的方法。"利益是法的北斗"这个破绽百出的说法绝不比"表象是自然科学的北斗"这个平行命题包含更多的真理。在两种情形下,质料与对它进行加工的统一方法相混淆。这里使我们感兴趣的是后者。

相应地,我们的想法并不是(像人们认为的那样)要把幸福和感官、冲动以及需求的满足排除在社会生活目的的领域以外。这将是荒唐的。相反,社会生活由人们为了满足个体需求而进行的合作构成。但我们必须记住,这只代表我们的问题的质料。而如果我们想了解这种合作所必须据以理顺和决定的那种形式法则,我们就不得考虑个人幸福或相关人的主观利益,如果我们想避免上述那种矛盾的话。

人们为了确立一个客观独立标准而感觉到的那种不可避免的需要在经过严肃反思后已经导致共同幸福——the "salus publica"——理念的产生。这种尝试由来已久。西塞罗用以下方式确立了他自己的观念:"朱庇特亲自颁布了一项规定,以此,任何能够增进国家福祉的事情,都视为是合法的、公正的。"这个观点很少考虑纯粹主观和个人利益的简单总合。这种总合同样绝不符合现代"总体利益理论"代表们的思想。"一般福利是法的基础"——这个命题在1784年的第一个《普鲁士普通邦法草案》的开篇就得到了体现,尽管它最终没有以那种形式存在下来。批评家们早在那时就热衷于该公式。"共同幸福,"施洛瑟在他《关于立法的通信》中说,"是一种由无限数量的不同成分组成的混合物。"我们也可以说它只不过是客观标准的急切愿望的表达,而这种标准将把我们从纯粹主观愿望中解放出来。在法的创制和施行上确立一种统一原则的意志和愿望,在纯粹个人努力的怒涛中树立一个通用锚点的愿望,在争取正义控制上设定一种统一程序以及在我们的调整活动中清楚地界定一个目标的希望,总之追求客观正义上的希望、愿望、意愿——所有这些都在"共同幸福"理念中得到了表达。但仅此而已,没有表达更多的东西。

第五节　社会理想

　　如果我们试图找出人的法律联合体这个概念的内涵的话,那么就其客观普遍内容而言,我们就会得出这个结论,即,这种联合体的成员可以通过聚集在一起来更好地促成他们的目标。每个法律体系在观念上都必然包含这一点,即,那些受法律约束的人可以更成功地进行共同生存斗争,以使每个人在加入共同体的时候,同时也最好地为自己服务。我们这里正在考察的理论要素(见上面第一节)——这些要素被发现于每一种法律规则之中,并如影随形地伴随每一项具体立法材料——相应地构成这个社会以及其中个体成员的目的的调整器。当我们力图将任何具体法律付诸实施时,我们必定表达出我们协调这些相关法律中的目的的意志。而只要我们成功地使这些普遍和特殊要素之间达成一致,并成功地避免这两个组成部分之间的矛盾,那么我们规则的内容就是与法相符的,因而是正义的。

　　因此,法律命题的一个普遍要素是在个体愿望与社会目的之间进行调适的理念。不过这里我们依然不得将社会视为一种拥有某种限定目标的具体联合体。我们所指的也不是一种特定的"经济发展",因为这个术语所描述的仅仅是从整个社会生活中抽象出来的受到经验限定的某种社会现象,因而它指的是有待处理的那种质料,而不是它的形式法则。在我们的头脑里出现的是作为所有可感知的个体目的的形式统一体的那种社会。我们将它视为一种将这些具体而孤立的愿望联成一个绝对整体——这个整体拥有一个共同的、最终目的——的方法。正义法的理念只能意味着用一个终极社会目的系统调整个体目的的统一体。但是,只要个体目标中的决定性原则是那种受到主观限定的具体愿望客体,个体目的的和谐就不可能是有把握的。愿望和努力的具体目的构成有待加工的质料。但由于它们出现于个体主体身上,因此它们不得提出将它们自身作为最高目的的要求。甚至在思考个体自身的意志内容时这也是错的,遑论我们正在将其性质当作一种正义制度考察的社会意志内容。社会成员所遵循的特别主观目标可能有时会作为一种偶然现象而实现和谐,但自然地,并不存在它们作为一种永恒原则而实现和谐的任何保障。

这就因此意味着,一个法律社会的目的只能是其意志构成它们自身目的的个体成员的联合。一个社会存在绝对统一体的抽象概念需要一种成员们的努力中所包含的、可被视为具有普遍性的那些要素的融合。当我们论及一个社会的抽象概念时,在我们的头脑里出现的是所有意志的联合,而这些意志的目的是自由。我们因此获得了一个由意志自由的人组成的社会的公式,作为用统一的方式包含联合于法律之下的所有人的可能目的的最终表述。我称之为社会理想(the social ideal)。

正义法内容这个概念的界定与社会统一体概念的界定相同。当一个行为规则的内容的特性与社会理想的思想相符时,它就是正义的。我们现在必须表明这一点如何可以得到系统证明。我们必须注意到,除此之外,社会理想的效力取决于这样一种认识,即,它是唯一的一般表述,而这种表述中包含着联合于法律之下的人们目的的客观统一体的理念。由于它丝毫不包含任何具体事功的具体目的,因此它对所有可感知的外在规范目的都有效。它可以适用于其中的每一个,并赋予它以其自身的含义。它是唯一属于所有共同法律目的的东西。而唯一可以提出的问题是:我们如何能够有意识地利用我们的基本理念处理具体法律问题? 以及我们如何能够系统地贯彻它?

另一方面,我们不认为正义法的理念不能通过个体目的的完善得到更好的表达。因为我们这里探讨的是合作工程和从事与安排社会生活的正当方式。换言之,我们探讨的是自由意志理念在共同福利及其成员相互行为上的适用。因此,那些决定社会成员外在作为与不作为的规范是正义的。我们先前讨论正义法的概念时已表明,从刚提到的那个理念中推演出这种意志内容的方法必须与有关个体伦理完善的方法区分开来。第二个方法与至善的理想目标有关,而这种理想目标涉及善良意图,即涉及个体为其自身所设定的目的,而非外来的规则,因而只要求他作出正义的行为。我们必须永远记住,我们现在不是在探讨他人的相对和特别的目的或者他们的相对"至善"。我们不是在思考诸如教育或帮助等特殊情况下的具体目的,而是在思考那个引路星辰*自身的理念。就是在这个意义上我们才问：正义法理念的贴切公式是什么？而这只能是一种作为一种外在联合体的社会接受其理想形式的表述。另一方面，至善从来都是个体的目的。我可以将我自己的至善确定为一个目的，但我永远不能将另外一个人的绝对至善当作我的最高法则。这必须留给这位旁人，让他按照道德法则寻求他自己的拯救途径。不过，正如在正义法问题中我们探讨的调整他人行为的意志统一体，这里至善的理念显然也不能成为决定我们方法的最终目的的贴切表达。

现在让我们回到社会理想的定义，并力争用图解方式将其作为一个整体呈现出它在意志统一体中的位置。

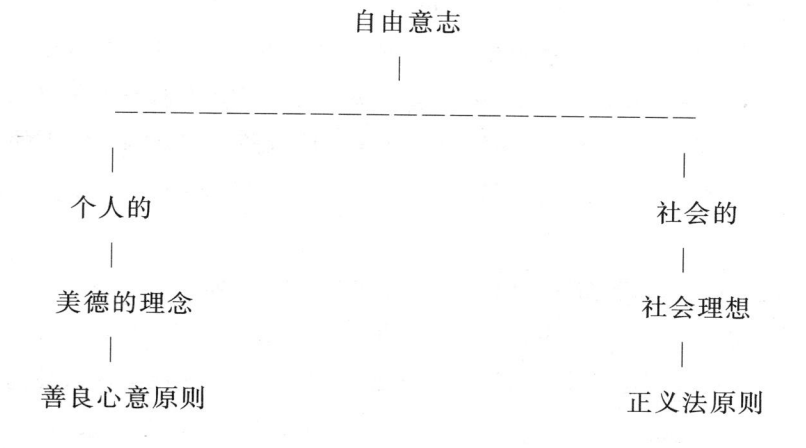

```
                          自由意志
                             |
        ———————————————————————————————————
        |                                   |
      个人的                               社会的
        |                                   |
     美德的理念                           社会理想
        |                                   |
   善良心意原则                         正义法原则
```

---

* "the guiding star"：在柏拉图的理念论中，为了说明最高一般理念与特殊事物之间的关系，柏拉图举了一个著名的例子，即北斗星与大海上航行船舶之间的关系。北斗星相当于最高绝对理念，而船舶相当于在北斗星引领下行进的特殊事物。这个引路星辰不来源于船舶，却可以引导船舶航行；船舶可以在此星的引导下不失方向地航行，但却永远不能抵达这颗引路星。引路星永远高居船舶之上，是船舶可望不可即的指南。在法哲学理念论上，施塔姆勒是个新康德主义者，而康德的理念论也明显受了柏拉图的影响。因此可以说，在这个方面，施塔姆勒也是一个新柏拉图主义者。——译者

第二章 正义法的原则

第一节 齐整性与原则

法律意志内容的正义意味着与社会理想的一致。这是法律规范的客观内容中齐整性概念(the concept od regularity)的一个公式。它因此构成那些伴随每个法律规则并体现其目的要素统一体的最终表述。它必然包含于每个此类的规则中。因为所有法律规则连同其特殊命令体现了某种正当调整的一般思想,并受控于那个系统齐整性的统一理念。后者照例不是一个特别的经验对象,尽管在抽象考察中,我们能够看出其作为一种经验中的引导因素而起的作用。

由此可见,我们现在探讨的不是一种作为法律生活历史材料的简单概要并旨在自我实现于一个自由人社会的理想法律体系。对于一个在一种法律内容中看不到除经验要素以外的任何东西的人来说,我们的社会理想公式毫无意义。我们不能将法的统一体看作其自身是一种理想的法律体系,就像我们不能将自然统一体看作其自身是一种理想的物体系统一样。当我们讲到统一性或齐整性时,我们必须从所有具体法律质料中进行抽象,尽管所有这类具体质料受它控制。

不过,社会理想也不得被理解为一种超越实在法并向那些受法律约束的人发出具体指令和提出具体要求的不同法律篇章。自由人社会的理念本身照例不是一种法律要求。它与债务人必须就延迟支付加付利息或在行使地役权时必须注意不损害所有人利益或在遗产分割中调整应该顾及到以前所接受的部分这样的规则处于相同水平上。在由社会理想这个公式所界定的正义法的理念中,我们探讨的不是某个法律规则的内容,而是一种形式上的方法。它指的是那种有关正义法的每一个真实判断的必要条件的更高统一体。为了从中推导出一个具体规范，我们必须将它适用于经验性法律材料。

诚然，人们受到主观愿望的引导且不能摆脱其个人利益的纠缠。这正是为什么在对立利益或需求中寻找正当调整的问题会出现的理由。现在的问题是，在何种条件下对此类争议作出的裁决具有客观正义性？以及我们用什么方法才能证明其正义性？

如要解决这些问题，我们必须在所有情形下使用相同的程序，因为正义裁决的概念总是相同的。社会理想的理念因此指的是这些条件的统一体。通过对这种统一体的维护，法律事项上的裁决可以配上"正义的"这个谓词。这就导致了另外某种东西。社会理想的理念不能直接适用于试图找到正当调整的具体法律判断的问题。诚然，声称构成正义法的每一个规则事实上的确是由那个理念伴随着的。但这还没有为我们提供推导过程。想了解一个与一般规律相联系的特定现象的自然科学家并不立即径直把它交给所有现象绝对统一的理念进行检验。为了恰当地理解它，他先回头求助于推导原则，然后诉诸建立在这些原则基础之上的自然法则，最后确立其特定问题在那个整体中的系统位置。在我们的正义法问题上，我们也将不得不用同样方法确立一个原则体系，然后再确立隶属理论和理念，在这种理论和理念的帮助下，我们将肯定能够对个案进行如此加工，以致它将与法的统一理念相符合。一般正义法理念的实践意义是，单凭它的帮助就可以形成一种在具体情形下寻找正义法的普遍方法。我们现在必须进而展开我们的原则。

第二节 诸原则的推导

在力图推出将跨越正义法理念及其在解决具体法律问题上的意义之间的桥梁的诸普遍原则时，我们必须注意一种双面危险并设法避开它。

1.这些原则不得从历史观察中随意收集。否则我们就无法保证其必要的完整性；也不应将它们当作一种系统联系的整体进行控制。这特别适用于乌尔比安(Ulpian)朝这个方向所作的最彻底的努力:"诚实生活,不侵害他人,让人人各得其所。"这三个原则从法的理念中的推导是模糊的,它们相互之间的内在联系也不清楚。

2. 我们必须将一切纯粹经验的和质料的东西从我们的原则内容中剔除。从根本上说,这些原则必须具有判断的建构性功能,而非有具体意义的特定规则。1789年的《人权与公民权宣言》和1849年的《德意志人民宪章》不在我们考察的范围之列。

我们的考察将按如下方式进行。每一种法律考察都可以从两个视角进行。我们可以将个体对个体的立场视为我们考察的中心,或者可以强调由个体所组成的社会及其共同目的。一种法律之下的完全联合中必然包含着这两个方面,这是不证自明的。由于这种联合暗含着至少两个成员(与伦理问题不同),因此不可能避开思考这一问题的两个层面。

这种二元论自古典罗马法学家时代以来一直被人们以相对基本的方式加以利用以达到从技术上对实在法律材料进行加工的目的,特别是在私法和公法之间的区分上。而当我们的学科拒绝消除甚或模糊这种区分时,它是对的。相反,要做的适当事情是尽可能清楚地记住这种区分的含义以及恰好由此产生的意义。对法律概念自身的分析总是必定导致这个问题。

在我们这里的考察中,我们无意进一步追踪如此建立起来的实在法体系,而有意试图弄清用何种方式可使刚提及的这两个层面在一个正义法内容的概念的适用上显示其重要性。更近距离的观察使我们看出,我们从其中起步的那种双层思维方式已经包含在社会理想公式之中。这个理念将联合于法律之下的人们视为这样一些人,他们追寻他们特定的目标,前提是这些目标与正义相符。这就因此意味着,每一个个体绝对尊重另外一个人并受到这个人的尊重。因为社会理想要求个人在其法律关系中不得被迫放弃他的正当利益。这里作为一种标准而使用的这个原则要求联合于法律之下的人们应该互相尊重。因此我们将在下面首先把个体看作追寻其自身目的的人。

由于另一方面社会考察的原则以作为一个单位共同生活和工作的理念为鹄的,并在绝对的利益一致中找到了结论,因此也必须强调社会统一体中的社会成员。这里我们将个体视为整体的成员,在这个整体中,所有的人无论良莠都占有其必要的份额。第一个原则强调个体在其具体权利意志中所应得的尊重,而第二个则坚守社会共同体和相互参与的理念。因此我们说,"每个人都必须担负他自己的负担";而且还有,在不违前面的警告的情况下,"一个人应该承受他人的负担"。

　　社会生活的这两个方面现在必须适用于具体法律问题。而重要的事情是寻找个体相互之间的正确态度和活动。这些人处于特定的经过清晰界定的相互法律关系之中,而在弄清这些关系的概念含义时,我们会发现社会个体成员之间某种相互行为模式规则暗含其中。个体的权利与义务源于其法律关系,不管我们是将后者从一开始就看作是对我们与其他个体之间的关系的调整,抑或看作是与那些受法律约束的人的整体之间关系的调整。相应地,任何时候当我们从根本上思考某种给定的法律内容是否正义,我们将不得不处理具体法律关系。而在这种情况下,一般来说存在两种可能性:一是这个统一的关系应否予以维持,或从权利的角度看,法律是否应当否定它的问题;二是一个已经被承认是正义的法律关系将如何得以实现的问题。这两个问题存在于对他人适当尊重的要求之中和正义参与的要求之中。当这些理念的每一个都被适用于它们将被贯彻于其中的那些原则时,就将自身分成需要不同处理的两个方面。我们因此有四项正义法原则,这四原则可按两个相应的组进行处理。

第三节　尊重的原则

1. 一个人意志的内容不得被迫经受另一个人任意欲望的控制。
2. 每一种法律要求必须如此提出,以使义务人可以成为他自己的邻居*。
　　这两个原则都旨在使一个法律社会的个体成员能够按照符合正义的自由

---

　　*　"成为他自己的邻居"(remain his own neighbor),意思是,在履行对他人的义务时,他自身必须同时也是一个目的。——译者

方式决定其自己的意志。第一个原则始于一个既存义务的理念和法律社会成员中一个受另一个约束的限度。第二个原则涉及人们施加一个法律要求时的尺度，以及对所要求服务的方式和范围所进行的限制。第一个涉及法律关系的维持，第二个涉及其履行。它们直接来自法的最高目标，而该目标的公式是社会理想。由于正义法内容的概念建立在一个自由人社会理念的基础上，因此这必定意味着，在每一个外在规则中，受它约束的人总有选择正当事项的可能。一项法律命令不得理解为意味着个体要为另一个人受到限制的主观目的而牺牲一切，以及他必须有义务将他人的那些个体目的视为他自己的终极目的。

我在上面公式中用了"任意欲望"（arbitrary desire）这一术语以指代这样一种意志内容，这种内容对另一个人说："你应当想我所想，就因为我这样想。"这个陈述的第二部分——就因为我这样想——涉及一个人在与他人交往中暴力和欺诈的适用，或涉及以他种方式强加某种义务，这种方式在我们探讨法的实践时会显得更加清楚。第一个要素——我所想——涉及比如说承诺作出某种"与善良道德相悖"的某种行为的债务人所应履行义务的类型和范围。这里我们还需考虑某种特定法律关系要维持到何种地步的问题。这种观念显然有悖于一项有限义务的维持仅因它出于个人的自决的理念。

人们已经提出过这么一个悖论：如果每个人都对他人彬彬有礼，就不再存在任何社会问题。* 这个怪论中存在某种真理的因素。通过尊重他人而可知自己的欲望，并相互间绝对地这么做，必须被看作是实现社会理想的一项原则。当法对一个人提出的要求是这样的，以致谈到他的法律义务时，他依然可以将他自身视为自己的邻居的时候，正义法——在这个思路上——才得以存在。相反，当一项法律命令将某个人的社会意志完全放在他人的处置之下的时候，它就是非正义的。

也许人们可以回想一下康德的法律概念定义。他说，"每一个行为，当它按一般法与其他每个人的自由相协调时，就是正义的。"我觉得这个理念并非

---

* 苏格兰道德哲学家大卫·休谟在其伦理学中提出过这个命题。——译者

客观上站不住脚。但这个公式中存在这样一个错误,即,它试图在界定法的概念的同时认定什么时候其内容是正义的。此外,"自由"一词的用法不明确,它与康德所说的"一般法"是何种关系并未得到阐释(像朗格(F. A. Lange)所已经证明的那样)。这也可能是它不完整的原因。因为,尽管当上述定义得到恰当解释和实践时可使其与刚设定的尊重的原则一致,但在后面要讲到的参与的原则中,我们只能用一种极其间接的方式对它加以利用。

第四节　参与的原则

1. 一个处于法律义务中的个人不得被任意地逐出一个法律社会之外。
2. 每一种所授予的处置能力不得是排斥性的,除非受到排斥的那个人可以成为他自己的邻居。

这些命题旨在贯彻社会的理念。它们表达的思想是,将个体联合起来从事共同生存斗争的法律命令不得自失其真。但如果它强制性地使个体受制于社会联合,而同时在给定情形下拿他当只承担法律义务的人对待,它就会陷入一种自相矛盾之中。这将是对合作理念的讽刺。避免法的基本理念与它的具体演示所可能产生的逻辑矛盾的愿望导致了参与的原则。

我们是从限制排斥行为存在的理念开始,还是从限制其运行方式和尺度的理念开始,据此这些原则具有双重含义。而且在这里,它们也不得被视为内容上相同且彼此无关的规则,而必须被视为服务于一个基本思维方向的不同形式程序。不可能将上述原则看作是具有确定的限制性质料的法律规则。比如说,它们与关于质料性对象的实在权利规定无关。后者从我们法律制度的历史发展中来。而我们上述原则中的第二个只就如何在实践中实施和说明这些原则的方法作出提示。而第一个原则可以表述为:一个法律社会的成员不得被置于由其自身单独从事生存斗争的境地。因此,就这些原则的独特内容而言,它们也与具体的法律规则和制度无关。从根本上说,它们是判断和认定实在法规则的建构性方法,而其自身不是其中的限定性规则。

最后,我们不得不顾这么一个事实,即,一个要求受到正当对待的人在这些原则的语言中以"一个法律社会成员"的面貌出现。当然这并不是说我们在谈一种确定的、规制某个特定社会成员资格的政治法。这些原则旨在作为方法上的指南告诉我们一般来说何种东西可以成为一种正义法规范。这就因此意味着,一个被认为是与他人同样受法律约束的人不得作为一个孤立的个体而受到随意对待,并让他自生自灭。该原则因此事关对所有人实施的正义行为。不过,它被设定为给我们提供一种正义法的方法。相应地,该原则力图对那些外在地居于争议双方之上的规范进行判断,并依正义调整其相互之间的行为。而这只有通过这样一种形式上的指引才能完成,这种指引将二者中的每一个用同样的方式联合起来。我们必须帮助另一个人,而不是将他驱逐出去,就像我们期待他在类似的情景下对我们作出同样的行为一样。因此,像我们要约束他,对他的行为提出要求一样,每个人都应用同等方式对待他,并让他与我们一起分享。因此我们的公式就参与问题给了我们一个正义社会的理念,并使其成为可能,即创制法律排斥问题——某种非经考虑相互义务就不能恰当和确定行事的东西——上调整我们外在行为的正义规范。

第五节 诸原则的意义

所有的原则通向正义法的最高理念,而这个最高理念构成所有可能的法律目的所共有的思想要素的统一体。由于后者的实现要求具体的法律关系,因此显而易见,这些原则必须以限制为特征——对义务的限制和对排斥的限制。

在第一种情形下,又有两种情况是可能的。我们要么面对一种单方面义务,此后按照该原则进行的限制是自明的;要么这项义务是双向的,在这种情形下我们必须明白在全部的相互关系内容中双方都处于某种同等地位,且每个人按照尊重的原则承担对他人的义务。"公正的考虑表明:为了保证公正地不偏不倚,同样处理方式也应当适用于被丈夫起诉的妻子。"(D. XLII 1,20)。在排斥问题上,我们只需用适当方式适用第二个原则,因为这里我们总是一方面拥有受制于法律的人的社会,而我们必须明白,在排斥权的存在和行使上存在着相互尊重的问题。

正义法原则的特点是它的限制功能。其源于如下事实,即,法是一种外在规则。它总代表着一种旨在决定他人意志的意志内容。它总是他治的。而重要的问题是:在决定他人行为时,我们在多大程度上是正义的?这种意志的具体内容是由历史经验所给定的。而它作为正义或非正义的形式品质是由对自然产生于经验之中的法律创制的适当形式限制所决定的。

另一方面,适用于社会行为规则的正义法诸原则在本性上是构成性的。但这种本性只与这种行为的正义问题相关,而无关这些规则自身的特定主题。如我们前面所述,它们必须等待历史材料的提供。就它们自身而言,它们不会产生任何东西。但当提供了这种材料,且这种材料在其自然生成中随手可得时,它们就得指引它并决定它。它必须经受它们作为正确思维的普遍模式功能的检验,以便其可以——作为这种反思的结果——接受那种在内容上正义的品质。

因而,由于这些原则自身不具备一个限定的主题*的具体内容的任何东西,而后者与前者相比较则代表着不过是特殊事物的混乱堆积,因此,在将经验性法律材料提交正义法原则处理之前,我们有必要按某种它自身的统一方式对它进行安排。

在我们从作为最高点的正义法理念启程,下降到法律调整的社会存在的具体问题的旅途中,我们在这些原则中仅仅到达了第一站。如果一个人忽略了这一点,他就无法起而发现所有法律秩序最高理念与众多具体法律经验中孤立特殊现象之间的恰当联系。不过,拥有这些原则我们还没有得到足够的装备以便立即进入正义法的实践领域。在设计出一种我们尚未尝试过的方法上的抽象时,我们绝对必须一步步地向前行进,并经常对我们即将通过的整个风景进行说明。我们将暂时离开我们的立即降落**和将特殊质料摄涵于整体

---

* "conditioned subject matter",指的是受到正义法原则和理念限定的实在法材料。——译者

** 在施塔姆勒看来,法的理念和原则在法的质料之上,用法的理念或原则认定法的质料的正义性是一种由上而下的"降落"。——译者

的问题,而站在我们的原则立场上从两个方向进行一项考察,目的是认定正义法质料和其中手段的含义。

第三章　正义法的质料

第一节　质料与形式

　　这里的质料概念是在亚里士多德在他的逻辑学中所赋予它的那种意义上使用的。它指的是与特殊差异性相对的一般差异性，是与种相区别的属。据此，正义法的质料是历史传承下来的法。它指的是一切历史中的法，并作为一种绝对完全地包含所有可能出现于这个方面的问题的对象。问题必须总是从质料与形式的区分说起。这些概念的确立和使用必须不仅仅是为了我们希望作为一个整体而澄清的问题，也不是为了可能会出现的所有具体问题。

　　逻辑意义上的形式指的是什么呢？经验论者认为是一种容器、一种封套或类似的有形对象。对于这种对象他最多会提出某种隐喻性看法。而且他想知道这种有形的覆盖物是被人们看作装在其内的那个东西的原因，抑或相反。他认为，一种更基本的人类认识问题是不存在的。

　　但这走得还不够远。一种思维内容的形式指的是与那些可变因素不同的永恒要素。为了获得清晰性和统一性，我们将现实中作为一种复合物出现的意识内容分开，并设法在我们的精神分析中找出那些构成其他事物——那些反过来在其特性上决定于前者的其他事物——条件的要素。因而，如我们前面曾说过的那样，数学上的空间构成有形世界的形式，尽管它自身不是一种实体。但它是一种具体外在现象的限定性因素。作为质料的条件的形式因此必须总是从逻辑意义上予以把握。它与因果决定的特殊问题无关。它代表的是某种东西的逻辑要素内的依赖模式。依此模式，当这个第一性的东西（形式）从它自身进行思维时，可以得到明确的认识，而第二性的东西(质料)除非具有特定的形式并决定于前者,否则就会完全不为心灵所认识。

从这个意义上说,我们所考察的从理念和原则中展开的正义概念,构成一种法律内容的判断形式。而除了经验形态的实在法之外,不存在任何其他它可以关涉的质料。

为了理论认识的目的,而且除了特定的实际利用之外,我们也可以将一个对象的形式视为此种观察的主要倾向。因为如果我们对形式——它意味着意识内容中逻辑上的永恒因素——有了一种系统认识,那么我们就能因此统一地把握那种由此决定的限定性质料。数学与自然科学之间的关系明显证明了这一点。后者在这种意义上成为理论科学:它建立在前者的基础上,并从中获得其精确性。

因此,像经验主义者那样通过将某种东西说成是"纯形式的",从而武断且贬损地斥责该东西,是一种大错。他们可能混淆了我们已在导论中作了明确区分的"形式的"和"形式主义的"这二者之间的差异。而情况并非如此,就此而言,这种表述肯定是错误的。因为所有旨在获得根本清晰性的考察都与所暗示意义上的形式有关,而另一方面,所有的质料只要没受到一种统一的形式认识程序的检验,其就是混沌和纷乱的。这因此意味着,试图系统说明这个程序——质料由此隶属于形式——形式考察构成所有可称为真理和正义的东西的根本条件。因此,我们将不得不连续考虑两件事。我们将不得不弄清楚我们法律体系中的那些历史因素是否是构成正义法的不可或缺的条件。这一点我们将必定不得不做肯定的回答。另一个问题是,这些要素是否是构成正义法的唯一质料,或者也许像以前说过的那样,生活关系或习惯规则或社会经济是否必须在这个质料中被赋予一种独立的地位。这个问题将不得不作出赞同第一个选项的回答。

第二节　历史中的法

希罗多德讲述过米底人的故事。他们在与亚述人分离以后就生活在无法无天的状态中。然后迪奥塞斯*以一位正义法官的身份来到他们中间。他所居住的那个村庄的居民来到他面前解决他们的纠纷。他的正义名声很快在其他人中传开了,于是他们从各地前来求他问讼。当迪奥塞斯明白了这些人对他寄予的信任有多么巨大时,他就停止听讼了;于是无法无天的状态再次出现。

这个故事中的正义法官处于法律规范的位置上。而他裁断的是些什么呢？人民之间的商业事务和纷争。而这些纷争的主题是什么呢？家庭、村庄、部落和社区联合中人与人之间的正确行为。但这些制度的含义中预设着某种具体的秩序和确定的调节关联,并且依赖于法律规制。诸如迪奥塞斯所裁断的正确行为如果没有作为与不作为的规范就不可思议。一方或另一方的正确行为问题要想获得某种意义,就必须存在某种交流主题。一方想从事的某些特定活动对方会予以反对,理由是这些活动会对他造成侵害。于是双方必定会诉诸一项高居他们之上的外在行为规则,而没有这个作为标准的行为规则的存在,就不可能决定双方进退的适当限度。纠纷中的双方在合作中联合起来。原告诉称被告方的行为违背了共同生活的正当方式,违反了社会存在的正当模式。但由于一项有拘束力的行为协议除非作为调整行为的外在规则的集合,否则是不可思议的,所以每一种对正当社会行为的司法讨论必定预设那种历史性调整材料,而这种材料在实践中的利用则构成了司法纠纷的主题。

这就因此意味着,任何人如果手头没有实在法就不可能成为一个正义法官。这种实在法构成他的判决论点所试图进行公断的案件的事实基础。这种案件的情况与所有其他统一的知识或意志认知的情况相同。主题必须来自外部,而判决问题涉及对这种材料进行加工以便产生一种正义结果。另一方面,在这种情况下如果没有这种以经验性实在法的形式存在的材料,要想用善良理智制定任何规定某种具体外在行为是客观正义或非正义的规则是不可能的。每种情形下的正义只能适用于质料上受到限定的意志,而这种意志以具

---

* Dejoces,相传米底王国的第一位国王。他因秉持善良公正裁断纠纷而赢得民心,约于公元前700年被米底人推举为王。——译者

体规定和确定规则为先决条件。但是,如果相互行为的特殊情形的具体内容与那种融含的历史上的法律规则的质料不相关联,就不可能存在对这些特殊情形的正确的系统判断。

我们也可以轻易地矫正上面那位希腊历史学家所作叙述的不精确性。我不是说要对关于米底王国的历史事实进行矫正,关于这些事实,我们可以肯定地知道的东西几近于无。我是说要对希罗多德的叙述中所暗含的对这些事实的系统解释进行矫正。米底人中间缺少的不是一种一般的实在法,而只是成文法和法律创制机构所明确颁布的法令。这位富于技巧的法官——他的裁决使他的人民高兴——明白如何在传统习惯法的一般原则基础上依正义解决新出现的纷争。因为我们可以设想他们也有诸如财产、合同、父权和某种特别的继承法之类的东西。而困难与在具体纠纷情形中执行它们的方式有关。认为他在不具任何实在制度基础的情况下履行其司法职责是毫无意义的。

已有人认为,这里所提出的这种要求对于我们身后的历史时期来说或许可以得到承认,但对于更发达的时代而言,情形就不同了。就此而言,人们认为,传统法律制度中实在法规则所暗含的那些理念会变得多余。而我们的目标可能是实现这么一个命题:对你的同胞行为友善。这是一个极大的幻觉。但要证明这一点,我们不得将自身局限于一种对历史经验事实的简单一般化。这是路德曾尝试过的事情。"如果任何人想按照福音书统治世界,"他说,"那么,通过消除世俗法律和刀剑,并设想所有的人——福音书既不希望在他们中间施行法律也不希望动用刀剑,因为没有这种必要——都是受洗的基督徒,我的朋友,你以为结果会是什么?野兽的绑带和锁链会因此而松开以撕咬所有的人,理由基于这么一个假定:它们是驯服而温和的善兽。但我会照例抚摸我的伤口。"

但是,无论这一点对于他所处的时代和我们的时代来说是多么真实,它并未解决上述问题所提出的那个理论难题。因为这些人不是想将具体的成文法令当作一种实际法律规则而是想将其当作一种理想的目标处理掉,而这种理想目标完全可以作为一颗领航星辰而存在,尽管我们将来不可能感性地走近它。不过这种激进的简单化要求有它的实际意义。将它当作一个前方理想目标的人无疑会在其具体判断和操作中受它的影响。不过,即便它现时不具任何实际效用,如前所述,这个理念作为一个法律发展的标准将仍然具有价值。

这里所提出的问题的适当解决办法是从正义的概念及其在法律中的适用推导出来的。它指的是一种实在法的特殊形式品质,而它的作用只是赋予一种法律材料以某种突出的品质。另一方面,它的实证丝毫不意味着某种与实在法经验材料的分离。完全撇开后者,并简单地暗示人们对其同胞的行为必须予以正义认定的问题会完全失去意义。

客观正义的理念是纯形式的。它只意味着某种特定的法律意志与所有行为规范的基本原则的一致。如果去掉这种具体法律意志的历史材料,正义法内容的理念就全然失去了适用空间。我们不妨想想康德论及形而上学时用过的那个比喻:"凌空飞翔的轻身鸽子会以为在真空中它会飞得更加轻盈。"

这一点不得与对于法律决疑(legal casuistry)规则的某种相对简单化问题相混淆。特别是,人们可能认为,一部法典不会试图用补充方法就合同法中关于在那些特定合同中没有得到约定的情形中何种东西可能构成正义这一点给出准确的暗示。在这种情况下,物权法的规定、家庭法和继承法的规定、债法和公法的规定就被预设了。缔约各方在其特别联合中对这一点全部加以利用,而争议起于在实践细节中将它付诸实施的过程之中。而法律是否为这种情形定出某种现成的意见——如是则自然会成为一种正确的抉择——或者它是否仅仅规定这个问题应按照正义法的原则予以一般对待是一个立法者可能加以利用的手段问题,而不再属于正义法的质料问题。

最后还有一点需要强调。我们赋予实在法内容以正义品格的问题必须将所有可感知的法律纳入考虑范围。不存在任何我们的问题原则上所不能应付的法律意志内容。正义法的创制问题与整体的正义法理念是同步扩张的,并且可以在原则上不加任何遗漏地适用于它。

许多与我们的问题密切相关的讨论由来以一种相反的倾向进行着,并刻意如此进行着——这似乎是可能的。我们经常发现人们在从"方便"(expediency)的角度考虑问题和按"原则"考虑问题之间所作出的那种区分。但这种区分并不足以澄清我们的主导观念,也不是全然没有危险的。因为我们必须记住,"方便"一词作为某种给定意志的明确目标可能指称三种不同的东西。

1. 方便可指正义法。法庭或某种其他权威机构可能按立法者的指引依"方便"原则裁决某些假定的案件,而不事先制定出某种严格限制性的具体法律。因而,人们说在行政案件中,裁决应当在很大程度上基于方便的理由而非法律的理由作出。但是这不过意味着,人们可欲的判决应当属于这么一种类型,它将按客观正义方式调整当事方的利益。方便的第一层意思因此指的是法律用以实现其最终目标的手段,而不是指一个新目标的引入——这个目标被赋予了社会理想所提供的那些品质以外的其他品质。

2. 方便可指技术性考虑。这是该词特别常用的一面。它包含这么一个观念,即,在某个特别情形下,暂时离开一般目的理念而用它自身进行处理可能是可取的。我们暂且让我们自身局限于某个特定的实在目标,并由此追寻该目标的实现以及与该目标相应的手段。几乎在所有涉及实定法律规则的执行的情形中——在涉及行政官员、印花和财政法、财产转移记录和登记管理以及许多其他东西中都可以发现这一点。但是在这些情形下,必要的目的统一体只是暂时被遗忘。因此而设定的限制可能随时因为一般原则而被取消,而与意志的最高法则(它只能是一个单一的东西)的一般联系可能被重新确立。因此,这里所确立的两种标准——方便和正义——并不是平列和并行的。而将法律质料的具体层面进行如此区分,以致其第一部分将专属一个标准而第二部分专属另一个标准的做法完全是错误的。

3. 方便可指作为一个原则的策略。客观地说,这个思路是完全不可接受的。这里,人们不求意志的正义(这个问题只能依照原则解决),而是试图将某些有限的目标树立在人们面前;而为了实现这些目标,这个思路可能成为最合适的手段。但由于这些有限目标又必定被视为实现一个不完全系列中其他目标的手段,因此,那个进一步的"为什么"的问题不可能通过指向具体目标而得到回避。相反,每一个具体目的在其作为通向进一步意志手段的功能中必须构成一个系统地导向一个理想终极目的系列中的数个,如果它想成为客观正义的东西的话。但是,不存在两个绝对终极目的,也不存在两个从特定地点导向中心法则的方法。在每个具体情形中,只有一个东西可能是正确的。不存在两个正确的类型。

如果某种外在行为模式没有受到正义法原则的肯定,那么它也不能依"方便"而获得客观正义性。选择是不可避免的。人们必须要么仅仅使其全部努力服从于他所不时追寻的不连贯的特定目标。在这种情况下,作为一个刚愎的怀疑论者,他实际上总是冷漠的。要么相反,他希望能够表明他想得到的那些东西是正义的。在此情形下,他必须服从正义的根本法则。我们讨论的结果因此是:正义法的质料指的是历史传承下来的那种法;但另一方面,所有可以想象的法都要经受正义理念的检验,而且任何法律问题都无法逃避它。

第三节 所谓的生活关系

在这一术语中同时完全暗示了阐释正义法所需的质料。从这个方面说,问题只是要正当地形成经验性法律内容。而且我们必须摆脱这么一个观念,即,实在法必须反过来作为某种不同的东西对生活关系施加正当影响。我们不得把人类社会生活视为某种一方面由具有独立意义的生活关系组成的东西,另一方面由与它们相适应的法律体系组成并对它们形成因果关系影响的东西。每一种社会关系的结构都包含规则与合作,而这二者只能通过抽象才能被视为不同的东西。因此,如果我们按照正义法原则对实在法内容进行界定,我们就完成了这个方面所能做的一切。因为,作为这么做的自然结果,我们将同时进行一般社会生活的客观化。社会存在形式的正确认定径直赋予了后者正义的品质。而此外就不存在必须从法律中接受这种品质的任何特别的客体。这些说法的证据来自一种对基本社会概念的审视。

社会性审视是一种对人类共同生活和工作进行系统而根本认识的特别方法。这种共同生存和交往可从技术角度和社会角度考虑。我们现在只涉及后者。如果我们思考社会生活并自问这种人类社会存在概念必然普遍地包含着何种理念,我们将不会发现联合(union)理念以外的任何东西。联合是社会生活所特有的普遍性特征。从根本上说,有两种联合:一般现象的自然吸引所导致的联合和人类实在规则所导致的联合。由于我们的意图是从原则上对社会反思和自然知识进行区分,因此这就意味着,前者将对人类生活的研究体现为一种受制于规则的研究。

这里我们还必须提防这么一种误解:存在着两种可由明确的特征所区分的人类合作。即一类人类活动必须从技术方面考虑,而另一类则属于社会方面的研究。不是这么回事。每一个人类行为都可以从任一角度进行审视。它既可以从技术方面也可以从社会方面进行认定。这两种研究模式中的任何一个都体现了一种就相同的客体进行处理的不同的根本方法。每一个都因此拥有其自身的独特根本条件及其自身的统一程序模式。

外在规则是社会概念的逻辑条件,且因此在这个意义上构成社会的形式。我们不得将它视为一堵合围了一座花园并使其免受敌意攻击的墙,而同时对它进行限制,并不时妨碍其自由管理。将社会规则和共同行为规范视为两种不同的东西是错误的。真实的关系是:作为条件的东西和受条件限制的东西。没有前者,后者作为一种社会观念的对象是无法存在的。

一些难题已经被人引以证明"生活关系"的存在作为独立客体的证据;通过解决这些难题我们也可以证明上面这一观点。有人声称,仅仅作为"事实事项"的社会关系在其他动物中以及在人类与低级动物的关系中也找得到。但是,最好免谈动物的社会生活或者人类与它们之间的关系的问题,因为它们不过是人类社会的一种反思,且这种反思的理念被移至低级的动物生活领域而已。另一方面,如果没有调整那些联合起来的人们行为规则的存在,那么人类的社会生活是不可想象的(参看《经济与法律》,§18)。社会生活的整体如此,某些特定的社会关系也如此。

有的人将订婚关系概括为一种纯粹的"事实"关系。认为这种关系在可能引起一种法律关系之前必须无理地予以消除。事实并非如此。我们所谈的这种关系体现的是一种需要相互为婚姻提供真实而忠诚准备和践行义务的家庭联合。而订婚的双方被视为社会性地联结了起来,并如此地受到对待。因此,要想把这种联合视为受制于法律规范条件以外的任何现象是不可能的。

历史上的奴隶制度也被人们放到了"生活关系"中间。这里无疑存在着某种混淆,而这种混淆源于这么一个事实,即主人与奴隶的关系被这种关系自身所审视。这是不对的。这种制度指的是一种那些被视为物件的人与其主人之间的法律关系。奴隶制的实质是对某种人的所有权。这种权利只因某些外在规则——这些规则将那些受它们规制的人们联合起来——的存在才是可能的。因此,这种权利必须被视为一种真实的法律关系,即一种由法律确认的权利人与所有那些受法律约束的人之间的关系。

甚至那个作为一种历史条件的"所有人对所有人的战争"的稀奇观念也不能导致作为独立客体——这种客体为社会学学生提供一种法律所要控制和规制的特殊质料——的"生活关系"的理念。因为战争以及人们之间的一般敌对关系要么可以作为一种自然事实——作为必须从自然科学的角度予以对待的动物性争斗——加以考虑,要么具有社会意义,或许体现双方某种程度的组织甚或关于军事行动的宣告、进行和终止的规则。打量这种争斗和战斗的第三种方法,一种既非科学亦非社会学而是他们所谓的"事实"的方法是不存在的。

也有人指出,共同精神占有物(common spiritual possession)构成社会"生活关系"的基础。但是,如果只存在某甲与某乙所拥有、或过去曾拥有或将来某个时刻也许会拥有的相同知识内容这么一种简单情况,那么我们在这种情况下并未看到特定个人的简单总和以外的任何东西。我们并未面对任何特殊的考察主题。撇开相互了解和相互行为调整的理念,可以真实地称为"关系"的共同生活是不可思议的。而撇开这一点,独立社会"生活关系"的理念就不具备可以理解的含义了。

最后,许多论者提到了人对其同胞的相互影响。但这是一种模糊而不确定的东西,且像其他那些东西一样不能为我们提供解决社会科学问题所需的一种具体的科学考察对象。相互影响在自然界随处可见。因而,它不可能构成社会问题的某种特殊属性。如果人们说,已经提及的这种相互影响属于这么一种类型,它将人们联合在一起了——如果他们这样回答这种异议,那么我们就刚好处在了上面已经完成的论述的起点上。因为我们现在的问题是,在何种一般条件下这种联合是可能的?而这就必然把我们引向了外在规则的理念。

因此,不受行为规则限制的社会"生活关系"是根本不存在的。这里,我们社会考察中的追问涉及的是由联合所引起的那些关系。我们的研究课题现在不是所谓的特殊个体，也不是其作为不同事物的具体行为和交易，而是其相互关系，这种关系在作为一种统一体而集合在一起时就构成作为特殊客体的社会生活。而且这些关系并不处于与那些外在规则的冲突之中，相反它们是这些规则的创造物，且离开它们就无从存在。而且这一点不得从时间意义上作为一种涉及其历史发展的命题加以理解。我们关注的是我们头脑里对象概念要素的逻辑关系，而不是其在生活中的实际事件。因此我们想说的是，如果我们一方面将个人的观念孤立起来，而另一方面又用外在规则将人的观念联结起来，那么在孤立存在和社会存在之间就不可能有一种中间阶段。这并不意味着一个描述其历史发展的命题，而是一种系统地予以确立的命题。孤立存在和作为受到外在调整的合作的社会生活之间的对立是绝对而排他的。且这种对立对于人类生存史的每一个时刻都是有效的。

第四节　风俗与习惯

但是，这就必定意味着社会关系必须由法律规范来调整吗？我们不能够想象风俗和习惯以及其他习惯规范（conventional rules）指引下调整的关系吗？在这种情况下我们的确仍然不可将某种"生活关系"说成是一种未经调整的关系，而是一种由习惯所调整的关系。这是不可否认的。不过为了理解此论的全部含义，我们必须注意以下几点。

习惯规则是一种用某种外在方式行事的邀请，而其效力取决于受邀者们的接受。它们是与正当意图无关的外在规则。如果受约束的主体愿意如此，它们就有效，但它们不具有进行强制的至上权威——一个属于法律规则的属性。它们是一种在特别狭隘界定的人口圈中形成的规则。这里，就其实际效果而言，它们通常给个体施加异乎寻常的重压，而这种重压可能完全违背其真实的效力要求意图。在对它们进行与法律规范的观念区分时，我们自然只对其形式上的效力要求而非实际效果感兴趣。这就因此意味着，由习惯调整的行为缺乏永久性保证。用这种方法调整的关系不时发生变化，而且我们只是在一种隐喻的意义上才能论及一种习俗社会。因此，法律规则这里所吸收的是一种非常流动的质料。这是现时的决定性质料。法律命令具有至高效力的属性。它自主决定它的领域范围，也决定受它约束的人们的类别。它是一种强制规则并代表着一种特殊力量。无疑，某种法不会因为力量的存在而具有效力——这将只是一种自然条件。但它的效力也不单取决于那些遵守它的人们的意图。这属于伦理学问题。法的效力取决于这么一个事实，即，存在着一种拥有根本不可违抗的形式品质的威力。因此，既然如我们所知，法拥有自动性权威，并指称那种具有强制性且能包含全部社会生活的社会规则，那么这就意味着，仅仅以邀请形式出现的那些习惯规则也只能占有法律所让与和允许它们占有的那种地位。

法在这些事情上保持沉默并绝不进行干预，这是有可能的。但某种确定的法律规则模式就存在于这种态度中。这两类规则——法律规则和习惯规则——在价值上并不是平列的。从其效力要求的力度来衡量，它们属于不同的位阶。法可以限制习惯规则并取代它或遗弃它，而不是相反；尽管我们必须再次记住我们不是在谈论特定情形下的真实结果而是暗含于其根本意志中的那种普遍倾向。因此，如果法将某些事项留给习惯规则控制，那么这就必定意味着后者的内容与正义法原则相符。

这个说法也不意味着一种对来自历史观察的真切事实的一般化，而是意味着一种统一原则观念所不可或缺并使对于作为一个绝对统一体的法的理解成为可能的系统理念。某种习惯起源的真实途径；导致特定法退守并将该领域让位于习惯操作的具体动机——这完全是另一个问题。而这个问题我们现在不管。它是一种自身的具体考察，因而不能获得普遍知识的位阶，即便它是从真实观察材料中总括出来的。因为，就其视具体经验材料为基本的东西而言，它通过一般化方法所能做的唯一事情就是用一种受到限定的方式引申和扩张这种材料。但它不能藉此获得一种形式法的统一体及其位于科学知识底部的必要条件。

现在言归法与习惯之间的关系，我们由上而知，就其效力要求而言，后者的活动范围从理论上说源于前者。只要那些由习惯规则所决定的行为与正义法原则相一致,那么这一点就得到了客观的证明。法的形式因而包含了社会生活的整体,即便它容许另一种外在规则的存在并赋予它们特定的位置。只是,压倒性原则是建立一个正义社会的努力。这并不使习惯规则变成法律规则。因为它们缺乏至上性权威的概念特征。它们总不过是一些具有独特社会秉性的规范。它们是次一级的公民,并在其效力要求上受制于法律的那种决定性和裁定性特征。它们的质料内容必须从正义法原则中获得其正当性。

因此,实在法也对习惯规则负责。因而,如果一个社会中存在非正义和不适当的习惯、习俗性惯例或规则,那么这就同时表明存在着非正义的法律。习惯的正当性也必须依照正义法原则而定。法律的旁边不存在任何其他外在行为原则。而任何对非正义的习惯规则的容忍都必须放在其时有效的实在法的门口。这就因此意味着,既然法自身决定它的辖区延伸的幅员,那么正义法问题在所有情形下都只把实在法的质料当作它的质料。因为所有人类社会行为规则都会最终回到这一点上。它也可以就它是否将容许这种或那种习惯规则的存在以及是否将采纳某种特定事项进行考察和认定。但在所有情形下,正义法问题只与实在法规范的内容相关,而与任何其他类型的被认为是作为分立和独立形态而存在的关系——比如说所谓的习惯"生活条件"——无关。

第五节 社会经济学

以上讨论结果使我们现在能够弄清那种我们的方法所具有的与常被人们称为伦理政治经济学的社会考察倾向之间的关系。就这个问题说几句可能是值得的,因为一位相当权威的人士说过,社会理念论体系或许不过是刚刚引述的那种倾向的某种特殊适用。这个想法是错的。

从一开始就显而易见的一点是,社会理想的理念以及从中衍生的正义法学说比上述那种政治经济学的倾向更具包容性,而且它涉及更深远的问题。因为后者只与社会政治问题相关,而这个问题实际上是一个一般正义的问题,不管它出现于立法中、个体行为中、律师的咨询中、行政行为中,还是司法判决中。而与这个更根本的问题相关,这里所建议的方法和所讨论的问题与臭名昭著的学院派社会主义,特别是伦理政治经济学派所采用的方法和探讨的问题有本质上的不同。

这个学派将社会经济视为一种独立的有机体,而国家必须用建立在伦理基础上的法律命令对这种有机体的生活和运动进行干预。根据我们的理论,社会经济只作为一种合作状态而存在。而某种外在的规则控制已经暗含在其定义之中。相应地,这种限定性形式必须依据它所特有的法则予以界定,而且我们不得求助于某种比如说"伦理学"的外在制度来为我们决定社会生活形式的正义内容。

我们已经在另一处充分证明,社会经济必须被看作是社会生活的质料。社会存在的概念中包含着两个构成要素:决定行为的规则和社会行为本身。曾经被强调的一点是,这两个要素从未在真正的分离中出现,它们只是那个统一概念中的抽象要素。而这两个要素——我们现在可以多说一句——并不具有相同位阶。它并不是一种像财产权划分为不动产和动产那样的区分。相反,其中一个要素包含着一些条件,而第二个要素——被限定和决定的那个要素——根据这些条件才能被人们理解。

因此,那种认为粗陋而未开化的社会状态不能用同样的考察方法处理的看法是错误的。这样做的确是可能的。就我们的问题和方法而论,某个社会群体是否已达到某种精致程度是无关紧要的。就这第一个方法问题而言,认为一块未经雕琢的大理石与雕刻匠的活儿根本不同是不对的。矿中的石头也具有它的形式。而现在的重要问题就是这种质料与形式的区分。但正如一块大理石如果没有特定的形式就无法存在一样,正如我们肯定不能形成任何大理石的理念一样,我们也不能提出一种不服从那种空间性决定条件的相关理论——因此社会合作状态除了被理解为受到调整的行为以外,永远不能被理解为某种特殊的考察主题,特别是理解为社会质料(《经济与法律》§§34以下)。

相应地,当我就规则和社会行为这两个要素进行区分时,这种区分是一种抽象行为。我只能在抽象理念中弄清如此区分,而永远不能形成一个独立的质料、受到限定的和可决定要素的理念。关于作为包含一个客体的限定性要

138　第二部分　正义法的方法

186 素的那种形式,我们已经在另外一个地方表明,我们可以提出一个完整而独立的理论。而如果不先介绍那些形式条件,就质料——受其他部分限制的那个要素——形成某种理念是完全不可能的。

我们必须小心,不要把这种区分看成一种主观意义上或如已所言看成一种心理上的区分;这意味着我们暂且忘记某些理念总是与其他某些理念联成一体。抽象的程序不得被当作一种暂时行为而实施。我的意思是,通过缜密而系统的思考我们可以对某种意识内容要素作出批判性和永久性的区分,并按其相对价值作出限定性或被限定性的排列。

如果一个人熟悉了这种方法,那么他就会毫不惊奇地发现,任何时候当我们试图对一个概念的质料进行界定时,我们必定得到一个可能实指该对象本身的观念。因此我确信,合作概念中必定包含着我们刚谈到的那两种要素。但当我试图确定该物的质料是什么时,我再次发现了社会行为。而没有规则理念的帮助,要就这个东西形成一个清晰的理念是完全不可能的。因为众所周知,它不是特殊行为的总合。就那些联合起来的人们的行为而言,它倒是一种特殊的联合体。而如果没有联合规则的暗示,这一点是无从表达出来的。不过这个质料的理念作为一种构成要素必定是某种不同于整体的东西,尽管我们不能用一个独立的定义表述这种差异。

187 因此,社会经济作为一种独立事物而存在,而国家干预的是某种在法律秩序出现之前就已经存在的东西的说法是不对的。相反,前者只有作为法律上的共同调整操作而存在。这就意味着,争议问题不可能直接与社会经济相关。实在法立于其间——构成前者合作操作的条件的实在法。因此,社会生活质料和正义法质料的概念必须区别开来。前者指的是在某种实在法条件下存在的社会经济。后者指的是这个实在法本身,它现在要经受一种它自身齐整性意义上的客观矫正。

第四章　正义法的手段

第一节　经济统一和自由贡献

所谓正义法的"手段"在我们目前的语境中是指实在法的某些措施。我们现在不谈那个我们用以形成和确立关于某种法的正义性的分析判断的方法，而要谈立法机构在实践中用以贯彻公认为正义的法律的途径。我们的方法使我们能够断然认定特定情形下的正义法是什么。要予以判断的情势和它所提出的问题是由社会经验提供的。前者是在实际生效的法律的帮助下及其基础上产生的。后者无需烦扰我们，因为它总是注定要以纷争的形式出现，或者至少以某种需要回答的问题的形式出现。所有这些我们都设想为既定的，某种令人满意的答案的可能性也是既定的。但由于正义法不过是某种特定类型的实在法，因此后者必须总是力图保持正义的品质。而现在的问题是，我们从这种努力中可以判别出何种一般方法和途径？作为回答，我们可以说，有两个相互平行的选项。

1. 法可能从一个中心点直接发出指令，并藉此调整合作事项；或者，它可能让个体自行决定其为建设和支持社会所作的贡献的方式。

2. 立法者自身可能试图酝酿和制定某种人们用以对争议案件进行正当裁决的特别原则；或者他可能让那些利益相关方在特定法律案件中搜寻和找到正义的规范。

我们先更仔细地检视一下第一双选项，再考虑第二种选择。政治科学文献中的某种倾向已经竭力寻找国家权力可以正当限制个体自由的那些限度。所得的答案一般是这个：除了那种为保证国家免受内外敌人攻击所需的干预以外,国家不得干预个体的任何其他私人事务。其他人反对这个观点并试图辩明,上述公设不能提供令人满意的解决方案。它们的观点是,任何权利人尤其是财产所有人都必须尊重社会,而社会是他的同伴并要求分享个人所拥有的一切。

后一种看法特别得到了耶林的辩护。耶林的讨论特别针对 W. 洪堡*和斯图尔特·密尔而提出。他表明了将财产理念贯彻到其极限的荒谬性,并认为绝对的行为自由必定导致恶果。不过同时,他最终就我们是否终将成功地显示国家对私人事务应进行多大程度的干涉存疑。他说,其他人的努力像驱车朝着一块石头冲去以逼开一条通道一样,而耶林因此退缩了,因为他对通过的可能性不抱任何希望。他说,我们已经行抵"赫耳枯勒斯**的神柱(the pillars of Hercules),科学必须止步于此"。

这位具有独创性的论者已经习惯性地感觉到正当的东西,并力排传统议论,不惧以描述的方式对他的理念进行了表述。无疑,描述的方法和决疑的论断必然妨碍问题的解决。如他自己所承认的,他还没有找到问题的解决方法。他还不知道分析的方法。这个方法独自从两个方面向我们表明为什么刚才所述的那些论者对我们的问题所持的观念和处理方法是不对的。

(1)将人的社会存在视为国家强制干预其自由的个体的集合在方法论上是错误的。我们的批判性分析已经向我们表明,社会考察在逻辑上受到了作为"社会"概念条件的外在规则的限定。因此,指出某种不受国家权力限制的私人权利必定导致实际经验中令人讨厌的结果这个事实是不够的。真实的情况是,例如,若缺乏一个构成性的法律规则的理念,那么全部的财产权观念就是一种不存在的东西。社会考察中不存在任何"天赋自由"这类东西。

(2)现在可以明白为什么按上述论者们的意思试图设定一个固定的限度注定要失败。他们在用受到经验限定的内容寻找一种具体答案。他们想确定何种国家法令是正当的,何种不正当。而一个人坚持把所有者的绝对处置权

---

* Karl Wilhelm von Humbolt(1767—1835),德国个人本位自由主义者。——译者
** 希腊神话中的大力神。——译者

当作一种正义法则,而另一个人则认为某些限制是值得期许的。而且他们用一般化的方式谈论该问题。他们不是逮住一种实际给定的事务状态并用一种绝对方法来思考它,而是在绝不提及法的有限质料的情况下谈论正义法。由此可知,的确存在着某种解决问题的普遍方法,这些人也在间接考察着这种方法。他们所寻找的那种限度在每一种情形下都由正义法原则所决定。但存在着不同的实在法,以便获得或据有某种正义内容的途径。每一种法都面对着特定的社会现象。这些现象都必须用正义法的方法予以观察、解释和检验,进而它们必须被指引以便能够在每一种情形中依照正义法的理念及其原则而得到完善。但是,究竟这些途径中的哪一个可望在良好的社会生活意义上引导和决定该社会的那些真切事实则总是一个公开的问题。单一的社会理想及其适用方法具有普遍性,而质料及其完善途径则总是变动不居的。

  人们照例可以说,在那些旨在维护和控制一个社会群体的规范中,集中化(centralization)倾向可能比在那些直接关涉满足人的需要的人类活动关系中更容易和更坚定地得到确定。前者涉及国家的理念,因而实际上形成了法律规则中的尊严性,但它们也特别涉及所有成员的直接贡献,这些贡献使统一的对外事务政策和和谐的国内事务管理成为可能。一个集权政府的首要目标是建立防范外国势力的武装力量和组织用以完善法律并防止其被违犯的权威官员。但此外它还有其他的问题,如针对其他社群的劳工和行业联合以及其与其他合众群体进行交涉的一种联合阵线。而由于特殊的个体——一个从未出现也永远不会出现于实际生活中的抽象概念,由于每个人在培养和完善其所有才智和能力时不可避免地依赖那些来自社会存在底部的资源,因此在通常的进步过程中将出现这么一个时刻,在这个时刻,一个文化和教育社会的理念也将导致这个社会生活要素方面的统一规范——其位阶高于其他规范。

  另一方面,由于人们已经认定对社会经济的操作进行区分在技术上有益的,因此,这就意味着每个个体当然被赋予了选择其自身职业的自由。这是一个信任问题。而只要存在某种一致行动的人们的联合,个体成员的活动会很快将他们自身分成不同阶层,而每个人都将向整体贡献出其一定的份额。

在一个小型社会里，情形可能会更进一步，成员们可能紧密地生活在一起，以致相互的信任和决定一个人自身活动的自由极有利于该整体的利益。但我们不能同样肯定地说，同样的情形对大多数大国来说也有利。这里，个体公民从个人角度看完全是相互陌生的，唯一把他们联结在一起的是法律这个纽带。由此出现的一种错误观点是，在实际有效的实在法之外，人们无需关心那些由这种法律联合起来的人。不，在这种法律联合里以及在其成员们的自身中，甚至形成了一种可能的生存斗争的理念；而实际上只应存在一种共同战斗以及一种对于人类生活条件缺陷和障碍的共同斗争。人们忘了，即便是社会个体成员被赋予了按其自己的意愿行为的自由，我们也仍有如下例证，即法律相信他会做其应做的那份工作。由此赋予的自由只是一种实现良好社会生活的工具，而如果每个人都将这个工具视为其行为的最高法则，并视为按他任意选择的方式调整其行为的原则上的许可，那么他就错了。

因此，法的途径必须由后者在其实现正义的愿望中推进和移动，并予以多方面的控制和管理。而在人类历史的任何时期，永远不可能缺少这些途径中的任何一个和只用另外一个。因为在经济统一中，人的身份所得常常少于其所应得；而个人所作的自由贡献可能轻易地克减整体的正义。因此，就人类视野所及，上述两种途径不得不共同发挥其作用。而只有在每个具体情形中我们才能选择和认定体现了那个可望产生正义法的程序的经济统一体和自由贡献。

第二节　正义与宽松

当一个法律规则力图事先用一种普遍方式不含糊地确定可能有待裁决的案件中何种东西是正义的时候，它就是正义的。作为经验的结果，立法者意识到这样一个事实，即，在具体的法律情景中以及在提供一种用普遍术语表述的适用于这些情形中的安全且具有决定性的规范的尝试中或许会产生某种可能的疑问。

宽松法（a lenient law）是那种并不事先形成某种固定的将适用于可能有

待解决的具体问题的规则的法,而是一种授权争议中的当事方——律师或法官——自身寻找正当规则的法。像前者一样,它建立在确定实在法的历史材料的基础上,但在目前的情景下,它并不现成地提供某种普遍法则,而是盼咐相关当事方自身去寻找正当规则。

在第一种情形下,当人们希望将某个特别的疑难事项摄涵于一个一般规则之下时,它们只需回到立法者所制定的那个规则。这个技术性地形成的规则构成讨论的制高点和基础。在第二种情况下,如果我们希望找到那种决定性的法律,我们必须一路回到一般法的基本目标那里去;而裁决必须用一个连续的推理链从这个基本原则中推出。

在这第二种情况下,我们不可说该事项必须"依据"个案的实际条件来决定。这样会在待判的材料和提供裁决的一般原则之间造成混淆。具体案件中的具体情况的确总需予以考虑,但它们构成待决的主题,而非作出决定性裁判的法庭。后者可能因情况而异。它可能体现为某种明确制定出的实在法条文,也可能由正义法原则提供。

这种人所共知的区分可追溯至亚里士多德。在他的《伦理学》第五卷中,他将这两种东西说成是公平(δικαιοσύνη)和衡平(ἐπιείκεια),并概要地对它们进行了精确的界定。我们这里所使用的第二个词的德文译法(Gelindigkeit=宽厚)来自路德,他在《新约》中用这个词以指代那个技术性的希腊词汇。它不能由人们所建议的其他术语如"温和的"、"公平的"或"善良的"所替代。罗马人区分"严格法"(strictum jus)和"诚实信用"(bona fides)之间差异的方式也未表现出这种公认认识上的任何进步,这种公认是:我们这里探讨的是两个服务于正义法的基本同等的方式。他们把它完全与他们的程序制度的特点结合起来。这里所谈的区分诚然在那里也可以找到,但它却笼罩在司法程序的技术性附属物的阴影下。他们忽略了对这种区分的实质意义的方法论上的认识,这一点在这种情形下比在那些古典法学家们的主观判断中更真切。我们现在必须考察这两种方式之间的实质差异。

我们尤其要记住,当我们谈到"宽松"法时,我们讲的是实在法的一个特别类型。这个术语指的是一种立法者用以维护正义法的特别方法。而当他提及它时,它就成了一个必须弄清楚的法律规范问题。而决定性的选票是由正义法原则自身投出的。但我们绝不能将它们视为外来的而且(无论它们如何形成以及在何处形成)作为与实在法不同的另类规则而出现的现成规则。

"宽松"必须被看作是实在法内容的某种形式上的品质。它适用于所有那些受法律约束的人,它要求这些人正当行事——无论他们是公民还是法官。可以承认,许多人在思想上走得稍远些,比如说当早期基督教传教士劝诫奴隶们给予"温和的主人"和"严厉的主人"同样的心甘情愿的服从时就是如此。这里,当人们将对正当行为的认知与其对正当和正义的绝对热爱联系在一起的时候,我们可以思考由于良好的内在意图的添加而形成的那种完整性和完善性。但在我们目前的讨论中,我们只把宽松性当作一种法律秩序的简单工具,并当作与其他资源即正义相区别的东西。

如果现在思考一下立法的另一个方法——普遍规则由此直接制定出来,因而事先确定什么是正义的,我们会再次遇到两种进一步的次级区分。

(1)从技术上说,这种制定行为可能是抽象的或决疑的。这是一个涉及立法理念的表达方式问题。区分是相对的,且界线是流动而不固定的。第二个表达方式即决疑的方式与待决的特别事实更紧密地相关,并从后者吸纳了待决案件的某些具体要素。这意味着法律规则与特别事实之间的联系越紧密,蕴涵于前者中的具体要素的数量必定越大。在抽象的表达方法中,这种具体事实很大程度上从一般法律规则中被剔除掉。而且立法者朝这个方向走的越远,他的表达就变得越抽象。不过,如我们在前面说过的,这两种方法并非由一个确定的概念特征所区分,而不过是由包含于或剔除于法律规则制定中的事实要素的多寡所区分的。

(2)从质料上说,法可能为特定事实订下严格的终局性规则,或者它可以允许其规则在特别情形下伸缩。前者是硬性的和不可变更的,后者意在成为通常情况下的法律指导。但法律承认,不,它暗示在特别情景下它必须依据客观正义即依据法的基本理念自身的要求得到补充或修正。这种区分不得与涉及私人交易的强制性和补充性法律的区分相混淆。后者我们将在探讨法的解释的下一部书中进行研究。同样地,该区分的实际运用将在我们对正义法的实践的探讨中言及。在当下,我们的意图只是指出这种代表了立法所控制的几个不同的可能方式的区分。

我们已概括为正义法和宽松法的这两种方式可以在我们前一节中所探讨的那两组法律规则即经济统一和个人自由贡献中不时使用。不过,显然它们将会在这些个人贡献所出现的那种自由形成的法律规则中发挥其主要作用。当某种特定的社会经济过程中心化了,可能的结果是,涉及此种事项的法律规定用一种实在而一般的方式形成了其内容,从而为依据正义法原则自由寻找特别问题的适当解决途径留下极小的空间。还有,所有这些都只是相对有效,而就正式的方式区分而言,它不具任何具体意义。

这种方式的区分是法所不可或缺的,而且法要想完成其根本任务的话就不可能专与其中一个或另一个相守。因为,一方面如我们前面所述,法不可能在仅仅指出每个案件中何种东西是正义的这一点中找到自足。这样会意味着对实际展现于历史中的法律规则的受限性质料的忽视。而如上所证,我们不能这样做。不过另一方面,只选择另一种方式,即法律创制权威机构自行制定终局性的严格规则也是不行的,因为在那种情况下,人们很难完全满足作为实现正义的尝试的法的基本理念的要求。

当立法者遵循第二种方法,即当他力图自行设计和制定正当规则时,他必定从以前的经验中形成他的规则。他将不得不从社会生活本身赖以形成的方式中吸取其规则所需,而未来行为的目标不得不决定于同样的方法。但由于社会行为的具体可能性必然是条件性的,因而是可变的并受制于多样性,因此,要想用一种从经验地展现的现象中派生出来的规则理解并恰当决定全部可能法律问题的整体是不可能的。那将会赋予立法者有条件的意志以绝对正义的性质。

而这种限制是永远不可避免的。在技术法学中,保罗很久以前就提出了他的警示:"规则是对事物是什么的一种简明概括的描述。不是法从规则中推导出来,而是规则从法中构造产生出来。借助于规则,对于客体简明的描述以及——如萨宾所言——对于事物的概括是可以流传下来的。当规则在任何一个案件中被错误的运用时,将会失去其效力。"(D. L 17,1)这里的危险是,在力求技术性统一时,人们可能对所预期的成功给予过高的信任。这是一个客观统一的问题,因此希望从质料上受到限定的规则中获得绝对完整性在这里是不适当的。寻找和形成法律规范中的任何进步,无论多么巨大,都不能预先提供全部的正义法。在现在和将来,立法者自身的法律表达只能适当适用于平均数量的案件,而在此之外,就正义法的要求而言,在各方面都存在着我们所说的法律所不能应付的事实。在这个方面,格舍尔(Göschel)的这番话是完全正确的:"使法律人职业变得如此艰辛的东西正是如下事实:在每个正确的东西中存在着稍许错误的火星,而在每个错误的东西中又存在着稍许正确的火星。"

　　在很多情形下,立法者可以通过自行制定规则更清楚地表述其意志的真实内容。无疑,每个法律人都知道,要在这个问题上求得确定性是极其困难的;将某种特定情形归类于技术地形成的法律的一般规则之下会遇到不可避免的困难并且很难以令人信服的方式完成。同时,许多情况下在通过立法者自身预先确定规则的方式所进行的法的特别意志的表达中,法律诚然可以获得相对来说更大的明晰性。但不幸的是,这种形式主义的确定性通常是以客观正义为代价而轻易获得的。就内在正义而言,所有可能的事实中只有其有限的部分能够被那种受到形式主义限定的规范所适当涵盖;后者只能正当地适用于平均数量的案件之中。但存在着具有特殊属性的其他案件,这些案件难以如此处理,以使按照该规则所作的裁决能够同时满足正义法的要求。

　　在法律中涉及行为模式调整的成文规则中,这一点得到了尤其清楚的证明。作为一般规则,这些规则的引入使该法律行为中所体现出的意志变得更加确定,并且会更清楚地表明这种人们意图施加义务的"是否"和"怎样"是什么。但人们很久以前就已注意到,这么做是多么容易以客观正义为代价,或者如我们应当说的,这么做是多么容易危及正义法。我们将在根据《法典》*讨论"伦理义务"那节回头详细谈论这一点。

　　技术确定性和客观正义之间的这种不平衡在刚讨论的问题中以及在所有其他涵盖平均情形的规则中,在那些被称为"可行的"的规则中尤其清楚地表明了它自身。但法律也曾试图避免刚提到的这种不平衡,这种不平衡是由一个技术性地形成的规则的真实条件的可变性造成的。这是通过古罗马的裁判官(the praetors)的特殊活动完成的。这些裁判官通过其"执法权"行使了在其职务功能中偏离传统"市民法"的可能严格命令的权力。在现时代,我们不太倾向于这种观念。现在我们刻意利用这里所讲到的第二种方式的可能性,即利用直接指称正义法的可能性使求助于这种变化中的法律的非同寻常的形式似乎变得比以前具有更小的可期许性。然而,当一个制定法规定其在实践中的具体适用可以通过(可能变化的)条例得到施行时,同样的理念就以一种较模糊的形式得到了运用。

　　研究既存社会现象并据此决定应当用何种方式达成正义法目的是立法机构的事情。他们将不得不观察个体公民和应招调整其经营事务的那些人的能力,观察他们在从正义法原则中派生出正义法方面有何种技巧和实践。而且他们还必须观察人们拥有正义的善良意志的普及面和强烈度,以及从伦理中可能得到何种预期的帮助以实现正义。在这种能力和力量缺乏的地方或者在它只有非常微弱显示的地方,如果那些实然存在的权威们不情愿提及"宽松"法的话,那么就无需大惊小怪了。

　　不过这第二种方式不得缺少,也不得予以过分压制。认定诸如在现代刑法中是否很大程度上已然如此,我们留待稍后讨论。人们对以前时代任意滥用的经常性恐惧和痛苦记忆导致了这么一种严格的没有伸缩性的规则的形成:只有专门制定的法律规则才能保证刑事惩罚的施加。而我们这个法律部门以一种奇异的姿态与那个自由演进的民法部门并行着。存在着一种仔细思考所述两种正义法方式的相互范围的必要性。若立法者在制定努力获取正义

---

　　* 应指《德国民法典》。——译者

的一般规则的尝试上走得太远,事情的结局可能很难说是令人愉快的。"法令滋彰,结局愈悲(Plurimae leges,pessima civitas)。"

第三节 实际法和形式法

这个区分与宽松法和正义法的区分不同。它存在于如下事实:法又是规定一些决定某种法律关系的存在或履行的一般条件,以致原本得到实在法承认的某种权利的实现可能受到阻却。在我们上面谈到的那个区分中,难点在于,作为事先确定的一般条件出现的实在法冒着在特别情形下缺失正义法的风险。我们现在所要表明的观点是,为了有利于形式上的确定性,实在法对法的特别实施所施加的限制可能使那种同样在其他规则中所表达的该实在法自身的意图在具体情形下不能实现。在前者,对技术上的确定性的渴望忽视了实在法和正义法之间的可能冲突;在后者,实在法自身可能存在着对立,而不涉及其内容的客观性质。

这一点在人们对土地登记和其他官方登记所给予的公共信任中得到了特别阐释。我们的立法的确没有赋予这些登记所注明的项目以形式上的法律效力。实际上,比如说土地登记的内容经过仔细观察后是否真的与实在法的内容相符还是一个待决的问题。在人们用一种更好的方式确立那种真实的法律情景之前,仍然存在着某种有利于它的法律推定。而实际法可能因此受损,尽管形式上的安定性由此得到了大大的增强。

比上面这个例证更有力的阐释是时效制度以及特别专门形式上的消灭时效的适用。如果某人不在特定时效期间主张其权利,"他就放弃了他的权利,"像法律自身所规定的那样。这里明显包含着这么一个理念,即,尤其重要的事情应具有形式上的确定性,而如此行事的理由常被人探讨。足够清晰地保存过往法律状态信息的困难、历时过久并可能无限持续的不确定性和中断的缺陷、在解决待决事物中惩罚散漫和不必要的拖延的愿望、轻易地使人们渴望他们所习惯了的那种连续性的人类习惯——这些理由可支撑形式上的时效法。这个制度在民法和刑法中的发展,特别是它在刑法中的适用以及其中所蕴涵的理念在普通法"无法追溯的时效"(praescriptio immemorialis)中得以最准确体现的方式——这对于每个受过法律训练的人来说是众所周知的,因此这里无需详述。但我们也知道,罗马法非常缓慢和不情愿地承认了消灭时效。且虽然古老的德国法更倾向于它,并从罗马人那里舶来了"取得时效"(usucapio)制度,但他们总是让该制度伴以一个通俗谚语:"百年之误不抵一时之正(A hundred years' wrong does not make an hour's right)。"

但实际法与形式法之间的这种区别在程序中,即在特定权利的司法实现中尤其可见。这一点同时暗含于一种司法程序规则的理念中。尽管这最初仅仅意在成为一种法律目的工具的工具,但它再次成为一种它自身的技术性目的,其存在理由在于避免相关当事方行为的不确定性和任意变化。中世纪法学在这个问题上走得最远。可以追溯到那个时期的顺序原则(the principle of order)——根据该原则司法程序被分成在一个给定顺序中予以解决的几个固定步骤,作为一个不可倒置和变更的规则——连同那个"最后陈述"(Eventualmaxime)①提供了一个形式法的历史性胜利的良好例证。不过,这方面的现代发展对此并非没有作出反应。程序法也逐渐意识到其作为实现目标的某种手段的性质。那些普通民事程序的"原则"和"箴言"已经过时。而"法定证明方法"制度——依此制度,除非在特定一般确定的情形下以外,法官不得就一个特定争议中的事实进行判断——已经大幅松动。诚然,两个可靠证人的司法必要性神话在许多地方依然时兴,而且,对一个事实的"信服"和对它的"证明"之间的那种所谓的区分今天依然广为流行。不过事实上,这方面存在着从形式法迈向实际法的巨大进步——这一点是不可否认的。

不过现在,形式法在我们民事程序中当事人陈述原则方面仍一如既往地高歌猛进。法官被局限于当事人的引证(指控或证明)和说明。作为一名官员,他的职责不是找出真相,而是确定双方提出的主张中哪些已经得到了证明。这里所述的那种技术性问题的性质因此在精确的线条中显现了,而其狭

---

① 一项要求一方当事人在其答辩中陈述其全部要求和抗辩事由——无论是拖拉的还是迅即的——并禁止所有未在第一次陈述中得到陈述的事后抗辩和请求的程序性原则。——原注

窄和受限特征很多时候已经压抑了有思想的职业人工作中的欢愉。

当我们想到某种程序性争议所施加的影响,而案件在判决前后都依赖该诉讼所涉及的法律的存在和实现的时候,我们刚谈到的这种区别就尤其大了。在第一种情形下,即当涉及一场待决诉讼对实际法的意义时,立法已经忠实地试图获得客观正义。它的目的是保护原告免受他易于遭受的来自一场长时间拖延的诉讼的侵害——"基于公正的考虑,自被告应诉答辩即进入诉讼程序之日起便负有交付果实的义务"(D. XXII 1,38,7)。而同时被告也无需对诚信参与的司法冲突负责。由此引起了那种通常是复杂的旨在协调实际法的正当结果与因诉讼而延迟的形式必要性的规则。但就一项判决的法律效力而言,情况是不同的。这种情况下,那个基本原则依然有效:"一个具有法律上确定效力的判决将被视为真理。"(Res judicata pro veritate habetur)(D. L 17, 207)。这不仅产生了意外的技术性困难——这些困难导致了那种仍然未决的判决力的问题,而且时常导致了某种实质性恶果。

的确,这里似乎找不到出路。"因为它是维护人类和平的必要法则,根据这种法则,一个事情一旦被宣布为是真实而正当的,它就必须永远保持形式上的真实性和正当性……关于实际的正当性,每个人都有保留他自己看法的自由,如果形式上的正当性没让他信服的话。"这里引自查士图斯·摩塞尔(Justus Möser)的这种感受同样被许多其他人所表达。但另一方面,我们不能忘记伏尔泰在进行一场持续了数年的对"一事不再理"(Res Judicata)的不懈斗争时所使用的那种激愤语言。让·卡拉(Jean Calas)被控谋杀了他的儿子,因为后者想皈依天主教。实际情况是他儿子是自杀。但在案件的审判中存在着一股对这位年轻人的亲属狂热偏见的潜流。图卢兹议会宣布他们有罪,结果这位父亲被处死。就在这时伏尔泰讲出了"人们发明了形式以便吞噬无辜"这句尖刻话。他成功地使该案得到了重审,而那位死去的父亲的名声在其无辜被一次正义的判决确认后得到了迟到的昭雪。

法律经常发现有必要对它自身作出第二反应,注意到这一点是极有趣的。它首先试图用一般规定事先确立一般正义,然后为了增加特定情形下的形式确定性而限制这种一般正义,并用更敏锐的眼光打量这些一般情形。最后也为了不致完全非正义地掩盖先前制定的那种实际法，它觉得有必要部分突破这第二次修正。

正是以这一点为目标，罗马人才创设了"恢复原状"制度（D. IV 4, 24, I; XXVII 3, 20）。关于这个，我们在此前讨论作为实在法的矫正的宽赦（D. IX 4, 30）时已有论及。为了同样的目的，他们使用了"公民资格恢复权（jus post-liminii）——因为它是基于自然正义而被引入的。"（D. XLIX 15, 19 pr.）。同样地，我们还有民事和刑事程序中的案件重审，并运用——尤其是开始时——推翻和恢复性诉讼对抗终局性判决。这种理念尤其在允许因不当得利而提起的诉讼情形下出现。它要求"无正当理由"而占有物的人按法律判决的结果返还该物。因此，像温特沙伊德所言，"这种得利具有形式正当性，而缺乏实质正当性"（D. XII I, 32; XII 6, 66）。

从以上可知，形式法的方式可以作为实现正义目标的有用工具，只是要有很大的保留。费尔巴哈这么说无疑是正确的："为使人们之间能有一种法的条件，法必须具有确定性。"但用于目的的手段不得上升到国家法度的高位。而只有当存在着特定情形下无法克服的混乱的危险时，选择外在确定性而非简单地遵循实际法的做法才可能具有正当性。

第四节　明显的非正义法

在许多情况下，立法机构不得不更进一步帮助某种法律内容的实现。而关于这种法律内容，所有可以言说的东西是，它不配正义的称呼。它的非正义性昭然若揭，但我们无力代以任何其他正义法。下面谨举数例。

在德国的诸保护领域中，家庭奴隶制仍然为当地人保留着，并且由于担心废除它的尝试可能完全失败，因此到目前为止尚不能废除这种非正义的制度（在1901年11月29日的帝国总理令中依然可见）。同样地，法律容许人们私下的不贞和卖淫，因为它无法用禁止的方法有效反制这些现象。为了避免某种更大的罪恶，可怕的恐吓在战争中是而不可避免。因而，当一个村庄的村民在埋伏中朝我们过路的部队射击时，这个村庄被夷为灰烬，因而无辜者不得不与有罪者一起为某个未知的人的行为受到惩罚。我们并不总是对境外犯罪提起公诉，即便是德国人所犯的罪行和针对德国人所犯的罪行，理由是人们难以确定地依靠必要的证据，特别是所要求的证人。博彩游戏在任何情形下都是可反对的，因为它们通过挥霍那种代表人类劳动产品价值标准的东西，即金钱的方式蔑视人类的劳动产品，并因此将劳动者变成玩家主观情绪的工具。而国家仍然发行它们自己的彩票，从而在狭小范围内激励赌性，以便使这种不良倾向至少有一个可控的宣泄口，而所得利润可用于公共福利。

如果认为这种情形下"可行性"成了一个与正义伴行的新原则那就错了。事实是这样的：在刚提到的那些情形中，肯定地昭示何种东西是正当的努力没有获得任何形式的成功。所有已经得到承认的东西是，存在着非正义。因此，说某种措施是正义的却又是不可行的是不对的；而相反，由于这种措施不能得到实行，因此其正义性实际上并不清楚。追求和渴望正义的法律除了正义法原则所显示的那些那些判断方式以外，没有任何其他判断方法。

承认某种特定意志内容的非正义性是一回事，用某种更好的东西取代它是完全另一回事。在刚提到的那些情形中，存在着各种使正义不可能实现的理由。有时是受法律约束的民众的占优势的非正义渴求，有时是国家在施行其意志方面的无力，而有时还是现有法律强力（legal force）机构的缺乏——这种缺乏使我们放弃了在特定情形下获取正义的念头。而尽管我们不能在原则上使我们的程序具有正当性，但我们设法通过某种考虑使其在具体情形下具有相对的正当性——这种考虑是：屈从一时牺牲某个特别事项的必要性要比危及法律作为某种强制性的不可违反的规则的理念并因此"挑战法的渊源本身"要好。

第五节　法律空隙

法用以使其内容变得正义的一个有效方法——一个已经得到连续检验并通常被认为是不可或缺的方法——是沉默。当它被使用时，就会引起通常在法的空隙（lacunae in the law）这个问题下已经得到承认的法律理论和实践上的困难。我们想考察这个问题在我们的讨论中所处的位置和它能够得以解决的方式。而且我们把这个命题定为我们的主题：如果我们思索一下实在法的某种具体构造，那么就存在着"缺口"。但如果我们的问题是决定特定案件中何种东西与一般法相符，就不存在任何缺口。

第一点是不可怀疑的。从现代法的技术上看，特别相关的如下情况：立法者明确地依照某种特定理论决定某些具体问题，而让法律人参透该理论并解决由此产生的各种问题。例证是：德国民法中的选择性履行（《德国民法典》第364条）、共同占有（《德国民法典》第866条）、雇主对雇员行为所承担的义务（《德国民法典》第278条；第381条），以及特别是国际私法领域里的诸事项（《施行法》*第7—31条）。在这些情形下，法律理论必须表明那些专门形成的法律的特殊决定会延伸多远，而且它必须用这样一种方法勉力地根据这些决定制定出某种可欲的法律规则——这种方法将展现这种具体实在法的含义。

我们可以设想一下，有这么一些朋友，他们在罗马古战场的一处古代墓碑遗存中发现了一堆马赛克状的乱石，而这些石块以前是装饰该坟墓底部的。一场关于由组合在一起的这些石块所构成的场景的讨论展开了。"同时，一个一直悄悄坐着的第三人拿出了他的素描本，并画出了一幅奔驰的四马战车，周围是奋蹄的战马和骑手以及许多漂亮的爱奥尼亚式装饰品。他已经在该地板的一个角落察觉出一些不起眼的古代人物、马匹的蹄印和战车轮子的碎片。就在这时，整体情景清晰地展现在了他的心中，于是他用大胆的线条描画出了这个情景……"

讨论这个过程的技术适用不是我们的目的，介绍类比的学说也不是我们的目的。我们的问题仅仅是讨论这个问题所包含的理念的逻辑关系。刚提到的法律人的活动，即按照一种并非完美形成的具体法律自身的具体意图对它所作的完善必定会走到一个限度，超过这个限度就不可能有任何进一步的成

---

* 指《〈德国民法典〉施行法》。——译者

就。如所周知,这一点一直受人争议,且有人认为刚提到的这个问题拥有其自身的逻辑完整性。但这需要纠错。我们必须记住我们这里讨论的是本着作为种类上是具体的和内容上是受限的那种法的精神,去补救这些缺陷的可能性的问题。关于某种确定实在法的这种受到特别限制的内容,我们不能正确地主张它的具体特征中绝对包含着所有可以想象的法律问题。只有一般法的根本理念才能做到这一点,而某种特别立法的质料上受到限定的内容则做不到。这里那种延伸和类推有其经验性限度。其后如果我们想解决一个具体法律问题,我们必须遵循第二种方法。立法者本人不能用具体规则的形式为我们提供某种决定,无论它是由他自身特别制定的,还是通过如此形成的决定中进行的专门类比推理而形成的。不过,既然我们必须向前走,我们所需要的规范就必须从正义法的含义中求得。

从后者的立场看,这种法是完美无缺的。因为当人们如此思考它时,它只是一种用以加工既存材料的方法。而这个方法作为一种形式理论当然具有普遍性和完美性。回头求助于它的必要性来自作为强制实现正义的尝试的法的基本理念。甚至在它的有限内容不适合决定某个特定问题时,仍然存在着那种对普遍正义目标的追求。是这个东西将通常严格的实在法要点捆绑在一起作为其不可移动的基础。而正是这个坚实的基础使它们向上攀升,常常升到如此高度并表现为如此独特的形式,以致观察者一时忘记了承载着这些特殊点的坚硬基础。

由此可知,立法者提请各当事方独立思考和研究"宽松"法与他用沉默作为工具之间的区别在于,在第一种情况下,相关当事方径直依照正义法原则处理特定材料,而在第二种情况下,他们必须首先看看是否可以按照这种特别法的具体内容的含义找到一个决定。而只有不可能做到这一点时,他们才不得不根据法的基本理念解决这个问题。

最后,我们必须再次注意这样一个事实,即,这不是一个从别的地方引进决定性规则以解决法律案件的问题。法律缺陷的弥补既不能通过道德和某种理想法实现,也不能通过一切其他外在的上诉法庭实现。一旦法律沉默,我们必须回到法的基本原则本身,如果实在法不能解决我们的问题的话。而我们这里想澄清的事情仅仅是:存在着一个我们到了那里就必须参照正义法理念的点。通过受到限定的实在法规则内容以及从其有限含义中所作的推论绝对完整地理解所有可以想象的法律问题是永远不可能的。

第五章 正义法的模型

第一节 技术模型和实践模型

正义法原则的理念和形式中都不包含任何实在法的具体内容。它们来自它们想实现并赋予至高无上地位的正义法的理念。由于直接推演出它们的正义法的理念本身是通过人们对统一把握全部经验性实在法材料的可能性的反思而发现的,因此这些原则本身只能在对这种材料进行加工方面引导我们的思维。但由于它们自身绝对不包含任何构成某种历史法特殊性的东西和任何不适用于其他历史法规范具体内容的东西;与此相反,由于它们的效力是绝对普遍的并适用于所有的法,因此它们自身不能直接和立即应对那种多面而具体的法律质料并按其理念对它们进行加工。它们构成我们从社会理想的概念到历史法律规则的演进过程中的一步,但它们自身不能抓住处于分散、多面和混乱状态的这些历史法律规则,并足够明确地使它们附属于自身。法律规则的经验性质料必须首先用某种适当方法聚合在一起,并放到正义法原则面前进行判断。这种将正当行为的可疑问题归入社会理想及其原则之下的统一方法我称之为正义法的模型(the model of just law)。

正义法原则是一些产生于法的绝对理念的最高点的普遍命题,并将其命令带到人间,并对这些命令进行分割和分配;而正义法模型的功能则是从底部浮起以与正义法原则会面。它的任务就是用统一方法收集法律经验中的有限质料,并把它放到那个绝对君主——正义法理念——的诸位全权大使[*]面前。

---

[*] "全权大使"指的是"正义法原则"。在施塔姆勒的法哲学观念王国中,君临一切的是处于最高位的"法的理念";居于次位的是"正义法原则",这些原则是正义法理念派出的"全权大使";实在法规范是处于低位的、必须接受正义法原则(因而也要接受正义法理念)检验的"正义法质料"。——译者

因此，在寻找正义法时，我们有四个步骤：

1. 社会理想。
2. 正义法原则。
3. 正义法模型。
4. 个案中的正确判决。

在陈述这个模型的公式并详细追踪其活动之前，我想提一下我们在对实在法材料进行技术加工时所发现的一个与它类似的东西。我们可以在正义法的方法图式和实在法的类型*之间作出某种区分。

任何时候当法律规则以一种抽象的普遍规范的形式出现时，实在法的类型就可以被发现。它们事先规定一些不得不隶属于这种抽象规则的、对可能的经验材料进行综合考虑的事项。它们的出现因而是偶然的，而它们的使用和适用程度取决于上述法律规范的性质，也取决于法律科学的状态和其时所获得的法律事务的经验。我们现在通过例证从我们的罗马法研究中举出几个孤立的例子。

法律规定，如果一方指涉任何人的生或死，他必须能够证明该人是活着或死了，如可能的情况那样。为了回应这一点，法律科学提请人们注意这么一个相关的经验事实，即可能存在不能绝对确定某人是否依然活着或已经死亡的情形；或者存在这么一些情形：某人在某个时刻活着而在后来某个时刻又死了，但他的死亡时间不能确定。这里就出现了作为细节事项的不可追溯性的问题，以及另一方面，"推定死亡"的问题。

罗马法中一项有待补救的侵害与为它负责的那个事实之间的因果联系已经产生——"阿奎利亚法诉讼"（the action legis Aquiliae）的情形那样**——一种已通过各种方式设计出的图式，特别是那些其第二个损害事实与第一个损害事实交叉的案件中设计出的图式。"谁享有利益谁就承担风险。又称报偿

---

　　*　施塔姆勒这里指的是一般法理学（法律科学）中按某种标准对实在法所作的区分，与本章所讲的属于法哲学领域的正义法的模式不同。——译者

　　**　"阿奎利亚法"于公元前287年由罗马平民院通过。该法确立了"过错"作为损害赔偿责任的构成要件。——译者

理论。"(commodum eius esse debet,cuius periculum est)这个规则引出了一种对经验材料的详细阐明的图解理论。在通过"添附"取得所有权的情形中，人们精确地设计出了那些经验可能在其中与该法的一般理念保持一致的可能性。消极地役的占有以及由此通过时效所获的取得用同样的方式提供了一种详细的理论。

"名义用益权"、"名义抵押"和"再抵押"是一些纯粹依照图式区分而在罗马法的特殊规则的基础上建立起来的理论。与可以复位的婚姻财产相关的责任只能在特殊假设情形的典型组合中找到例证。而对"先行继承人"(praelegati)①理论——特别是在另外存在着共同继承人的场合——的揭示要求作出这样的区分，在这种区分中，其适用的可能性是依照经验图式来举例的。

随着时间的推移，这种按照经验类型对实在法的加工无疑将变得越来越重要。迄今为止，我们的民法科学太沉浸于通过法律学习建立那种将拥有抽象规范效力的东西。归类问题和对法律判决的理论分析问题退到了背景之中。现代法典的严格材料现在已取代学说汇纂和德国私法的那种可伸缩体，而且几乎法律生活的所有领域都如此。还有那些专门形成的主要规则以及与它们相关联的规则和制度被现成地提供给了法律人。而只是在特殊细节问题上他才可以就法律的含义进行争论。他的职业问题的基础已经变换了。对技术法学方法的研究的需要将与日俱增，而这种研究的最初步伐几乎还没有迈开，尤其是对法律质料的图式性加工以便其适用的步伐几未迈开。

但是，所有确定的实在法类型从不能提供比技术性统一更多的东西。它们将特定经验材料收集在一起，并关心将统一性带进一个偶然观念群体中的可能性。而它们将这些东西合在一起的目的只是为了将它们带进某种历史法确定裁决的限制性和特殊统一体中。

我们目前研究的目标是某种完全不同的东西。正义法的类型依然必须具有普遍性。它必须能使我们用这样一种方式把握经验材料，以便完全从这种材料的具体层面中进行抽象。只有当它的公式和功能产生于正义法理念本身的

---

① 指事先接受了全部财产中的一部分的那种继承人。——原注

时候,这才是可能的;而且其产生方式与正义法原则的产生方式不同,并拥有一种在实践中予以实现的不同功能。只有这样才有可能一方面在社会理想与它的原则之间,另一方面在社会理想与人类多重法律秩序生活之间的联合纽带。

第二节 特别社群

正义法的模型涉及一个特别社群的理念。这种社群由这么一些人组成,他们必须根据正义法原则受到控制和裁决。疑问和争议的材料由社会生活运动所提供。而我们在所有情形下所探讨的问题是特定人的正当行为,而这些人的不同意志互相对立。这些现在处于争论和怀疑中的人必须首先从精神上被放进一个社群中,在这个社群中,每个人都得带进其争议性意志以使它们可以进而得到客观的调整。没有这种精神上的统一,如果不将争议的各当事方融于一个将全部包涵他们的框架之中,那么要想用适当方式调整他们的分歧是完全不可能的。

作为实施正义法不可或缺的模型的特别社群理念直接源于社会理想的最高法则。如我们所知,像正义法的一般理念一样,这个理念让我们想到一个自由人社群。要想将它适用于个案,我们就必须将这个概念具体比拟于某个特别社群的形式——这个社群由这样一些人组成,他们为自身的利益而战,为的是给正义法原则的实现打下基础。

另一方面,我们的公式能够包含每一种可以想象的外在行为问题。因为特别社群的概念并不是在生成于经验之中的法律质料框架内的一种再区分。它与既存法律条件的区别并非量上的区别,因而与之相比较绝不象征着多与少的区分。我们决然不可将它视为一种建立在某种特定法律制度基础上的制度,而须将其视为一种有助于我们将具体法律质料隶属于抽象法律原则的理论工具。

相应地,"一个社会在一定程度上体现的是一种兄弟般的友爱的法律关系。"(D. XVII 2,63pro.)这个命题是成立的。但在这么说的时候,我们已经在将正义法原则适用于具体社会联合,而如果没有一个有章法的特别社群概念——它帮助我们在两个当事方有争议的要求和目的之间进行裁决——的襄助,我们不可能做到这一点。

在法律史上,我们经常看到特别社群的出现。它们要么由实在法引出,要么至少在某种实现正义法的真正努力中被人们所要求和追求。它有时被实行于那些受到共同危险威胁的濒临河海而居的人群之间。我们看到它现形于"罗德弃货损失分担规则"(lex Rhodia de jactu)之中。而现代保险的发展必然倾向于一个由数个保险人同保一个人的社群的形成。但所有这类实在法制度与我们作为正义法模型而介绍的特别社群概念处于不同的水平上。

我也可以提请人们注意罗马法中的"地界调整之诉"(actio finium regundorum)。根据这种诉讼规则,消除的界限被发现于其内的争议区域被视为属于双方当事人共有并按照"公信原则"进行分割。不过这只是我们正义法图式的一种模糊的影像,因而在我们的研究中无足轻重。因为它预设了按照正义法规范进行的区分。还有,尽管在部分所有人的权利必须得到尊重的共同占有中,以及在合伙人始终拥有份额的合伙中,我们在具体法律质料范围内拥有类似的东西,但是我们必须更小心地记住(如果我们可以重复一次的话),我们的特别社群作为正义法的模式只是一种理论工具和一种抽象方法。

另一方面,这个概念恰像一般法律社群概念一样具有普遍性。这种概念零星地穿行于法的所有领域并在其广泛的不同部分中找到它的位置和适用区域。因为,如欧根·胡贝尔(Eugene Huber)恰如其分地所说的:"在一个社会中,存在着一种个人将其利益与他人利益联系起来的关系,以致他不仅关心他自身,而且也同样关心他人。利己主义和利他主义并未恰当表达这种理念,特别是就其法律方面而言。因为在这种社会里,不仅存在着对他人的关怀,而且存在着对某种更高的、也包含了个人自身的东西的关怀。"

既然我们的特别社群理念因此从某种确定法律体系的全部具体内容中抽绎出,那么将具体意志归入正义法之下的统一程序的观念自身就能够绝对涵盖我们这里所关注的全部问题了。争议的当事方是两个还是数个抑或是不可胜数是无关紧要的;个体是被带进了与另一个个体之间的关系中还是被带进了与整体的关系中也是无关紧要的;甚或整个社群是否处于冲突之中仍是无关紧要的。而且,这种调整的目的是什么,人们是希望它施行既存法还是希望变更它并用一种更好的法来代替它,这些都无足轻重。

第三节 谁是我的邻居?

正义法的模型和原则在邻居这个概念中相会。后者是从法律规范的立场考虑问题的。受它们约束的人必须自身被尊奉为一种目的,并以社会参与人的身份被对待。他不得被视为一种手段,或作为一种孤立的个体被排斥于社会之外。而且他对他人承担责任的方式必须是这样的:即便在某种他受到排斥的特定场合,他仍然可以成为他自己的邻居。诚然,这个问题不得按照他的主观愿望而定,而是按照自由意志和正当选择的目的而定。因此可能会要求他作出某种牺牲——甚至牺牲他自己,只要这样做是为了实现社会的理念和共同奋斗的理念。正义法原则所禁止的是一方随心所欲地对待另一方。但正因为如此,这就另一方面意味着,社会的每一个成员都必须忠于其余的人,而不仅仅是放弃其个人欲望,并因此实际上任意对待他的同侪。因而,为了使正当意志成为可能,每个人都必须能够成为他自己的邻居,即他自身成为一种目的。

正义法的模型通过从实践行为身边拿过这个问题而对此进行补充。在那里我们正设法系统地限制一种其内容被认为是正义的外在规范。这里我们的问题是将它实施于该社会成员间的真实实践之中。为此目的,有必要利用上述模型公式。于是就有了这样一个问题:在特定情形下我必须从精神上让自己与谁一起迈进一个正当的特别社群? 换言之,谁是我的邻居?

给予那位想吸引神主的律师的答案我们是知道的,而为了赋予他自身以正当性,他提出了这样一个疑问:那个问题能否有一个确定的答案? 那里所给出的答案是以寓言的形式出现的。而故事的结论可以用我们自己的下述语言做最好的表述:在那一路走来的三个人中,谁最真切领会了爱自己的邻居的律令,如他在对待那位沦为窃贼的人的行为中所显示的那样? 答案毫无疑问是:给予那位患难者以帮助的人就是,因为他是最能这么做的人。让我们更进一步地思考一下这个问题。

人们认为通过将爱自己邻居律令的范围的无限延伸以便将所有的人都包括进去,这种义务本身在程度上会减少到最小。属于每个人的那份——如果我们可以这么说的话——于是就小得可怜。另一种观点是,"像爱你自己一样爱你的邻居"这个公式在实践中是不可能的,因为人的本性更大程度上倾向于他自身而不是倾向于他人。

对于这些异议,康德已经进行了有力的反驳。利用那种对本人善良意志的感觉以说明人们所争论的那种规范是绝对必要的,理由正是:对于仅仅作为人的他人福利的关注不能告诉我们任何确定的东西。如果不提及那种具体的自爱态度,该公式中就不会存在任何足以显示任何积极思维倾向的可见东西,除了对冷漠的否定。但我们尤其不能忘记,旧约和新约中所记载的那个著名公式展望的是一种被专业哲学语言表述为理念(Idee＝理念或理想)的东西,即一种作为实践中意志内容及其适用标准的原则,尽管它从不能在人类生存的有限经验中完全实现它自身。要想完全实现像爱自己一样爱同胞的律令,就要预设一个完美的理性人,而这个理性人同时也是一个不受任何限制的社会人。但既然人类生活在这两方面都受制于限定性条件,那么我们所说的这个律令作为一种理想就只能成为一个每个人都必须诚恳地努力以接近其实现的箴言;而只因人类自然能力的限制,要想绝对实现它是不可能的。其次,在实施我们的基本规范时,我们不得不考虑那些它可能赖以实现的限定性社会基础。

不以为然的人会将这个律令的含义变成反义的东西,就其特殊适用而言。因为它不仅旨在成为一种伦理信条,而且旨在成为一个实践慈善原则——这个原则要求我们将我们邻人的福利视为我们自身的目的。用这种方式来审视,它是一种尚未经过界定的正义法原则的体现,因而只能在历史给定的社会生活中实现其自身。

这将有助于我们弄清社会生活和活动中所有情况下我的"邻居"是谁,并将有助于我们确立和利用正义法的模型。在社会合作制度中,每个人必定处在他的圈子中,而他可以并无不妥地将自己首先视为圈子的中心。而随着他社会活动的展开,他不可避免地与不同的人发生接触——在空间上、时间上和次数上与一个人的接触比与另一个人的接触更紧密。因此,如果我们试图不顾这些实际差异而将它们拉到同等水平上,我们实际上是在推行某种不平均。我们一直在谈论的那个规则将变为:爱你的邻人胜过爱你自己。而这是荒唐的,恰如说爱那位远处的人如爱那位近处的人一样荒唐。从实践目的的角度看,这将无异于说,为熟人少做而为生人多做吧。"我可以对所有人一视同仁,"康德说,"但在不破坏这个信条的普遍性的前提下,行动中的服务程度可能因亲密程度(因为一个人比另一个人离我更近)的不同而相去甚远。"

　　如果我们将这些理念与我们自己的正义法理论联系起来的话,我们就找到了安排生活于法律之下的共同中心圈中的那些人的方法,以便妥为确立我们说到的那种特别社群。每个人与特定其他人同属一个小圆圈。这些人,即他的亲戚(最初是在一种不确定意义上使用的,参见《德国民法典》第 2270 条,2aE;第 530 条,I;第 1969 条),早已与他建立了长久的法律联系。而在以他为中心的周围,形成了其半径不断增加的其他圆圈。而每当他与其他人发生联系时,他就按其圆圈顺序将处于同轴圆周上的那些人拉进了那种观念上的特别社群。确立这些同轴圆圈的是历史法。但这里的材料非常分散,因而我们必须将它留给法律科学作进一步考察,以便用可控方式将那些拥有特别历史特性的实在法律制度统一起来。这里通过提示提供某些资料就够了。

　　最初的支持一般发现于关于继承顺序的规则之中。这方面的一般规则是,这些圆圈显示于由那些被认为是对死者的财产拥有某种权利的人之间某种确定排位顺序的形式之中。这一点由于强制分配份额、财产混同(hotchpot)等制度的特性而变得更严谨了。而它在关系最近的继承人的权利中得到了最具体的表达。赡养义务上的优先顺序——该顺序常与法定继承顺序相应——也属于这种情形(《德国民法典》第 1606 条;第 1608 条;第 1609 条;并参看第 1389 条)。而我们还可以提醒读者,当赠与人事后变穷了或生了孩子的时候,人们讨论了其撤销赠与物的可能性并对此予以肯定(参见 C. VIII 55 (56),8;《德国民法典》第 528 条以下)。再想想根据合理理由拒绝对本人或孩子行使监护权的可能性(《德国民法典》第 1786 条),或在必要或危险情况下亲属照料权的可能性(《德国刑法典》第 52 条;第 54 条)。

　　罗马法学家们向来强调这种同心圆的正义性(D. XXXVII ii, 2 pr.),并同时考虑到,预先确定"胎儿"在这些圆圈中的位置可能是公平的(D. XXXVII 9,1,11)。而且他们在这些情况下并不简单地正式求助于"衡平"原则——这一点如下事实中显而易见:在适当情形下,他们也得出这样的结论,即那些属于较小圈子里的人在对该中心的义务方面将受到优先考虑。因而,早期罗马法并不知道担保法中的"先诉抗辩权"(exceptio excussionis personalis);但自瑟维拉斯(Severus)时代以来,它就被正式纳入了司法过程中并被置于"衡平法"之下(D. XLIX 14,47)。

任何法律制度都不能免于我们刚讨论的这种排位上的差别的维护。无论它怎样努力设法用纯粹抽象的方法去认识那些个体主体,并尽量用数量和地域区分来认知公民,如果它无视某些私人关系、较狭小的劳动社群以及永久性特别联合,它就永远不能存续下去。

另一方面,为了建立特定情形下的那种模式,那些被确定地划定的圆圈不得被视为铁板一块和不可改变的。它们可能不得不被打破,就像一个没有处于中心的那个人的适当帮助就无法维持其自然和理性生存的圈外人的情形那样。在这种情形下,这位圈外人成了那位中央人的邻居。这两位于是在他们之间形成了观念上的某种特别联合,并且在其关系的调整中,那些本来拥有优先权的位于同心圆中的人现在就必须退到背景中去了,即便这么做他们得吃亏。这些考虑是我们在建立特别社群的每一个场合中都必须接受其引导的。在这个社群内,我们可以就其成员们为了实现正义法原则而可能在相互间提供的服务作出典型区分。

第四节 履行的种类

特别社群的理念朝两个方向延伸其自身,并因此自然归合于正义法原则。因为它暗含着这一点,即每一个成员都有权要求从他人那里得到尊重和参与的权利,因而这些原则就自动得到了实现。但这里我们必须要说明的是,存在着两种需要关注的维持这些原则的方法。

1. 在几个由实在法联合在一起的人相互之间的法律关系中,比如说民事合同的当事人、一个"法定的共同共有"（communio incidens）的成员、那些由法律联合起来的涉及家庭或国家的人。

2.与第三方的关系之中，几个个体联合起来对待这些第三方。这里，后者也不得违反尊重和参与的原则。

这种双重适用是普遍有效的。它是从如下一种事实中推导出来的：将正义法的模型用于实践的时候，我们不是在处理实际的联合，而是在处理一种就特定法律关系进行正当界定的方法。这两个分支中的每一个都有助于其中所涉法律作为和不作为的相同图式思考类型。所有此类调整在这样一种决定中达到顶点，即，一方和另一方按特定方式行事。于是这就意味着，如此听令的人必须作出某种反应。某项法律规定通过一种强制命令从外部要求他作出或不作出某种行为。这种强制行为（广义上可由"履行"一词所指称）可从两个方面影响一个人。他必须要么准备好他的人身，并将它置于法律命令的控制之下；要么可能涉及一个改变传统法律质料，以使既存法律关系将因此受到不同于以前的考量。如果我们将那些以某个特定人为中心的法律关系视为他的财产关系，那么我们就可以将法律行为的一般类型分为人身行为和那种通过财产法律关系完成的行为。还有第三种区分，这种区分源于这样一个事实，即，某些现成的关系按照法的命令而存在，而这些关系的独特性质是相互的个人奉献。它们既可以在公法中找到，也可以在私法中找到，并在私法中形成家庭法关系。这些关系是展现于家庭生活中的持久关系，如不分离的共同生活、保护性权威、子女依附和引导性关照。只要这些关系存在，它们就可能产生一种新的行为模式；而着重地说，我们可能面对一种法律上交托的人们之间的行为。

尽管这最后一种行为与上面所称的处于第二位的那种行为平行，即与那种由于固定法律质料上的变化所导致的行为平行，但如果我们将正义法模型看成是那些原则的操作，那么我们宁可将最后一种行为归类于第一种，即归类于人身行为。因为在这两类行为中，反复思考的问题只有这两个：第一，是否真的应该存在任何这种法律义务，即作出某种针对一个人自身或针对一个法律上交托人的人身的行为；第二，这种确定义务将以何种方式得以实现。而在

166　第二部分　正义法的方法

225　所有针对财产的行为中,则可能存在着第三种额外的问题,即,我们如何决定一个人所应当实施的某种履行的数量?

显而易见,这就打开了通向讨论一个法律行为的客观价值的通道。"价值"这个语词的双重含义——使用价值和交换价值——从亚当·斯密以来已得到人们的普遍关注。这种含义也展现在政治立法中。因此《普鲁士普通邦法》(ALR)第一条第二款第三项规定:"一个物体的价值依其所有人对它所作的使用而定。"这指的是使用价值。而《萨克森法典》第78条则规定:"一个物体的通常价值指的是它在一般商业交易中所具有的货币价值。"这里我们看到的是交换价值的理念,尽管它太急于与货币价格的理念相联系。我们是将价格这个词用于每一种实际交换价值,还是只用于货币中所体现的价值,这当然不具有根本意义。在我们的讨论中,我们只关心交换价值而不关心使用价值。因为只有前者独具社会意义,而使用价值只是一个基本独立于社会秩序条件的技术性概念。

交换价值可指两种东西。它可指那种经验条件下已经实际确立的交换价值,即履行"事实上"已经或正在据以交换的那种衡量的总量。或者它可指这么一种交换价值,它在类似情况下会具有客观正义性,即当商务按照正义原则进行的时候会流行的那种衡量关系。

226　证明赋予交换价值以某种客观意义的必要性将永远是卡尔·马克思的贡献,尽管完全有理由说它只是一种提示,且他并未成功地最终解决他所提出的问题。众所周知,他将"商品"(他也将人的劳动力纳入其中)的实际价值界定为"花费于劳动中的社会必要时间"。它是所有商品所公有的唯一东西,并因此能够成为价值衡量的一种抽象尺度。"从价值的观点看,所有商品都只是确定的劳动时间的凝聚体。"

这就导致了一种为法律交易中的每一种行为寻找绝对固定价值的有力尝试。无疑,人们并没有弄清如此确定的某种价值的意义将是什么;它是否具有因果性,并依自然力一路前行;或者它应否是目的论的,并作为一种评价特定行为的正义标准。但事实上,"价值",作为一种独立原则意义上的独立指引并没有立于其上的基础。要求一种行为按其真实价值被认知的确是可能的,不,的确是必要的。但是，这种"价值"不是一种一言九鼎的、足以产生某种结果或怀着某种目的的权威性东西，而是一种源于并依赖于正义合作原则的客观评价。这来自马克思本人的揭示。因为当他将"社会必要"劳动时间确定为一种标准时，我们必须进一步追问：我们将如何确定某种共同社会劳动是否是必要的？他指的不可能是那种技术上所需要的时间，而不顾及社会成员中的哪些人在做这种工作或者这项工作是如何完成的。相反，默示的假定是我们必须把这项工作的进行看成是当正义在该项工作的安排和共同完成中被关注时所不可缺少的。"社会"必定意味着在"正义"秩序社会里的一种必需的东西。相应地，这就意味着某种行为的价值在所有情形下都是依据正义法原则对它进行评价的结果。

由此可知，在评估一项履行的正当价值时，其质料必须在每一种情形下都取自具体的社会现象。这些已经在商务交往中具有了条件性价值，即实际交换价值。离开这个历史给定的基础，对价值的正确认定的追寻就毫无意义。但这种质料可以毫无疑问地为我们提供某种依据正义法原则就某个特殊履行进行的正确评价。这种评价在具体案件中似乎是正确的并符合那些原则的，此即所涉履行的价值。

我们的法律所要求的这种方法的使用必须经由正义法实践的检验。如我们前面所示（在我们开始讨论价值的概念之前），当下的问题整体上涉及某个特定履行的量。在这里有如下两种情况一般是可能的：

（1）如果要求某个人作出的履行在量上有不适当的增加，那么这个情况可能使这种要求在整体上或在特定方向上不具正当性。这里我们特别清楚地看到，只有通过遵守实际存在的共同交换价值才能获得某种客观结果。唯其如此，我们才能判别法律所要求的这些具体情形下的履行是否依然与正义法原则相符。

（2）当问题涉及的不是法律义务的存在而是它的规模和程度时，该质料本身没有发生变化。不过在这方面我们的实在法（或任何其他对我们有意义的法）尚未试图将某种履行的客观价值确立为必须严格遵守的某种东西。只要义务的事实没有疑问，我们的实在法通常在量的问题上给当事人留下了广阔的选择空间；而决定的理由并非总是正义的。立法在这种情况下选择了任由特定相关当事方自由选择，以期某种适当结果作为一种普遍规则自行发挥作用，并止步于仅仅获取某种均值的那种可能性。这一点在那种一般规则中得到了纠正，这种规则是：债务人义务的履行在情势变迁的情况下必须在履行的量上依据"诚信"原则也进行调整；而特殊情况下的规则是，履行量必须"公平"确定。我们现在准备步入对特殊法律问题的讨论和认定。

第五节 特殊问题的凌驾

当现代法哲学提出在具体实践中实现正义要求的问题时，这种问题的提出总是与政治相关联的，特别是与新法的创制相关联的。但是人们照例很少论及利用正义法的理念解决正义施行问题的方式。这种做法的优势在我们正在讨论的这个问题中并没有得到证明。

一般意义上的政治指的是以有利于一个法律群的方式对该法律群的事务所进行的管理。它的手段是双重的，要么变更既存法并代之以新法，要么以有利于联合的方式贯彻和利用既存的社会秩序。后者在形式上完全类似于一个私人对一家私人企业所进行的管理。

刚界定的政治活动中的要事是按正义行事，这一点一看就很清楚。最简单的观察告诉我们，每个政治家都通过坚持认为他的行为代表了特定情景下的客观正义来解释他的行为并为其提供正当性。然后他摆脱不了不时反思特定法律措施所可能赖以获得正当性的一般目的和方法的必要性。于是，人们反思着正义政治的目的，而这种正义政治迄今已促使政治家们考虑正义政治立法将据以被衡量的普遍标准。

然而事实上，所有法律活动都毫无例外地必须遵循相同的原则和根本方法。而这必然意味着，正义法原则在任何地方都必须得到遵守而不予根本更张。不过在这些原则的利用中，某种重大调适是可能的。因为法官在实施正义的过程中不得不调整一个特定的争议案件，这个案件作为一个具体问题完全以当事方所提出的两种互相对立的请求的形式呈现在他面前。而在国家的管理中,无论对内对外管理,人们只需简单地按原则行事。另一方面,在旨在制定新法的政治问题中,我们探讨的是一些格言,这些格言尽管的确也适用于具体情形,但却是构成性的而不仅仅是调整性的。因此,正义法在刚提到的政治问题中可能以指示的形式出现,要求有代表权的人采取主动。我将把正义法原则在这最后一种适用中的情形称为**政治公设**,并将简要列举这些要求。

1. 法的安定性公设。有效的法律必须予以维护,以免受到任意违犯。它只能由新法予以撤销。

2. 人格公设。个人的法律义务必须如此确定,以免对共同斗争的理念视而不见。每个人都必须同时成为他自己的目的。

3. 普遍提供公设。我们必须务使尽可能多的人受到尽可能充分的教育,以便形成正当意志。这里,提供维持和支持的义务并未得到具体强调。因为人们对于社会产品的适当分享构成了正当意志教育的一种不证自明的预设,[230]而后者与特殊生存规定的简单限制是不相容的。

4. 尺度公设。法律赋予个人的处置权既有它的上限也有它的下限。这不得放进个人财产量之中。卢梭说:"只有人们都拥有了一些东西,而且没有人拥有得太多,社会状态对人才是合宜的。"而同样的理念也被幼稚而强烈地表达在一首黑森民谣中:

> 欢乐的中间状态,
>
> 使我心醉神迷,
>
> 在人类生活过程中
>
> 我能爱我的邻人。

不过,我们的公设实际上可适用于所有的法律问题,并在公法和家庭法以及涉及对事物和权利处置的规则中找到它的位置。

在政治问题中,这些公设必须再次以我们这一节提到过的那种方式付诸适用。政治家必须从观念上将每种情形下的利益、愿望和努力形成一个共同体,然后依照正义法原则以这些公设中所含的指示的形式对它们进行调整。这里我们可以发现,作为在我们寻求正义法时率先呈现其自身的政治问题并非最适合于其精确实现的东西。因为我们所处理的质料极其复杂并极具涵盖性。这一点使正义法模型的推导极其困难,而且这种难度并未由于那些政治公设的引入而稍减。进而还有这样一种考虑,即,主观利益在这里被带到了更显著的位置上,并拒绝在比司法功能正常实现的情况下更大的程度上将它们客观化的尝试。而最后,我们必须注意到,在那种情况下我们面对的是为了实现特定目的而提出的新举措方案,并因此产生了如何对新课题施加最佳、最安全影响的新问题。而在正义的实施中,这一点也是完全缺位的。

在后一种情况下,有时也的确会以例外的形式发生这样的事,即法官不得不考虑重大的社会现象,而这些现象通常只与政治家相关。举例说:一个缔约人由于其雇员的罢工而不能履约,而问题涉及这些劳工们的要求是否或许是正当的,以及该雇主是否应当因允许罢工而受到责备。但总的来说这种情况不多见,而心理影响的难题在民事法官的职能中是完全缺失的,因为他的责任是客观地裁决该案件。

由此可知,为了实际展现正义法的方法,现在最好将我们的注意力转到正义的实施方面。这里对产生于明确对立的当事方之间的那种分歧的适当调整完全可用于一般性地说明我们的方法的运行。如果实现了这一点,那么我们就可以期望政治问题上的相应进展。而且我们现在要把刑事正义问题排斥在正义本身的实施之外。刑事正义可能比民事正义的实施更简单,因为被告人似乎是唯一的问题中人,而在民事争议中(以及在类似的公法案件中),存在着两个互相对立的当事方——这似乎是可能的。但这种表象是具有欺骗性的。

在我看来,惩罚的实质是对所发生的违法的矫正(而非报应)。(参看《正义法与宽赦》,第 107 页)系统地审视这种矫正,犯罪者必须被看作是与所有那些受法律约束的人一起属于一个特殊社群;而依据正义法原则对这种关系进行调整时,他所犯的罪必须唯他是问。这就引起了必须予以通盘考虑的特殊问题,而这项额外工作可能轻易地超出了任何一个人的力量之外。而且此外,由于我们这里一方面面对着整个社群及其复杂性,因此这就意味着,刑事正义并不那么适合于率先导入正义法的实践,如同对司法案件的处理那样。

回过头来看后者,我们必须区分两种处理私法问题的方法:一种是形式的,一种是实际的。

1.形式方法教人对特定法律事实进行方法上的分析,并力图通过适当安排寻找一种确定的归类方法。它体现为下列图式：

(1)揭示(a)当事人(b)法律关系(c)请求(d)请求的对象

(2)演绎(a)请求的理由,从法律事实理论中派生出来的(b)被告的抗辩,通过否认指控或通过一种法律的反诘和抗辩(作为终局性抗辩和请求)(c)原告的答辩(d)被告复辩的结束

2.实际方法旨在获取源于特定案件的权利。这可能是双重的。

(a)它可能旨在从技术法学中派生出实践模型。这一点在此节的第一段中讨论过了。

(b)其目的可能是依据正义法就争议问题作出正确判断。这将在第三部分讨论。我们将利用罗马人的古典法学和我们的民事法的揭示。我们将考虑那些被民法典说成是根据正义法规范决定的案件的实际关系,并且我们将通过足够多的例证表明这种理论方法是如何可以变成正义法的实践的。

现代立法在直接依据正义法进行判断方面与日俱增的实践受到了攻击,理由是司法的确定性因此大打折扣了。但我们不能不提及这种正义法作为理想立法的工具,而且人们并没有证明它在适用于我们的条件的方式上的有不适当之处。可以承认的是,由于人们赋予了按照正义要求直接进行判断以更大的重要性,因此法的理论与适用产生了新的难题。但这些问题是可以解决的,并且该问题自身并不存在任何必定的不确定性或摇摆性。至于在正义法方法的贯彻方面仍然存在的疑问,那是由于一般归类方面存在着问题。因为将某个特定案件归类于某种一般规定从来不能以绝对的精确性进行。这一方面是由于不存在任何数学基础,另一方面,急需的东西除了单纯的概念安排以外,还有其他东西。因此,我们的归类判断活动依赖于自然禀赋和实践中的训练,而且它有时可能因此留下观念上的巨大变化空间。

不过,如果人们以为法律归类问题上的不确定性可以通过尽可能地将我们自身局限于实在法的技术规则而得到消除甚或减缓的话,那就错了。恰恰相反,当人们决心贯彻正义法的方法时,我们可以期待司法中出现比人们致力于将实践问题归类于法的铁定条文之下的那种情况更少的疑问和摇摆。在我

们的刑法中，我们一方面看到了法官在关于某项行为的犯罪性质问题上受到的严格约束，另一方面又看到他们在处罚程度的把握问题上广阔的自由裁量空间。不过目前人们感觉最恼人的东西是由技术规则所造成的那第一种限制。最近人们关于电是否是一种"物"的讨论再次表明，单独的形式主义能够获得的法律确定性是多么少。我们初瞥一眼我们新民法技术规则的适用情形就可以判明相同的事情。例如，思考一下经济企业管理、智力活动的暂时妨碍、构成部件性质的改变、主物的经济目的、通用的适当性、价值上的不可见减损、使用中的通常变质、对某物实际权利的获得、某物使用过程中的不可见损害、当加工的价值显然不少于材料的价值时对一件新物的更换，如此等等，不一而足。

我们因此明白，实践法学中的一时犹豫并非由于直接与正义法关联的实践，而是首先由于那种总使人感到不安的归类行为，其次由于对实在法材料进行加工的必要性本身，因为对这种材料的揭示和适用总是让人心存疑虑。而现在我们可以坦然面对按照上示正义法方法进行的正义法的实践。

在以前的时代也出现过人们关于法的不安定危险的疑问和顾忌。如果一个人像某些人所希望的那样竟然回溯到正义法的内容的话，这种疑问和顾忌就会产生。明白这一点是有趣的。这些疑问由于一个强制性小语词的使用而受到了截然的排斥。该语词具有正当性并被妥为选定，而问题留待将来一代人去解决。

"1546年，马丁·路德博士在艾斯莱本(Eisleben)说，在亚里士多德所写的书中，没有哪一本比他的《伦理学》第五卷写得更好，并下了一个漂亮的定义：'正如一位智者所定义的那样：公正是一种以适度的方式存在的美德。'然后他扔进了衡平(ἐπιείκεια)……而如今律师们坚持说，'公正是一种适度的美德。'他们不会承认'正如一位智者所定义的那样。'……然后乔纳斯博士说：'博士，他们现在在对我们耳提面命了；他们告诉我们，既然那些俗人有权表达基督教信条方面的判断，那么他们也想用同样的方式调整和管理世俗事务……每个人都想成为'智者'(vir sapiens)。然后那位博士回答道：'于是我们必须明白我们拥有一位非常聪明的人；衡平必须被运用。'"

第三部分
正义法的实践

思难行易，依思而行不便。

——歌德

前　言

有两种法律归类方法。某个特定案件可能要么归并于一个专门形成的制定法中,要么可以直接依据正义法予以判定。下面的考察旨在就第二种方法提供模型和例证。

想跟随我们考察的读者照例被要求记住此前已经讲述的东西。特别是,正义法的基本理念——包括社会理想、正义法原则和模型——总是被预设为已知的东西。但这并不是说,在下面的特别讨论中,前面几卷书中所讲述的一般理论应该作为——比如说括弧前面的——一个共同要素。前面的考察与下面将要进行的考察不同,而后者必须从其自身得到审视。因为正义法的实践与它的方法之间的关系如同测量技术与几何学的关系。像测量一样,正义法的实践在效力上不具普遍性,并且并不总是可以绝对说明的。它与一些处于经常变动和混乱之中的特殊东西相关,而其功能便是用法律判决力将这种变动不居的特殊物归并于一般法律之下。相应地,它一方面依赖于不稳定的材料,而另一方面又摆脱不了归类过程中容易产生的那些不可避免的困难。

因此,法律实践者的正当活动是一种建立在科学认识基础上的艺术。没有科学认识,正当活动就成了没有稳定性和没有明确的、有意识的方向的乱动。而科学若不具有以行艺方式践行它的能力则会留下一道科学与生活之间的鸿沟。我们知道,的确不存在可以取代一种绝对标准的实际生活的试金石。但毫无疑问的是,某种行为的价值取决于它检验科学标准和贯彻其客观方法的程度。而我们必须将法律人在这个意义上所受的教育视为以歌德在他的小说里所描述的那种方式为他的工作提供准备的东西。"为了给他提供国家可能随时需要的所有知识,为了让他展开国家可能随时需要的所有活动,一切都经过了精雕细琢:要求执业者拥有智慧和技巧的、严格的同时也是比较温和的司法法的实践,日常运用上的普通盘算而不致忽视更高的目标,所有这些东西在其确定而不可避免的运用中与生活直接相关联。"

将这种东西适用于正义法的实践,我们这里也可以区分出初学者的练习和更复杂案件中的实际归类。前者旨在作为学习特殊原则时的练习,后者的问题是如何安全地把握那些发现于任何给定情况下相关联的并产生疑问和困难的实际问题,以使我们可以立即发现一个所涉案件属于何种类型。在后续篇幅中,我们将设法对第一种东西进行揭示,并在五个系统章节中对这些问题作出安排。在第一部分中,我将使用履行的原则,在最后一部分中,我将适用存在的原则,而中间的章节将包含所有的正义法原则。如果这第一步成功了,而法律人个人对它有了扎实的把握,实践中那些更复杂问题的解决对他来说就不会再有困难了。

我们必须时常记住,法官只有在实在法指引他直接引入和践行"正义法"时的那些场合才有权这么做。作为一名官员,他的职责在所有情形下都是执行实在法而不是任何其他的东西。这就有时将他限制于那些技术性规则以及从中派生出来的那些有限结果中。而在其他情形下,他的职责使他面对所有法律的根本目的,面对正义法的理念,并令他自发地非经中间帮助而从中推出那种客观正义的结果。实在法要么通过明示要么通过沉默将这项义务施加在他身上。而这样的事情完全可能发生,即,关于在某个特定问题上某个法规的真实意图究竟是让法官直接依据法的根本理念作出裁决,还是仅仅依照实在而有限的规则作出裁决,人们是会产生疑问和争论。这种情况事关特定法的适当解释问题。但在所有情形下,实践中正式实施的东西是体现在它的概念之中的那种实在法。而只有这种实在法具体内容的衍生和证据才可能受到两种不同方法的处理,而其中按照正义法原则和模型直接从社会理想中吸取素材的那种方法是我们这里所关心的。

如前所述,我们将依据正义法从古典罗马法学家的表述及我们当代民法对于司法的指示中吸取素材。我们将标示出前者而不是后古典和现代的渊源。因为在罗马法中,我们实际上找到了典型的裁决,尽管其解释和证据不具有同样的重要性。就稍后的情形而言,他们也意识到了事先严格规则的危险;

而为了避免这种危险，他们总是不得不重新考虑正义法的方法，并重新解释和检验它。而有一点是不言自明的，即在对我们自己法典重要规范的讨论中，人们强调的是正义法所施加的影响。我们关于这个问题的研究从质量上说力争完善和透彻，但并不想为那些不时与正义法相联系的技术规则提供评论。

不过，不管我们在这个问题上的注意力有多么集中，也不管我们多么义无反顾地进入正义法方法的实践领域，人们都无法期望在下面的内容中找到现成的可以将疑难案件放置其中的鸽笼式分类架。每个人必须明白，实践操练需要独立的智力工作。这里所能做的是将理论探讨进行到如下程度，在这种程度上，具体问题开始出现分野。法律人必须自己对它进行批判性测试。我们恳请读者进入到这里所讲述的理论的精神中，穿透"正义法"原则和模型的理念，然后反躬自问我们是否恰当适用了这些理念。

正义法的概念和方法必须是确定而严格的，但其实践可能是能够改进的。这里所讲述的是一种尝试。而贺拉斯的那句话在这里恰如其分：

"你有比我知道的多得多的智慧，于是诚实的告诉我：不智之处，与我一起体味。"

第一章　法律关系的正当实现

第一节　专有权的行使

在发生于腓特烈大帝治下的磨坊主阿诺德的那场有名的诉讼中,争议的问题是,一位磨坊主的邻居是否可以建造鱼塘并用磨坊从中取水的河水灌满它,如果该磨坊主因此被妨碍取得足够多的水以驱动他的磨坊的话。作为被告的那位邻居认为,他有这么做的绝对权利,并在质证中表达了如下观点:"既然他*只是在行使他的权利,他就不管从原告那里取水的问题;这是善良常识的命令,否则就会导致极大的不公,因而他会被剥夺显然是属于他的财产权和具有完全法律效力的权利。"

最高法院采纳了这个意见,并拒绝了基于这样一种理由的指控:"被告不能被阻止挖建池塘;他也有用河水灌塘的权利。因为只要此河流经他的土地,它就属于他;而一个人行使一种属于他自己的权利并不对他人造成不公。"

国王对这个判决感到极度不安。他觉得磨坊主遭受了严重的不公。他对作出该项判决的法官们提出了指责。但该最高法院议事会就这些受指责者所参与的这项恼人裁决提出了如下看法:"由于可明显适用于此案的(地方)法律或制定法的缺位,本院的两个分支在一般公认的自然法和一些普通罗马法法条(根据大帝陛下的命令,当地方法缺位时,必须求助于这种法条)的支持下,并经这些最著名的法学家的同意,认为只要每一个不动产所有人或占有人愿意,他们就可以在自己的土地或产地上进行建造或设计是一项正义的法律原则,并且他因此可以以任何他认为适当的方式使用一条流经

---

　　* 指被告,即挖鱼塘取水者。此处引文是间接引语。——译者

他产地的河流的河水,而无需顾及其邻居的不便,只要他没受到治安法或与他的邻居达成的契约和协议的限制。……他只是行使了他的权利,而且根据自然法和制定法,一个行使自身权利的人没有给任何人造成任何不公这个原则是有效的。"

但腓特烈大帝的决定是不同的。他推翻了最高法院的判决,罢免了对该判决负责的议事会的成员并把他们发配到要塞苦役一年。磨坊恢复了原状,而阿诺德所受的损失从那些法官的私产中得到补偿。造成侵害的池塘被毁。

此案中正确的判决是什么?本案的中心问题是权利的正当行使的问题。这里"行使"这个概念本身已经造成了理论和实践上的困难。这也许是由于这样一个事实,即,这个术语在法律科学中有双重含义。其一,它指的是与就特定权利与义务进行判断相对的实践活动。在这种情况下,反思的最终结果是预设的,而问题只是一个行为问题。其二,该术语指的是一种与实在法规则相协调但必须予以进一步证明的行为模式。法律赋予一个人可以在实践中践行的某种处置权。但它作了这样的保留:在某些情况下因合理理由而受到限制甚至完全被取消。因此我们这里探讨的是一种特殊的立法技术——某种行为模式得到允许,直到事情得到了相反的证明。我们的法律术语倾向于用权利的"行使"来指称这种对某种行为过程的暂时许可。进一步的例证可见《德国民法典》第 226 条。

在我们对权利行使的讨论中,我们将对民法中存在的三大类法律关系进行区分。我们将对家庭法进行单独思考,而在财产法中我们将区分专属法和共有法。所有这些概念我们将从他处拿来(《义务关系》§2;《政治科学册典》六,第 612 页)并将它们预设为已知的东西。

在专有权中,可能产生疑问和争议的是法律所许可的对某物处置权的性质和程度,以及相应地由此产生的对第三人排斥的性质和程度。就被排斥者的愿望而言,我们必须区分两个东西。他要么感到在行为中受到了侵害,要么感到受到了妨碍。因此,他要么想得到损害赔偿,要么想让行使专有权的一方停止对那个属于他的物体施加影响。这两种东西在实践中是紧密相连并实际上连贯地出现于经验之中的。但在法律探讨中,一个损害赔偿请求和一种限制某人做某事的行为显然是必须予以区分的。相应地,我们将在我们对正义法的义务(与《德国民法典》第826条相关联)的讨论中探讨前者。而后者则属于这里要探讨的问题。

专属权的行使必须被控制在某种限度以内,而超出这个限度就不得被允许并必须被叫停。这是一个不可否认的事实。个人离开他所属的社群就一无所是并且一无所有,从该社群向他走近的专属处置权也一样。他从这个作为一个统一体的社群中获得他的权利,如果在行使这种权利时对该社群的成员毫无顾忌,那显然是非正义的。为了防止这种现象出现并产生一种正义的结果,法律形成了两个如上所述的处理手段。法律可以通过专门形成的法例事先显示一般来说何种行为模式是正当的;或者昭示在不确定的情况下事情应当依照法的基本理念来决定。

构成与宽宥有别的正义法的第一种手段已经在我们的制定法中广为使用。相邻权的限制在这方面尤其明显;常被人们引用的《德国民法典》第904条的规定也是一样。但在本章开头所引述的那个案件中,根据当时的实在法,实际上除了最高法院所作出的那个裁决以外,不可能有任何其他裁决;而如今的帝国法律也会要求作出相同的判决。唯一可做的事情可能是回溯到那些有关磨坊的地方规则(《引导法》[*Introductory Statute*]第65条;此外还有《普鲁士普通邦法》II,15,246;《普鲁士法典》[*Prussian Code*] V. 28. 2. 43 § 16;17)。

而通过上示方法在**正义法理念**的基础上就每一个案件作出客观正义的裁决将不会有任何困难。于是我们应该将行使专属权的一方和因此受到侵害的一方视为在某种分立的社群中联合在一起的人,并看看这种社群在特定情况下必须怎样依据正义法原则进行操作和调整。这里唯一可得到的原则就是那些参与的原则;而在参与的原则中只适用履行的原则。在贯彻这些原则时,每一当事方都必须受到如此对待,以致无论他处于何种地位,都可以成为他自己的邻居。这涉及行使一项专属权和承受由此产生的损失的可能性。因此我们除了必须考虑权利人因被限制其权利的行使而遭受的损失以外,还要考虑对方因其对手行使权利而遭受的损失。因消极态度或积极行使而产生的不利不得单方面受制于仅仅一方的揆度。

因而在磨坊主阿诺德的那个争议中,他一个人成了修建池塘的完全受害人。而另一方面,如果位于他上游的那位业主不得不单方面停止做他想做的事,损失也会完全在他那一方。恰当的调整因此是这样的:权利人拥有使用属于他的东西的权利,并且不得单独承担因他被限制使用这种东西而导致的损失。但在行使其权利的时候,他必须遵循某种方式并注意某种限度,以免使另一方因此所必然遭受的不利与该权利人通过其权利的行使而避免的损失完全不成比例。

这种正当的比例最终通过下列方式获得。任何时候这种情形下都必定存在着某种损害。这种损害是由被排斥的一方因忍受而遭受的损失和权利人因被限制对其物品的使用所受的损失构成。根据我们前面对"价值"含义的讨论,这种损害必须可以实际认定的交换价值的角度予以计算。而这种如此确定的共同损失现在必须依每一方所出财产的数量在他们之间按比例分摊。一般方法上的指导到此结束。而将一种用假设情形来说明问题的经验性程式解释与这种方法连用是可能的。

如我们在"履行的类型"那一章所明了的,一个社群的成员就其法律义务而言可以应招与他自己的人身、与那些法律上属于他的人及其财产发生联系。头两个(这两个为了我们的目的可被视为一个)于我们现在的问题无关宏旨,但在特殊情形下可能是重要的。那种将寻求庇护的加拿大人关进潮湿而寒冷的地方并让他经受恶劣天气和营养不良折磨的白人农场主是对他的财产作了非正义的使用。这可以代表一个典型的案例。而且我们可以轻易地将那些夸张的、毫不顾及他人利益的保护措施概括为非正当行为。比如说专门性立法中关于弹簧枪、狐狸夹或铁蒺藜的规定(《德国刑法典》第367,第368条;另参见第904条)。不过即便没有提及这些明确的事实,如果一个第三人面临着危险,而一个邻近的财产所有人用令人无法忍受或危险的方式使他难以获救的话,那么也可能出现对我们这里所正在讨论的正义法原则的违犯的情形。

实践中最重要的情况自然是这样一些,在这些情况下,作为排他的一种后果,一个人遭受财产损害是因某种权利的非正当行使。这里可能的情况有五种。

182　第三部分　正义法的实践

(1)排他权影响了邻居。这就是上面提到的那种争议的情形。这种邻里纠纷永远不可能停歇,而我们所有人无疑都记得弗赖塔格(Freytag)*的那种令人赏心悦目的描写。在他的描写中,当即将来临的黄金时代的表面和平实现时,最后的争吵和冲突竟然出现在两堵相邻房屋的墙壁之间。甚至罗马法学家们也没有成功地对这种问题作出足够清楚的分析(D. VIII 2,9;XXXIX 2,24,12;ib. 26;XXXIX 3,21;ib. 1,11-12;L 17,61)。为了清楚地说明这一点,我们将不得不作出一些区分。一个人财产权的行使(为简洁起见,我们将让它表征所有其他专属权)可使它间接限制或破坏相邻方对其财产的使用和完全利用;或者可以是某种为"排除妨碍之诉"(actio negatoria)所禁止的妨害问题(a question of a nuisance)。因而在最近的司法裁决中,不适当噪声的产生有时被不恰当地归类于对"本人"财产的非法使用原则之中,而它应该被看作是一种对"他人"财产不当干扰的情形。

我们实在法的这种区分当然不得与上面提到的损害赔偿请求和另一方侵害行为的禁止程序之间的那种区分相混淆(第 245 页**)。这里所提到的两种情形中,我们现在只涉及一个对"本人"财产的非正当使用问题。人们的确提出了这样一种观点,即,甚至在自身非法的滋扰妨害行为中,人们仍然可以提出这么一个问题:受害的所有人是否有合理的理由禁止这种行为?如此疑问的情形会出现在比如说一个人抱怨一家工厂的烟尘和气味,而该工厂是建在他自己卖出以建立该工厂的地皮上的;或者一个教区的教众在一家工场附近修建了一座礼拜堂,而然后感到受到了节假日源于该场所的噪声的侵扰。不过,这只是一种所有权人甘愿放弃特定权利而现在又因此感到不便的情形;或者是一种抱怨受到侵害的那个人自身的行为造成了该项侵害的情形。另一方面,一个人应当以何种方式受到诚信的指引以避免作出一项他实际上不得作出的行为的问题将在下一节讨论。

限制一个人行使其财产权的方式仍然有两种。要么法律要求他忍受某种

---

*　19 世纪德国著名小说家和剧作家。——译者
**　本书正文中夹注的页码为原书页码,即本书边码。——译者

第一章　法律关系的正当实现　183

侵扰(如《德国民法典》第904条)，要么他没有被赋予对他财产的自由处置权(例如磨坊主阿诺尔德的邻居)。就最后一个选择而言，讲一讲现代的情形——在这些情形下，一个所有权人在他自己的场地上组建了一个工人队，而这些人后来证明构成了对邻人的侵扰。

(2)对同一物体的专属权。众所周知，部门法通常提供了这方面的例证(参看《德国民法典》第1020条；第1023条；第1246条；等)。普鲁士最高法院以前走得更远，宣布甚至若某种地役为了供役地所有人的利益必须变更其形式或供役地位时，权利人无权反对这种变更，"如果这种变更是前者所急需而对后者不会造成任何损害；因此他的抗辩是处于自我意志而非法律允许的动机。"在一些地役中，《德国民法典》第1024和第1060条主张依"公平"行使权利。这一点将在下面讨论(第五节)。

(3)遭受侵害的第三人的权利只依赖于他与据有物体的所有者之间的某种义务关系。这里只需要通过法律技术手段提请注意一个物体基于单一债权(obligatory power)而形成的用益权(the usufruct)。对于其余的，因其邻居行使其专属权而遭受损害的可能性与上面提到的第一种情形是相同的。

(4)排他权与债权会聚于同一物体中是完全可能发生的。例如，甲将一店铺租给乙，乙是一位理发师。后来事实证明丙是该店铺的共同拥有人。丙在一场与甲官司中胜诉，获得权利之后，进行了产权登记，并向乙宣布他不会让他留在该店铺里。丙也是一位理发师。

(5)最后，专属权可能在与第三人的关系中遭到不正当的行使。如果一个行为的唯一结果是对一个第三人的排斥，而不存在任何可能认为这种排斥权只是一种正当合作的工具，那就属于这种情形。因而傅立叶说他在土伦当商务助手时，时值饥馑，曾被主管强迫将整车厢的稻麦沉入港口以维持高价。而同理，让物件不能使用，以及让地矿抛荒可能构成财产权非正当行使的例证。

尽管我们因此明白了给专属权的行使施加某种限制——超过这个限度它们就不再正当——是可能的，但我们的现代民法却弃之不用。如我们以前所注意到的，法律规定了技术性规范，但并没有另外制定一个人必须正当行使其权利的规则。它授予了各种专属权并允许这些权利仅以主观方式行使。诚然，后者也不是特别表述出来的，但不可怀疑的是，它是我们制定法的真实含义。它在每一个包含着限制物权（real right）的条款的字里行间目不转睛地正视着我们的脸。在财产关系中，它毫不含糊地规定在了《德国民法典》第903条中；而其第905条和第997条也不能作不同理解。大致上说，它最终源于第226条关于个人财产的滥用规定中的那个特殊限制。为了弄清其含义，我们必须增加几句总结性话语。

这种限制在思想和表述上与《普鲁士普通邦法》I 8,27（参看《指导法》第72条）相应，也与一种普通法理论的倾向——这种倾向将《德国民法典》第226条的规定看作罗马法学家们特定裁决的基础——相应。而这种法律规则迄今几乎毫无例外地被人们视为一种对与实在性限制相对立的正当平等理念的重要让步。如我们刚明了的，这是不对的。

对于那些将"行使自己的权利，对任何人皆非不法"（Qui jure suo utitur, nemini facit injuriam）这种狭义的表述视为一个基本原则的人来说，《德国民法典》第226条至少在意图上可能会显现出一种些微的自由尺度。但如果我们考虑到客观法必然而普遍地在其自身内带着产生正义的倾向，而且法律所赋予的权力的行使因此也必须被限制在由法律联合起来的成员们之间正当行为的客观限度以内，那么我们就明白，所谓的对恶意的禁止不过是正当法律原则适用中的一种实在限制。因此，腓尼基人必定以为他们这样做是了不起的：与其他的航海者不同，他们不仅沿着海岸航行，而且驾着他们的船从一个海角直接跨越海湾驶向另一个海角。因为他们在公海上既无罗盘亦无用以安全地寻找航路的工具。

诚然，我们时代的司法性法律已经感受到了这种包含在我们法典中的限制的恼人性质；诚然，人们已经作出了许多尝试以抗拒和消除它。因而一家最高法院这样表达了它的想法，大意是，"如果建筑对邻人造成的损害是巨大的而对建筑方带来的利益微不足道，那么我们就可以从建筑行为中推导出恶意。"其他论者倾心于"纯粹的恶意是不能被容忍的。"（Neque malitiis indulgendum est）(D. VI 1,38)这种格言；或者倾心于庞波尼（Pomponius）的美言：

"因为这是符合自然正义的,即任何人都不允许通过损害其他人的利益而谋利。"(D. XII 6,14);而没有找到一般的权利正当行使的理念——一个解决我们正在竭力建立的法学理论问题的理念。而帝国最高法院新近表达了这样的意见,认为民法典第 226 条并不干涉一个行使其自身权利的人,只要该权利人拥有一种"其理由无法予以否认"的利益。这意味着我们必须指涉正义法的原则。

但不幸的是,如我们以前所述,这不可能是我们法典第 226 条的真实含义。此条允许一项实际授予的权利的非正当行使,而只在权利人未被授予除了满足恶意条件以外的任何其他可见利益的时候才限制它的行使。如果存在权利人的任何其他利益——无论这种利益多么具有主观性,那么他就可以行使他的权利,无论这种权利的行使对他人来说多么不正当。

这就引致了个案中一种极难证明的问题——这一点人们经常说起。而人们不难看出,仍然为法律所热衷的那种限制倾向于混淆正义法与伦理理论之间的界线。因为在与所讨论的问题密切相连的疑案中,我们可以轻易地抗辩说该权利人是在完全按照"敌意的动机"行事。于是这就与对伦理理论的违犯相关,但并不因此属于一个人对另一个人的正当行为的问题,而只有后者才是我们这里所关心的事项。

因此我们的结果是这样的。我们的实在法一般并不要求授予一个人的专属权的行使在相关当事方的相互态度和行为方面是正义的。它只含有以专门立法的形式表现出来的孤立的实在限制,包括上面提到的第 226 条的规则。在所有其他情形下,它允许权利人行使其权利时不顾及他的邻居,并用纯主观的方式利用那些属于他的物件。

这些思考引致我们认为,"关于恶意的那条"并非不适格地适用于民事性地方法或公法。因为它指的是某种没有延伸到比构成它的那种法走得更远的实在限制。因此,对于那些不受民法典约束的法律问题而言,那里是否也存在相应的含有技术性固定限制的实在规范的问题依然存在。但情况并非如此,就此而言,法的实现某种客观正义社会生活的普遍意志和愿望必须被视为是最重要和决定性的问题。

第二节 诚信履行

"债务人有义务依照诚实信用所要求的方式并考虑交易习惯履行给付。"如所周知,民法典(第242条)的这一规定是在先前法律发展和建构过程中产生的。现在它是义务法适用中的基础性规范。我们这里不管它先前发展的历史,我们感兴趣的是它在正义法原则的帮助下的实际应用,因为这一点与这个问题有系统性的关联。

这里的问题是,履行一项其起源和存在被预设的义务的适当方式是什么?在一个人向另一个人提出的法律要求中,人们也应当努力正当行事;即便在索债的时候人们也不应忘记什么是正当的和适当的,因为所有的法律实践毕竟都只是维护一般生活斗争的工具——这是一个美妙的想法。那个自由人社群的理念藉此有助于克减不同利益之间的混乱。它将那些陷于微不足道的争吵和对立的人从纯粹主观愿望和个人交易的狭隘性中解救出来,而这种狭隘性如果变成一种一般现象就会使法律秩序性合作的实现变得不可能。它将他们从那种社会混沌状态中解放出来,在这种混沌状态中,短视的利益被看作是将社会联合起来的唯一因素。而且它将纷争的当事方包含在一个特别社群之中,在这种社群中,如果我们能清楚地理解它的话,一个人就永远不会完全不顾他人而提出他自己的要求,而是处心积虑地如此实施一项行为,以使(依据那个履行原则)债务人依然可以成为他自己的邻居。

债务人的行为既可由作为也可由不作为构成(《德国民法典》第241条)。依作为或不作为,我们要么适用履行原则中的尊重原则,要么适用参与的原则。尽管在我们上面讨论过的有关不动产的专属权问题上,唯一相关的原则是参与的原则,但在这里两个原则都适用,而且在履行一项义务的问题上,对第二个参与原则必须给予更多考虑。

在按照引自法典的那个条文所含的指引适用诸原则的时候,人们必须记住,在这些情形下我们总是在处理具有法律上的重要性的事实中的一种未曾预见的变化。这种材料的取代要么回溯到所议法律行为之前的某个时刻,而就此而言,人们找不到目前这个案子可适用的任何规则(不然的话问题就会属于解释的理论,而这种理论我们稍后将论及);要么在法定义务的情形下,这种变化与该义务本身的起源相耦合。在这些情形下,正当行为方式的问题因此立即被提了出来。

虽然我们一般对寻找一种客观的义务限制感兴趣,我们也大可讨论一下源于动产权利请求的履行的问题。在这个意义上,德恩堡(Dernburg)已经精辟地指出,在防止对个人使用土地的自由进行干预的诉讼中,请求必须依"诚信"作出。同样的事情也适用于占有的请求。因为占有构成对一个物体的"初始性"权利。人们只能用临时措施的方式为占有提供司法保护,而在这种措施之前,一次对立的听审被规定为强制性的。于是,既然法律为特别请求提供临时性保护,那么就没有理由允许以民法典第 242 条所规定的以外的任何方式提供此类保护。

受某个特定关系约束的人在涉及既存义务时必须能够成为他自己的邻居。邻居一词必须以上文所解释(第 217 页)的方式加以理解。它将禁止一个人可能仅仅因为他希望达成的一个要求而丝毫不顾及义务人的意愿——该义务人也必须被视为他自身的一个目的。当一项如此明确提出的要求以前述方式忽视相互尊重的考虑时,就失去了内在的合理性。然后它就变成了非正义的,并与法的基本理念相矛盾,尽管提出要求的人可以诉诸这样一个理念本身:"不守信之人不能要求别人对其信守诺言。"(Ⅵ de R. J. 75)。

履行的原则也指明了用以决定正当结果的标准。在我们的问题中不存在任何其他标准。在各处的具体适用中,只要人们说到债务人的义务延伸到"适当"(《德国商法典》(HGB.)第 59 条)履行,唯一被提及的也是这个标准。另一方面,当民法典第 242 条加上"顾及商业习惯"的字样时,这种添加是徒具形式和无用的,尽管同样没有多大害处。显然,在决定某个特定情形下什么是正义法时,我们不得忽视既存的商业习惯。罗马人在同样情形下也说(准允即便没有特殊的双倍返还之要式口约(duplae stipulatio)时因某种可终止合同的瑕疵(a redhibitory defect)而请求获得双倍购款的给付之诉):"因为那些符合风俗习惯的因素应该在诚信诉讼中被考虑到。"(D. XXI 1,31,20)但遵守习惯性商业实践规则的问题属于经验材料的完成而非处理这种材料的形式方法。因而,在那些不属于《德国商法典》第 377 条范围内的情形下,未能遵守某个商业习惯——如对商品缺陷的即时申告——可能构成对正义法原则的违反。但特定情况下这种行为有违"诚信"的理由不是因为这种商业习惯被忽视,而是因为对那些原则的违反,而这只是其中一个特殊的例子。"诚信"和"商业习惯"因而不是同等位阶的标准,而是一个从属于另一个。而且这种情况下还存在着另一种实际意义,即,按照第一个标准所作的判决完全独立于第二个标准。即便在所议问题上不存在任何商业习惯,判决也必须作出。而当存在着这种东西时,它应该合并于所讨论的材料之中,而后者应依据正义法的理念予以裁决。因此,当民法典在其他情形下提及"诚信"而不提"商业习惯"(《德国民法典》第 162 条,第 320 条,第 815 条)时,是完全正确的。

进一步说,人们已经提出本节开头所引民法典的规定与私人之间的特定理解力或与其他法律规则内容之间是何种关系的问题。万一发生冲突,其中哪一个将让位?个人理解还是特殊法律规则,抑或是我们的普遍规范?对此,法律人各有所重。但事实是,普遍的"诚信"规范是义务履行中根本而决定性的东西。就一个法律行为中按照相关私人当事方的意志来决定的事项而言,这一点是不可能有疑问的。因为相关的规则是一项实现客观正义法的命令,而相反性质的法律行为是无效的。法律在表述这个理念时所用的不同的术语与包含在某种法律内容的正义概念之中的该事物的统一体相比是无足轻重的。因而,一项约定债务人将违背"诚信"行事的合同会超越合同自由的限度,因为合同自由坚持尊重"良俗"(good manners)。这种思考也有助于我们解决法律诉讼中经常听到的一种异议,即原告对他所知道的被告长时间一直在进行的行为提出反对意见,因此他现在默认的撤销构成"欺骗行为"的证据。比如说,在出租方被期望按照违背"诚信"律令的方式做某事或者容忍承租方的此类行为的场合,情形就是如此。不过既然此类行为不可能用一种私人性法律行为首先加以制裁,因此默许就没有任何意义。

不过人们说,只有在法律完全不包含关于争议事项的规定时,"诚信"才必须在义务关系中得到遵守。他们认为,这不是一个法律指引的意图或重心的问题。法律条文究竟是强制性的和详尽无遗的,或只是补充性的和任意性的,都不重要。按照这种说法,唯一要紧的事情是实际上存在着某种类型的法律规定。举例说,如果法律规定,"承租人必须在租赁期满后归还租赁物"(《德国民法典》第556条),那么就不再存在考虑"诚信"的任何余地了。由此可知,法律所规定的确实性义务必须仅按照法律的技术含义加以履行,而不允许在某种特定情形下检验它在多大程度上与"诚信"的要求相符。相反,在保险和担保合同中,情形是不同的,因为在这类合同中,权利和义务不是法定的。在一项付款或交货的指令中,我们不得不在《德国民法典》第783条所规定的情形和没有受到法律规制的那些情形之间作出某种区分;如此等等。

诚然,为了将《德国民法典》第242条与特别规则协调起来,某种一般的区分是必要的。但区分的基础是不问究竟是否存在某种特别规范,而要看这种特殊法作为一种立法工具的性质(参看第196页)。相反的观点是由实在法与正义法概念之间的误解造成的。在这种观点的持有者们看来,存在着实在法与某种"伦理性的东西"之间的区别,而这种伦理性的东西终究不是法。谬哉斯言。我们所作的区分位于法自身之内。它指的是"实在"法律的"内容"据以被认定的方式上的区别。它们只是一种实在法意在实现其根本目的的不同方式而已。因此,"诚信"不在实在法之外,更不与它相对立;它毋宁是实在法的一种工具,后者用这种工具来决定它的内容。

这里我必须简要提及我以前关于正义法的途径的讨论,尤其是关于正义法和宽松法的讨论。如我们在那里所知,立法机关完全可能用专门方式形成某种法律,并严格而详尽地对它进行表述,以致人们在司法实践中不得进一步检测它是否在某个给定的案件中倾向于实现某种客观正义的结果。因而,比如说,承租方因住所环境的不卫生告知终止租赁的权利(第544条)以及许多俯拾即是的情形就是这样。但我们所说的情形中的设定并不认同这种对于某种臆想的平均状态的自限。那些作为解释建议或作为非完整确立的法律行为的补充而出现的法律规则肯定不属于这种情形。因为,如果一项法律行为的内容是要对债务人施加按违背"诚信"的方式行事的义务,那么,如前所知,它就是无效的。而如果法律竟然自行用一种它禁止私人当事方自身采取的方式以解释或补充当事人之间协议的内容,那就荒诞不经了。

就所有其他法律规则而言,它们究竟属于哪一类立法工具在任何情况下都是一个未决的问题。但如果找不到任何决定这一点的方法,我们就必须假定所议规则的意义如果在特定情形下与"正义"法相冲突,它就必须向后者让步。因为如果法律在任何时候偏离其主要目的,就必须存在使我们理解这种例外程序的理由。

我承认在直接的实践中,这种事情可能呈现出某种不同的面貌。在硝烟中搏杀的军团看不清整个战况。但它们可以用自身的方式帮它们自身解决其特殊问题。但它们不得认为藉此可以赢得整个搏杀。

我们照例可以认为,立法者甚至在他所确立的任意性规则中也已经成功地达致了正义。因为他的规则是法律事项中的一种广泛而涵摄性经验的结果。而尽管他的方法不具系统性,但同时由于受到社会发展中即将来临的一般压力的驱动,他依然试图在这种法律问题所允许的范围内求得客观正义。相应地,人们一般可能在常规的日常实践中自我满足于这些规则。而由于正义规范的实施不可能具有任何程度的精确性,并由于此外各种各样的复杂性而受制于某种不确定性——尽管存在着那种令人信服的认定和推论,因此通常这样做就合适了。而且我们必须记住,对那些其含义不完全清楚的任意性法律规则的解释可以通过关注那种会被"诚信"所要求的规则而得到襄助。

举一个法国案件的例子。某人受托对一些从事采石工作的人的劳动进行监督。他惊恐地发现一块危石松动了并可能砸死劳工们。他跑上前去朝他们呼叫要他们避险,自己却因石崩而受重伤。他将那家公司告上法庭请求损害赔偿,而下级法院说:"尽管毫无疑问这里有值得赞扬的高尚的冲动,但事故有其真正的原因,因而,不应产生委托人的责任。"而高级法院则责成该公司主管赔付损害赔偿金,"委托人的委托行为毫无疑问是发生事故的原因。"按照我们的法律,事情将取决于该损害是否是在他从事他被要求去做的工作期间造成的(《德国民法典》第 670 条)。正义法要求赔偿金应当因这个理由而得到允许。那位代理人是唯一的一个为他的主管做了一件善事的人。他的劳务径直为后者所用。而根据第二个尊重的原则，前者必须能够成为他自己的邻居，而如果他不得不独自承受该伤害所造成的负担，他就无法成为他自己的邻居。另一方面，那位主管不会因我们根据该原则作出的决定而受到伤害，因为他因另一方所作的善事而受益；因此，那次发生于保护其（那位主管的）利益行为中的不可预见事故的不确定危险只是作为与他从该项服务中所获利益相等的东西出现。我们这里可适用盖尤斯的那个迄今已成为一句格言的说法："一个人在履行其义务时给他人造成损害是不公平的。"(D. XXIX 3,7)。

另一方面，《德国民法典》第 667 条＊的含义——依该条规定，该代理人必须放弃他从该项事物的关照中所得的一切，这一点有疑问。它是否意味着也适用于送给他的私人赠品？比如说债权人如果因代理人取得一笔付款所付出努力而自行送给他一个礼品，或者为了该代理人的私益而扣减付款的一定额度。这里，将一切东西毫无例外地赋予那位主管在多数这类情形下会再次与尊重原则中所表达的公理不符。

如前所示，我们对《德国民法典》第 242 条的理解是，在法庭中，它优先于法典中的一切任意性规则，而只需让位于那些严格的详尽规则。只是人们可能对这个看法提出这样的异议：为什么不让所有的法律受限于这个规则（第 242 条）？对这个问题的答复可以从我们对正义法的质料的讨论中推出，特别是从那些与历史中的法相关联的讨论中的论点推出。（第 173 页）

现在我们要言归迄今按照上面所列的履行类型（第 224 页）所讨论的特殊规则的实际履行问题。在那里我们区分了对一个人自己人身的履行、对法律上受托于一个人的那个人的人身的履行以及对一个人的财产的履行。

1. 关于第一类履行，《德国民法典》第 242 条的规定将给这样的一些情形提供某种必要的限制，在这些情形下，债务人要想切实履行某项特定义务，将不得不完全牺牲自己并且再也不能成为自己的邻居。该原则的实际重要性尤

＊ 按该条规定，受委托人有义务将其为执行委托而获得的一切和因处理事务而取得的一切返还给委托人。——译者

其在与租赁的期满和住所的腾空的关联中显现。《德国民法典》第556条上面已有引述（第258页）。就像近来人们已经经常观察到了的那样，如果碰巧承租者生病了，而按所要求的时间搬迁肯定会危及他的生命或健康，那么上面提到的归还的义务必须给予具体限制。人们可能认为，不经这种推论，仅按规制履行可能性的那些规则可以得到同样的结果，但这是不对的。因为租赁物在这种情况下完全可以在法律规定的日期归还。这里不存在任何在租赁期满时履行不能的问题，除非我们确实"诚信"地考虑到承租人的状况。如果我们仅按第556和第285这两条解决这个问题，我们难以达成上述那种客观限制的结果。这一点只能通过将几个法则归属于正义法的原则——像《德国民法典》第242条也建议的那样——才能做到。

《德国民事诉讼法》（CPO）第721条进一步规定，"如果裁决的目的是要腾出房屋，法院可以经债务人动议准允他在一个依适当情形而定的期间内搬出。"这个事实本身不是新的。不管我们将这种宽限期称为"适当"或"诚信"均无关紧要。新程序法的规定的独特性在于它的纯程序性。债务人必须在口头审理时提出动议，而裁决只能在下令腾房的判决中作出。如果这一幕不出现，而承租人仍然住在房子里，那么《德国民事诉讼法》第721条中就不存在任何东西阻止上面所讨论的对这种事项的客观裁决。《德国民事诉讼法》第721条简化了所议案件的程序层面，但它并不旨在成为处理腾房事项的唯一方法，它也不排除在其他案件中依据客观权利提出某种类似问题。

但我们的方法也为妥为调整与尚未腾出房屋的任何新的承租人相关的所涉交易提供工具，尽管如果我们只涉及前承租人在延迟搬出时所涉的过错时，这种调整是不可能的。按照我们的方法，相关当事方必须在思维上被视为属于同一个特别社群，且在每一种情形下所遭受的损失必须客观分担。

进一步说，我们知道，我们这个阶段考察的重要事情是债务人对一项工作合同的签订。我们必须提请人们注意这样一个事实，即，法律在其最新发展中特别是在《产业法》（the Industrial Code）及其后在民法典中已经试图用特殊而严格的规则保证义务人在服务中免受"生命、健康和道义"上的危险。不过这些有时颇为严厉的规则在《德国民法典》第242条的一般规范中得到了协调和实现。通过特殊表述，也许它们不时地消除了有关特定争议案件准确分类方式方面的疑问，但同样不得用一种狭义而有限的方式理解它们，或者用一种孤立的方式适用它们。它们从这样的理念而来，这个理念是：受合同约束的劳工在履行一项服务时不得受到绝对而无情的约束。因而如果这些规则具有客观正义性，那么即便没有立法者的立法活动我们也可以在我们的法律生活行为中从这些规则作出我们的推论。因此，即便在那些未被特定法律条款覆盖的情形下，我们也必须适用"按诚信"履行个人义务的一般大义。有鉴于此，我们必须将特别社群中的正义实施原则视为形成于权利人与义务人之间的东西。而那种认为在明确法律规定事项以外劳工无权要求保护性措施的意见，以及认为"在劳工没有异议地接受一项显然危险的工作时"我们必须推定他默然放弃权利的意见是不正确的（因而帝国最高法院在拒绝这种意见是对的）。

　　这些思考的结果通常表面上显现为师傅和工头的义务。而实际上问题涉及义务劳工在他的劳务中所受约束的某种程度。这是一个通过考虑这样一个事实而对这种法律义务进行限制的问题——这个事实是，他被要求搭上他的性命。相应地，当上述限制被跨越时，义务人就有权拒绝做他人期望他做的那种危险工作，尤其是在缺乏保护性安排的情况下。因此，当高等法院宣称权利人是否知晓保护性安排的必要性或技术用途是无关紧要的时候，他们是对的。不，他们说，这些安排是否为人们通晓以及是否在其他类似行业中使用是不重要的。因为在这个事情上起决定性作用的是保护义务人免遭威胁他的危险的原则。义务方超越正义法要求他所提供义务程度的应受处罚的不作为和滥用问题除非涉及进一步的赔偿损失义务的问题，否则不在这种考虑之列。如果我们坚持这个决定性原则，我们将不会受到下面这个问题的困扰，即，雇主是否只需引入那些被指望保证受雇者的生命和健康获得免于危险的绝对保护性安排？或者，他是否还必须采取那种能够在可以感觉的程度上减少这些危险的措施？由于这里的根本要点是对责任服务的义务——这种情况下即劳工的义务——进行限制，因此可知上面两个选项中的第二个是正确的选项。如果某个问题涉及义务人应否提供他自身的保护性措施，比如说在铸铁场戴上护镜,那么决定这个问题的方法是通过思考所涉的危险是否与该项具体合同要求当事方提供的服务密不可分。如果是,那么我们这种对义务的限制就到位了。最后,从我们这里正在适用的这个原则可以推知,当我们虑及某种经过正当调整的合作行为时,另一方的义务必须用这样一种方式决定,以使他得以从雇主那里得到有关干活的适当方式、工具和机器的使用等方面的必要信息和指导。如是,万一事后发生纠纷,举证责任就在工头一方,而他要想得到证据就得冒被认定有违"诚信"地对雇员进行约束,并必须对他因此所受的任何损害进行补偿的风险。

限制一个人从事某项服务义务的问题可以对义务人即时危险可能性以外的领域有意义。这里我们也有一些法律上的建议,因此就有《德国商法典》第59条(以前的第57条)。决疑术会在一堆分散的细节中丧失它自身。但在正确把握这些细节方面不再存在任何疑问。我们也可以提及一种我们这个时代的独特现象,即演员和艺人的合同。这里,他们所承担义务的正当限制的问题通常呈现出某种显要的形式,从紧急要求事项开始,延伸到艺人拒绝出现在台前以答谢观众的鼓掌是否会导致他因合同所规定的不听从经理人的指示而被罚款的问题。

这里所考虑的所有特殊问题的一个良好类比在《民法大全》(the Corpus Juris)中乌尔比安关于一个案件的讨论中出现了。该案中,某人未能按强制义务的要求在法庭上陈述自己的主张:"可是,如果有人将自己陷于困境,尽管他本来能够避免以下情形的发生,即陷于暴风雨的天气当中或者使自己遭受江河的威力,前提条件是他早一点踏上他的旅程或者在合适的时间乘船。在这种情况下,难道还可以说抗辩不有利于他吗?"于是他继续作出富有教益的区分(D. II 11, 2, 8)。这种区分可以通过运用尊重的原则以履行一项法律义务的方式予以系统地证明。

2. 债务人对于法律上委托给他的人的履行的限制。这里我们首先必须说,给予债务人本人人身的关注同样也必须给予那些在法律上属于他或受他支配的人。例如对类型1所示腾房的那位租房者来说,他的家人或委托他进行教育的孩子必须予以关注。不宁唯是,如实际发生的情形那样,房屋内一具尚未掩埋的死尸的出现可能对争议案件形成不小影响。

不过，从更狭义上讲，我们这里讨论的是这么一种情形，在这种情形下，债务人不得不对一个法律上依附于他的人履行其义务。让我们举一个与一位学徒签订合同的实例。这种双务合同导致该学徒将他的劳动力置于他师傅支配下的义务，并由此——无论是否有学徒费——提供某种与他所受教益相等的东西。为小学徒签约的照例是他的父亲或监护人，而因此提出的问题是，谁是缔约方？多数情形下的答案是，对这个孩子及其行为负责的是父亲，而监护人显然不自己承担义务。[268]

现在我们必须将我们的履行原则尤其是尊重的原则适用于该学徒的这种义务。在实践中我们必须作出某种区分。（1）如果负责的是父亲，他的义务可以在两个条件下按照这些原则受到限制。他不能被要求放弃他作为该学徒父亲的法律上的地位，这一点永远不会变，而雇主必须尊重它。其次，当他没有被给予机会阻止该孩子的不良行为时，就不得被认定对该学徒的良好行为负责。（2）就该学徒的责任自负而言，如果有人试图虐待或剥削他，特别是如果有人不顾他的职业事务并且不公正看待他的手艺的主要目的，那么他的义务就有了限度。而且人们已经在数个案件中作出了适当的裁决，认定在这样一种事务状态下，人们无需等待学徒期满，大概是因为我们无法事先得知他是否将获得适当的训练；而其提供服务义务的限度必须在合同有效期间的所有时刻都予以维持。这个基本学徒培训观已经被《产业法》第127到127b条所采纳。

我们可以顺便谈一下罗马人奴隶法中的一次相关裁决。一位遗嘱人在其遗嘱中嘱咐其继承人给予某奴隶以自由。为逃避这个义务，他将这位奴隶指定为他的继承人。现在的问题是，这位奴隶是一个"当然继承人"（heres necessarius）吗？"基于更加人性化以及更加公平的考虑，这个奴隶不能成为当然继承人。因为，如果一个本来能够通过违背死者意愿的方式而强迫他人使其获得自由的奴隶，一旦被宣告自由，看上去并没有从死者处得到任何利益。实际上，他看上去并没有享有利益，而最多只是获得了本应该属于他的自由。"[269] (D. XXVIII 5, 85)。

3.民法典对"诚信"的指涉显然在对债务人财产的履行方面有了最广阔的适用领域。经验地讲,诸多可能性可以在四种区分中予以分类:地点、时间、类型和程度。特殊的差异是难计其数的。我们将试图引述古典法学家们中最佳的经典例子以做说明。

(1)关于地点。事后条件的某种变化可能使义务人履行其义务成为不可能。举例说,当由于战争或瘟疫难以在交易确定或法律规定的地点履行。但也有可能变化仅仅变更了履行的地点,而使其他的一切都不受影响。下面是一个有趣的案例(D. XII 4,2,7)。债权人接受的承诺是,债款将在埃斐索斯(Ephesus)交给他或者交给蒂休斯。债务人在另一个地点交给了蒂休斯。于是在法学家中引起的争议是,义务是否已经免除?乌尔比安的答复是肯定的,他是对的。要求的客观目的已经达到。超越此限而坚持原来所作的关于履行地点的特殊要求将不过是债权人单方的主观幻想,并且会使债务人成为某种任意欲望的对象,不许他在这个特殊的履行阶段成为他自身的目的。

担保人履行其担保义务的正确地点的问题则属于一种不同的情形。它与流行的正确观念相符,这个观念是,这无需与原债务的履行地点雷同。因为对某个第三人承担责任的人一般来说确然要承受与原当事人相同的责任。但同时,这项义务必须如此履行,以使作为担保人的那个人不应承担保证债权人权益所客观要求以外的更多的东西。但如果我们希望绝对免除债权人所有的努力、不便和困扰,那就属于如此情形。相反,债权人必须自身承担这些不便,且不得按其主观愿望对待担保人,而只应在尊重原则所允许的限度内让他承担责任。

(2)正当的履行时间问题以及依据"诚信"原则予以认定的问题将为我们提供一种不同于那种通过遵循实在法所规定的时间的字面含义而获得的新结果。保罗在关于对义务的延迟进行补救的问题中进行了一次良好的揭示(D. XLV 1,91,3),他的分析是精彩的,并正确地作出了赞同补救可能性的认定。但他用以证明这一点的是这样一个观念,即,将要提供的服务所有人(债务人)需要得到比要求补偿的债权人更多的考虑。这是不能令人信服的。真实的理由是,没有受到任何损失的债权人由于仅仅诉诸对方没有在约定的时间完成他的义务这个情景，并且不愿允许就延迟进行补救，这违反尊重的原则。

这种考虑也可适用于我们现在的延迟法，不过决定履行一项义务的正确时间的问题可以事先在《德国民法典》第 242 条中加以规定。这种可能性在《学说汇纂》XXX，71，2 中得到了特别的体现："当金钱作为遗产，而且继承人主张继承该金钱的情况下，必须给支付该金钱以合理的时间，而且继承人不能被催促通过法庭审理案件的方式解决产生的问题。裁判官应当按照公平与合理的原则决定上述时间的长短。"《德国民法典》第 605 条第 3 款* 必须被解释为与这项原则相符。

不履行一项合同的抗辩(《德国民法典》第 320 条)以及更通常的留置权属于这个问题可适用的情形。《德国民法典》第 273 条和《德国商法典》第 369—372 条不过是贯彻民法典第 242 条特定情景中的结果的尝试。因而按照最后一条规定——这条规定没有在先前规则中列出——尤其是所涉的请求不是来自同一个法律关系时，留置权可以得到确认。因此，一个承包人承诺在两个城市之间修建一条铁路，并将该工程的某些部分分别在三个内容不同的合约中转让给另一位承包人。帝国最高法院正确地认定，这三个法律关系中的每一个都可以导致一种将赋予留置权以合理性的主张。

(3) 正确的履行类型。　　罗马法中许多在当时可能被划归此类题下的裁决被后来的立法按正义法的第二个方法采纳，并按普遍条款事先予以解决。一个例子是斯卡佛拉(Scaevola)在《学说汇纂》XIX 1，48 中的解答，该解答现已为《德国民法典》第 444 条** 所体现。我们这里尤其可以提一下通过反诉进行的抵消，罗马人用最强烈的方式强调这种抵消与"衡平"相应。就它被采用的理由而言，他们是对的。这个理由是，债权人不遭受进一步的损失，而债务人则须承担先付款然后作出反诉的全部责任。法律的最新发展已将甚至违背

---

* 该条规定的是可以通知终止借用物使用权的三种情形，其中第 3 款规定的情形是："借用人死亡的"。——译者

** 该条涉及"责任排除"：出卖人恶意隐瞒瑕疵或已经承担对物的质量担保的，即不得援用排除或限制买受人而提出请求的权利。——译者

债权人的意愿而对一项主要请求进行的强制扣减确认为一项法律规则,并在《德国民法典》第387条中予以吸纳。然而,关于抵消权可采纳性的那个有名的例外又引发了争议。对于劳动现金工资的禁止抵扣尤其属于这种情形(《德国民法典》第394条;《德国民事诉讼法》第850条1款)。当劳动者或雇员甚至故意给雇主造成损失时,他们的工资是否还得全发?关于这一点是有意见分歧的。许多人给予了肯定回答,理由是主诉(the main claim)的债权人照例靠他的工资过活。其他人则恰当地诉诸《德国民法典》第242条。在源于其与劳动者所签合同的义务中,雇主不得为了有义务提供服务的那个人的任意需求而从法律上牺牲一切。而如果人们期望他绝对忍受故意损害——带着他从在一次特别诉讼中所可能获得他现在正在付出的钱款的灰暗前景中可以得到的什么宽慰,那么情形就是如此。我们可以通过这样一个命题弄清上述禁止扣减的含义,这个命题是,这种禁止不得导致一个人在特别社群中违反正义法原则而恶意利用对方。在那种情形下,我们毋宁复兴那个古老的规则:"如果一个人主张之物,是他应当返还之物。则,该行为是带有欺诈性的行为。"(D. XLIV 4,8pro.)

有关提供某些自然产品(谷物、土豆、水果等)的购买合同中,如果要求某种特定的质量,是否必须允许歉收的问题被人们提了出来。正确的答案是,在未经加工的自然产品中,供应商的确不能被认定对每一单个产品的质量像他可以对制造业和工业产品那样承担绝对责任;但是,卖方的义务依然是提供所能得到的尽可能优质的产品,即便田里的庄稼不如往年以及好产品的供应不容易。这种答案的理由必须由第二个尊重原则加以证明。

一间房屋的主人在租出该房屋不久后发现,承租人是个贼,并因而拒不同意承租人搬入。法院裁决说,出租人无需允许一个被判盗窃的人搬进他的房子。因为首先,出租人不让这种可能给他造成财产安全方面的忧虑的人进入他的房子是为了他的个人利益。其次,出租人有理由担心同一房产的其他租户可能通知他终止租赁关系。这种裁决是正确的,并可以根据正义法原则予以证成。没有理由终止租赁。但出租人在交付房子时仍然可以成为自己的邻居——只有在这个意义上他的义务才将得以维持。不过如果他把房子交给了一个从前犯过罪的人，情况就不能肯定了。进一步的细节必须本着我们的方法的精神通过对情况进行更精确的考察予以认定。

藉此我们也可以为比如说这样的决定提供合理性：承租人在接到租赁期满的通知后必须交还房屋使用权的程度仅限于足以让想租它的人察看的地步，因而他无需在夜间让房门开着。而相反，一处想进行产业建设的住所或建筑的承租人有权要求出租人允许进行电话安装并得到为此目的所需同意的声明。因为这种承租人愿意用他自己的本钱所做的安排不会将租赁物的性质影响到这样一种程度，以致任何不利于出租人利益的东西或者任何阻止他在这种义务中在不损害他自身或标的物的交付的情况下成为他自己的邻居。

维护和改进某条道路的义务时常是用特定时期所能得到的技术手段予以决定的。但仅仅通过权利人或一个官方权威委员会的评估而对精确的实践细节加以确定是不可以的，这种义务必须本着正义法原则的精神予以界定。相关人员在精神上被置于一个特别社群之中，而他们的要求得到了如此客观的调整，以致义务的履行处于一种为达到最好的可见特殊目标所作的最艰苦的努力所产生的那种结果与那种依然可以被视为达到那种目标的手段的最不堪的实践之间的中间位置上。

一个抄写员所犯的错误不得在所有情况下都受到指责。在具体情景下，义务人被雇为持续长时间的一篇作品的写手，因此他不得不机械地进行抄写。期望一个训练不足的人承担一项涉及某种只能由一位得到更好配备的人才能给予的注意的义务将是违反正当尊重的原则的。

在前一个方面我们引述了由特利封尼所处理的那些涉及存储理论的案件。现在我们要解决这些案件。首先我们必须说，在所有情形下都将储蓄物归还存储人不是储蓄所的绝对义务。根据诸原则，这个义务限于这样一种方式，储蓄所据此将不被要求作进一步的牺牲。因而依据正义法理论，对所涉案件难点的裁决只能是，存储物归于索要它的国家力量。它的命令是否可被视为内容上正义的东西，即是说，所有人是否因此受到了任意的对待，是一个必须由其自身决定的问题。如果物品不是通过实在法的命令从所有人那里拿走,而是由一位罪犯拿走然后再将它储存起来,情形则不同。这时毫无疑问,必须依据正义法将该物品归还所有人。因为在那个由储存合同中联合起来的人组成的特别社群中,作为贼的储户将只是仅仅利用储蓄所作为实现他自己犯罪目的的工具,如同每一个任意违法然后通过有利于他本人的观念上的命令而在观念上自相矛盾的人所为的那样。不仅如此,储蓄所要为违规行为承担责任(《德国民法典》第 990 条*);因而如果他在知情的情况下将物品归还罪犯,那么在如此性质的义务下,他就不能再成为他自己的邻居(参看 C. III 42,8**)。

受托人在面临一种既威胁他本人的财产又威胁存储于他手里的物品的危险时,如果他保住了自己的财产并因此没有保住储存物,他是否以及在多大程度上应负责任?关于这个问题,自古以来人们在司法实践中一直存在着意见分歧。民法典没有这方面的规则。"报告"声称这种事情应留给法院和科学处理。正确的解决途径在社群理念中有着现成的启示。受托人必须以一个合伙成员抢救他只能得到的部分共有物的相同方式进行抢救。

在"妻物之诉"(actio rei uxoriae)的婚嫁财产的返还制度中,罗马法学家们严格适用了这里所展开的理念(参看 D. XXIII 3,7pr.)。我们尤其在特利封尼(D. XXIII 3,78,2;ib.78,4)和加佛伦(Javolenus)(D. XXIV 3,66,7)那里找到了用这种方法处理案件的精彩例子。

举证义务也被罗马人按照"衡平"原则加以处理(D. X 4,3,7)。而且显然,在现行"出示物品"的法律义务方面施加某种适当限制(《德国民法典》第 809 条)通常是必要的。无条件地要求出示物品可能极容易违反尊重的原则。另一方面,涉及提具账目方式(参看《德国民法典》第 259 条)的疑问可以轻易地用这个方法予以解决,以使我们必须瞄准最高的技术精彩度,即便这样会给义务人带来额外的麻烦。因为在以尽可能最佳的方式出具账目或给出所需信息时,义务人似乎不可能因尊奉最大的审慎而被阻挠成为他自己的邻居。这

---

* 该条规定,占有人恶意取得占有的,自取得占有时起对所有人承担责任。——译者

** "C"指优士丁尼《法典》(Codex),紧随其后的数字依次代表:编、章、条、款的编号,"Pr."表示首段(Principium)。——译者

也是古典法所持的显示于许多实用情景中的观点。我可以引述《学说汇纂》XL 4,22;XL 7,21 还有 II 13,14 作为例证。最后,让我们言归下文第(4)点:

(4)要求履行的程度。

从"恢复原状"理论中已经形成了这样的规则:"裁判官不管细微琐碎之事。"(minima praetor non curat.)这只能一般意味着,在调整义务关系时,所应履行程度上的微不足道的因素本可以忽视,以便避免那种产生于死抠要求的字面含义和权利人主观愿望的片面性。在一个最近的案例中,一处不动产的所有人被控非法拦截河水,并阻止河水流经位于低处的一位邻人的田地。他的抗辩理由是,这种损害是微不足道的;但法庭对此拒绝予以采纳,理由是没有任何法律指导法官关注这类说辞。在物法问题中,这种裁决依然有效,就像在我们关于排斥权的正当行使的讨论中已经显示的那样。但它并不对义务理论有效。这来源于正当履行原则,因而我们不能忽视刚才所作的考虑,即,我们不得仅为了以一种机械性精确的方式履行一项义务而违反一项正义法原则。这一点在《德国民法典》第 320 条第 2 款的一个特殊情形中得到了一次精彩的适用。该法典第 259 条第 3 款的规定——"在无足轻重的事项上,人们没有义务进行披露宣誓"——也是与这个原则一致的。

从上述言说中我们也可以得出这样的结论:当差别微不足道,收到比他预订的更多货物的买方不得毫不顾及供货方的利益而径直拒绝收货。恰如我们不能指望他不厌其烦地接受一大批装运货物(曾经有个案子,一个人要了 10 升酒精却收到了 30 升的货),开箱拿出属于他的货物量而将余物送还卖方,同样在相反的情形中,我们必须明白,当上述说法得到恰当理解和运用时,是与正义法原则相符的。刚才所作的区分可能以如下方式有益于技术法学实践中对于有关实际订货量的纠纷的解决。如果收货方无权因运送数量上的微小差异而拒收全部运货,他必须即时被认定对他承认已订货的那部分货物负责,而关于有争议的剩余部分的决定则取决于证据程序,尤其取决于宣誓。另一方面,如果他有权因太大的超量而将这种订货的供应视为不存在的东西,那么他首先就不能被认定对任何数量负责。

下面的案例体现了这种事项的一个不同的层面(D. XVII 2,63,5)。三个人处

202　第三部分　正义法的实践

于合伙关系之中。其中一人拿着他应该与另外两人平分的钱。第二个合伙人起诉要求得到他那份利润并拿到了全款。然后第三个人也提起诉讼,但由于第一位合伙人已经花掉了他的全部所得,因此前者只能得到他应得份额的一部分。现在的问题是,他能够要求第二位合伙人弥补他的损失吗?"较为正确的做法是:通过合伙人诉讼的方式实现双方当事人份额的均衡。这是一个公正的判决。"

还有,一位遗嘱人因相信他的一位亲属是他唯一的继承人而对她施加了一项偿还一笔遗产的义务。后来的情况表明有两位同样有资格的继承人。帕比尼安认定,负有该项义务的那位女继承人——基于衡平的理由(rationibus aequitatis)——只对该遗产的半数负责,而遗产继承人必须从第二位继承人那里得到另一半(D. XXXI,77,29)。共同继承人必须履行其共同义务且通常平等分担,今天这一点在原则上仍有效。只是在实践中的履行方式有微小的差别(参看 D. XXXI,33,pr.)。

下面案件中的结果不同。某人受到非法伤害。在合理拥有几种请求损害赔偿方法的情况下,他选择了一种对其损失赔偿额最小的方法。这种情形下的规则是,当他发现了他的失误时,他可以提出额外的请求。被告必须支付法律所可能要求的最高数额的赔偿。他在这种情况下不得诉诸尊重原则,因为是他违反了这些原则,因此现在必须进行全额赔偿(D. XLIV 7,34pr.)。

近来,《德国民法典》第 616 条的规定引起了人们的疑问。该条的规定是:"履行劳务的义务人不因这样一个事实而丧失其补偿请求权,这个事实是,由于个人原因,他在一个相对无关紧要的期间,非因自身过错而未能提供其劳务。"现在人们抱怨说,在近来试行的许多劳动法规中,人们已经试图让这个规则失效。必须说第 616 条应理解为只是一种补充性条文,因而只在合同没有规定这种偶然情况时才有效。但另一方面,每一个劳务合同都必须"诚信"履行,而私人当事方不能废除这个法律规则。于是唯一的问题是,我们的规范如何以客观的确定性加以实施?

在这方面,正义法的模型和原则方面的思考为我们提供了帮助。这种情况下,相关人在观念上必须结合成一个特别社群。双方所受损失必须摆在该社群的层面上并予以分摊。法典恰当地推定,考虑到我们实际的社会现象的基础,双方所受损失并不是简单地从算术上说相等——劳动者未能挣得的工钱与承包人因未完成的活儿所遭受的同样巨大的损失。一般来说情况是这样的：当某位劳工暂时丧失劳动能力，他无疑遭受了损失，而他所从事的行业完全感觉不到损失或者感觉到很轻微的损失。这一点必须视每一种情况而定，并按上示原则予以补偿。我们在观念上认为的该社群的成员必须共同承担双方的损失——这是每一个争议案件中都必须遵循的形式方法。不过如我们所说的，这只有当合同排除了第 616 条的规定的时候才有效，并必须直接根据第 242 条予以决定。另一方面，当第 616 条不得不予以适用时，"一个无关紧要的期间"这一表述不得被解释为含有某种简单而绝对限制的意思。该规则必须予以整体理解。它的意思是，劳工的工资必须得到支付，除非他的缺工给他的雇主造成了等于或大于所要求赔偿额的损失。

第三节 避免家庭权的滥用

"滥用"法律所授予的某种权利的可能性在民法典中是与诱奸妇女连带提及的。"依附关系的滥用"成为了请求损害赔偿的一个理由（《德国民法典》第 825 条；第 847 条）。适用是简单的。它是一种对第二个尊重原则所命令的东西的直接违反。我们这里面对的不是这样一个社群，在其中一方被赋予了一种权威角色以争取共同利益，而是握有权力的人任意地想入非非。首先，丈夫或妻子对特定婚姻义务的履行的要求不得被视为"个人权利的滥用"。（《德国民法典》第 1353 条；第 1354 条；第 1357 条）。其次，父亲不得"滥用"对孩子的人身的照料权（第 1666 条）。第一点被某些规则予以补充，诸如丈夫或妻子无"充分理由"不得拒绝法律所要求的同意对方从事某种事务或职业（于是有《德国民法典》第 1379 条，第 1402 条，第 1447 条，第 1451 条；还有不时在其他地方，如第 1308 条；第 549 条）。这不时再次显现为对"滥用"的防止（《德国民法典》第 1358 条）。

在这两种适用情形中，我们可能通过违反参与原则和尊重原则而迷失做某事的正当方法。因此，我们可能要么对一个作为我们家庭成员而与我们联结起来的人提出非正当的要求；要么通过非正当排斥而虐待他们。

1. 夫妻生活关系中"滥用"的避免。

(1) 尊重原则

婚姻的实质在于一个男人和一个女人为了过上其全部共同生活的目的而进行的法律联合。这种关系必须在一种相互的基础上加以认识和履行。当一方要求对方完全屈从而又不愿意许诺相同的东西予以回报时,就发生了"滥用"。一旦我们将一方的义务视为单方面的,并期望他作出单方面的牺牲而未接受对方本着夫妻社群(the conjugal community)精神为他的完全屈从所作的回报,这种要求就是"滥用的"和客观上非正义的。因为只有通过人格的互许我们才能赋予每一个配偶向他或她的伙伴放弃他或她自身的义务以正当性。只有通过这种方法,两个法律上联合起来的当事方中的每一个才能成为其自己的邻居。

当一方拒绝无条件地屈尊其自身时(比如说在故意不忠的情形下),以及当他也没能这样做的时候,这种关系就受到了违反。在这种情况下他也许会说他有意履行他的义务,但他的说辞被他的行为所否证,因为该行为清楚地表明他做不到客观依从,还表明他的要求只是主观愿望的结果。我们还必须注意的是,这并不意味着对方的义务并不因其配偶所犯的每一单个过错而立即受到限制。决定性的东西与其说是个别行为本身,不如说是它所体现和予以证明的那种使维持将来适当夫妻生活的可能性变得可疑的缺点。

如同在履行的类型中的情形一样,这里婚姻关系的一方也可能对他的人身、对法律上委托于他的人或者他的财产提出非正当要求。第一项在这里是要紧的。《民法大全》提供了几个显眼的例证:当一个已婚男人再次会见他以前的情妇时所受的约定处罚(D. XLV 1, 121, 1);或出租他的妻子所受的约定处罚(C. IV 7, 5)。相应的例子也见于现代实践之中。民法典本身将离婚的理由指涉为存在于对对方不正当的行为之中。这些几乎被正式置于夫妻共同生活权的"滥用"之中(《德国民法典》第1353条);但实际上,前者不过是后者的真实例证,而后者作为一个更一般的概念必然也包含它们。当妻子带有前次婚姻中所生育的小孩时,这种情形就构成对于委托于某人的那些人的不恰当义务的例子。当母亲再婚时,这些孩子不再处于她的亲权之下,但她仍然有照看他们的权利和义务(《德国民法典》第1697条)。在按照财产权规则管理和处置已婚人之间的财产时可能出现的滥用属于这一方面不太重要的事情。已婚妇女的解约行为及其可用以护卫其所带财产的途径是作为专门形成的制度而得到规定的。"滥用"问题在德国民法典1358条以及前引类似条款中得到了处理。当某人拒绝同意而又不致伤害婚姻关系时,就属于这种情形。唯一为拒绝法律所要求的同意提供正当理由的事情是某种完全合情合理的关切——他们的共同生活和互相忠诚会受影响。

(2)参与原则

这里有一场有名的官司,这场不久前的官司使巴黎的塞纳法院忙得不亦乐乎。多萝泰·路易丝·瓦伦·德·塔里兰—佩里果尔（Dorothée Louise Valencay de Talleyrard Perigord）,即让·德·卡斯特内拉（Jean de Castellane）伯爵夫人对塔里兰—佩里果尔和萨甘公爵夫人让娜·塞埃（Jeanne Seillière）提起了诉讼。诉讼的实质性问题是,让·德·卡斯特内拉伯爵夫人要求法院妥为安排,允许她看望他的哥哥塔里兰—佩里果尔和萨甘公爵。在她的陈述中,原告称她本人与她哥哥之间的关系向来密切,公爵向来乐于在他家中看到她,而被告反对她进行拜访,并曾当着她的面关门谢客——该举动可以由证人作证。因此,让·德·卡斯特内拉伯爵夫人希望从法院得到授权,允许她随时看望她的哥哥。显然,根据我们以前所说的关于排斥权的行使理论,依据我们国家有效的民事法律,这种行为不会得到认可。

2. 亲权行使中"滥用"的避免。

(1)尊重原则

现代法中的亲权是监护权的一种特殊类型。亲权关系的特征不再是个人权威和屈从性臣服的权利,而是某个幼年人的保护和抗辩的权利。早期法中从绝对遵从义务而来的那种些结论——这些结论在财产法中也可见到(参看 D. XLIV 4,4,16),已不再有效。现行民法典中的特殊规定——它让人们不时想起古代的规矩——以及尤其是亲属用益权上的立法不连贯问题目前必须不予考虑。

相应地,如果父亲恶意推脱已经落到他身上的监护义务,就出现了亲权的"滥用"。法典在这方面的规定是,"实施了不名誉或不道德的行为"(第1666条)。但这两个术语(参看《德国产业法》第134条C款的"荣誉感和善良道德")很少能体现出任何真正的差异。因为只有当我们想到"骑士的荣誉"时,"不名誉的"(dishonourable)才有可能指称某种独立于"不道德的"东西;而这里的意思肯定不是指"骑士的荣誉"。后者是一种依习惯规则形成的实在制度。它只在"骑士型"人物和那些"能够表现出骑士般勇气"的人之间施行,而对其他人无效。因此,它指称的不过是某种受习惯规则调整的特殊阶层中的成员资格。而在拿着武器斜横步前进(the passage at arms)中所具有的满足感在于对手对其属于"骑士"的承认。这种"荣誉"因此与法律和道德评价平行,并独立于这二者。而只要那种中世纪传统作为一种习惯规则继续存在,它就不能得到法律措施的保护,像不同概念上的"公民荣誉"中的情形那样——这种公民荣誉因"不合乎伦理的行为"而受到减损。因此,如果尽管如此,法典在表述"不名誉或不道德"时仍倾向于泛指,那么对此所作的解释只能在有时给予"道德"一词的狭义定义中寻求。日常生活中这通常只意味着性行为上的正确性。法律无意表达这层限制性含义,而要想避免误解,就加上了"不名誉的"这个补足性语词,以显示父亲在行使亲权时不得作出非正当行为。如果父亲竟然只为其自身利益而不为孩子的利益而利用他的法律地位,或利用他的地位将孩子当作当作达到自己目的的工具时,他就实施了非正当行为。而只要他的生活和行为经常且习惯性地与正义法原则相对立,他的行为就会是非正当的。

人们最近讨论的关于一个人给他的孩子取污辱性名字的问题也属于这方面的问题。

(2)参与原则。

妻子已与丈夫正当分居,并因他的不良生活方式而拒绝回到他身边。她生下了一个孩子。那位父亲拥有亲权,并要求从母亲那里得到孩子。但如果他不让该新生儿得到母亲的关照——这是应予谴责的(《德国民法典》第1634条),那么根据我们的第二个参与原则,就存在一个对于该孩子的亲权"滥用"问题。因此,这位母亲尽管无权拒不将孩子交给丈夫,但有权请求孤儿法庭采取适当步骤避免滥用并保证孩子得到恰当照顾(依据《德国民法典》第1666条)。

第四节　可行性

民法典将一个程序的可行性（practicability）视为决定其正当性的东西。这可见于两种适用情形中。首先，人们说孤儿法庭和遗嘱检验法庭必须在作出一项裁决之前听取特定人的意见，如果"可行"的话。这是与《德国民法典》第1673条、第1690条、第1826条、第1827条、第1996条、第2216条、第2227条、第2260条、第2360条和第2368条相符的。这里的问题是一个尽可能全面的收集案件所需材料的问题。因而，是否"可行"取决于这种全面性在所涉技术目的上所具有的价值。所采用的手段所要求作出的牺牲不得大于可从中得到的好处。在某些具体情形中，法典也用数语表示了其具体含义。我们知道，当听审是可能的时候，"不失时机并不造成巨额费用"（第1308条）；"不作长时间拖延和不花不合比例的费用"（第1673条、第1847条、第1862条、第2200条）。再参看《德国民法典》第1726条、第1735条、第1746条。在转而涉及一个完全的技术性规定时，《德国民法典》第1990条谈到了那种"因缺少与费用相当的钱款而致使对死亡人的财产的管理或由此提起的破产程序的开始不可行"的情形。相应地，这些情形不专属于我们这里正在讨论问题的范围。

我们的术语的其他用途被发现于与建立在义务与不动产权利基础上的关系的履行的关联之中。另一个可能因为这种履行而遭受损失的人必须有机会本着他自身的考虑采取某些步骤。这些程序的进行不得无视相关人的利益。后者必须被置于某种使他能够成为他自身邻居的位置上。他不得被忽略，或置于无知状态，而同时担负义务或发现自己受到某种程度的排斥。这种损失可以在不动产权利和强制性义务中找到。

在许多这种类型的情形中，我们的法典给出了某一种专门形成的规则。特别比较一下《德国民法典》第545条和第1042条。在其他关联中，它又提到了正义法。在客观正当的时候，应对即将提起的诉讼程序给予通知或警告。无权的管理者必须"尽速可行地"告知所有人他已经接管了对企业的管理（《德

208 第三部分 正义法的实践

286 国民法典》第 681 条)。在其他法律要求告知或警告的情形中,法典首先规定了信息交流的义务,并加上了"如不可行即无需如此"一语。这些情形是《德国民法典》第 303 条、第 374 条、第 384 条(《德国商法典》第 373 条)、第 1128 条、第 1166 条、第 1218 条、第 1220 条、第 1234 条、第 1237 条、第 1241 条和第 1285 条。

我们因此再次被引向了相关的法律关系可由以正当履行的正确方法上。这一组情形的要点是为对方提供关照他自身的机会。在我们从观念上将相关方所放置的特别社群中,正当履行原则要求,在提供这种机会时,一方干活儿而受益方付费。因为,既然我们在探讨客观正义行为,我们就必须避免所有单方面性和对他方的漠视;而且因此我们也必须做出反对这种单方面性所必需的实实在在的行为。另一方面,既然告知对方的唯一目的是增进他的利益,那么由他承担必要的经济费用就是正当的了。因而乌尔比安在那篇关于债权人延期履行的著名片断中所言是很对的:"然而出卖人不能因此就把葡萄酒倒掉;他必须首先在证人面前提醒买受人,要么将葡萄酒取走,要么将会看到葡萄酒将会被倒掉。……而比较符合契约目的的做法则是去租赁盛酒的器皿。……或者按照诚实信用的原则将葡萄酒出售。……这就意味着事情本身给买受人带来尽可能小的损害。"(D. XVIII 6,1,3)。

而如果告知或通知所造成的麻烦和费用竟然超过了它对于那个为了他的利益而提出该告知的人的好处时,它就是"不可行"的了。如果我们记住刚提及的事项,那么这种好处是可以轻易计算出来的。

现在的问题是,民法典中的这十二种情形是有必要通过给对方提供信息
287 的方式而关注他的全部情形吗?答复是,不然。它们必须受到按照诚信原则而给出的普遍、根本的履行规则的补充。在那些情形下,法律自身要求人们注意这样的事实,即,正当履行可能也牵涉给予告知的麻烦。在其他情形下,它是沉默的,并且,就强制性关系的法律而言,因此将那些情形留待上面所讨论的那个规范来调整,而该规范要求,履行必须具有原则上的正当性。

所要追寻的方法因此是这样的。我们首先必须依据上述"诚信"法则(《德国民法典》第 1288 条的那个孤立的例证为此使用了"可行的"一词)确定客观

正义所要求的履行某个事项的义务是否也包含通知这个观念上的社群中的对方的麻烦。我们此前提到过这样的例证：我们说，有必要将其当学徒的儿子的劣行告知他的父亲；将有关照看畜群和机器的危险告知工人。我们还可以加上如下情形：轮船公司进行装船，或联畜运输车的驾驶者（a teamster）给货车装货。由于出现了难以应付的情况，他们发现不可能履行他们的承诺并忘了将这一情况告知向他们下命令的人。根据"诚信"原则我们有理由说他们没有履行合同义务。他们没有如此对待该特别社群中的对方，以使他们得以成为其自己的邻居，而只着眼于其一时的利益和情景。因此我们明白，当一个人发现非因自身的过错而不能履行他已经承诺的一项劳务时，他有义务即时将情况告知对方。

在一个租赁合同中，租期从现租户搬出房屋时开始，而这种腾出要在一个特定的短时间内进行。租户在三天内搬出。出租人毫不作为，并在后来声称弄清该房屋何时被腾空是承租人的事，并认为租金应从那时算起。这是不对的。理由与前面所提到的情形中所说的理由相同。不过，尽管我们已经知道，根据"诚信"原则人们有义务进行告知，但我们仍然必须记住这种义务只有当它"可行"时才需予以履行。否则理由会变成废话，利益会变成诅咒。在那十二种情形下，我们被明确引导在"可行"时给予告知或通知。此时，每一种情形都必须予以考虑，有利与不利因素都必须以法律所教导的相同方式仔细平衡。

第五节　公平裁决

当一个人诉诸"公平"，这就首先可能意味着他秉持某种法律所要求的客观正义性。当人们说这不过是"正当而公平"的时候，他的意思是这事不仅从实在法的观点看是正当的，而且从正义法的观点看也是正当的。

但存在着一组特殊的情形，在这些情形下，我们指涉正义法本身范围内的"公平"裁判。举例说，当纠纷当事方之间不存在我们必须由以实实在在地开始的固定界线的时候，就出现了这类情形。这是一个合域（广义上的），而纠纷双方各自主张一部分,且每一方必须分得多少则是一个待决的而且迄今尚未以任何方式得到确定的问题。情况也许是,双方尚都不占有该法律领域里的任何东西,或者也许是,其中一个不得不放弃某种东西,但目前尚不存在任何确定其义务界线的基础。

这种权利或特权在程度上的初始未决因素通常使立法者和著作家们费心思量,并且我们可以说,给他们带来了不小的尴尬。罗马人想出了"诉讼宣誓"(juramentum in litem)以任意估量某种损害(D. XII 3, praes. 5; cf. XIII 6, 3, 2)。损害是存在的,并得到了完全的认定,但它并不是一个确定的金额的问题。于是就有了某些规则——其细节与我们这里的问题无涉,按照这些规则,原告必须宣誓说明损害的程度。这就带有某种神明裁判的性质。它事实上表征着,法官放弃了自己的断案权并间接地承认了方法上的无能为力。如所周知,现代立法让这种宣誓自然死亡了。

在近代法哲学家中,康德比任何其他人都给予了"公平"判决的特性以更多的思考。他恰当地强调了这样一个事实,这个事实是,一个人基于公平的理由提出某个主张是在诉诸他的权利,而不是将该主张视为某种任意帮助的请求,也不是某种宽宥的请求。但他怀疑法庭能否以"公平"的名义作出一项有利于一个人的裁决。他举的例子值得注意。"一位仆人被人雇佣一年,酬金是一个金币;而该金币的价值自合同签订以来已经贬损,因此他如今不能用他的年收入购买与合同签订时一样多的东西。"康德接着说,"只要该仆人所得酬金数量是按议定的金钱单位给付的,那么尽管价值已贬,他也不能求助于免受这种损失的保护的权利。他只能求助于公平,一个哑口女神。而人们听不到这位女神的声音,因为关于这一点合同上没有任何明确的规定,而对于这些未经确定的条件,法官是不能予以考虑的。"

但假如实在法强制要求法官决定某种给定的理解是否与"公平"相符,抑或直接与它相对。这时法官不得逃避。他也无需逃避,如果我们记得我们是在处理一项按照正义法所作的安排;而这里所理解的"公平"只是其特定性质情景下的某种具体适用。一旦我们按照正义法的模型将相关方从观念上联合于一个特别社群之中,然后按照法律关系的正当履行原则对他们的分歧进行安排,我们

第一章　法律关系的正当实现　211

的目的就因此达到了,而我们的实践将拥有一种由它自行操作的方法。

下面我们尝试用经验公式表达这种理念。

1. 当排斥权处于冲突中时,它们应予以分割。

这种分割与《德国民法典》第 1024 条和第 1060 条相符(D. VII 1,13,3 已就这种情形作了相同规定)。按照《德国民法典》第 920 条的规定,它在地界不明的情形下也很重要。当界线真的不明确时,"衡平"裁决就出现了,因而不存在两个中的一个拥有争议面积的较大部分的问题。这里又一个简单的可资利用的程序,这种程序是古人所熟识和施行的。两个权利人中的一个根据他的最佳判断作出决定,再由对方选择分割的一部分。这是唯一与这里所教的方法相符的程序。根据这种方法,两个权利人围绕着争议面积形成一个观念上的共同体,而每一个接受他自己部分的方式必须使他成为这种分割事项上的邻居。他们中的每一位都必须拥有这样的权利。我们这里面临的是第二个参与原则,在这个原则下,双方中的每一位都必须受到部分排斥。而除非双方在这种安排中平等合作,否则没有人能肯定这种调整是否会客观公正。而上述方法似乎是经验中唯一能够满足这些条件的方法。

我们所知的这种程序的首次适用大概是亚伯拉罕和罗得的分离(the division between Abraham and Lot)*(《创世记》13,8—11)。我们发现德国中世纪法律文献中关于遗产的分割方面尤其频繁地使用了这种程序(特别参看《萨克森明镜》III 29,2)。而盖尔(Gaill)在他的《观察》(1578)中说:"根据日耳曼某项普遍的、私下里得到认可的习惯,年长的兄长凭自己的心意,以善意和公平析分财产,年少的弟弟则享有挑选的优先权的做法得到了接受。"但后来纯粹的罗马法又取而代之,而根据罗马法,法官本人可以在非经法律的客观指引的情况下决定并作出这种分割。不过,这里所强调的理念不时浮现——注意这一点

---

* 据《圣经·创世记》记载,诺亚的后代亚伯拉罕和他的侄儿罗得离开埃及后来到南地伯特利与艾之间的地方,两人都带有许多牛群、羊群和金银、帐篷,以致双方不能相安,双方的牧人之间也经常发生争吵。这时亚伯拉罕对罗得说:"我们不能相争,你的牧人和我的牧人也不可相争,因为我们是兄弟。……请你离开我。你向左,我就向右;你向右,我就向左。"于是罗得向东移至约旦河的平原,而亚伯拉罕住在了伽南地。——译者

是有趣的。因而在普鲁士法关于什一税的规定——《普鲁士普通邦法》II 11, 895——中,"收货人必须从田里立着的一捆捆或一堆堆稻子中按顺序依次收取什一税。但他可以从他任意选择的地方开始计数。"

一般来说,问题是二者中的哪一个将进行分割或选取？首选的决定由协议安排。或者法官可能认定由于技术上的原因双方中的一方因为他所拥有的智识而更适合于进行分割,于是指示他这么做。在教会法的类似情形中,当两位主教就主教职位发生争执时,任职时间最长的那位被授权进行分割,而另一位则进行选择(X. III 29,1)。不过在必要情形下,除了通过抽签以外,没有任何其他的决定相关角色的办法。

2.决定义务情形方面的"衡平"裁决。

民法典从四个方面对此进行了利用。

(1)对迄今尚未明确的相关当事一方或某个第三人的强制性履行的衡平裁决。调整强制关系中不确定履行的法律知识是预设的,尤其是在《德国民法典》第 315—319 条、第 2048 条和第 2156 条中。这里有趣的问题是,为了与"衡平"一致并避免显著的"不公平",这种不确定性将通过何种客观程序予以消除？

我不想显得学究气,我重申：相关方出于在相关法律关系中利益联合的共同目的而联合组成一个特别社群。而一方如今尚未确定的贡献是按照双方投资的份额评估的。这种评估方式应使其义务已经确定的人在履行这些义务时能够成为他自己的邻居,而不致作出单方面的牺牲。在双务合同中,这一点将引导我们回归到某种市场价格。但它也昭示着,在特殊情形下,我们必须考虑到一些不能完全被权衡或衡量的东西,比如说争议当事方已经长期联手于某事务的情况;或者他们之间存在着或已经存在着亲情或友情关系;或者当事一方通过某种伴随的或附随的情景从该事务中获取过间接利益等情况。

如果涉及到内科医生,《产业法》第 80 条在标准费用比例之外作出了补救。这种补救在缺少明确协议时可用以确定价格的适当性。但上述困难并没有因此而完全被消除。而任何时候我们都可能面临类似于不久前发生于巴黎的那起案件的诉讼。南泰尔的一位名叫利博(Liboz)的小杂货商请了一位城里医生——樊尚(Vincent)医生——为他生病的妻子看病。医生在进行检查后认定此病非同小可,因而要求做一次高难度的内科手术。而这种手术他本人做不了。在他一个客户的建议下,利博先生找到了阿尔巴朗(Albarran)医生,一位巴黎医院的内科医生,并请他为他妻子做手术。杂货商的年轻妻子应大夫的要求被带到了巴黎的一家疗养院,在那里由大夫作了一次有难度的手术,且保住了性命。几天以后,医生给杂货商送去了一张数额6000多法郎的账单。他付不起所要求的这笔钱,因此被起诉。开庭时原告的律师指控利博对救了他妻子性命的医生忘恩负义。他诉称存在着为付不起钱的病人开设的公共医院,一些了不起的内科医生实际上也在为穷人们作出足够多的功德无量的工作。因此,那些招请他们从事特别服务的人自然应当为这种特殊服务付出特殊的酬金。这时,为杂货商提供辩护的律师则答辩说,利博先生请阿尔巴朗医生为他妻子动手术,而不是请他进行诈取。他坚持认为,在确定价格时,存在着某种即便是"科学王子"也无权跨越的限度。他说,一个内科医生的酬金必须参照三个因素而定:一是被请医生的权威性,二是疾病的严重程度,三是病人的收入状况。法庭考虑了这个意见。它强调了这样一个事实,即,医生有义务根据病人的收入调整其酬金。鉴于被告律师所提出的辩诉意见,法庭将费用减了一半多。

同样的方法用于遗嘱条款中所产生的未确定履行事项上。这里继承人和受遗赠人形成一个观念上的共同体,该共同体必须贯彻遗嘱人关于其遗产的意图。遗嘱人遗嘱的特殊目的必须在这种情况下孤立起来并弄个清楚明白。而义务人从事这种履行的方式应使他总能够按照第二个尊重原则受到对待,而同时在他那边,他必须避免所有主观和任意的东西(参看《德国民法典》第2155条)。斯卡佛拉在他的《解答》中作了一次漂亮的裁决(D. XL5,41,4)。遗产的正当执行可与一项双务合同联结起来也是可能的,比如说遗嘱人指令他的继承人以合适的价格购买或卖出某种东西(D. XXX,16)。

这个问题在具体合伙关系中非指定份额的情形中得到了特殊形式的体现,尤其是在那种以财产获得为预期的情景中。显然,康德也认为在这种情况下不可能用何种方式决定可予满足的请求权。"几个人形成了合伙关系以期获取同等利润。其中一人比其他人做得更多,而同时又于某种不幸的事故比其他成员亏得更多。从'衡平'的角度看,他可以要求从合伙组织中得到比仅与其余人同等份额更多的东西。但由于法官在处理案件时按照合同不会得到任何用以确定他该得到多少的确定数据,因此这就意味着依据严格法,他的要求将被拒绝。"不过,关于这个问题,罗马法学家们在其法律解答中有过缜密的思考,这种思考通常以如下语句结尾:"这是符合一个正直之人的评判的,即,我们并不是绝对的拥有同等份额的合伙人。比如,当两个合伙人中的一个合伙人能在工作、勤奋、信用或者金钱上能够给合伙贡献更多一些的话。"(Illud potest conveniens esse viri boni arbitrio, ut non utique ex aequis partibus socii simus, veluti si alter plus operae industriae gratiae pecuniae in societatem cllaturus erat.)(D. XVII 2,6;76—80;cf.29),一种照例肯定比《德国民法典》第722条中所含的那种现代严格规则更具正义性的看法。

(2)与上面提到的那个理念相同的理念必须运用于几个人促成了他人为之提供了悬赏(《德国民法典》第660条)的结果的场合。这里,几个劳动者也按照正义法的模型形成了某种特殊联合。我们必须推定为共同的目的已经达到。相应地,共同的利润必须按照每个人所拥有的导致所欲结果的努力的份额进行分割,而这些努力要依据某种正当计算的交换价值意义上的特殊情景来衡量。没有必要对《德国民法典》第722条所引规则进行机械适用。因此,这种情形下的恰当决定是上引古典法学家们所作出的那种决定。

(3)几个人均对其拥有合法利益的某种物品的货币价值的管理、使用和实现。这一点现在出现于共有关系之中(《德国民法典》第745条;参看第752条)和质物(a pledge)的买卖之中。这里的特别之处在于,观念上联合于特别社群中的双方的相互权利义务关系如此密切,以致权利和义务都尚未确定。因此,如果裁决想拥有合理理由,可恰当地用于此处的法律关系正当履行原则必须予以严格使用,且其影响必须有助于体现法官的思维倾向,以使每一当事方可以在整体的关涉中被考虑到。在考虑这种情形时,该社群的统一目的必须作为一种有别于个体的特殊利益的东西而得到强调。不过,因此变得必要的具体措施必须用这样的正式方法予以

第一章 法律关系的正当实现 215

显示(尽管这必须在断案法官的创造性从属关系中完成),即一方或另一方所有可以判断的只具有主观价值的愿望必须退到背景中去,而他们中的每一个人在特别观念共同体内达成相关特殊目的的愿望必须得到尊重,并必须能够成为他自身的目的。在这个意义上,乌尔比安可以得体地说:"因为最为公平的是,债权人能够像管理自己的事务一样管理债务人的事务。"(D. XLVI 3,1)。

这里还有一个规定(根据《德国民法典》第752条):一个共有人可以完全恰当地要求对家庭财产进行个人利用和占有,只要这样不需要另一方作出任何进一步的牺牲,而允许他在实现他伙伴愿望的同时促进他自身的利益。或者这个规定(根据《德国民法典》第1246条):出质人(the pledgor)可以拥有售回已卖出质物的可能性。这也意味着,根据乌尔比安的揭示,非经债务人同意,债权人无权通过改进措施如此增加质物的价值,以致债务人难以赎回它:"例如,若某人移交大片牧场作为抵押,而他几乎是既不能赎回,又不能开发它时,收到了这份抵押品的你,就可以如此开发它以使之大大增值;别的债权人向我索求,或强行出售我所想取回之物,或以你贫困为由强迫我放弃,都是不公正。此等事应由不偏不倚的法官来加以考虑,他既不偏听食言而肥的债务人,也不偏听求全责备的债权人。"(D. XIII 7,25)

(4)对某种不具备一般财产价值的利益的评估。这是《德国民法典》作为其第253条的发展的第847条和第1300条中提出的问题。另外参考第1579条。而且它还可以适用于第971条。另注意第343条。在这些情形下,满足某项要求所需的确定比价是缺失的。而且事实上在所有情形下都得到某种绝对精确的判定是不可能的。总会有某种不肯定地带。

显贵民政官(the curule aediles)的通告宣布,任何人都不得在人们习惯于走路的地方饲养危险动物,如果因此可能对行人造成伤害。如果该通告被违反并且一个自由人因此丧命,责任人被判赔200个金币,"如果一个自由人受到了伤害,则按照法官认为的公平正义的数额进行赔偿;在其他类型的涉及物的损害案中,按照损害造成的赔偿数额的双倍进行赔偿。"(D. XXI 1,42)。但没有任何评论者加进了任何实际材料或者提出处理这种案件的客观方法。我当提出如下解决办法。

受害人和加害人必须被视为属于某种体现正义社会生活理念的独立社群。为了正当地共同生活和工作,他们联合在一起。这可以适用于一般生活或适用于两个相关当事方所常见的特殊利益之中,比如说订婚期间的婚姻准备或婚姻期间过上良好的共同生活。而当双方中的一个破坏了这种关系并利用对方的人格作为达成他纯粹个人目的的手段时,他就必须纠正这种不正当行为。受害方的心中因此产生了某种有十足理由的不满,而根据法律,这种不满必须通过加害人向受害人支付一笔金钱这样一种经过深思熟虑的客观方式予以消除。如果我们要考虑个人恶意和受害人的恨意,我们的要求将是过分而不合理的。有义务作出赔偿的那个人必须支付一笔"公平"的赔偿金,即一笔双方利益都得到考虑时与正义法相符的赔偿金。因此我们必须考虑到他的立场并确定相应的赔偿额(将他的亲属和被赡养人放在一个以他为中心的同心圆体系之中,尤其参考《德国民法典》第1570条),并自始遵守第二个尊重原则。所形成的伤害并不能真的用金钱予以消除——这是我们所从开始的预设。而受害方的受害感受在其对侵害人的个人反感方面是没有限度的。只有当法官本人充满了正义法原则的精神并掌握了它的方法,以致他能够在将特定案件摄涵于适当原则之下的过程中独立自如的时候,这种限度才能以一种具备了客观且充分理由的方式在相关案件中找到。他必须做到让过错方遭受不利以惠及受到不公正待遇的那一方,直到一个由几个相互并同等尊重各自正当目的人组成的共同体的理念在此前的违犯行为发生后再次看起来被重新确立时为止。

在通过法律判处一项赔款而不宣布被告人实施了值得谴责的行为时,我们也应当遵循同样的方法。不久前意大利发生了这种诉讼。布芬将军(General Buffin)作为比利时的代表参加洪贝特国王(King Humbert)的葬礼时,在罗马附近发生的一次严重铁路事故中伤了腿,并要求50万里拉的赔偿;而铁路方希望赔偿数额减少至五分之一。这里双方的共同目的均是铁路方的特定数额的金钱赔付。而如果法律将承运业的义务放在公司的肩上以让它赔偿事故损失,那么只有当义务人对其正当目的的追求不因此受到妨害时这种措施才能被认为是正当的。当一个赔偿要求一旦被普遍化就将使该行业的运行成为不可能(以目前社会条件下所要求的方式)时,这种要求就因此不能被看作是"衡平的"。

最后，关于依照衡平判决给予某个物品——该物品只对遗失它的人具有价值——的拾得者以悬赏的问题，拾得者在典型的遗失者和拾得者组成的社群中提出他的请求。而这种请求必须按照第二个尊重原则的精神为了对遗失物拥有所有权的遗失人的利益而得到界定。首先，在评估拾得者行为本身的市场价值时，可以找到某种支撑点。但可能存在这样的情形，在这些情形下，我们将不得不将悬赏作比这更低的估价，比如说如果出现遗失者可以放弃该物品而不愿支付所要求的赏金的情形（参看《德国民法典》第 683 条）。至于其他权利，拾得者在遗失者放弃这些权利的范围内自然会确知这些权利。

第二章 合同自由的限制

第一节 其所使用的语言即为法律

　　这个主题迄今尚未得到人们太多的探究。作为社会经济的某种基础,合同自由的理念的确已被所有我们感兴趣的社会制度所接受,而对这种自由设定明确限制的必要性自古以来已被人们清楚地认识到了。范围广泛的实际案件和问题方面的材料并不缺乏,在这些材料中,划定这种限度的正当方式问题已经被人们提出。但在将解决这个问题的方法基础牢靠地建立于确定的原则上,还没有人在这一方面取得成功;而裁决则呈现出分散和间断的画面。据以提出争议问题的统一理念被缠绕于迷雾之中,特殊命题似乎来自某种个人的和偶然的感受,而不同的裁决照例没有表现出任何系统的联系。这种状况将因正义法理论而得到改善。

　　合同自由的概念和意义必须源于讨论正义法的手段那部分。它的适用形成了与中央集权经济的某种对比,并取代了支持私有财产和私人继承的某种法律制度。法律藉此赋予其成员进入其自身之间的特别联合状态,而这种联合的形成、运行和解散展现了社会合作的运动。与作为获取某种正当法律内容的唯一工具的中央集权秩序不同,我们现在可以自由利用这些可能的东西。而法律将个体成员的解决办法,他们自行担负的有关家庭关系及商品生产、交易业务和使用物品的自由方面的义务纳入其自身之中,并在紧急情况下强迫他们信守诺言。这种根本制度的明确宣示很少见于特别立法之中。这一节开头所引述的《十二铜表法》中的规则是个例外。就我们所能知道的,此外唯一一次提及发现于美国宪法中:"任何州都不得……制定……破坏合同义务的法律。"(第一条第一节)在另外的情形下,我们只在一些特定的适用中(《德国民法典》第 1937—1941 条；参看第 1432 条；还有第 305 条等等）发现了它。

通常由此可知，合同自由这一使用已久的术语不得从字面意义上作过多的理解。它也包含法律中单方面行为的可能性。现在我们可以举出属于这种情形的例子：未经政府允许而进入全流通的债券持有人所持债券的无效（《德国民法典》第 795 条）；违反继承开始时有效的法律禁止的无效（《德国民法典》第 2171 条）。再比较一下《民法典》第 2263 条关于遗嘱人禁止在他死后立即开启遗嘱的无效的规定。

现在我们显然明白但这里将不做详论的一点是，如果我们允许绝对的交易自由，就会存在这样的危险：法律可能无法达到它的主要目的，即在其规则内容中体现争议的目的。人们所说的合同自由总体上将在平均数量的情形下产生正当结果这一推论具有历史合理性。不同的利益被平等化，而结果也一样。但没有人能保证情况将如此。而且不仅如此，显然还总是存在着这样的可能性：个体乐于挑起与客观正义之间的冲突。因此我们再次被迫限制合同自由。

我们现在明白合同自由的概念及其客观意义在中央集权经济和自由贡献理念之间的区分中得到了确立。而同样地，对限制合同自由的理解仰赖正义与仁慈之间的区分。为了避免法律保证的交易自由的恶果，法律可以再次使用这两种方法。法律可以自行表达它的准则并昭示在何种地方应该依正义划定这样一种界限。或者它可以将这一点留待考察，以便依据正义法的理念找到特定案件的解决办法。我们的法典对这种区分作了简单而直接的表述。它在第 134 条中规定，"违反法律禁止的法律行为无效，除非从该禁止法中可以得出不同的结论。"而 138 条规定，"违反善良风俗的法律行为无效。"

第一条体现了某种正义法的程序（第 193 页），该程序力图用技术性语言自行制定具有终极决定意义的规则。根据这种方法，一系列的特殊规定作为一种终审法庭而得到确立，而当涉及某种法律交易的可许性问题出现时，人们必定诉诸这个法庭。而唯一可能的技术性疑问在于将某个特定案件归属于哪些条件性规定之下。第二条指的是一种宽宥法的命令（第 193 页）。按照这种命令,所讨论的材料必须依正义法原则而定。因为这就是"善良风俗"这个传统术语的所指(第36页)。

不过,在所有情况下,当我们谈到合同自由的限制时我们面临的是某个法律规范的适当适用问题。依据正义法原则对某个法律交易进行判决也是一种法律裁决。而当法律指涉这个进行判决的方法,而法院没有适用那些原则或没有正确适用那些原则时,就出现了对法律的违反。因此,根据德国民事程序法的规定,修正性上诉的法律手段在这里也是允许的。

相反的观点认为,这是一个道德问题而非法律问题。这是不对的。法律交易中的合同自由的限制由来属于正义法的问题而非伦理理论的问题(第40页)。因为这是一个对那些生活于法律之下的人们的外在行为进行正当调整的问题,而不是形成其相互关系中善良意图的问题。而既然正义法只是实在法的一个特殊类型,而法与"良德"的关联只是一种获取其自身法律规则内容的正义性的手段,那么这就不可避免地意味着,在那种指引方面的出错构成一种对法律的违反。

这里,在我们系统地试图解决我们的问题时,这一推理过程也必须予以遵循。我重申:当我们谈到"违反良德"的法律交易时,我们不是指某种道德犯罪,因为这种犯罪发生于人的心灵之中;而是在处理一个正义法的问题。因此,我们在这种情况下不得在法律领域以外寻求一种上诉法庭;相反,我们必须务使特殊法律交易不与一般基本法律问题相违背。这种违法交易是叫做不法行为(negotium turpe)还是叫做"不诚实"或"违背良德"或某种其他的东西,就我们现在的思维倾向来说是无关紧要的,就像某个在审和待决案件以前是否以类似形式出现过并由某种习惯在不同地方受到过臧否是无关紧要的一样。

可以在这里作为最高原则的正选的唯一规范是正义法的理念。而那些不得违反且如遭违反即不属"良德"的规则属于正义法的原则。弄清这一点并详加贯彻,我们将能够对我们这里面临的多方面的问题进行系统安排和把握。相应地,我们必须进行这种系统化工作,这种工作意味着对法的可能内容进行研究。

道德并不妨碍法律。在其实现人们正当行为的问题中,法律不能受到伦理理论的限制和约束。法律体现的是一种用强制力强迫人们正当行为的尝试,而伦理是净化和完善人的性格和动机的理论。从这个意义上说,伦理是法律的补充。如果我们在法律和道德之间作出明确的区分,就不会存在"不道德的合同"这样的东西。如果一个人的思想、欲望或性情不纯,他违反了道德法则。但如果一个人通过申诉强迫他本人或他人所承担的一项义务的履行,如果他用行为虐待或滥用他本人或他人,他就违反了正义法的理念。缔约当事方中的一方或另一方可能在其内在意识中同时犯下道德错误,但作为现存的某种外在行为规范的合同内容可能构成法律上的非正义,但从道德一词的严格意义上说,永远不会是"不道德的"。(第48页)

就我们目前的考察而言,唯一直接相关的问题是,用何种方式我们能够通过利用正义法的模型及其原则找到一种完全系统化的处理这些违反"良德"的法律交易?同时,为了清楚了解这种交易的范围,先看看那些违反"法律禁止"的事务将是必要的;而了解前者范围的方式是将它与后者区分开来。不过在这么做之前,我想提请人们在通常情况下应注意以下几点。

在我们的问题中,我们在每一种情形下都在讨论某种法律交易的内容,而为了使在其基部的意思表示无效,这种内容必须原则上具有内在的不可接受性。因为人们期望法律承认和实现的就是这种内容。因此,它必须将它作为自己的东西而纳入它自身之中,并因而必须首先让它接受必要的检验,看它作为一种特殊意志是否与法的总体问题一致。这样做的时候,它必须考虑实际交易的内容,并特别要避免将这种内容分成某种主要交易和某种附加的不可接受的条件。附条件的交易按照我们法律的含义是一种特殊类型的交易。相应地,问题只能是,交易的内容是否由于某种条件而成为不可接受。现代法不知道罗马法的那种特殊方法,这种方法在"死因"(causa mortis)行为中剔除了不可接受的条件而保留了其余的处置。最后,根据现代法,特殊条件是否指的是某种义务——这种义务的履行可以成为诉讼的主题,或者它是否是法律关系的地位所依赖的条件都是无关紧要的。这一点常在与租赁合同的逐出条款(the clause of eviction)的联系中讨论到,而这种条款可以要么构成一种租赁的后续条件,要么是一种终止租赁的前置条件。但就我们的问题而言,如前所述,所有这些都必须用同样的方法加以考虑。

另一方面,瑕疵起因(defective origin)要用不同的方法加以考虑。当唯一可找到过错的事情涉及某个法律交易的起因方式时,证据与我们正在讨论的问题无关。这尤其适用于欺诈、用威胁和类似手段作出非法认定的避免。这些问题我们将在谈到正义法义务的起源时碰到。

但是,某项交易的内容不可以凭借瑕疵动机而违反正义法吗?无论我们将法律交易诉诸"法律禁止"还是"善良风俗",它将都是不可接受的。这种交易必须真的完全孤立地予以看待,以使其内容丝毫不受促成它的那些目的的影响吗?

司法实践在这个问题上是摇摆不定的。问题得从诸多不同方面予以考虑,我们将列出其中几个:使债务人得以从事被禁止的博彩游戏的贷款或担保;对一个卖方知道的正在策划谋杀者的武器的出售;房屋所有人对于旨在开设妓院的房屋的租借或其他形式的许可;最后是一种附随情况,即,一场请求损害赔偿的诉讼受到如下事实的支持:被告违约将一套已经卖给原告的房屋卖给了第三人,而在该房屋里,他本可能开设了妓院并挣得大钱;或者是这样一种情形:为了撤销一项在双方之间履行的交易——通过该交易,一套房屋被出租以开设妓院——而达成了一项协议。这种类型的其他情形是:一项买卖,其目的是为进行该买卖的配偶提供遗弃其妻子的手段;或者一项贷款,贷给一已婚妇女,目的是引诱她离开其丈夫并跟放贷人走。或者这样的情形:市政长官的竞选者在选举前吩咐一酒店店主用该候选人的钱为村民提供食品和饮品,以便对选民形成有利于他的影响。

我们可以轻易理解为何司法实践没有在这些情况下立即表示赞同所签这类协议的可接受性。而立法也已考虑到这个特点,并认为这种问题有待商榷,同时在民法典第一稿(第106条)的表述中作了某种变动。代替"其内容违反善良风俗的法律交易"这一表述的是现在被选定的短语,"违反善良道德的法律交易",等等。另一方面,不能因交易的完成可能导致某种非正当的结果这种遥远的可能性而认定一项意思表示无效,因为这会意味着,一颗珠宝的出售可能由于买者可能将它送给一位名妓这种可能性而变得非法。

通过对正义法原则及其适用类型的思考我们得出了答案。我尤其想提醒读者，法律行为中的非正当程序可以两种方式发生。当事一方可能非法恶意利用合作伙伴，或者他们双方可能联手非正义地对待第三方。而就后种情形而言，即便当事一方只是在将一位陌生人交给另一方任意对待的行为中给予了必要的协助，也构成对于正义法义务的违反。

因此我们将不得不说，从这个观点看，如果一个法律行为中两个当事方如此联手行动，以致一方相对另一方的行为实质性地帮助了对于第三方的恶意利用，并得到了这种眼前目的的承诺，那么它就是不可接受的。

显然，这种帮助也可能在通过一个当前合同获取犯罪果实的行为中找到。举例说，窃贼用卖方知道是偷来的钱付账，或者反过来，他将偷来的物品卖给一个知道这个事实的人（再参看《德国刑法典》第370条，第3条）；明知一个礼物是用犯罪手段得来的钱购买的而接受了该礼物（D. XVIII 1, 34, 3; J. III 26, 7*）。在所有情况下，事情取决于允诺的行为是否属于一种受到禁止的欺诈、教唆或者对被偷物品的接受，即是否后者必然出现在允诺行为中。在这种情况下，带有这种目的的法律交易是不可接受的。这并非因为它提供了某种非正当目的的可能性（因为在这种所怀的目的实现之前可能受到大量因素的干预），而是因为签订协议的人因此为针对第三方的非法（无论依据正义法还是依据宽松法）恶意利用提供了实质性帮助。

当某个法律行为使某项义务的履行成为不可能，而该义务的不履行给义务人施加的不是一种刑罚而是一种赔偿（如今违约行为多属于这种情况）时，同样的观点也是适用的。这里，带着这种目的的法律行为也可能是无效的，无论它是议定于违约人与第三人之间还是发生于两个诱使当事一方违背其义务的陌生人之间。不过在这些情形下，有一点也总是被预设的，即，新的交易以实现非法结果为目的。这里有一个实例。一个卖了一头奶牛的人经第三方劝诱让后者以更高价格获得了这头奶牛，后者同时用合同保证，一旦发生第一位

---

* "J"代表《优士丁尼法学阶梯》(Justiniani Institutiones)，紧随其后的数字依次代表：编、章、条、款的编号。以下不再一一标注。——译者

买者提起诉讼的情形,赔偿他任何他可能赔付的损失。卖方同意了这种安排,且因不得不赔偿那位失望的原买者的损失,于是就对奶牛的占有者提起诉讼,要求议定的赔偿。该案最近由黑森地区的一家地区法院作出判决,原告败诉。该判决必须被视为是正义的。第二个合同是"违法"(contra jus)的,因为它旨在任意违反法律义务。而由于第三方的干预按照民法典第826条的特别规定应使他本人对第一位买主承担责任——这一点将在下章详释,因此第二项合同的违法就更无疑了。

现在从这些特殊情况言归合同自由的限制,我们必须在作出我们的总结性话语时仍然强调这种差异。我们必须区分整体交易的违法和位于该交易特别部分的违法。某些特定结果必然与某种自身可允许的交易相关联。例如,缔约一方因故意不履行其义务而承担的责任(pactum ne dolus praestetur nullum est——《德国民法典》第276条);受让人因转让人的债务而对转让人的债权人所承担的义务(《德国民法典》第419条);合伙人或共有人通知解除合伙关系或要求分离的权利(《德国民法典》第723条、第749条);法律给工业承包商或雇佣者所施加的保护雇员生命、健康和道德境界(《德国产业法》第120条;《德国民法典》第619条)等等。在这些情形下,一个非法条款被制定了出来,而交易作为一个整体依然有效并产生法律后果,这种后果在缺乏特殊认定时被按照法的补充规范由交易本身得到认定。同样的事情适用于规定丈夫与妻子分居的协议。这种协议并不使婚姻无效,即便它们是在婚约缔结时签订的。它们只是自身无效。它们也不因为新的民法典在离婚之外也承认婚姻共同关系(matrimonial community)的撤销而变得有效。因为这也只有作为某种司法命令的结果而非通过私人契约才是可能的,因为这将与从婚姻含义中推导出来的后果(《德国民法典》第1353条)相矛盾。

这种整体上的不可接受性与必要特殊后果之间的区分在两种合同自由的限制——体现于专门形成的法律条款中的限制和因对于正义法一般原则的违反而形成的限制——中都是有益的。第一种限制在具体适用中没有任何困难,因而这里可予以忽略。第二种限制我们将在试图对违反"善良风俗"的法律行为进行系统化时予以讨论。

最后我必须提到这一点:在我们的研究中我们主要涉及法律行为(juristic acts,即法律上的行为,acts in the law)。但一个简单而必然的推论是,即便在法律将某种排斥权的起源与某个人的自由行为联系起来的场合,如果行为人的行为违反了正义法,那么按照法的一般原则,它不得这样做。这可能构成对实在法特殊技术表述的违反(例如《德国民法典》第 958 条),但也可能是一种违反正义法义务的行为,如我们将在下章要讲的那样。这实际上也是帝国最高法院在上面提及的那项裁决中所想到的理念——在该裁决中,法院拒绝承认一项用非法行为取得的版权的原创性(第 112 页)。眼下我们将我们的讨论限制在不可接受的法律行为方面。

第二节 违反法律禁止的行为

这些行为可分为三类。它们本质上属于这样的法律方法,通过这种方法,法律事先规定和认定何种东西是一般正义的,同时指引法官尊之为绝对正义的东西。技术上的详释可以精致入微地设定各种各样的情形。我们将只揭示各组情形中的每一种所含的决定性观点,并用适当例证加以说明。

1. 法律对特定法律行为的直接禁止

这在民法典中随处可见,尤其在现在的第 138 条第 2 款关于高利贷的条文中。该条将 1880 年和 1893 年的早期高利贷法中的尝试延伸到民法领域并取代了它们,同时它们作为刑法规则仍然有效。(《指导法》第 39 条;第 47 条)。据此,任何交易,如果某人由此利用他人的急难、思虑不周和缺乏经验为他本人或某个第三人获取任何超值利润或超值利润的承诺作为某种对价的交换,而这种利润超过对价的程度是如此严重,以致在当时情景下与该对价完全不成比例——如果这样,那么这种交易都是无效的。

这种认定因此是《德国民法典》第 134 条——该条涉及"违反法律禁止"的行为——的一次特别适用。它在法典第 138 条中的反映实际上无关紧要,并且只是在关于法典的讨论的最后阶段才得以敲定。不过,尽管它有其内在特性,但它通过"特别是"一语与第 138 条第 1 款的关联绝非一种错谬。第 1 款规定,行为不得违反"善良风俗",即违反正义法原则。第 2 款的附加认定试图为经验中诸情形的某种平均值制定一种可一般适用的规则作为正义法而非宽松法的体现。由此导致的实际推论是,首先,在适用第 138 条第 2 款时,我们必须只考虑该规范的技术含义,而该款必须与人们可能对第 1 款所作的任何分析区分开来;其次,实践中它必须与第一款协同起来实施。

关于不可能履行合同的规定也属于这种情形。从系统的观点看,将这些规则置于那两个涉及违反专门制定的规则和违反纯粹正义法原则的类型以外的第三个不同类型中是不完全对的。它们表明的只是《德国民法典》第 134 条所表述的合同自由限制的某种特殊适用。它们现在包含许多以前被人们作过精确表述的东西,如包含处理"非流通物"(res extra commercium)的合同。存在着许多适用这些情形的地方性法律规则(《普鲁士普通邦法》I 4,14;I 5,85;《德国民法典推介法》* 第 89 条)它们现在受到合同所确定的某种初始履行不能原则的支配。

如果我们对我们法律中与民法典 134 条相关的诸多细节进行细究,我们会发现大量的在另外情形下相互不关联的独立认定。其中许多被收集在现代法的索引和辞典中。我们这里只提及民法典不同部分中的极少数规定。

预先达成的关于已到清偿期的利息将再生利息的协议无效(《德国民法典》第 248 条)。关于将来财产的合同或者仍然活着的第三人财产的合同无效(《德国民法典》第 310 条;第 312 条——最后一点参看 D. XXXIX 5,29,2,不过其结论不得从现代法中得出)。一项预先签订的关于质权人(the pledgee)如果得不到清偿则质物(the thing pledged)的所有权将归于质权人(质押中"解除条款"(lex commissoria)的禁止——《德国民法典》第 1229 条)的协议也一样。非婚生子女无偿放弃他将来应得的扶养无效(《德国民法典》第 1714 条**)。一个人据以迫使他本人履行或不履行、取消或不取消"死因"处分(a

---

* AG.(Ausfuhrungsgesetz)to BGB。——译者

** 施塔姆勒在本书中所分析的《德国民法典》具体条文与当代《德国民法典》的条文不能完全对应上,其中有的条文已经完全失效,有的发生了变更。施氏所析的第 1714 条的这一规定在如今的《德国民法典》(参见陈卫佐译注:《德国民法典》,法律出版社 2004 年版)相应条款中未能找到。——译者

disposition "causa mortis")的合同无效。

有时我们发现特殊认定中具体交易上的法律限制,比如说,有条件的转让或受时间限定的转让(《德国民法典》第 925 条);不能为需役地的使用带来利益的不动产地役(《德国民法典》第 1019 条);与已失效法律或外国法律相关联的婚约(《德国民法典》第 1433 条);由他人决定继承主体和客体的遗嘱(《德国民法典》第 2065 条)。尤其相关的是订婚合同中的禁止,关于婚姻并没有缔结情况下的违约处罚(《德国民法典》第 1297 条;与 D. XLV I,123 pr 类似.;并与《普鲁士普通邦法》. II 1, 113 相反)。

我们只从这些法律规则中选出几个例子。就这些规则的具体主题而言,它们相互之间不存在进一步的关联。经验告诉我们,私人经常表现出规避它们的倾向。如果法律禁止动产的抵押并只允许某种质权的设定,债务人通常会将他的财产附条件地交付债权人,条件是债务一经清偿该财产即应再行交还;但同时他又会租借担保标的物。民法典没有就这种规避行为(in fraudem legis)作出任何具体指引。但它们应该受到像被规避的法律所指涉的那些行为一样的对待,而当各当事方有意识地对法律作过于字面上和狭义上的理解时,这种规避行为的品质将不得不予以承认。

2. 刑法对行为的禁止

这涉及以导致某种受到刑事处罚威胁的行为的交易,而且刑事法律宣告这些交易无效。这些交易可以是:

(1)向某人作出他可以实施一项犯罪的允诺,无论是直接通过贿赂或雇佣罪犯还是间接通过放弃任何损害赔偿请求或保证他不受处罚或承担费用(D. XLVI 1,73)。另一方面,事后的奖赏合同只有当它包含着对进一步犯罪的引诱时才无效(对此参看《普鲁士普通邦法》I 4, 146)。

(2)为实施一项共同犯罪的目的而进行的联动。例如走私合同;为从事一项被禁止的博彩而进行的合伙(societas honestae et licitae rei esse debet);某人从一位领有执照的酒店店主接管了该店,自出资金并自担责任经营,但达成了这样的协议:作为受让人的他不必从警方领取个人执照,但表面上应作为该店所有者的代表。这是违反《产业法》第 147 条第 1 款的刑事违法行为。

228　第三部分　正义法的实践

所有这些必须与那些行为本身是允许的,只是一方或双方因实施这种行为时的附随情况而使他们承担处罚责任的情形区分开来。这些情形包括:违反星期日歇业禁止的购买、面临执行威胁时出售财产以躲避债权人(《德国刑法典》第 288 条)、违反《证券交易法》第 75—78 条的交易。这里行为在民法上是有效的,因为要想使它无效,合同本身的基本含义就必须将导致一项刑法所禁止的行为。

(3)法律通过对特定法条的根本强调而对特定行为的禁止。《德国民法典》第 134 条以及我们的现代法和外国法包含了这一点——这几乎是不容置疑的。民法典第一草案(第 106 条)中所添加的"违反公共秩序"这一表述是否意在指称我们现在的这个命题,或者此语是否仅仅意味着违反根本公法(再参看《司法法》第 173 条),我将留待人们探讨。但令人绝望的是,该术语一般来说是模糊不清的。另一方面,当《德国民事诉讼法》第 328 条第 4 款和指导法第 30 条将"某种德国法的目的"引入我们的问题中时,它们的意思只是《德国民法典》第 134 条所界定的东西,而我们现在得思考可以从这种引入中得出的推论。因为实际应用已经在这方面产生了难题。我们可以大胆地说,同意靠提供虚假事实以求离婚的合同就属于这方面的问题。因为在这种情形下,离婚只有基于真实有效的理由才应得到允许这个我们法律的根本理念被当事方的任意行为否定了。

当一方仍生活在一桩有效婚姻中时,其订婚的效力已受到人们争议。但这样一种订婚的非法性应该是永远没有疑问的。一个人不能同时诚恳忠实于并正视一种完全没有分离的婚姻生活,并为另一个同类的生活作准备。如果他想着后者,他就已经主动地破坏了他应该背负的婚姻忠诚,并已将一种"毗连的自相矛盾"(contradictio in adjeto)带进了他的行为中。法律如果认可这种内在矛盾,它自身就会陷入自相矛盾。现在已经实际发生了这样的事:已婚的一方请求宣告这种情况下所订婚约的无效,以期他将能够逃避按照《德国民法典》第 1300 条所负的损害赔偿义务。但这一条其实是多余的。所有由此可以得到的东西已经被第 825 条连同第 847 条以及第 826 条所确认。

疑问已经在产业法的实施中产生,例如在所谓的啤酒领受合同中。在这种合同中，店主们有义务只从特定酿酒商那里订购啤酒。《德国产业法》第10条只禁止那些导致不便的交易权利，而它的第8条宣告所有以前存在的垄断权无效。而这两种情况都与上面提及的合同不同。因此，违反法律禁止的不是实际上的啤酒购买合同，而是对其不可解除性达成的一致。

这方面很有趣的是所谓的封口钱（hush money）——一个人对另一个人所作的承诺，以使后者不得说出前者所作出的任何法律禁止的行为。这里我们将不得不在我们的法律中找到关于必须说出这种行为，因而法律不允许买通的犯罪的基本规定。在只有经受害方请求犯罪才会被处罚的情况下，事情可能是有疑问的。这里必须作出某种区分。如果法律将主动权留给了权利人的个人选择，他就可以通过契约私下与被告人达成协议（也可能通过撤销动议，如果这么做是可能的话）。但另一方面，如果这种权利是一种必须为了另外一个人的利益而得到保护的权利的话，比如说像一个被强奸女孩的代理人的主动权（《德国刑法典》第182条），那么权利人藉以允许这种权利被买通的合同肯定是违背法律的意图的。

而这种观点总是可以成功实施的，因为法律必须受到客观正义的对待。这里有些例子：为使监护人将被监护人的财产卖给支付人而付给监护人的款项；为使一个专业协会的代表为了赠送方的利益而推荐某个人进入该协会而给该代表所发的赏金；为使某人放弃他的拒绝作证的权利而给他的酬金。关于这一点，参看《破产法》第188条和243条。

那些界分不得不关涉当今政治问题的界限稍许更加精致。在德国，出现了著名的与违反帝国宪法第32条相关的审判。根据该条，国会成员（the members of Reichstag）不得接受酬金或补偿。奥地利最高法院不得不就一个合同作出一项裁决，根据该合同，一位政客因其作为支持有关征收白兰地税法律（该法不久在奥地利得到颁布）的宣传者和鼓动者而被允诺得到一笔费用。法院宣告该合同有效。不久前，罗马一位名叫席尔法尼（Silvagni）的记者——《舆论报》编辑——所提起的一场诉讼特别有趣。在意大利，没有政治人物和政府的支持，报纸一般是无法生存的。于是，席尔法尼试图通过与内阁主席萨拉科（minister-president Saracco）达成一个协议以获取其办报所需的资金——萨拉科许诺他每月两千里拉的捐助,条件是《舆论报》支持政府并停止攻击第鲁蒂尼(Dirudini)和卢扎蒂(Luzzatti)两位代表。由于这项付款几个月后没有任何理由突然停止了,席尔法尼对那位内阁主席提起了诉讼,理由是他违反了合同。裁决判原告败诉。法官宣告说,即便在报纸不得不批评政治人物的场合,它的义务也是服从真理。如果《舆论报》的经理人认为上述两位政治家值得谴责,他就不得通过接受金钱而逃避这种义务;而如果他不认为他们值得谴责,那么即便他没有得到酬金也不得对他们进行攻击。席尔法尼企图通过不批评两位政客的允诺而按月接受一笔费用为自己获取非法利益,因此他的诉讼请求被驳回。我们知道,裁决总须考虑一项有关对价的合同是否危及甚或颠覆和违反了一项权利与义务,而这项权利与义务是法律所认可且意在予以客观实施的。

第三节　违反"善良风俗"的行为

从目前所引述的问题可以清楚地看出,许多司法实践迄今已经检验以期其与"善良风俗"一致的行为事实上应归类于《德国民法典》第134条之下,并在与其对"法律禁止"的违反的关联中予以裁决。应特别仔细地记住立法中所使用的两种不同方法和手段,即专门制定的规则和依据法律自身的基本理念所作的判断在这里是可欲的。尤其是许多情形被放到了上面提到的范畴之下,但实则属于这第三目项下,且须依据实在规范和规则所作的专门推论予以裁决。我们在判断中是否应该适用一个或另一个归类模式有其重要实践意义。在一种情形下,我们把某种固定而实在的规则当作最高规范,其含义可予清楚地理解和适用,而在此之外不存在需要进一步考虑的东西;在另一种情形下,我们必须在每种情况下都在正义法原则和模型的帮助下从正义法的理念中独立推出适当的决定。如果一项合同违反了"法律禁止",仍然存在着对该项合同的消极利益进行补救的义务①(《德国民法典》第309条)。但如果违反了"善良风俗",这种事则是不可能的。

---

① 在一项无效或废止的合同、且存在合理依据的情况下获得补偿的权利。——原注

如果一种法律行为属于前一种类型,我们必须进一步考虑它是否必须被视为无效,或者按照这种实在法的含义,是否会发生另一种效果(《德国民法典》第 134 条)。但如果它违反了正义法,就只有一个结果,即,该行为无效。刚强调的这种区别在我们考虑法律所控制的关于标的、地点和时间的范围方面变得尤其重要。

如果一个法律行为因专门规则而被宣布为不可接受,那么这种不可接受性仅延及该实在规则所辖的客观范围以内。拥有这种效果的一条民法典规定不能适用于民事性地方法或公法,而理论法学的结果,尤其是实践中其适用于违反"善良风俗"的法律行为的方法,也适用于另外两个领域里产生的问题,除非在所涉其他法律领域中的确存在有效的特殊强制性规则。

就国际私法而言,必须肯定这样一个命题:我们以及我们的法院必须首先本着我们的特别制定法的精神,然后依据正义法的一般原则对合同自由的限制进行认定。与此冲突的外国法永远不得适用(《指导法》第 30 条);而一项与它相违背的外国判决不得被执行(《德国民事诉讼法》第 328 条第 4 款;参看第 723 条)。还有如下的特别复杂的情况:一个违反一项外国法律禁止——该项法律禁止被用以在我们国家解决纠纷——的行为是否应被视为合法?这里有一个例子。有人为了将货物偷运进俄国而形成了合伙关系。合伙人中出现了分歧,而他们签订的合同成了诉讼的标的。德国法禁止走私者将可征税的商品进口到德意志帝国域内。另一方面,将货物从德国偷运到一个外国只有在存在着国家间条约(如普鲁士与奥地利之间那样)的情形下才被禁止,而目前德国与俄罗斯之间还不存在这种条约。现在的问题是,该合伙有效吗?该"合伙之诉"(actio pro socio)可以受理吗?

人们会说我们的法律不应支持那些违反一个与我们和平相处的国家的法律的人。但纯粹的技术性观点是不够的。根据我们的法律,一个想将基督教教义以及违反其法律的教育模式带进一个外国的社团并不被看作是非法的。因此我们必须从客观角度考虑这个问题。而结论将是这样的:如果我们的法律对那些按照它的看法构成非正义法的东西进行真实的认定,那么对于那些受到我们的法律约束的人和我们的法院来说,这就同时意味着,一个行为如果其结果影响到一个外国国家且触犯外国（技术性）法律，它就是非正义的，正如当这种行为违反我们的法律的时候我们应称之为非正义的一样。据此，上述合伙关系对我们来说是无效的，而根据我们的实在法所作的推论也是无效的。关于如此形成的关系自身是否正当以及那个征收关税的国家是否可能是在提出不正当的要求这方面的进一步考虑，根据这种观念则是不想关联和不予考虑的。

上示另一个问题涉及一个法律行为成为不可接受的时间的问题。因而人们表达了这样的疑问：在1880年的《高利贷法》颁布以后，先前达成的高利贷交易是否能够实施？还有，对于一项属于目前《德国民法典》第138条第2款规定的请求权的放弃是否应视为无效，如果该放弃行为是在该规定生效以后作出的话？《德国民法典》第540条和第541条是否应适用于过去的租赁合同的问题也已经被人提了出来。这些条款规定，限制或排除出租人因租赁物瑕疵而担负的义务或者因第三人对该物的权利的存在而担负的义务的协议无效，如果出租人在签订该协议时狡猾地隐瞒这些瑕疵的话。同样的问题适用于《德国民法典》第544条，该条规定一处危害健康的住所的承租人即便在合同签订时知道这种危险或者已经放弃他的权利的行使也可以立即通知终止租赁；这一问题也适用于民法典559条，该条规定，出租人的留置权不延及那些不得受到扣押的物品。

人们通过区分专门制定法和正义法原则而给予了适当的决定。如果行为违反了后者，它在所有情况下都是无效的，除非特别法例外规定这些原则不应予以遵循。但由于无论是与我们相关的现行民法还是任何先前的法都没有这么做，相反，由于所有与我们这里的问题相关的法律制度都认为违反"善良风俗"的行为无效，因此这里我们充其量可以说我们可能需要更好地理解该规则的含义。另一方面，如果一项意思表示违反了某个特别表述的强制性法律，那么该法求得一般情形下正当结果的这种特别尝试必须按照实际技术方式加以理解和适用。此类法律规则因此必须在每一种情形下都得到检验，以便同时弄清它是否旨在追溯性地适用于它生效以前达成的交易及其时与实在法相符的交易。诸如对"溯及力"的否定那样的推定可能是不恰当的（参看《指导法》

第170条）。每个特别法的含义必须在某地及某种含义上予以阐明。（参看《德国民法典》第2171条）。由此可知，关于1880年高利贷法的适用问题，按其特别顺序对于以前法律所允许的行为给予否定的认定，而对于涉及民法典138条的行为给予相反的认定是更可取的，如果我们考虑到这种专门界定的认定的实际意图的话。在这个意义上，我们必须再三强调，《德国民法典》第138条的两款必须合起来理解。于是，第二款变得与第一款同样重要和具有有机性。至于上述租赁法的三个问题，正确的看法是，民法典的特别规定不适用于旧租赁法。因为它们所引致的旧法中的变化不得不更多地应付具体问题，因而不存在让它们导致现行合同中变更的特别理由。它们并不自命为一个一般规则体系中具体细节以外的东西，而这些东西（像出租人的留置权一样）必须在另外情形下毫无疑问地依照旧法予以裁断。另一方面，《德国民法典》第567条中的"永久租赁行为"（locatio conductio perpetua）的禁止必须被视为完全可适用于旧有合同，因为相反的推测，即合同追溯至古时且不受终止通知约束的可能性将在很大程度上使法的目的变得虚幻。但所有这些只不过有助于解释专门制定法与原则上正义的法之间的差异。对这种事项更详细的解释是技术法学的事情。

现在我们将对那些原则上不能接受的行为进行系统排列。如此节开始时所言，这是法学家的事情，而不是道德宣讲者的事情，尽管它肯定是技术法学家们要解决的问题。所有试图通过道德信条的结论深入探讨这个课题的努力都必须从一开始被视为是徒劳的。这两种思维过程完全不同。此二者中的每一个——正义法和伦理信条——都有其自身的方法问题。从相同的人类意志的最高法则出发，它们必须通过各自特有的不同原则详加判定与实施，而且它们只是在实现理想的人类社会生活的共同问题上才找到了它们的统一。在这方面它们相互支撑并不可分离。

就我所知，格鲁霍特（Gruchot）是近世法学文论家中唯一一个享有如此美誉的人：他曾经试图以客观法学方式对那些其内容是非正义的法律行为进行了系统研究。他列出了五种行为：1.以实现或促成被禁止行为的合同；2.作为对免于作出一项被禁止行为或对履行一项强制性义务的对价的承诺；3.以隐藏某种犯罪为目的的合同；4. 对一位妇女的身孕负有责任的男人所签订的旨在隐瞒婚外父权的合同；5. 藉以对于某人在不应允许自身受到外在动机限定的事项上的自决施加不适当影响的合同。此外他还通过补充加上了一条，6. 为了议定一项婚姻而承诺补偿的合同。

我们明白，这里违反"法律禁止"的行为没有与违反"善良风俗"的行为区分开来。此外，上列具体情形所立于其上的统一理念是什么也全然不清楚。这位法学家的确不曾说，"法将与它最内在的本质相抵触，法将不法（Recht）并变成不公（Unrecht），如果它随时否定那种构成它的基础的伦理原则并为不道德行为提供保护的话。"但他未能明白的是，普遍意义上的"伦理原则"只能表示一般正当意志的理念，而他下意识地将"不道德"一词在"不符合正义法"的意义上使用于目的性活动事项之中。只有这个最高概念才包含两种区分，即以纯粹意图为目的的伦理信条和关心正当行为的正义法。这里我们要探讨的是对后者的思考。

在从一开始就考虑那些原则上不可接受的行为的系统化问题时，我提请读者回忆一下正义法原则的公式，并且记住通过一个独立社群的观念将这些原则适用于广泛的具体情形的方法。在对此进行谋划的过程中，我们遇到两种可能性。1. 由于它违反了正义法原则，这种行为整体上不可接受，以及 2. 对相关原则的违反在于该行为的某种特别认定，因此这个特别条款变得无效了。

让我们思考一下情形 1。这里我们必须适用存在的原则，即尊重的原则和参与的原则。它们的共同倾向是，对待一个受法律约束的人不得受另一个人任意欲望的支配。人们在尊重问题上和在参与问题上都可能犯这种错误。义务人可能被要求作出某个行为，或者他可能被排斥于社会生活之外。通过跨越由此设定的限度，我们面临着规定某个事情的作为（the *doing* of a thing）的不可接受的行为以及那些规定不作为（*omission*）的行为。另一方面，物权和债权（real and obligatory rights）的技术区分不适用于这里。尤其是，一个人究竟受到这个或者那个人的排斥是无关紧要的，因为在我们的合同自由问题中，我们讨论的是一般法律效果的不可接受性，而在其情形下出现疑问的那个人总是清晰而突出地站在我们面前的。

现在我们要思考情形 2。在我们对"诚信"履行的讨论中,我们曾提请人们注意这样一个事实:民法典关于"诚信"履行的认定是严格且具有强制性的,因而不能因相关当事方的任何意思表示而得到规避。我们不能想象在《德国民法典》第 242 条的规定上加上"除非当事方已经决定了一种违反诚信的履行"这样的话。因此,每一个旨在给义务人施加一种"违背诚信"实施一项行为的义务的"合同条款"作为该法律行为的某种特别要素是不可接受的,并因而无效。现在我们必须以一种更一般的方式指出,在涉及所有其他因法律关系的履行而引起的问题时,同样的规则必须得到遵守。这就因此意味着,一个旨在引致专属权非正当行使(尤其是当目的是纯粹恶意的时候)的行为,或者家庭关系中的"滥用"行为,或者当法律要求"实际"告知时这种义务的免除行为,或者一种明显不符合"衡平"的认定的设定——这种行为超出了合同自由的限度,并因此被视为无效。这是从《德国民法典》第 138 条第 1 款的一般规范中严格推导出的。如我们已明确的那样,根据这条规定,任何行为都不得违反正义法原则。即便我们承认(依前一节)立法可能不时允许这种权利的非正当行使,但任何人都不得将某个法律行为视为这种行使的依据。根据前面的讨论,一种按正义法不可接受的权利的行使一般来说不能通过对某种特定行为的合意而变得在法律上有效。

由此我们还可以解决目前的难题,那些由房主协会在协议中议定的租赁合同多大程度上经得起适当的鉴定?它们很大程度上消除了法典的那种补充性和个人性认定,并代之以其他的更有利于出租人的认定。人们认为,如果这种现象"系统性地"发生,它就违反了"善良风俗"。但这里的大前提有点模糊不清。而这种推论在任何情形下都不是结论性的,因为法律自身在加上那些纯补充性规则之前已经确定了合同的认定问题。因此,这只能是一个关于《德国民法典》第 242 条在第 138 条的一般基础上确立的合同自由的限制的问题。一旦特定情形下出现要求承租人以违背"诚信"的方式履行其租约的合同约定,这种对相关法律行为的约定必须被视为无效。

而当这种法律行为的一部分因此变得无效时,未受影响的那部分能否作为一个整体继续有效的问题就出现了。民法典已试图在其第 139 条中用一种一般方法解决这个问题,该条规定:"如果行为的一部分无效,则整个行为是无效的,除非我们可以推定没有无效的那部分,该交易也会被达成。"但我们如何认定整个行为的有效性将是否会得到推定?这显然不能仅通过提及私人意志来回答。因为全部的问题涉及它的可接受性和必要的限制。我们不能因为该行为的一部分违背"善良风俗"而认定它无效,同时又仅仅因为它的内容是相关当事方所想望的就径直使其余部分不受影响。由此可知,在瑕疵条款被剔除后,该行为的剩余部分必须再次经受这方面的检验:它现在所呈现出的节略形式是否在合同自由限制范围以内?剔除可能使形势大变,以致该剩余部分给此前依照正义法原则被诉侵害——这种侵害由被剔除的条款所致——的那一方施加某种不可接受的压力。

如果我们将以上所述与履行的类型中所作的区分合而为一,我们将有如下图式:

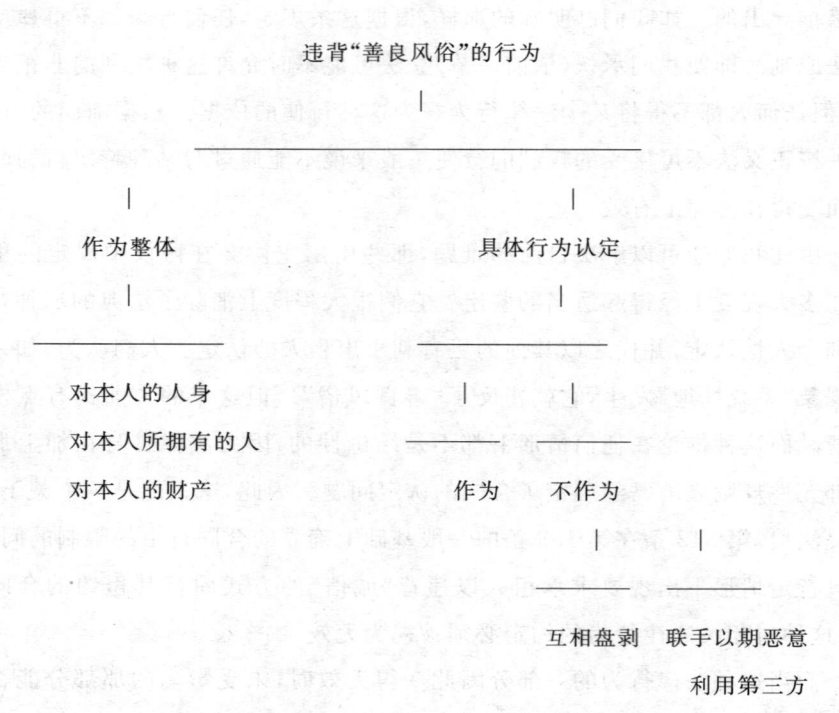

违背"善良风俗"的行为
├── 作为整体
│   ├── 对本人的人身
│   ├── 对本人所拥有的人
│   └── 对本人的财产
└── 具体行为认定
    ├── 作为
    └── 不作为
        ├── 互相盘剥
        └── 联手以期恶意利用第三方

第四节 不可接受的积极行为(不法行为)

1.让自己的人身经受他人任意欲望和要求的支配。

这里我们只适用尊重的原则。而且我们必须提醒读者,当一个人求所欲求且仅因为他如此欲求时,纯粹个人欲望意义上的任意对待(arbitrary treatment)就发生了。乍一看,这里的法律效果好像也追溯至义务人的意志——这似乎是可能的。但事实上,就其行为的内容而言,他放弃了自身设定的所有限度。由于在行为中让他自己的意志完全听受他人支配而不作原则上的保留,因此他的意志淹没在了其对手的更强力的意志之中。独立社群的意识不见了,在这种社群里,每一方也将他方本人尊为一种目的。在以一种纯粹个人的方式竭力实现其欲望时,他只把他方视为自己的一个纯粹客体,一个纯粹为他所用的纯粹手段。在行为实践中,他向他的同伴施加在类似情形下己所不欲的那种东西,即像一个物件一样被人对待。矛盾被以一种懵懂的方式予以忽略,而从这个专题的观点看,这种矛盾非常值得重视。但法律不能容忍自身中包含这种矛盾。于是就出现了立法和私法实践中如此常见的那种冲突。

从约瑟为法老买下诸埃及人的人身(《创世记》47章,19节)之日起到涉及德国领土上奴隶制的最后那场诉讼——发生于1854年的柏林市政法庭,人们尤其在与奴隶制和类似所有制关系相关的问题中考虑到了这些问题。人们从希腊哲学家和罗马法学家关于奴隶制的著名谚语中尤其体会到了这种难处。这种问题在近来有关意大利劳工向美国的移民问题、英国东非公司签订的输入贝专纳人*(Bechuanas)的合同问题以及帝国议会(1889年3月11日)关于年轻女佣向保护领地的移民问题等事项中再次出现(再参看第206页)。

一个人以何种方式获得对他人人身的无限制权利是不重要的。当卡辛卡·巴尔米于1812年给哈登堡亲王写信请求他允许她为了一个参加过自由战争的伤兵而在柏林彩票业中抽彩出售她本人及其60000塔勒尔(thalers)的

---

* 即现在的博茨瓦纳人。——译者

财产时,不存在任何实现她的请求的法律上的可能性。

现代法学家常常谈到《威尼斯商人》中夏洛克的契约。从这里所示的观点看,此剧中的那个协议对于我们的法律来说无疑是无效的。至于其余的东西,我们这里无需决定这个法律秩序是否实际代表着法律从对人的执行到对财产的执行的历史发展,或者是否仅仅是以一种正式而尖锐的方式对这个恶棍的狼狈失败所进行的一次无害的智慧演示。

我们豁然明白,涉及人身滥用和责罚的行为是这里所讨论的,并且是无效的。当赫伯尔(Hebel)在公证人面前讲述那个协议——据此协议,一位军官承诺给一位商人一匹马,条件是他用手杖抽打商人五下,结果他只抽打了四下——时,作出客观裁决是不难的。当人们偶尔谈到协会可以惩罚其成员的程度时,已经提及了协会的体罚规则问题。就这种惩罚本身而言,它完全是不可接受的,人们也不能因此而获得罚款。

在饮酒醉到不省人事和其他恶习中,存在着一个放弃人类尊严的问题。对社会劳动产品的不适当使用,以虚假方式现身于社会,也一样。人们可能以为,滥用自己的身体——比如通过无节制的饮酒,是个人私事,与任何他人无关。但没有社群,"个人"将无所依凭。他从社群那里得其所是和所能。社群给予了他存在,他的真实存在。因此,通过无节制的饮酒以获得一时的感觉及知觉能力的麻木和丧失而签订的合同有违正当社会生活及其原则。为了不遵守饮酒习惯而设定的契约性处罚在上述条件下是无效的。向醉鬼出售酒精也必定是无效的。对于向醉客提供更多的酒水的酒店店主来说,因此承诺进行一场表演只能被看作是一种滥用他人人身的辅助手段。

"和妓女订立的合同"(contractus cum meretrice initus)尤其属于这里所说的情形。在各种各样的性屈从行为中,人变成了物件,成了另一个人个人欲望的纯粹工具。这就因此意味着,所有拉皮条的合同也必须被宣布为无效。有关妓院的买卖或租赁合同中可能会出现一些难题。如前所述,问题取决于合同的标的是否是一座特别用于不道德目的的房屋,以致买卖或租赁价格的确定与相关人准备将在其中从事的业务相关。不过,仅凭获得该财产的人将可能滥用它这一点并不足以使该行为无效(第 306 页)。

一家东普鲁士法院不得不就这么一个案件作出裁决：案中一女孩要求得到一笔别人承诺的钱，作为合同约定的对一次接吻的补偿。用机械方法作出一次一般性裁决是不可能的。"荣誉之吻"是与某种交换物完全不同的东西。如果协议旨在后者，那么我们就不能免于因这样的事实引起的异议，这个事实是，协议将人的身体因而也将人的不可分享的人格放到了任由他人处置的境地中。对于吻人者来说，一项吻人的义务可能是让人不快和不可接受的，如同梯利尔（Tillier）在其《本杰明叔叔》中所显示的那样——这也是可能的。

同样，在与保姆签订的合同的情形中，如果她能在不放弃自己孩子的情况下接受一名陌生孩子，该合同的效力是不得有异议的。相反情况下就可以有异议。而如果这个必要条件在她提供的保育服务期间得到了显示，那么后者就可以因"有效理由"而被终止。

有一种服务合同的履行中存在着劳工的生命危险，这种合同的效力问题也可以通过社群理念的运用而得到肯定的认定。当人们以共同劳动和斗争的方式使每个人被所有其他人当作该社群的一员和他自身的一种目的看待时，特定共同工作的危险性并不构成反对拥有这种目标的某种特别行业有效性的论据。我们立即想到海员、矿工、阿尔卑斯山引路人所从事的真正重要的工作，这些工作并不仅仅服务于个人性情。想象这样的具体社会关系是困难的，在这种关系中，用雇佣军作为保护我们外部和平的唯一形式将具有正当性。至于某些职业竞技比赛，如南部国家的斗牛赛，仅仅出于个人娱乐的愿望而让人命面对毁灭危险，——它们完全不能被赋予正当性（参看《德国产业法》第124 条，第 5 条）。

一个仍然待定的事项是死人尸体的正当处理和活人以及他身后的人对他自身死后身体的处理方式问题。莫迪斯蒂努斯（Modestinus）讲到过一份遗嘱，在该遗嘱中，某人被指定为继承人，条件是他将把立遗嘱人的骨灰撒进大海。这位大法学家的裁决是，这位被指定为继承人的人无需这么做，而且他可以领有遗产，如果该遗嘱人在订立其最后的遗嘱时的心智是健全的话（D. XX-VIII 7,27 pr）。死人的尸骸不是商业交易的对象（再参看《德国刑法典》第168 条；第 367：1 条），这一点我们也必须推定为一个基本原则。但我们也必须承认,当供解剖用的尸体和这种尸体的部分被用于客观目的,即用于增进我们的知识和能力时,事情又另当别论。

改变人的宗教信仰的合同,或继续当一名神甫的合同以及类似情形,也属于个人非法屈从他人任意欲望的情形。在这方面,人们说得好:"良心自由不得因任何意思表示而受到限制。"(《普鲁士普通邦法》I 4,9)不过,当实践中人们把成为某个特定教派的成员作为继承某个采邑资格的条件时,这么做并不违反良心自由。

2. 对法律委托给承诺人的人的履行

首先属于这类的是子女教育的合同。没有合理理由,父母之间签订的这种合同不能被视为无效。因为只有当它们被证明是为了父母或监护人的个人利益而不是作为增进孩子利益的措施而签订的时候,它们才是违反正义法原则的。因此,最高法院依据《德国民法典》第1635条作出了裁决:夫妻之间签订的如下协议,即双方的儿子将由母亲单独抚养,并且她将放弃所有对她丈夫提出的扶助请求权——此协议在离婚诉讼即将发生时是有效的。在遵守迄今在这方面广为流行的实践惯例时,我们必须注意,初审法院的职能不同于孤儿法院的职能。父母为了子女的抚养而签订的合同的效力是由前者裁决的。后者的干预依《德国民法典》第1666条的规定进行。

就孩子的宗教方面的教育而言,地方法必须得到遵守(《指导法》第134条)。而根据该法,通过合同偏离那里有效的法律规定多半是被禁止的(《普鲁士普通邦法》II 2,77)。保罗曾将由两个孩子的父母为他们订立的婚约宣布为无效(D. XLV 1,134 pr.),这是正确的。

父母据以将其子女移交给第三人的合同体现了不同的一面。一旦它们显示出屈从于该第三人任意欲望的因素,这种合同就无效了。这可能有多方面的区分。普鲁士最高法院不得不就这样一个案件作出判决,在此案中,一位父亲要求得到一千塔勒尔,而这笔钱是作为他将他三岁的女儿完全让与被告的补偿而由被告承诺的。法院裁决认为,除了收养以外,这种让与是法律上不能接受的。帝国最高法院最近忙于审理一个案件,案中一位已经被其父母交让给一个杂技团以接受训练的六岁孩子被转让给了另一家公司,而后者又将他转让给了一个第三方。这个第三方的头儿虐待了孩子。当后者被指控虐待时，他争辩说他打孩子是在行使他的父亲责罚权，此权已经转让给了他，因此他不能受到惩罚。但最高法院认为，对一个孩子的这种完全放弃是违反"善良风俗"的，因而是无效的。因此，这种交易中不可能存在有效的责罚权的转让的问题。因此有人声称，这种异议不能致使被告人无罪。据说，华沙一家法院受理了一个损害赔偿案，案情是：一位农民生了一个儿子，小子每只手有六根手指，每只脚有六个脚趾头。农民将孩子交给了一位经理人，而这位经理人两年后将找他赔付议定好了的补偿费。但当他来时，他发现那位母亲此间已经将多余的手指和脚趾砍掉了。

不过，如果合同为了教育孩子的目的规定部分放弃孩子，或者如果它是一种工作合同，那么根据以上重述的观点，它是有效的。甚至在有名的拉芬斯堡（Ravensburg）小孩市场中所实行的租借也属于这种情形（参看 D. XXXVIII 1,25）。

3. 对他人财产的利用

法律经验中属于这类情形的一般有三种情况。(1)高利盘剥，就其尚未被《德国民法典》第138条所覆盖而言，如前所述，必须被视为法典第134条意义上的"法律禁止"。(2)将本人的财产权完全交由另一个人自由使用。(3)约定作为完成一个人义务的补偿的交易行为。

(1)究竟是否存在非法高利贷这种事？甚至在1880年5月24日的《高利贷法》出台之前人们就有争论。换言之，这个问题是，在不提及任何实在特殊规则的情况下，基于行为属于禁止"违反良俗"范围内的事项，一项约定高利盘剥的交易是否无效（参看第111页）？当一个人的财产由于他人的盘剥而处于这样一种境地，以致他成了不过是服务于对方并且有利于对方的工具时，这个问题的答案无疑是肯定的。不过这类情形不太经常发生。但某种特殊交易本身具有高利贷性质则是可能的。当承诺人在其特别情景中被当作一种不自由的、任由对方处置的工具对待时，情形就是如此。我们的法律公式——讲到"利用"对方的某种处境——是完全正确的。不过，像人们能够轻易看出的那样，在具体适用中当我们有必要在每种情形下给出数字评估时，问题就出现了。

人们有时试图用法律进行确定,于是就有戴克里先的"最低标准说"(laesio enormis)(另一方面参看他在 C. IV 44,8 中对他所遇到的一个案件的讨论),以及对利率的法律限制。如所周知,现代高利贷法已经吸收了比例价值说,在这种情况下,我们不得不按共同交换价值行事(第 227 页)。而这也可能是这些法律颁布以前的时代的正确做法。

如今,由于《德国民法典》第 138 条第 2 款的综合规定,只有极少数行为因违反"善良风俗"的高利盘剥而无效(《德国民法典》第 138 条第 1 款)。作为回报受赠人的赠品的情形可能属于此。下列行为在许多具体情形下也可能属于这类情况:酿酒商给穷店主贷款以获得一家酒店的所有权,而他们的啤酒在该店有售。贷款五倍于预期的年销售额,因而借方变得完全依赖于贷方,而贷方绝对随心所欲地对待他。

当一个商人为了低价打压并毁灭他的竞争者而进行亏本销售时,这个问题可能会添麻烦。第 138 条 2 款中所列三种性质中的任何一种都不能在这种情形中找到。不过如果他最终因没能实现所想望的目标而拒绝交货,他就不能诉诸这些原则——这同时是真的。因为如果行为是无效的,那就必须总是存在着剥削。如果贷方对于那种使交易变得带有高利贷性质的具体情况一无所知,那么就该交易而言,承诺方完全不受对方任意欲望的支配。因此这是一个履行一项有效交易的问题,尤其是一个尊重义务人必须依"诚信"要求履行其服务的原则问题。

(2)如果一方的义务完全没有得到确定并完全受制于其自由判断,那么对方就被完全置于他的支配之下。因此,如果某个行为旨在建立某种特定合伙以达成某种共同目的,而事实上其中一个合伙人沦为了另一方的纯粹工具,那么该行为就因此是自相矛盾和违反尊重原则的,因而是无效的。关于未确定履行的理论,我们可提请人们注意那些插进劳动合同中的关于施加处罚的非法规定——例如,根据雇主或个别官员的个人判断所作的任意罚款;这些人对于从罚款中收集起来的钱款的任意处置以及其他情形(参看《德国产业法》第 134 条 a—h;148:1,11)。现代剧院业也出现了这种行为,规定罚款或包含这样的规定:一旦发生诉讼,导演可以拒付其雇员的应得工资,不付违约费用和延迟表演利息;或者在诉讼期间也如此,直到最终判决下来。下面的案件是有疑问的:一名演员事先放弃她的有偿演出利润以支持导演。这种剥削可能出现于表演全程中,也可以是某种赠品,还可以是出于某种另类考虑而进行的特殊表演。在后一种情形下,合同在我看来是不可撤销的。

(3) 人们在乌尔比安的敕令评论中发现了这样的说法:"当以违法行为的不发生作为约定的内容时,则从该约定中不产生债的关系。"(D. II 14, 7, 3)。现代法律制度没有形成这种特殊命题(不过,参看 1861 年的《巴伐利亚法典草案》第 56 条);《德意志帝国民法典》也没有。而该规范必须被看成是正义的。它通常通过诉诸"道德法则"而获得正当性。人们还说,在给一个人义务的履行确定一个价格的时候,它暴露出了某种"低级趣味"。但这是在误导。这种合同违反了正义法原则。

这里可以在专门制定法义务履行的可能合同补偿与正义法原则义务履行的补偿之间作出某种区分。在第一个类型中,法律会规定,你有义务如是如是做,但你可以要求为此得到补偿。这就如同说,只有得到偿付,你才需要做这事;因此,是否打算履行你的主要义务是一个你自己选择的事项。因而通过对新合同的承认——对履行法律义务的补偿的承认,人们将某种矛盾带进了法律命令的本质之中。对这种合同的承认因此将是违反正义法的,或者用传统的术语说,是违反"善良风俗"的。

人们可能怀疑我们能否用同样无可置疑的严密性证明类似矛盾也会在正义法义务履行补偿合同的情形中产生。疑问可能在这里产生,因为实在法的具体表述中并不总是命令人们服从正义法。然而这里我们必须像我们在第一种情形中那样作出决定。因为正义法也必须在这种意义上要求人们服从它:在它看来,一个人是否愿意承担义务并不取决于自身的选择。在法律义务的关联中适用"如果愿意"说在这种情形下的矛盾性恰如前一种情形。诚然,实在法并不径直规定说,你必须随时履行正义法义务;但它规定,你的产生于法律行为中的义务不得违反正义法。而如果某人竟然让另一个人用法律来约束他,以获得因履行正义法而得到补偿的许诺,那么这就违反了正义法。因为通过承认这样一种义务,我们实际上将正义法的命令视为取决于某个人的选择。

第五节 不可接受的消极行为（不作为）

这指的是一个人放弃其法律所允许的利用某种东西的权利的情形。而且这种放弃的方式使决定由当事一方依其个人选择作出。在这些情形下，实践中最常见的现象是，如前所述，几个人联手将另一个人陷于所描述的境地之中。材料的安排可以按与前一节平行的方式分成三类。

1.限制人的人格的法律行为。

这里我们特别关注的是一个人对其法律能力的放弃。当某人已经表明自己不适合于恰当管理其财产而找不到司法上宣告无行为能力的理由时，或者当他的亲戚不愿意利用这一点时，——在这样的情形下，人们常常试图作出这样的放弃。如果此人通过私人契约将自身置于另一个人的监护之下，那么他的法律行为能力的减损是不能有法律效果的。

在帝国议会对民法典的讨论中，诸君认为违反结社自由的合同是违反《德国民法典》第138条第1款的现行规定的，因而是无效的。这种观点是对的。这种社团是政治性的还是宗教性的抑或是产业性的无关紧要。如人们所正确强调的那样，为此目的而与他人结社的权利在我们的情景中是源于一般个人活动权利的结果。虽然这一点没有在我们的法律中得到过多的文字表达（参看《德国产业法》第152条，第153条），但明显包含在我们现行的社会经济的基本性质之中。因此，从这里所强调的观点看，排斥这一点的法律行为必须被视为无效。

在某个租赁合同中，作为热衷于用自然疗法治疗学学科的出租人规定，承租人永远不得聘请常规医生，否则将受到立即通知终止合同的处罚。当我们在这方面引述这个事例时，显然在我们看来该协议是无效的。再举一例：某人参加了一个禁酒协会，该协会规定对过度饮用酒精者进行处罚。这里不存在允许他人对一个人进行任意控制的因素，而只涉及某个协会成员为了过上某种正当社会生活而自我担负某种有限义务的问题。

我们经常发现涉及他人住处的合同,比如说女婿与他妻子的父母之间为了后者的利益而签订的那种。在丈夫和妻子之间,这种事是由法律调整的(《德国民法典》第 1354 条)。但是甚至除此之外,以此为目的的法律行为原则上是不可接受的(因而在 D. XXXV 1,71,2 中已有揭示)。

一般来说,一个人不能通过法律行为有效放弃诉诸法律的权利。最近的劳动协议中出现了"雇主的个人裁断在所有争议事项中都是决定性的,司法裁决排除在外"的说法。在各种协会的章程中也发现了类似的有利于制定方的规定。但根据这里所表述的观点,这种放弃肯定是无效的。当诉讼按常规方式被仲裁庭取代时,情况是不同的。

许多名门望族的家法中包含着这样的规定:只有一个男性孩子可以结婚。无疑在私人行为中,这将是一种不可接受的对人格的限制(再参看《普鲁士普通邦法》I 4,10—12)。这种规则过去是现在也是(《引导法》第 58 条)某种自治的产物的这个事实并不改变事情的本质。恰如外国法不得违背"善良风俗"的一般要求一样,任何有效的家庭法也不能成功地这么做。

在一个个案中,新郎得知他的新娘怀孕了,使其怀孕的是另一个男人。他想取消婚约,而某个第三人许诺给他一笔钱,以使他不取消婚约。结果他们结婚了。法院正确地裁决认为,这是一种"不法行为"。这是一种放弃法律所许可的撤销权的情形,在这个过程中放弃者必定让自己承受了牺牲。就这种行为导致了一项结婚的义务而言,它违反了第一个尊重原则;而作为对撤销权的排斥,它也违反了参与原则。

2. 忽视照顾被托者的法律行为

多数情况下这是由专门制定法严格决定的。在罗马人中,也出现过一个家长能否受到一个有效合同的约束以通过"解放"来放弃他的"权力"(potestas)的问题。普利斯库斯(Javolenus Priscus)的回答是肯定的(D. XLV 1,107)。现代法中通过对最后所引名称的那个制度的废除,这个问题对于我们来说已经解决了。在法律史上,我们可以回想起奴隶释放权的放弃是无效的这个规则(C. IV 57,5;cf. D. XL 5,40,i)。

在下一章中,我们将详细讲述正义法的义务。民法典常把它们称为"道德义务",并相应地将它们视为不完全的法律义务。因此,就我们能够列举的这种义务来说,一个法律行为如果忽略它们就不符合正义法。这一点具有一般意义,但在这里可以被取代,因为这种对"善良风俗"的违反多数情况下可能发生于亲属关系的履行之中,而对这些亲属的照顾是法律所特别规定的(参看D. XXVIII 7,9)。

3. 遵从他人意志在财产权行使上的不作为

这里我们讨论的是这样一种法律行为,义务人藉此宣称:"如果作为对方的你,有如此愿望,如果你个人乐意,我将把自己排斥于社会合作之外。"或者是这样的:"我们将通过我们的自由选择务使第三方受到如此排斥。"

根据我们的方法,这种观点可直接适用于我们当下的研究。我们必须经常记住它并在全部讨论中详细适用它。因此我将通过引述特别案件的说明性材料来结束这一节,而不在每一个案件中详尽重复所作的裁决及其理由。

霍梅尔(Hommel)在《一种包含各种在法院里每天都会面临而法律对此尚未有规定的问题的音乐作品集》(1776)(*Rhapsodia quaestionum in foro quotidie obvenientium nec tamen legibus decisarum*)中讲述了下面的故事:"两个竞买人在大街上不期而遇,而且他们都打算买一块正在被拍卖的土地。'嗨!你出价多少',其中一位问另一位。'1000 银币',另一位答道。然后这位便又说道:'你走吧!我将出价 3000 银币。但是因为我们是朋友,你就放弃吧!当然,我会向你支付报酬的。这样的话你避免了可能会受到欺诈的风险;我也不会因为你出价以及出价超过我而觉得受到纠缠。我将给你五块金币。'在收成这项承诺以后,这位出价人就退出了。一种观点认为,两位竞买人之间达成的这项协议是违背善良风俗的;拍卖虽然有效,但财产管理人出于其自身的利益将会对该项协议的诱使者提起一项诉讼。而另一种观点则认为,两位出价人之间所达成的这项协议是被允许的;对于一项诚实的欺骗行为,财产管理人是不被允许对此提起诉讼的。"如所周知,这种意见的分歧已不复存在。1797 年 7 月 14 日的《普鲁士法》禁止了"不合法合约"(pacta de non licitando)。1810 年的《刑法典》(第 412 条)和 1851 年的《普鲁士刑法典》(第 270 条)设定了处罚。我们的法典没有作出规定。流行的意见是(也是正当的),以前的私法规定被它废除了(《德国产业法》第 55 条),而刑法中的规定尚有效。在属于后者的地方性法律中,问题是通过"法律禁止"解决的。余者取决于特定案件是否包含上述类型的滥用,是否事情发生于缔约者之间还是更可能地,发生于公开叫价的那一方身上。

属于这种情形的一个特殊情形是有名的竞业条款(从业限制的合同),一个竞争者通过协议承诺放弃他的事务,违者受到罚款处罚。这个问题一直以来都存在着困惑。新《商业法典》(第 74 条)至少希望使一个特别重要的情况免于疑问。它规定,一份雇主与他的商业职员之间签订的关于他离职的协议,如果后者因此协议在脱离了与他雇主之间关系后某段时间内的商业活动受到限制的话,那么该协议只有当这种限制在时间、地点和事项方面不会给该职员的晋升造成不必要的困难时才对该职员有约束力。不仅如此,这种限制的期限不得超过服务终止后三年。这里我们看到了上述理念的某种精确的表达:我们必须避免赋予一个人对另一个人任意而无限制的处置权。但它只涉及一个商业职员的个别情形。而且这里某些细节是悬而未决的,因为这些细节受到了我们必须避免给该职员的个人晋升造成不必要困难这个公式的概括。要想就这些细节以及那些完全没有被包含在这里的其他竞争条款情形作出决定,我们必须遵守上示方法。

因此,如果一位医生通过合同向另一位医生承诺不在特定地区行医以作为他所接受的一笔钱的回报,那么该合同已被正当地视为有效。因为这被看作是一种很有限的义务,在这种义务中,不存在向对方任意意志的屈从。一个协议,如果商人们特别是两个联合企业的成员们藉此相互承担义务不在联合企业将要建立的某个特定区域开展相同的业务,也是有效的。两个制造商达成一致,违者罚款:未经另一方同意,任何一方都不得将水泥卖给对方的客户。法院认为这种协议无效,因为这种义务意在双方合同关系终止后漫无时间限制地继续有效。这是对的,并可以得到上述原则的支持(第 341 页)。一位锁匠在通过书面声明——在三十年内永远不以任何方式和形式仿造琥珀加工程序,或者向他人透漏制造秘密——而约束自己以后,被一家商行的经理告知了制造仿造琥珀的秘密。这也是有效的,因为作出这种承诺的人在其社会经济活动中总体上是自由的,而自行承担尊重他人目的的义务是出自他本人的自由意愿。因此,如果他违背诺言,他便将是那个有任意交易嫌疑的人。

一个人能否用竞业条款预先为自己提供保护一直受到人们的争议。在签订协议时,他尚未从事任何竞争可能危及的事务。一次司法裁决错误地将它归类于《德国民法典》第226条*的禁止项下。因为这完全不是一个既存权利的正确行使问题,而是一个有效义务关系的起源问题。而在任何情况下,这个疑问只能从上面所强调的视角来解决。不过,在这些情形下,某种任意且无效的义务的确更有可能发生。

不得从事某个特定行业的理由除了出于有害竞争的担心以外,完全可以因其他理由而被赋予正当性。比如学校、教会、医院和其他类似机构与它们的邻人签订的限制邻人从事"噪音"行业的强制合同就属于此类情况;或者合同给住家房屋的购买者所施加的禁止开酒店的义务;或者在特殊情况下,速记员因从被判刑者那里得到一笔钱而自行承担不出版他所记下的庭审速记记录的义务,也属于此类。

这就导致了如下情形,在这些情形中,债权人出于对第三人的敌意而从债务人那里获得承诺,让债务人不与该第三人做生意。在一个农场的用益租赁中,承租人不得不承担不在村里的磨坊里碾麦子的义务,因为出租人与磨坊主不和。两家工厂达成协议,约定万一其中一家出现罢工,另一家也应关门。联合抵制尤其属于这种情况。对缔约一方的滥用或者一个加害第三人的协议即可能构成抵制。一家大型面粉厂的管理方对一些雇员进行了惩戒,这时,这些人所属的那一派宣布对该厂进行联合抵制。他们征集了那个城市九十名王牌面包师的签名,这些人自担义务不从该面粉厂购买面粉,违者罚款。几个面包师后来改变了主意并收回了他们的签名,这时他们受到了起诉,被要求偿付罚款。这里我们清楚地看到了那种猴子用猫爪火中取栗的画面。不过,被抵制滥用的照例是第三方。联手反对他的目的是通过抵制者的任意意志将他排斥

---

* 该条规定,权利的行使只以加害他人为目的的,这种行使不合法。——译者

于社会合作之外,并且只有在他服从他们的个人要求时才给予他这种权利*。因此。抵制协议是违反正义法原则的,因而对于任何相关当事方来说都是无效的。

最后,我们想在这里谈一下卡特尔、垄断集团(ring)、辛迪加和托拉斯。这些都是为了反对生产的无政府状态和在它们活动领域进行销售的目的而进行的联合。在它们所遵循的特定目的中,它们适用自由分担(free contributions)手段实现集权管理。由于后者常是正义法的一种非常适宜的手段并且有时很难弃用,因此垄断性卡特尔可能在特定情况下为理想的社会合作提供某种切实可行的方式。它们可以为这样的个体提供保护和防卫,这种个体在漫无限制的自由条件下将无法实现其社会经济中的适当活动。而且它们可以通过使弱势方得以与他人联合的方式有效地阻止对弱势者的剥削。所有反对按纯粹个人利益行事的理由,所有那些使社会生活理念变得危险的因素——如果我们将它建立在纯粹个人目标的基础上,——所有这些都可以被引以支持在同一领域工作的那些人的防卫性联合。因为"原子化"是违背社会生活目标本身的,而这种目标是共同奋斗和共同斗争;而个人主义是危险的,或者说当一个人按照一个社会的最高法则生活于这个社会之中的时候,个人主义是难以理解的。

但另一方面,卡特尔和垄断集团也只是私力解决的结果。它们是个人目的的联合。而就此而言它们暴露于变成滥用工具的危险之中,无论是对那些联合于其中的人的滥用还是对那些消费者——这些托拉斯的个人任意意志使这些消费者得不到那些产品——的滥用。这已经常使立法者感到头痛。

罗马法中所作的反垄断和反卡特尔的尝试似乎很少受到人们的注意。乌尔比安讲到过诸位反对高利贷交易的皇帝的敕令。这些交易者购买谷物并予以囤积,一旦出现庄稼歉收,它们就可以尽可能地抬高价格(D. XLVII 11,6 pr.)。而法典则引述了几则反对这种联合的详细制度(C. IV 59,"论商人的垄断和联合,劳动雇主和澡堂老板被禁止的阴谋诡计以及非法的约定。")无疑,

---

* 指参与社会合作的权利。——译者

那里找不到可以适用于我们司法实践之中的东西。在司法实践中，每一个问题都必须根据参与原则经由其自身得到检验。一个集团的特定成员不得陷入这样一种义务，在这种义务的履行中，他被排斥于经济生活中所从事的自身活动之外，并成了他人决定的牺牲品。他必须觉得总是能够按一种客观方式追寻自己的目的，而不必接受一个或更多他人按其任意决定所作出的裁决。法院必须检验双方的客观意志基于相互义务的理由究竟在多大程度上是可能的，或者该项义务是否包含着某种为了一方的纯粹个人意图而对另一方的必然滥用。因为只要后者属于这样一种情形，其中一方因对方的任意判断而被排斥于社会活动之外，因而抱此目的——作为一种有违正义法理念的独立意志——的合同就是无效的。

不过，这样的情形也是可能的：法律联合中的第三人可能受到卡特尔的联合拥有者的排斥。在这种情况下并且因为同样的理由，一个合同如果不是旨在成为正义合作尝试的工具，而是旨在通过集团成员的任意要求对共同体成员进行剥削，它就必须被视为无效。

如果一个人对此抱有任何疑问，那么他的社群理念必定是非常贫乏的。而每一种与该理念相龃龉的设想都是矛盾的。个体自身如果仅仅被视为个体的话，在社会意义上就什么也不是。他不仅仅是已经从社群中得到了他的一切，他还在继续从中获取。而那个力图将石油企业掌控在自己手中并按照他的个人意愿对待消费者的洛克菲勒——这个人只能通过唤起那些他想按他个人意志加以妄用的人本身的防护意识才能形成这种计划。作为个体——赤手空拳的个体——他微不足道。他可以据以受到重视的是他作为一个社会成员的能力。离开社会及其认可，他将既无财产亦无契约权——二者他现在都想以纯主观方式作出不利于社会的利用。如果每个人都想这么做，将不存在任何可能的社会，也不存在任何它可以授予的权利。因此显而易见，他向社会提出要求，同时又拒不按照社会理念所要求的方式行事。

第三章 正义法的义务

第一节 合乎道义的捐赠

在这一部分的第一章中，我们讨论了源于实在法的法律关系的正当履行。现在我们将讨论延伸到人们的一般正当行为。当我们现在根据特定法律事实从具体法律关系中作出抽象时，我们的问题是：我们每个人所背负的是何种义务？除了出于法的某种特别表述所带来的任何强制以外，人们必须正当作出的是何种作为和不作为？

"并不是所有合法的都是高尚的。"（Non omne quod licet honestum est）（D. L 17, 144 pr.）。在刚提到的问题中，专门制定法与其内容在原则上是正义的规范之间的区别得到了明确而有力的体现。这里尤指其涉及语言学术语和流行的观点所表达的关于制定法和伦理学说之间的那种区别。法典也显然遵循了这种观点，提到了那些我们想在这里讨论的、原则上正义的义务。它讲到了那些情形下的"道德义务"。不过，我们以前已经说过（第 48 页），这不可能意味着严格意义上的伦理学说义务。民法典意义上的"道德义务"表征的是对正义法原则的遵守。

于是，首先，用其传统意义上的表述来说，它是一种正当履行法律关系的"道德义务"。这方面所有我们需要做的是回忆一下第一章的结论。于是就有那个认定独立的正义法义务的进一步问题。因此我们必须为此目的使用法律关系中的存在原则。不过由于这种原则是双重的，表现为尊重原则和参与原则，因此"道德义务"在该术语的当下适用中包含：

1. 为了这样一个人而履行的义务，否则的话他将成为另一个人任意意志的对象。

2. 为了这样一个人而履行的义务,否则的话他将陷于单独应付生存斗争的境地。

但无论是过去的还是现在的民事法律中都不存在规定每个人都背负着遵循正义法所要求义务的一般规则,即规定每个人都有履行我们现在已经赋予了的那种意义上的即等同于正义行为的"道德义务"的法律义务。实在法不仅确实避免了这样一般地提及正义法律原则,而且它转而选择了某种特定的技术性术语以特别提及这些原则。读过民法典的人会发现两个这种有限提及的例子。这两个例子不要求履行某种"道德义务",而只是认可与它相符的某种捐赠(donation)。更特别的实在法已经断定:在这种义务的自愿履行中,"返还错误给付之诉"(condictio indebiti)被排除;其次,据此"道德义务"所作的赠品是不得收回或撤销的,而且捐赠也可以由管理和使用他人财产的人或者以其他方式对某项财产的管理负责的人作出。因此,我们将下面的内容分成两类——履行和捐赠。

合乎"道义"的履行(《德国民法典》第814条*)。这就将一般的"衡平约束"(vinculum aequitatis)问题(D. XLVI 3,93,4)——实际上体现了正义法的义务——抬到了某种不完全法律义务(imperfect legal obligation)的高度;这种义务的确不能构成某种诉讼的主题,但不出意外的话却能够拥有某种实在法义务的效果——在这种情况下,当给付已经作出后,排除了撤销的效果。它不是一种单纯的"不应给付之债"(indebitum),而是一种法律性的已给付之债,尽管是不可诉的。

从前普通德国法的争议因此得到了圆满解决。与其说它涉及某种不完全或自然的法律义务的理念或基本观念,不如说涉及实在法在其实际断定中多大程度上承认和利用这个理念。就第一个问题而言,我们甚至在19世纪前半叶的历史学派时期以及在其迄今的继承者那里发现了这样的公式:"自然义

---

* 该条规定,履行给付的人知道自己并没有给付义务,或者给付只合乎道义上的义务的,不得请求返还所给付的一切。——译者

务"(obligation naturalis)是"自然法"的义务。而当我们发现罗马法概念中的"衡平"或"自然法"或"万民法"等不同的称呼时,以及如今同样多的基于"法的自然观"或"衡平"或"道义"或某种诸如此类的称呼时,这必定是由于这么一个事实,即,他们还不够幸运,未能处于某种普遍客观基础上的安全占有的位置上,并且没有像他们对专门的完全制定法分支有了足够把握那样对正义法分支有相应的把握。

因此,这是一个纯粹的技术法学的争论问题。问题的全部实质只是:"当时的实在法多大程度上将自然义务看作是不完全义务?"既然民法典现在已经解决了这个问题,那么我们必须转而提出如下有待考察的问题:经由何种方法论程序我们才能用科学的精确性推出这种法律断定(《德国民法典》第814条)?如何对它进行系统分析?实在法所说的"道德义务"用何种方法表明其自身的有效性?

这些材料必须根据在这里显身的那两个原则加以排列。

1. 作为遵守尊重原则的"道义"。

方法:参加人在观念上被置于一个特别社群之中。要予以判断的材料必须来自外部。它从社会秩序中上升,如同它已经从过去和具体显现中向我们走来。于是就有我们正在讨论的那个规则,即,实在法的具体结果非经进一步考虑不得以其技术上受到限定的方式加以实现;相反,如果这种具体结果不与特定情况下尊重原则所要求的那种结果相符,它就应该得到矫正。不过,如果一个人竟然利用实在法的局限单方面促进其纯粹主观利益,如果他竟然无视其同伴并在他方可信任和双方均关心的事项上只信赖自己,或者更糟糕的,如果他竟然在对方已经率先履行了该方的合同义务以后忽视他,那么就会违反尊重原则。"违约是一种严重的过错"(Grave est fidem fallere)(D. XIII 5,1, pr.)。

不这么做,而是将给予信任的人视为一个特别社群中的一个加盟者,是我们已经赋予了它的意义上的"道德义务"。"因为,"如祖国一位诗人所云,"无论国家还是个人,无论谁放弃和摇摆不定,无论谁不可倚赖和不保持常态,无论谁不守信,都该死。"

同样,社会合作中的一方不得将从不如人意的信任中招致的全部损失单单归咎于那个我们已经在观念上与他联系起来的同伴。如果他这么做,他就违反了正义法模型中那个必须适用于这里的原则。

这一点可以在法律实践中以下面两种方式观察到:(1)实在法的局限致使根本没有任何法律义务存在。(2)某种法律义务是存在的,但它现在不再可能受到实施。下面的例子将按照这些经验类型排列。思考这些例证时,我们会发现它们表明的不仅仅是上述技术性的有限法律和根本性正义法之间的那种区别,而且表明了形式法和实际法(formal law and actual law)之间的区别,而且在每一种情形下都有利于后者。不过为当下计,当我们只是通过例证给出一种全景式的描画时,这种考虑并不具备特别的重要性。

(1)就实在法而言,尚不存在法律后果。不过在这种情况下,当事一方的撤销行为可能在客观上是非正义的。而经验表明,这种非正义的背信弃义可能出现在三种不同的情况下:当某人正与他人谈判时;当某人与他人处于法律义务关系之中,从其手中接受好处却不按实在法的规定向他给付对价时,以及当某人为了帮助另一个人而牺牲自己的利益进入他人的法律领域时。

对法定形式的不遵守属于第一种情形。这可能导致随后的非正义行为。如前所述(第350页),"无对价所允诺"(nuda pacta)是否产生某种"自然义务"的古老问题现在得到了解决。

我们必须区分合同和单方面的意思表示。后者并不旨在立即引起权利,就此而言,并不存在背信弃义的问题。仅仅背信弃义是"不道德的"。因此,天然践行意志的规定的实施本身不是一种"道义"。康斯坦丁皇帝的确说过:"不应当因为遗嘱在形式要件上存在欠缺,而使遗嘱以及死者的遗言归于无效"(C. VI 23, 15)。但罗马人在遗嘱处理方面的特殊热情没有内在基础。因而我们必须利用其他方面的考虑来决定一个立遗嘱人的主观意志的结果是否具有客观正义性。他的意志是单方面的,这个事实什么也证明不了。因为如已所述,我们在这里不能像看待合同那样看待对信任的背弃。这里所呈示的观点在谈判突然中断的情况下尤其重要。在这里,更准确的观察会显示人们是多么渴望利用这样一个事实:撤退者被认为负有"道德上的"义务。那个时代普通法论者所认同的消极合同利益①的合理性因此具有内在正确性。现在这一点被局限于民法典的特殊情形中(第 122 条;第 179 条;第 307 条),而一般来说,这里也只有第 814 条是可适用的。同样,当某个法律被变更时,人们对那些指望前法继续有效的人给予了"衡平"的关照。这也可能自然发生于公共行政领域。因而也自然发生于下面的征税事项中。一家银行由于难以在评估者进行价值评估之前实现其账目的平衡,于是与评估委员会达成协议,将前三个年度的所得作为其评估的基础,这样,本年度新股的利润就不应被算进来,因为否则的话,这些股份就会在利润的计算上被重复计算了四次。但后来该委员会拒不遵守该协议,而最高行政法院宣称法律规定不得通过协议予以废除。不过众人所持的意见是,这是一个适当的宽宥事项,而且这种意见可以从这里所强调的观点中得到客观的论证。最近人们就虚拟买卖之诉(《德国民法典》第 764 条*)进行的广泛讨论在这里也有其系统地位。因为,在当事一方诉诸实在法的帮助的方式使对方口头上已经给予他的坚定信任因此受到主观和任意背弃时,人们也感觉到这是一种客观上的非正义。法人对其官员所签合同所负的责任仅限于他们在所授权限范围内的行为。在某案中,官员们签订了一项修路合同,其中包括某个他们没有得到授权修建的路段。这里也存在一个该公司所负的正义法义务的问题,否则的话,对方完全有理由享有的信任就得不到兑现。

　　某会众对其成员征税,而他们也交了税。然后人们根据该国公法认定,这种行为不具法律效力。这时,那些交了税的人提起了一场"返还之诉"。根据《德国民法典》第 814 条,这是不对的。根据我们的推理,一个要求从他所处的某协会得到好处的人有适当承担其应负的责任的义务。某市不得不根据合同为维持一所政府贸易学校而捐款。该校生员不足,因此按双边协议关门了。两位教师获得了一笔补偿金,而这笔钱是市民按比例分捐的。后来人们在合同中发现,该市只有在"学校存续时"才有义务捐款。它在学校关闭以后对财

---

① 　比较上面第 318 页注。——原注

* 　该条现已被废止。——译者

政部提起的"返还之诉"根据《德国民法典》第814条的规定是没有道理的,尽管人们的确不能同时对该市提起有效的诉讼以强迫它在未来继续捐款。他们为了一个共同目的而联合了起来。该市从该校得到过好处,因此,应该共同承担为妥为实现共同目标而发生的费用是客观正义的。如果该合同以及与它相关的实在法在特定限度内对此事作出不同的认定,那是因为那种自由域的缘故,而这种自由域,如我们以前所说(第227页),是法律为个人判断所给出的。但这并不改变这样的事实,即,在本案中存在着该市所需履行的某种正义法义务,并因而存在着特定的法律后果。

实在法对上面提到的可能的第三类情况的态度有所不同。对比一下《德国民法典》第683条和第693条*。需要特别注意的是,"无因管理人"(negotiorum gestor)错误地认为事务管理是为了本人的真实利益的,并不使他享有补偿请求权;但第679条作了有利于他的实际例外。罗马法学家也承认这一点,并将它建立在"衡平"的基础上(参看 D. III 3, 46, 6; XI 7, 14, 6)。事实上,善意为他人担负费用的补偿照例会构成某种正义法义务。

(2)就实在法而言,此权利已不再能够被行使。但这种无法行使将造成某种客观的非正义结果。在那种情况下,我们必须回想一下这个规则:"虽然通常的作法是不容易改变的,但是,只要存在明显的对于公正的诉求,就会产生救济。"(D. IV 1, 7 pr.)。在我们的法律中,我们必须适用《德国民法典》第814条。

票据连同拒付证书被退回,并得到了背书人的兑付。接着后者要求返还兑付款,因为该拒付证书是不正当出具的。同样的事情会发生于因一项有效判决而作出的对一项请求的履行中。所有这些情形都可适用乌尔比安的说法:"但是,尽管其符合法律的规定,而公平正义的原则要求,产生一种诉的形

---

* 前一条(第683条)规定,事务管理符合本人利益和本人真实或可推知的意思的,管理人即可像受委托人一样要求偿还因此发生的费用。在第679条的情况下(第679条规定,本人某项义务的履行关乎公共利益,且不管理事务就不能适时履行该项义务或本人的法定抚养义务的,不考虑本人与事务管理相对立的意思),即使事务管理的承担违背本人的意思,管理人也享有该项请求权。后一条(第693条)规定,受寄人为管理寄托物而支出其根据情况认为必要的费用,寄托人即有偿还费用的义务。——译者

式。这种诉所针对的是那些只是缘于一些法律上的偶然事件而被免除债务的债务人。由此,更多的是由于客观有利的效果而不是主观的意图成为免除债务的原因。"(D. XV 1,32 pr.)。

实践中时常出现却尚未在文献中得到表达的一个有趣问题是:监护人、雇员或他人财产的其他管理人有义务为了维护被管理人的利益而用时效规定对抗第三方债权人吗?时效规定属于形式法的工具并与实际法相对。一个人可以放弃该项请求,在这种情况下就存在某种不完全的法律义务(《德国民法典》第 222 条;第 223 条;第 225 条*)。但对一项非法义务的偿付(the payment of an outlawed obligation)也是一项正义法义务。因为债权人有权期待它的履行,并且他完成了他那一方的履行或者用其他方式相应安排他的行为。他没有及时报告情况和采取法律措施——不管这一点多么真实,但这并不使作为客观存在的请求权或义务归于消灭。因此该监护人和相应的一项财产管理人或负责人的经理人甚至有权根据"道德义务"作出捐赠,像我们将在接下来的篇幅中所要解释的那样。因此我们不可避免地得出的结论是,他完全有理由偿付一项非法债务,而且在根据正义法履行他的被监护人的这项义务时,无论是监护法院还是作为成年人的被监护人后来提起的诉讼都不能认定他负有责任。

2.遵守参与原则的"道德义务"。

罗马人不断地遭受奴隶制的尺蠖之害。对此害的记忆为每一位"罗马市民"创设了一项"赞成解放"的义务——不是一项实在法义务,而是一项"自然衡平"的义务,"因为对于自由的偏爱可以经常找到其他的妥帖的表达方式"(D. XXXV 2,32,5)。乌尔比安讲述了这么一件事。一个奴隶在一份遗嘱中得到自由,条件是他付给继承人十个金币。在一份遗嘱附录中,他被给予了无条件的自由。他的主人死了,该奴隶也获得了自由。不过他只知道那份遗嘱而不知道稍后的那份附录,因此他付了继承人十个金币。后来事情真相被弄清了。现在的问题是,他可以提起"返还之诉"以要回那十个金币吗?"杰尔苏

---

* 这几条现已被废止。——译者

说,他的父亲认为,那个奴隶不能请求返还这十块金币。而杰尔苏本人基于自然,正义的理由认为,这十块金币可以被请求返还。这种观点正确之处更在于其……"(D. XII 4,3,7)。

一般来说,当邻居可能被置于孤立无援的境地时,我们必须总是推定存在着某种"道德义务"。这会构成某种矛盾。一个孤立的同伴是一个矛盾的概念。个人不能将自身从众人社群中分离开来,因为这会意味着对个人自身存在的否定。而我们无法在空间和时间上就我们与一个需要帮助的人所拥有的社区进行限定,因为我们这里谈的不是某种作为实在法义务基础的限定性实在联合,而是作为正义法义务基础的某种与我们邻居的独立社群的方法论上的理念。而这个与急难中人共拥社群的方法是不能随意改变的。

在遵循这个方法时,我们不得追问我们邻居的人身,这一点前面已经得到了证明(第 217 页)。这里我们必须适用在那里展开的同心圆的概念。正义法义务的存在在任何情形下都不受如下情况的影响:根据同心圆的理念及其在特定实在法中的适用,或许其他处于法律治下的人更接近那位急难中人。如果我们适当考虑此事的话,甚至是一位受到紧邻他的同伴滥用的人——比如说,如果他被一位有义务照顾他的人所忽视并遗弃,或者受到他的债权人的非正当盘剥,那么给他帮助依然是一种义务。

不过,这里所必须坚持的只是给予即时帮助的那种义务。给予这种帮助的方式目前尚未确定。为该急难中人作出某种垫付(advancement)可能就足够了,用垫付一词最一般的含义——还包括以后可以作出某种补偿的履行——来说。不过情景也可能是这样的:回应民法典中"道德义务"的唯一办法就是作出某种终极的捐赠。后者见于赠与中,而不是履行中。

对于其余的,我想我无需引用更多的例子加以说明。每一个熟悉法律案件的人都不难明白这里所展开的那些原则的适用。

符合"道义"的赠与(《德国民法典》第 534 条;第 1446 条;第 1641 条;第 1804 条;第 2113 条;第 2205 条;第 2330 条)。

这里无需进行新的理论探讨。上列公式中所述的赠与属于这样一些情形,在这些情形中,赠与人有意识地怀着做出某种实在法并不强迫他去做的事情的目的。而这是否构成对民法典所期许的"道德义务"的恰当履行的问题必须以与我们刚探讨的关于履行的问题时所用的相同方式予以回答。

我们因此特别抛开那些一般囊括在酬报或补偿名义下的赠与。这种赠与旨在就受赠人此前所提供的某种服务——主要是为现在的赠与人提供——进行酬报,尽管可能像普鲁士国家法所云,"某种值得夸耀的行为"发生在某种补偿性赠与的场合。这里,即时宽松的理念(the idea of spontaneous liberality)稍许退到了背景中,而出现了某种朦胧的作出补偿性赠与的义务。这个问题在古代法中可能具有更大的重要性,因为根据那时流行的习惯,自由民照例不因其提供的劳务而得到付酬;而如今,付酬的职业工作的价值已经被换至另一个极端。而其重要性则由于《德国民法典》第612条和第653条[*]的特别规定以及其他的类似规定而全然消失。不过,这个概念及其特殊属性依然重要。

相应地,一般来说,补偿性赠与的确被归类于自愿捐赠之中,但在具体法典中受到了不同的对待。特别是,人们已经在整体上或在某些重要适用中使它们不适用普通赠与中因各种理由而被允许的撤销权或追回权。现在的民法典没有这种区分性规定。它根本没提到酬报性或补偿性赠与的概念。因而后者可以受到与刚列举条款——它们涉及的是符合"道义"的赠与——同样的一般对待。当某人通过接受某个自愿行为而似乎把行为人仅仅看作其自身的某种工具时,补偿性赠与就被列于这个项下了。从我们的观念共同体的立场看,该行为人可能成为某种任意和单方面利用的对象;而只有通过能够作出赠与的人的某种补偿性捐赠——这种捐赠不直接受实在法驱动,这种任意和单方面利用才有可能得以避免。

这方面的例证在最近的实践中大量可见。众所周知,在《民法大全》,作为对他人救命的回报而作出的赠与已经被认定为"不可撤销的赠与"(D. XXXIX 5,34,1)。在现代司法实践中,特别存在着许多这样的情形,在这些情形中,财产经营和管理或特定事务的照应和安排中所付出的辛劳被给予了补偿。或

---

[*] 关于"报酬"的第612条第一款规定,根据情况,唯期不得报酬就不提供劳务的,视为已经默示达成报酬之协议。关于"居间佣金"的第653条规定,根据情况,唯期不得报酬就不履行托付给居间人的给付的,视为已经默示达成居间佣金协议。——译者

者,亲戚或其他关系密切人如果给现在的赠与人的事务提供了支持,他们就得到了赠与。一位寡妇在一个此类文书中表明了她的看法,大意是:"她儿子没有期待或得到因他的劳务而付的任何酬劳,不过她觉得她有义务用赠品对他进行某种程度的补偿。"

不过,我们无需认为,这种赠与只有在履行通常没有得到赔付的场合才出现。这种赠与也可能被给予那些已经得到其劳务酬金的人,如医生、法律顾问、受托人和其他人。而且在特定情况下可能出现这样的情形:符合某种正义法义务的赠与与可能被实在法所强迫的履行相耦合。因而,一位业主在他所签的一份文件中声明,"他赠给他管家两千马克以表达他对她多年间所提供的忠诚而无私的伺候以及他几次生病期间对他的悉心照料的感激和补偿。"

缺少正义法义务特征的补偿性赠与将专属于调整赠与合同关系的一般规则项下。因而,比如说,小康人之间的简单互赠就是这种情形。不过,我们的实在法中还有一些特殊规定也属于这个领域。

第二节 适宜性考虑

在所有刚谈到的民法典的诸规定中,在"道德义务"这个术语上总是加上了此节开头所引的这个短语。无偿履行不得要求返还,赠与不得撤销或追回,对某项财产负责的人可以从该财产中作出捐赠——如果该捐赠"符合适宜性考虑的话"。

适宜性属于习惯规则。它与伦理的区别是,它只与外在行为的指引相关,而与受它约束的人的内在意图的形成无关。诚然,我们有时的确在道德善良的意义上不准确地使用"适宜"("得体")这个词。而且有时那些基本社会概念被弄得极度含混不清,如在下面的最高上诉法院的司法裁决中的情形一样。"在任何情况下我们必须坚定地认为,道德义务的概念不得超越至关重要的伦理义务领域而延伸到这样的关系中,在这种关系里,某种公平性考虑确定赔付义务,或者外在适宜性是唯一可能禁止返还请求的东西。"

在将作为习惯规则适宜性与法律区分开来时,我们不得关注主体人。因为这在两种情形下都是相同的。两种规则都适用于同一个人。当这些规则面对其所约束的人时,它们就因此有了逻辑上的区别。因此,逻辑上的区别取决于规则自身的基本特性。就两种约束模式的内在含义以及由此导致的其形式上的区别而言,受其约束的人如何接受它当然是不重要的。而且对于我们的问题来说,两种规范中的哪一种在特定案件中对此人或彼人拥有更大效力肯定是无关紧要的。

这两组行为规则形式上的差别被发现于某种特殊理念之中,而这个理念伴随着涉及双方的具体规则。对此进行观察和认定是清楚认识这里所说的那种区别的不可或缺的条件。我将这种以双重形式伴随所有社会规则并使它们之间的区分成为可能的普遍理念称为有效性要求(the claim to validity)。我们必须将它与具体规范中的特殊经验质料批判性地区分开来,尽管实际上当它出现于社会经验之中时肯定无法与它分离。但是,只有根据那些限定性要素(the conditioning elements)而非被限定的质料(the conditioned material),我们才能作出明晰而精确的一般区分。因为那些被限定的质料处于不断的变化之中,并且在其不稳定状态中只能覆盖、控制和区分有限的领域。

对于我们的问题来说,决定此类或彼类的社会规范的形式含义可以得到轻易地表述。在一种情况下,附随的思想是:如果你想得到好处,请遵守这个规则;在另一种情形下它是:你,正在听我的话的那位,受我的约束。因此,将习惯规则和法律规则区别开来的一般逻辑上的区分标志是它们有效性要求的含义。

另一方面,要想就习惯规则内"适宜性"概念进行客观而准确的界定几乎是不可能的。它更多的是一个语言习惯用法的问题。一般来说,这个词可适用于所有习惯规则之中,除了某些特定的关系外。因而,我们很难在决斗规则或竞技协议中使用该词;也不能在诸如与法庭仪式或学生间的饮酒习惯相关的具体习惯规则方面使用它。在其他方面,它与其他一些同类词如"社会"交往中的礼貌、风度和惯例等一同使用。

在解释和适用开头引述的那些法律规定时，最好不要将这种词义学讨论进行得太远。特别是，避免攻击性外在行为尤其是性行为意义上的"适宜性"问题我们这里完全可以避开。该词在原谅他人可能由法律和习惯所要求的情感（参看 D. XLVII 10, 15）这个意义上的使用也一样。我们探讨的是这个词在那八个条文中的含义。由于它们都涉及被认为是符合某种"适宜性"义务的履行或赠与，因此，首先，每一个被作出捐赠的那个人一般所属的那个圈子或团体的习惯性协议视为强制性的捐赠都属于这个范畴。相关人或其代表、顾问，以及可能的话，断案的法官都必须收集这一点并将其确立为基本的材料。习俗性的相互馈赠或者作为个人参加婚礼、洗礼和葬礼场面的象征性礼品可能被说成是确定的例子。另一个同样确定的例证是小费这种近来受到如此热议的事情。人们不易明白为什么像小费习俗这种性质的履行竟然会受到异议。因为它首先构成给得起小费的人的某种自愿性税负，而且它可以消解可恶的贪欲。尽管它是为与其价值相比完全不成比例的微不足道的服务所付的钱，但是它远远不是污辱性的慈善，并以一种无害的方式填平偶然性收入的不平等。而当我们给我们主人的仆人付小费时，还有一种额外的益处。它为招待客人的家室带来了某种东西，而这种东西实际上是它无法以任何其他类似方式取得的——即仆人方面更好的心绪和更大的服务主动性。企望主人本人为这种场面给仆人额外的补偿尚不能获得这种效果，因为他们只会把它当作额外服务所得的额外收入；而一位陌生客人的馈赠却能够以某种完全不同的方式唤起某种友好的气氛。因此，自18世纪以来以及可能更早存在的人们对付小费所持的如此强烈和根本的反对态度是错误的。不过同样确实的是，这种习俗显然可能导致滥用；而且在其正规适用中，它远不是法律所称的"道德义务"。它只符合"适宜性"考虑。

但问题是，当我们确定了何种东西在一个特定人群中被视为"适宜的"的时候，我们的任务就完成了吗？我们不应该也设法弄清楚这种看法是否值得真正的认同吗？肯定这种批判性考虑的必要性的答案似乎可能被认为是太过简单。当监护人从他的被监护人的财产中作出的捐赠数额太大，以致被监护人和法律上有权获得他帮助的人因此被剥夺了生存的资料时，我们立即不得不对这个问题进行批判性检验。而监护人的说法——他所作的这种捐赠在质量和数量上都是被监护人所属的社交圈的习惯所认同的——很难解决这个问题。不过如果情况如此，某种外在适宜性要求如何能够与某种正义法规范区分开来？

解决办法是："适宜性"考虑无需与某种正义法的特定命令重合，但它也不能违反正义法原则。因此我们首先可以在可进行的赠与中区分出（1）正义法——"道德义务"——所命令的赠与；（2）不被禁止的赠与——在这种情形下它们要么符合"适宜性"，要么完全出于自由。而且一般来说，我们不得就这一点提出异议：总有人在遭受饥饿和不幸，因而总有一个与接受赠与的那个人背靠背的"邻居"。在特别严重的情况下，这种异议可能是成立的。在饥荒、疫疾和战争期间，大量的私人捐赠可能易于违背正义法，即便它们与给予米尔福特夫人（Lady Milford）的那种赠品不完全相同。但我们不能认为，一个人在作出捐赠之前拥有寻找苦难人的绝对义务。一切都取决于情势和特定社会制度。事实上，甚至这种情况是可能的：在小额施舍和捐赠中被浪费的——这种施舍和捐赠导致受益人的不当行为——对私人捐助不受调控的干预实际上是非正义的。

第三节 出于公平的赔偿

电化工厂的工人们常常易患所谓的工业病，而这种疾病是经常从事于这些行业的结果。最近"氯痤疮"（chlorakne）已广受人们关注。它的症状是皮脂腺的发炎和肿胀。迄今为止，人们只在某些特定行业中的氯电解处理工序中发现了此病。尽管人们因此在某种众所周知的化学元素的具体生产方法和某种非同寻常的皮肤病之间确立了密切的联系，但医疗人员对于相关要素的精确作用方式以及特别是对于这种伤害的真实原因仍然一无所知。

一个在这样一家工厂干了一年并因此患上了这种病的工人要求得到赔偿。根据帝国劳工保险部的裁决，保险要求被拒绝，理由是这不是"事故"而是"疾病"，而这种情况不构成赔偿请求的理由。受害劳工于是诉诸法律。证据表明,这家工厂为了保护其劳工的健康已做了力所能及的一切。车间有着理想的清洁和通风环境。厂方采取了适当措施保护被雇佣者的皮肤。而且该厂雇佣了付酬的专家以找出"氯痤疮"的性质。案件该如何裁断?

在民法典的第二稿中有一条原告可据以提出索赔的规定。根据该规则,一个非故意造成某种损害的人仍然必须在按事实特别是相关人的状况要求赔偿的公平范围内进行补偿……(第 752 条)。但在第三稿和法典(第 829 条)中,这条规定没有保留住同样的一般性。这里作为公平事项的赔偿义务只在行为人不负责任并且按照一般刑事义务规范不负责任的情况下才得到了确定。据此,对责任的排除在我看来是正当的。

不过不管怎么说,实际生效的法律已经在有限程度上将赔偿确定为某种"公平"事项。该术语的使用与前面那个作为在特殊情况下渴望正义法的语词(第 288 页)的适用在这方面是不同的,即,它不仅是某种法律义务的履行而且其存在取决于"公平"的考虑。

在《德国民法典》第 829 条的实际适用中,作出赔偿的义务在疑案中也必须适用。现在的措辞可能使这一点存疑了。但在委员会所作的原动议——该动议案构成现规定的基础——中,这一点被表述得更清楚:"若根据案情特别是相关关系人的状况,拒绝赔偿会违反善良风俗,那么行为人有义务在这种情况下并在这种限度内就损害作出赔偿。"而这一点后来只是发生了表述上而非真实含义上的变化。而这是有其内在正当性的。传统的罗马法观念将这种意外损害的责任单独放在了受害人身上。他必须单独承受另一个社会成员给他造成的损害。按照社群理念的精神,这完全是非正义的。据此,我们的推定是赞成相关人双方共同承担损失。为什么实在法已经偏离了这个原则?必定有某种特殊原因,某种如我们所知的在该法的编纂中尚不明显的原因。

不过,特定案件中可能会出现一些按照正义法的精神赞成否定赔偿义务的要素。例如,在损失微不足道的情况下,或者受害人本身也有过错的情况下——比如说他激怒了侵害人,是后者而非前者是滥用的主体;或者当某种不幸使双方都遭受了同样的损失,以致让单独一方承担责任似乎是不可能的时候。可能出现这样的情况：无赔付能力的侵害人可能诉诸某些请求权，这些请求权因侵害而产生并有利于受害方——对贷款机构或保险公司的请求权，而且这种请求权有别于《德国民法典》第 829 条所提及的关于对控制相关行为人负有义务的人的那种纯粹"先诉抗辩权"（beneficium excussion）[①]无疑，可以理解的是，即便在成功地诉诸这些附加请求权以后，我们可能还得追溯到侵害人身上，如果对第三方的要求被证明是没有结果的话。

两个"衡平"赔偿请求问题或许相互交叉，这也是可能的。下面的案例就是如此。一位驻扎在维苏威罗卡蒙菲那村庄的名叫 V·里焦（Riggio）的卡宾枪手，与当地一位出身尊贵家庭的姑娘卡罗琳娜·特鲁科（Carolina Trucco）相识。她是一位漂亮的女孩，十五岁。那位士兵爱上了她，并求她嫁给他。她父亲同意了。由于姑娘太小，结婚被推迟了一年。但不久，卡罗琳娜就向她父亲承认婚礼不能再等了。姑娘的父亲立即与新郎商量，但后者试图躲闪这个问题，并最后直接声称他不想与姑娘结婚。接着就发生了激烈的一幕：姑娘完全失去了自控力并在一次丧失理智的愤怒的爆发中将这个诱奸她的人射杀致死。根据我们的民法典，一方面是第 1300 条或第 825 条和第 847 条的规定*，另一方面是第 829 条的规定**。将双方置于一个观念上的特别共同体内，我们可以说必须对双方所受的损害进行评估，并按照第一个尊重原则决定具体条件下的损害赔偿问题。

不过，一旦"公平性"认可赔偿请求这一点得到确立，索赔的限度就将按照关于损失计算的一般规则决定。如果情况属于可以用金钱价值来评估的财产损失，我们就适用我们法律的明确规定。如果涉及某种不能用同样的财产价值来评估的利益，我们就用上面所述的方法（第 296 页）。在具体案件中，我们还可以妥为利用下面的考虑。

[①] 对主债务人的先行诉讼。——原注

* 《德国民法典》第 1300 条和第 847 条现已废止。第 825 条的规定是关于"诱发性行为"的：因欺诈、胁迫或滥用从属关系而诱使他人实施或容忍性行为的，负有向他人赔偿因此发生的损害的责任。——译者

** 第 829 条规定，行为人实施了故意或过失侵害、信用侵害、性行为侵害、违反良俗的故意侵害但又属于免责情形的，仍应根据情况特别是利害关系人的状况在公平要求的限度内赔偿损害。——译者

A	B:需要	C:损害	D

侵害人的财产　　　　　受害人的财产

如果 C 落在了侵害人这边，问题就解决了；如果相反，则损失按 A 比 D 的比例由双方共担。

第四节　违反善良风俗的故意侵害

《德国民法典》第 826 条规定，"以违背善良风俗的方式故意造成他人侵害的，必须因这种侵害而给他人赔偿。"这个规定是作为对一些事实的一般补充，而这些事实被我们民法典中的法律和其他补充性制定法概括为引起"侵权之债"(obligatio ex delicto)的东西。它们是以一种技术性表述形式确立的。就它们事关故意侵害而言，它们并不构成任何新的事实。它们作为特殊事实的存在理由要么出于这么一种情况，即，它们旨在消除任何可能的产生于有关将特定侵害归类于违背"善良意志"方面的疑问，要么出于这么一个事实，即，它们大量的是这种确定的违法行为的某种具体类型的法律后果。

探究这种具体事实并揭示其含义是技术法学的事情。因此我们将不管那些特殊的、被严格界定的和具体的规定，也不管这样的一种考虑，即，根据这些规定，我们条文的一般规定在哪一点上找到它的适用。在目前这个方面，我们的主要兴趣集中于《德国民法典》第 826 条所表述的补充规定的含义及其在特定案件中的适用。

众所周知，这一节开头时所引的那个规则是作为罗马法中所称的"欺诈之诉"(action de dolo)的发展而出现的。执政官所颁布的法令在这方面宣示："在行为以恶意欺诈的方式所为的情况下，当不存在其他的诉的形式可以选择而且存在正当理由存在的话，我将颁授新的诉。"(D. IV 3,1,1)。现在要注意的是，在所有这些揭示中，上面的加重点号的部分尚未得到解释。罗马法学家的情况已然如此。根据他们的现存文献片断，他们对"恶意欺诈"（dolus malus）这个概念进行了大篇幅的揭示，但我们看不到关于对"欺诈之诉"第二个要求的根本探讨。他们浅尝辄止地提到过这样的事实，即，不允许小额（少于两"奥雷"）诉讼，并且根本不得对某些显要人物提起。但这无法满足从根本上理解"正当理由"（justa causa）的真实含义的要求。

而同样的问题出现在如今对于违背"善良风俗"的侵害的排斥中，尽管这一点在民法典中有了明确的规定。更多的注意力放在了"故意"或"企图"的概念上。尤其是，就《德国民法典》第 826 条的适用来说，行为人无需已知违背"善良风俗"，这一点已成为法学家中的流行观点。但最后的这些是什么——它们所要求的是何种规范，它们用何种方法才可以得到确立和把握（不致将我们隐藏在我们自己和他人未经证明的推论背后）——这一点迄今（至少就我所知）尚未得到系统揭示。

现在我们将尝试在正义法的基础上确立这一点。"善良风俗"或"正当理由"是正义法原则的附随表述。它们的履行必须利用上示方法。加害人和受害人根据正义法模型的规则被从观念上联合于一个特别社群中。同时我们必须记住形成这种特别社群的目标。如果一个人以一种违背正义法原则的方式对待另一个人，那么该社群必须再次在观念上被解散，而调整必须通过撤销已经储存的东西或者通过补偿的方式进行。

可能导致这个现象的那种侵害可能按照履行的一般类型与法律归责的三个一般方向相符，即对本人人身的伤害、对法律上受托人人身的伤害和对财产（广义上的）的损害。根据我们民事法律的技术选择方法，第三类并不代表某种源于对某种财产标的的直接侵害的损害，因为这一点是由《德国民法典》第 823 条*的规定来调整的。但它代表间接损害，比如说通过对受害人本人或其亲属的间接影响，或者通过妨碍他的取得权，甚或通过强制性帮助的缺位而所造成的侵害。

---

* 该条涉及"损害赔偿义务"的一般规定。——译者

我们将按照正义法原则体系安排各种可能的情形。我们认为，从技术上说，我们自然要利用普通法律规则来认定侵害，特别是利用《德国民法典》第253条；而与侵害的一般类型一样，侵害的方式也可能是：侵权行为人直接与受害人对立，或者侵害是几个侵权行为人联动的结果。

1. 违反履行原则的侵害

(1)违反第二尊重原则的侵害。《民法典第一草案报告》中谈到了请求权的转让问题。此举的目的是从债务人那里撤回或切断他对前债权人的抗辩权。报告恰当地指出，这是违反"善良风俗"的。这个观点的正当性可以从我们在我们的体系中所给予这种情形的地位中轻易推出。诚然，第一草案中存在难解之处，因为它并不认为违背"善良风俗"的某种具体权利的行使构成赔偿请求权的理由，而只是认为"这样一种行为是实际上的一般自由所允许的"（《第一草案》第705条）。这会导致难解的技术性区别。比如说，我们不清楚为什么某种请求权的转让应从"实际一般自由"（general freedom as such）中推出，而不是作为某种特定的债权人权利的行使。但对于实际问题而言，某个特定事项是否符合正义法，这种限制是没用的。不过，接下来的草案仍然包含着这样的规定：违背"善良风俗"的故意侵害赔偿义务是存在的，如果"该行为不是在某种法律权利的行使中完成的"。这一条在最后一刻被恰当地删除了。而既然法典没有在权利的行使和一般自由行为之间作出区分，我们就没有理由再回到这个问题上了。而且有必要记住和强调的是，《德国民法典》第826条*的结果绝不可能因这样的简单借口而得到回避，这种借口是，加害人是在行使他的权利。

因此，当父亲"滥用"他对孩子的人身照顾权时，根据第826条的规定，任何情况下都存在着正当的赔偿请求权。而无论何时存在着家庭法中的"滥用"时，情形同样总是如此。而且因此，甚至在那些由于我们实在法的局限而致使滥用行为不能通过求助于法律而被制止的情形下，仍可以按照第826条要求赔偿。

---

* 该条规定，故意以违背善良风俗的方式加害他人的，应负赔偿损害的义务。——译者

内在地说,这一点同样适用于义务的非正当行使。不过,就债务人因既存的义务在违背"诚信"的故意不履行情况下已经担负的赔偿义务而言,不存在根据第826条另行确立类似义务的理由(参看 D. XVI 3,1,7)。但后一种认定完全可以适用于对抗一个已经坚持履行某种违反"诚信"义务的债权人。

(2)违反第二参与原则的侵害。在关于专属权的行使的那一节,我们不得不认定现行法允许那些权利的非正当行使(第251页)。所谓"恶意条款"中对这种授权的些微限制事实上仍然不过是对其追求正义过程中的权利的限制,因而实际上并没有特殊的重要性。不过幸运的是,当某种排他性权利特别是所有权的非正当行使导致了经济损失时,人们通过允许损害赔偿请求用一种更好、更客观的方式对此进行补充。这可能容易看似某种对他人权利的直接侵犯并适用《德国民法典》第823条的规定。人们最近在有关公路上为了保护私人财产而使用带刺丝网(barbed wire)的事项中作出了如是裁决。一过路人没有任何过错地经过此路而受伤,按照上述考虑他的损害赔偿请求权得到了正当的认可。

不过,可能存在一些并非由侵权造成的侵害。比如说,通过非正当财产权的行使妨碍邻居从事其事务,像磨坊主阿诺德案中的情形那样。必须进一步注意的是,因对财产占有和财产自由的侵扰而提起的诉讼并不涉及赔偿。不过,在这里所预设的基础上,这种赔偿要求可以按照《德国民法典》第826条的规定用补充方式予以提出。或者如下列情形:某人将不动产卖给另一个人,而他知道这位买家将从事噪音行业,或者在其他情形下从事非法侵扰活动,而且还知道侵害其邻居的意图。如果能够证明这种方法被刻意地采用以便造成侵害他人的结果,就可以适用第826条;而如果侵害是因对可能的侵害的疏忽所致,那么就与我们这一节内容无关。

2.违反存在原则的侵害。这里我们将按照那些不同的原则作出相同的系统分析,像我们以前所作的那样;但是根据侵害是由行为人的作为还是不作为所致,我们将不得不作出另一种次级区分。

(1)违反第一尊重原则。

A.通过作为。这出现于对受害人本人或对那些法律上属于他的人的不法侵扰之中。如果某人"因受欺诈或不法胁迫而作出意思表示"(《德国民法典》第 123 条),那就无疑属于前一种情形。在这种情况下,他不仅可以就这种意思表示进行抗辩,而且,根据《德国民法典》第 826 条,他还有权请求赔偿。没有什么像"强制"和"胁迫"那样与合意的理念相违背了。诚信审判针对的就是合意的各种表现形式。任何主张"强制"或者"胁迫"的,都与善良风俗相违背。(D. L. 17,116 pr. ;cf. D. IV 2,3,1;XLVII 11,1,1)。尤其常见的是这样的情形:某人因错误陈述而被授权去做某些事情,比如在社交舞会中,一位友善的绅士善意地负责收集请柬费用,然后又为交谊舞舞伴们买花束。该委员会一位嫉妒的成员将这些花束带到了他的柜台前,然后消失了。当一位未成年人假装成年而后来又想求助于他的限制行为能力时,这种事情可能采取某种独特的形式。因为法定的民事能力年龄的限制不同于刑事责任年龄限制(参看:D. IV 3,7,10;ib. 8;ib. 40;《德国民法典》第 676 条)。

　　我们所说的这种法律也可能因对属于某人或法律上委托于某人的那些人的侵扰而受到违反。受骗的丈夫可以求助于《德国民法典》第 826 条以对抗强奸他妻子的人;而埃古*的行为也在前一节内容范围内。而在诱使儿童和女孩从事淫滥的行为中,那种请求权自身就具有合理性(D. XI 3,14,1)。无疑,其实施也勉强受到了《德国民法典》第 253 条的明确规定的限制。

　　B. 通过不作为。在土地登记的变更中,请求变更的人要承担变更费用(《德国民法典》第 897 条)。德恩堡(Dernburg)因此提出了问题:"当替补继承人要求为直接继承人登记时,也适用这一规定吗?"他的回答是否定的,因为否则的话直接继承人将得以通过拖延将代价转移到替补继承人身上。而他将这种行为称为"欺诈"。这种裁断肯定是正当的。真正的正当性还是源于我们在我们的系统讨论中所已经赋予它的那个地方。技术性解释是,替补继承人必须先行付出费用,但他可以依据《德国民法典》第 826 条要求从故意给他造成侵害的直接继承人那里得到补偿。

　　这里也涉及那种经常被讨论的情形,在这种情形下,合同一当事方看出了

---

　　* Iago:莎士比亚名剧《奥赛罗》中的人物,挑拨奥赛罗杀死了他的妻子。——译者

对方的错误而不置一词,以期错误一方就协议进行辩解的时间流淌过去,而他的义务得以被确定。无疑,这不是很重要的,因为《德国民法典》第 121 条第 2 款*本身将根据推定的事实断定情况。不过我们完全可以将所有其他情形归并于我们目前系统视角之下——在这些另类情形中,一相关人怀着侵害的意图让一段期间过去,而这样就剥夺了对方的某种特定权利,并引起了他那一方的义务的发生。

(2)违反第一参与原则。

A. 通过作为。一劳动妇女作出了一项可申请专利的发明,但尚未获得专利。她找到一位商人商谈其发明的使用可能性。他让她讲清这件事,然后自己去申请了专利。这里再举一例。某人预见到其请求权但尚未主张。另一人利用这一点,自己抢在他之前主张请求权。或者如下情形:不动产买方尚未进行登记,于是所有人与第三人达成了一项更有利的交易并将房产转让给了他。抑或如下情形:在签订继承合同后,立遗嘱人在临死前将其不动产以低价卖给了第三人。其目的是要取消合约继承人的权利,而将其对卖方直到生命尽头的赡养作为某种对价,尽管他们都知道他的状况是没有希望的。

据说法律注释学家布尔加鲁斯(Bulgarus)曾讲述说,用夹子猎得的野兽的所有权不能仅因这个事实而取得,因而一位从夹子中取出猎物的陌生人并没有犯盗窃罪(参看 D. XLI 1,55)。当不久以后布尔加鲁斯——我们又进一步听到萨维尼如是说——与他的一位学生驱车于博洛尼亚近郊时,他们撞上了一头掉在一个陷阱中的野猪。那位学生想带走野猪,而当他受到布尔加鲁斯的阻止时,他提及了上述讲课内容。布尔加鲁斯回答说:"诚然我们不害怕被人起诉,但对于我们声名的顾及应当使我们免于这样做——我对于丑闻的担忧甚于对于将来判决结果的担忧。"(GL. ad J. II 2,14)。

在所有这些情形下,一个人取得某种专属权而无视另一个人的利益,而后者对这种利益享有有效的期权。取得权利的人违反了基本尊重的原则,而该

---

* 该款规定,(关于意思表示撤销的期间)自意思表示作出时起已过 10 年的,撤销即被排除。——译者

272 第三部分 正义法的实践

原则是从社会生活和工作的目标中派生出来的。他知道他人的意志和他所开始的行为，而且用他自身的纯主观愿望妨碍他，并任意地排斥他。不过，如果第二方可能以为第一方会得到适当补偿，那么情形是不同的。在这种情形下，正义法理念和具体行为之间就不存在必然的矛盾。

这种对他人的妨碍也可能出现在原告提起的有意侵害被告的诉讼中。《学说汇纂》IV 3，9，3 中所记载的案件以独特方式体现了这一点。在现时代，人们倾力关注了从法律所授予的自由中产生的滥用情形。而这在多数情况下已经被证明不是获取正义法的适当手段。无需考虑最近立法中这种事项所缓慢却明确地显示出来的局限性，我们这里必须考察这样一个问题：是否有可能将这种自由的滥用置于《德国民法典》第 826 条之下？这种滥用尤其见于商业生活中——商品和劳务价格中的极端压低叫价，甚至低于成本价进行甩卖以便毁掉一个商业竞争者（第 335 页）拒绝兑付以迫使债权人破产；或者像在一场诉讼——在这场诉讼中，一家轮船公司通知几个对航海船业感兴趣的企业，它们在各处都有效的运输规则不适用于这几个企业——中所显示的那样。它的目的是通过这种压迫性商业措施迫使这些企业无论是在为了该公司的利益而对航海群体进行干预上还是在切断其与海员们的商业关系方面都按照该公司的意愿行事。

显然，最后那个案例也可以从前述其他视角予以考虑，而且一般来说，某个特定行为模式在多种重要方向上都有影响，就像比如说在恶意发布他人秘密的情形中所可能显示的那样。从我们当下正在考虑的观点看，商业中的这种行为将意味着为了某人自身的纯粹主观愿望而任意排斥他人。这也可能出现于一般私人生活之中，例如（像其他人已经指出的那样），某人故意播放音乐以图惹恼他隔壁的邻居，使他不能继续他的指导工作。

我们必须用同样方法考虑那个最近经常出现的关于工人罢工中鼓动者的赔偿责任的问题。这种义务既不可予以贸然赞同也不可予以贸然否定。庞波尼（Pomponius）的如是说太过一般化："一个人介入一件与其无关的事情是应当受到谴责的。"（D. L 17，36）。问题取决于干预的方式。关键要看它是依客观平等行事还是出于纯粹个人煽动。如果鼓动是本着这样的精神——即相关人必须被阻止以正当方式解决他们的分歧——进行的,那么促使人们开始或继续罢工的鼓动行为将受《德国民法典》第 826 条后果的约束。激起个人痛苦和主观恶劣情绪的做法有害于友好商谈精神并且使罢工的正当结束成为不可能。在这种情况下,鼓动者违反了正义法的第一原则。他造成了让一方的意志经受某种单方面任意个人意志控制的后果,并想让一方经由他人的任意认定而被排斥于其自身社会合作的客观参与之外。很有可能他这么做是出于这样的一种错误看法,即,他这么做是在依某种"道义"和正义的方式行事。但我们现在不在乎对他的意图的判断,而在乎他的行为方式,在乎正义法的问题。布拉特在比约恩森(Bratt in Björson)的行为因同样的原因是错误的,不是因为他试图做了某种"超越我们权力"的事情,而是因为他的行为违背了正义法原则。

　　由此可知,同样的事情可能出现于各种排斥或抵制行为中,即便除了《德国产业法》第 152 条以下的规定(再参看以上第 344 页)也如此。比如说,记下一份喜欢毁约或不喜欢付租金的租户的"黑名单"本身并非不可接受。最近的立法本身在有关披露资料的问题上对这种安排作了某种程度上的利用(《德国民事诉讼法》第 915 条)。但是这样一种商人的联合,像托拉斯和卡特尔情形下的一般情况那样,如果在具体情况下它以这样一种方式行事,以致让相对人成为纯粹由他人处置的工具、被剥夺其自行决定其正当职业的能力并且按第三人的任意意志被排斥于社会生活之外,那么就违反了正义法。如果人们说,雇主们为了维护其"正当利益"而可能记下黑名单并可能将这些名单传给其他劳工雇主,这样做是无可厚非的,只要所强调的重点放在了"正当利益"上。这些利益必须是这样的,对它们的保护为正义法所要求。因此,如果某个产业非经这种程序模式就会发现它自身处于某种使它成为劳工联合的个人性、单面性和任意性命令和决定的客体的位置上,那么这种情形就是正当的。相反,如果通过对劳工秘密列出黑名单而进行的排斥不是为了促成某种正义合作模式的目的而是仅仅作为根据一方单面意愿任意决定他们参与社会经济的工具,它就不再具备客观正义性了。

　　B. 通过不作为。长久以来,在法学家中所流行的共识是,这样做可能违反《德国民法典》第826条。根据这种意见,一旦存在某种实在法上的作为义务而相关人没有这么做,责任就产生了。"一个人没有做他应当做的事情,则被视为唱反调。因为他没有为当为之事。"(D. L 17,121)。人们引了一个例子做说明,在这个例子中,一位证人故意不说出一个基本情况,而被告人因此被判刑(参看 D. IV 3,21)。这人只有当未能阻止该结果出现的情况下才是可以原谅的,"明知但不能阻却的情况下不存在过错。"(D. L 17,50)。

由于《民法典》第826条通过"善良风俗"这一术语的使用规定了对正义法的一般遵守是一种决定性规范,因此这个条款的结果必须可适用于所有如下情形:存在着某种依正义法原则行事的义务,而该义务没有得到履行。这种事情何时必须得到推定的问题已经在本章第一节中得到了详尽的阐释,因而这里提及那个地方就够了。

每个人必定都希望他作为一个社会成员在法律上所处的那个社会将实际上把他当成员看待;希望他不致被置于一种意外的情景中——作为一个孤立无援和形单影只的个人而存在。因为这有悖于所有法律的根本理念:所有的人都应当共同从事生存斗争。而且,己之所欲,必施于每一个法律关系中的其他同伴。否则的话,法的目的和含义中就会出现一种不可忍受的矛盾。

诚然,关于这种理念在具体情景中的适用,人们的确提出了重要的疑问。"我在河岸上散步,"李斯特在他的启发性陈述中说,"看到一个人掉进水里并在水浪中挣扎。作为一名游泳高手,我可以救起他而不致发生危险。我没有这么做,而附近又没有其他人帮忙,于是 我知道他必定会淹死。在我看来,我根据第826条而承担的责任是无法被否认的。"当然无法否认。但为什么它没有得到履行?这种责任只要当其结果与正义法原则不相符时才可以否认。但从刚才讲述的纯粹事实上看,那个法条的结果完全与我们的原则相符。如果能够通过从桥上给溺水者扔救生圈而给他施救但却没有这么做,从我们的观点看,情况也是一样的。如果溺水者因想自杀而跳进水中,事情也没有任何形式的改变。因为唯一重要的问题是,情形是否是这样的:由于一个可以施救者的不作为,那位处于危险中的人受到了违反第一参与原则的对待。

但是，如果我们记得，义务人所承担的义务在第二尊重原则下也适用于他；而根据这个原则，在该义务的履行中他必须能够成为他自己的邻居。而用这种方法我们将能够就任何在归类方式上可能存有疑问的案件作出肯定而正当的调整。同样的方法将适用于其他作为异议而被引用的情形，比如说，当某人下火车时没有叫醒他的同伴乘客，尽管他很清楚地知道后者并不想再坐远一点；或者某人已经受到骗子的欺骗，而且肯定地知道该骗子将接近另一个他（受骗者）认识的人；或者举最后一例，某人看见一位盲人靠近一个悬崖峭壁。

通过承认这种正义法的民事义务，刑事问题现在呈现出了某种不同的面貌，这一点不会给我们造成任何严重的疑问。如果那种情况下的刑事法律对某种犯罪行为的处罚相对那些正义法的要求来说的确太过严厉，以致它所规定的惩罚大于对已造成的侵害所必需的补偿，那么这种非正义的刑事法规必须予以改变。但如果仅仅因为在贯彻某个正义法的要求时传统的刑罚显得非正义就放弃这种要求，那就错了。

第五节　违反"善良风俗"的履行的领受

这一点引起某种涉及罗马法中"用于不道德目的的金钱给付的追偿之诉"（condictio ob turpem causam）的请求权。现在它在《德国民法典》第 817 条*中得到了更精确的技术表达。我们将只就其涉及"善良风俗"的那部分规定——对某种履行的领受不得违反这部分规定——进行解释；而且我们的揭示将因此是简要的，涉及可以直接用于本书前一部分的讨论。

由于我们这里讨论的是不当得利的返还请求问题，因此我们的预设是这种履行具有可予返还的财产的属性。这导致了某种我们的法律规定与合同自由的限制规则之间的关系上的龃龉。人们认为，《德国民法典》第 138 条涉

---

*　该条涉及违反法律禁止和善良风俗的不当得利，它规定：给付的目的是以受益人的受领违反法律禁止或善良风俗的方式确定的，受益人即负有返还义务；履行给付的人同样实施了这种违反法律禁止或善良风俗的行为的，返还的请求权即被排除。——译者

那些"自身"违反"善良风俗"的行为,而第817条涉及的是这样的交易,在这种交易的达成中,"一方或另一方或双方都亲自"以非法方式作出行为。但这实际上似乎类似于正义法与伦理理论之间的差异。因为如果我们在某个已达成的交易本身和达成该交易的主体之间作出区分,我们只能意味着将法律行为与内在意图进行对比。但后者在正义法范围之外,而我们这里关注的却是正义法。这也不可能是一个对这些主体作出判断的问题,因为这种事情在所有情形下都取决于某种已完成的履行和某种其中所涉的法律行为模式。

但《德国民法典》第817条在纯粹法领域内有其独立的意义和两个方面的适用。

1. 某种基于非法行为的履行。

这种非法性可能由某种法律禁止或者对基本正义法的违反构成。这种行为在后一情形下总是无效的,在前一情形下一般是无效的。但如果该行为的进行是有争议和被撤销了的,那么在这里就没有任何区别(《德国民法典》第142条);例如在通过威胁的方式获取经济利益、而被迫意思表示受到争辩的情形下。如果一个非法行为后面接着某种履行,那么首先存在着一个"返还之诉"的问题。根据许多法学家的看法,对于被交还的物体甚至可能存在着成功的"所有权返还之诉"(vindicatio),因为该所有权的转移是在一个无效行为基础上发生的,因而它自身也是无效的。其他人认为,按照我们法律的精神,它(物体的转移)应从其本身加以考虑,而无需顾及那个引起它的暗含的行为。即便如此,任何时候,请求权必须按"返还之诉"提起,如果履行的客体再也无法在种类上找到,或者如果根据某种法律规则(比如说某个第三人善意取得了它),人们不能对它提出所有权请求。

而如果请求人知道他没有履行的义务,"返还之诉"就不复存在。这里《德国民法典》第817条可予适用,并允许请求返还不当得利,即便此人知道他没有任何义务,只要履行是因某个超越合同自由限度的行为所致。此外还有《德国民法典》第819条第2款,根据该款,在"返还之诉"的情况下,知道案件事实并以故意违反正义法原则的方式领受物体的领受人不仅要为不当得利承担责任,而且处于对他提起的一项诉讼中的债务人的位置上。这些技术上的复杂性是否真的必要,以及问题是否能够通过《德国民法典》第 826 条和某种完全赔偿的请求来解决,可以留而待定(参看 D. III 6,3,3 结尾)。

关于某种以违反"善良风俗"的方式作出的抽象承诺或义务的宣示该如何从法律上加以对待的问题,法律文献中是存在意见分歧的。一方面,这种承诺被置于《德国民法典》第 138 条之下,并被宣布为无效。这与该法典第 817 条不符。这是恰当的。具体法律形式中的抽象承担某种义务被视为某种抽象的责任。如商人将已经收到的票据列入"收入"项一样,这种抽象义务单证的签发和接受被视为现金偿付。因此它们恰属于《民法典》第 817 条而非第 138 条项下。这里的预设是,履行已经实际发生。举一例:某人破产了,为了逃避他的债权人,他向他兄弟作了一项虚拟的请求权的转让。后者是"合谋者"(doli particeps)。后来,前者要求归还单证。《德国民法典》第 817 条的第二个规则不反对他的这项要求,因为这项请求权的转让从未实际作出,因此这不是一个通过在此转让来归还的问题,而是一个从未改变的法律地位的实际调整的问题。

2. 没有事前行为的履行,以非法主张为目的。

我们不得认为这里完全不涉及任何行为。因为,既然履行必须得到他方的接受,而这就涉及履行目的的采行,因此后者实际上伴随着某种商业协议。于是,我们必须先弄清这种以该目的的实现为其目标的行为内容是否处于合同自由的限度之外。而且在这里,我们必须再次提请读者注意我们前面所讨论的结果。

现在我们发现一个重复的命题是,对被接受履行的非法性指控必须由接受方单独承受,而与给予方完全无关。只有当接受方将被诱以履行某种法律义务——无论是按照命令作为还是按禁令不作为——时,才属于这种情形。但如果这种目的是诱使他作出某种非法行为,那么给予方也要承担违法责任,而这种责任将排除他要求返还的请求权。

我们在前面(第 336 页)解释过,一个人可能不因履行法律义务而接受金钱,而提出这种主张的诱因是与正义法不相容的。这方面的义务是源于专门制定法还是属于正义法原则并不重要。实践中,多半是前者构成讨论的主题。

278 第三部分 正义法的实践

未经附加任何进一步的理由,罗马法学家们在一系列的案件——在这些案件里,一个人因履行某种实在法要求他履行的义务而接受了金钱——中也特别承认"用于不道德目的的金钱给付的追偿之诉"。例如某人得到金钱给付以便在法庭前说出真相而不发伪誓的情形,或者为了免于抢劫神庙、盗窃或谋杀而作出捐赠的情形,或者因某种委托于某人或者被他侵占的东西的强制返还而作出的补偿的情形(D. XIII 5,2;ib. 9 pro.;D. XXVII 3,5;C. IV 7,6;ib. 7)。

不过,当履行的目的是使接受者履行某种他已经明显承担的正义法义务作为回报时,对这种履行的接受也是违反《德国民法典》第817条意义上的"善良风俗"的。诚然,《民法大全》中找不到这种它承认"用于不道德目的的金钱给付的追偿之诉"的例证;我也没听说过后来的实践中出现过这种例证。但这一点在那里得到了非常恰当的一般表述:"杰尔苏说:当违背善良风俗的情形只存在于受领一方时,可以请求返还。举例来说,我把一些东西给了你,以便你不会针对我为不法行为。"(D. XII 5,4,2)。而保罗的如是宣讲是完全正确的:"如果条件的成就与公序良俗相违背,那么这些条件必须被废止。"比如"如果他没有将他的父亲从敌人的囚牢中赎回",或者"如果他没有为他的父母或者保护人提供生活上的支持。"(D. XXVIII 7,9)。

这种考虑必须本着我们法律的精神予以实施——这一点可从我们对交易自由的限制的考察(第337页;第340页)中推出。而对于这些正义法义务的认定问题将我们带回到本章的第一部分。

第四章 正义行为的认定

第一节 法律行为的解释

西西里战争后,当罗马与迦太基媾和时,他们在条约中写入了那种常见的关于那些在战争中帮助过每一方的国家的协议。该条约的当事方相互承担义务不与对方的同盟国及其附属国单独结盟,或者对它们发动战争,或在它们的领域内行使主权或征集军队。事发于 513 年。约十五年后,慑于迦太基其时在西班牙已经形成的势力,罗马人遂与西班牙的萨贡托(Saguntum)结盟。如所周知,这个城市就是后来汉尼拔对之进行了成功的毁灭性打击的那个城市。这构成对和约的违反吗?必须将该条约解释为仅仅包括缔约时的当事方吗?抑或包括所有后来的加入者?

李维在就这些事件作出判断时将冒犯罗马人尊严的问题和正确理解条约的问题区分开来,他这么做是完全对的。关于后者,他毫不怀疑那些后来接受罗马保护的盟邦也包括在协议之中:"要么是有人没有任何功绩就被接纳为朋友,要么是被接纳为朋友的人没有忠诚地得到保护。谁认为这样做是公正的?"

不过,这并没有给目前的问题下个定论。它充其量可以就罗马人与其盟国的内部关系规范作出认定,而不能确定该合约的含义。而这是我们正要试图解决的唯一问题。

这一点是人们常常没有方法加以判断的,或者说是至少没有意识到他们所遵循的方法的。而这也是一个人们必定在一个难题前有一种强烈的无助感的情形。一个觉得有义务得出某种负责任的结论的人将可能在类似的情形中寻找显见的模型。但对于某种以前的情形是否类似于眼前情景的认可的可能性要求某种清晰的更高规范的理念,这种理念包含着这两种相似的程序模型,并涉及这种考察中所遵循的一般方法的澄清。

这基本上是一个解释艺术问题——以这个借口放弃这种尝试并不是什么安慰。因为我们必须在这里小心作出某种区分。将某个个案归类于一个方法上的程序模式之中——如果可能的话——的确是法律判断艺术的事情。但是我们要想得以对某个含义不明的合同进行正确的解释,就必须根据某些原则将它予以归类;而对这些原则的承认要求概念性和系统性知识。探究某个行为的准确含义的基本程序模式是一个教与学的事项。在特定情形下实现它则是适用艺术的事情。

而且事实上,人们总是在寻找可以作为一般原则使用于疑难解释问题中的基本规则。罗马法渊源提供了一系列众所周知的格言,而这些格言似乎以此为目的。仅在题为《古代法中的不同规则》(De diversis regulis juris antiqui)的书中就有十几个这样的规则。但它们表现于其中的那种普遍形式常常是欺骗性的,因为在许多情形下它们被带出了它们的语境(编辑者已经部分这样做了),而在这种语境中,它们仅仅旨在适用于特殊事实。通常它们也提及当时"规则"的特殊对待(参看 D. XLV 1,99);而它们自身的含义有时也难以理解或者有争议。例如:"古代的法学家们认为:应当由出卖人以及出租人来负担因为约定不清楚或者意义不明确所造成的风险。因为他们有能力拟定内容清楚的合同条款。"(D. II 14,39)。

在现代教科书以及制定法的表述中,人们的确已经尝试修正这种缺陷。如下的一些规则得到了确立:"遇有疑案,作出有利于承担能力弱的一方的裁决";或者"如此裁决,以使意思表示不至于无效";或者"作出不利于利用模糊表述的一方的裁决";等等。不过,由于这些规则拥有明确而清晰的含义,它们就受制于一种非经诉诸外在的帮助就不能免除的缺陷——它们是在缺乏某种原则的情况下集合在一起的。在德国普通法实践中,我们的确发现人们偶尔提及,前面提到过的罗马法的格言不是基于实在规则,而是产生于"事物的本性",因而甚至在罗马法不再有效时也应予以遵循。不过这种说法尚缺乏证据,而就《民法大全》以及我们所引的现代规则的引述而言,相反的说法倒是成立的。它们是零星的一般化的结果,且缺乏与法理念的内在统一和客观联系。

有关解释的特定法律规则的情形略有不同。我们的民法典也意识到了这一点,并且在法律行为的解释上完全避免了家常疗法的开出。这些规则有三种:(1)对法律行为、司法命令和制定法中特定表述的法律解释;(2)延及整个法律关系、它的起源和终止的解释规则;(3)通过对疑难私人处置的法律解释而确定产生于某个既存法律关系之中的某些具体问题特定结果的系列规则。

所有这些解释规则有别于那些补充性法律规则。后者适用于私人当事方在争议问题上没有作出约定的情况,而前者的目的是澄清具体案件中某种有疑问的意志内容。如果一个法律规则仅想成为一个解释规则而不(或者同时也)成为一个补充性规范,那么如果从某种另外的角度看当事方显然并不想就相关规则所欲覆盖的那一点作出规定,它就不能得到适用。因为在那种情况下所需要的是补足一个不完整的意志,而不是解释一个有疑问的命令。因此,非正式谈判可用以澄清某个正式法律行为中意思表示的含义,而仅仅是作为一种解释规则的规范——而非补充性规范——就失去了它的重要性。在保险中尤其如此,在这种情形下存在着某种政策上的疑点,而通过回溯此前的意思表示可以弄清这个疑点。而且在司法程序中,对一个得到了起草方及其对手同意的文件的解释一般也对法官有约束力。因此在这样的问题中,解释规则失去了价值,而补充性规则依然可以被适用。

如上所述,这些特别解释规则的作用必须从上述旨在将一般规则确立为实践或法律命令结果的尝试中另行判断。前者构成某种特定的技术性帮助,它有助于弄清特定案件中立法者所设想的通常情况下那些作出了意思表示的人的意图是什么。他倾向于给他的命令一个确定的表述,所冒的风险是不适合于特别情形下的确定事物。他这么做的优势在于技术上的肯定性。迄今为止,这种帮助方式基本上没有疑问且具有完全的自身正当性(参看第196页)。

这种纯粹解释规则与补充规则之间的区别是否将永远存在是一个涉及对某些特别问题的技术处理的问题。这种区别在如我们上面所概括的法律中的存在则是一个没有疑问的问题。事情的缘由可能是人们觉得在特定情景中从法律行为的解释中得到某种更确定的支撑点是可取的，而藉此证明其价值的那个规则则保留了人们所施加给它的限制。但是，在承认我们法律制度中实际条件中的真实事务状态以后，人们很少觉得上述区别应予以保留。因为它可能在这方面产生疑问：根据有效法律的意图，某种规则应置于这两组的哪一个之中？即便撇开这种疑问，如何在某个特定案件中实施它也是一个艰难而复杂的事情。而实践中它的技术适用结果是如此朦胧而不确定，以致我们难以赋予它太多的重要性。因此，我们赋予每一个并不具备绝对必然性规则以同样的解释和补充功能将是合乎简单和明晰目的的。不过这属于技术法学的细节问题。

沿着上面讨论的轨迹行进，我们偏离了适当的方向；而我们行进了相当的路程，目的仅仅是想确定地证实这个信念。现在让我们回到我们的起点和我们在那里所确定的问题。我们发现有一点得到了证明，即：我们不能通过与某种限定性法律内容相关的具体特殊规则找到合同解释的标准和固定方法。这里也有必要着眼全局。某个特定的合同必须让人们弄清它不确定的地方。因此确定的东西必须用法律加以打量并在实践中予以施行。而因此被它承认的东西必须与法律制度的根本理念一致，即，尽力通过强制实现正义。解释工作必须争取某种"内容正义"的结果。

而这一点在法典中也得到了妥善的表达。"合同的解释应符合诚实信用和适当尊重商业惯例的要求"（第157条）。这个原则即便没有在该法中得到这种形式的表达也将是不证自明的。因为，既然人们认为，只要在一项非正义合同的条款上没有疑问，它从法律上得不到支持，并且由于处于合同自由的限制以外，因而是无效的，那么这就意味着只要存在着合同特定条款含义上的某种疑问，唯一适当的解决方法就是那种与正义法原则相协调的解决方法。

因此之故，这种法律规则不仅必须在私法范围内得到遵守，在公法范围内也必须遵守。在个体之间的关系中和帝国各邦之间的条约关系中以及在国际条约的解释中也必须遵守它。在民法典中，上述原则不仅应包含受帝国法典约束的那个领域，还应包含受地方法约束的领域。因为我们这里谈的不是某种技术制定法意义上有效的规则,而是一种宣讲如下原则的规则:在解释合同时,我们必须记住,特殊法律行为必须与一般法的基本理念相和谐。

关于法律解释和权利解释,普鲁士法表达了这样一种正确的理念:"此外,所有这种特别法和特别律令必须予以审查,以使它们与普通法规则和国家的主要目的保持一致"(《普鲁士普通邦法》导言,57)。

另一方面,从我们的理论中可以推出,违反我们法典所承认的原则的行为时违反法律的。一项未能触及"诚实信用"所要求的结果的解释不违背"道德"但违反实在法,即违反那种要求其内容在某种特定情况下按照正义法理念予以认定的实在法。因此根据我们的程序法,在违反《德国民法典》第157条的情况下,修正应该得到允许(参看上文第303页)。

所有这些讨论带有导论的性质。该谈到问题的核心了。这里我们在有疑问的情况下必须注意的最高目标同样是正义法的理念。如果我们想在我们正确认定某种行为的含义的努力中恰当地遵守这个规则,我们必须在某种程度上考察解释问题本身。我们现在的问题是说明对待解释问题的正确方法。要对必定产生于法律行为的解释之中的所有问题进行分析的确是不可能的。而且另一方面,我们必须在我们现阶段的考察中小心谨慎,以免在特殊技术性问题中丧失自我,而真正要做的是提供方法论上的指导。

第二节 "真实"意图

传统解释理论所试图作出的普通区分是建立在"语法解释"和"逻辑解释"之间的区别的基础上的。首先,人们说,我们必须注意"语词的含义"。这指的是根据语言规则蕴藏于作出意思表示的人所选择的表述之中的意思。此外还有其他的有助于弄清语言中模糊之处的因素,如作出意思表示的具体情景。无疑,许多法学家认为,甚至在语义明晰的情况下,确定意思表示者的真实意志仍然是一个问题。不过这自然不得仅仅按照盖然性(probability)来确定,而意思表示的语词必须无例外的覆盖真实的意志。我们还必须适当注意对方当事人可能从他的角度理解这个意思表示的方式,等等。

我们可以无异议地认为,这种非批判性传统可追溯到罗马法学家们朦胧的一般格言那里。实践中后者的确提供了对意志的宣示进行正确而客观解释的范例。我们稍后将举几个例子。但在形成这种被如此遵循的方法的理念上,他们却高兴不起来。在汇纂学派(the Pandects)教科书中通常所收集的著名格言中,他们常说,当某种意思表示的语词的含义是明确的时候,所有其他的考虑都必须予以切断。因而保罗说:"如果在文义上没有歧义的话,对于目的探寻则不被允许。"(D. XXXII, 25, 1)。马赛罗(Marcellus)也说:"当立遗嘱人很明显的意有他指的话,只好偏离文义进行解释。"(ib. 69 pr.) 而盖尤斯则以一种独特的方式说:"当遗嘱本身之外的内容被谈论到时,可以按照善良及公正的原则进行解释。但是源于遗嘱本身的内容则应当按照制定法的原则予以处理。"(D. XXXV 1, 16)而某种按照"宽仁"、"人道"、"衡平"进行的解释只有"在疑难情景下"(in rebus dubiis)才被教条地当作一种规则而存在。

像它的表象所显示的那样,这一点在中世纪得到了机械的使用,并且以同样的方式为德国所接受。许多自然法的宣教者对这种传统所作的斗争是失败的。"词语从属于理智"(Verba menti subordinanda)这个命题,像托马修斯所阐述的那样,太缺乏确定性。我们必须注意,通过改变研究这个问题的方法我们可以构筑一种更清晰和更肯定的理论。

而分界线必须首先用纯逻辑的方式予以解释。这种分界线不是某个意思表示的"语句"和"真实"含义之间的分界线,而是一种主观确定的意志与那种具有客观正义性的意志之间的分界线。这两点必须按照这种所显示的顺序予以适用。因为,关键是要明白,特定法律后果应附着于由意志的含义所决定的意志的宣示。因而第一个要解决的问题是,宣示意志的主体的意图是什么?

只有几句体现具体经验智慧的箴言对这个问题作出了回答。这个问题本身在每一种情形下都是个问题。在解题时,语言——相关当事方的一般或具体表达方式——无疑进来凑份了。还有,必须适当注意商业习惯和习俗性惯例。而且我们还必须具体借助于特定情景。这是一个证据问题并且与比如说这样一个问题立于同样的水平上,这个问题是,某个特定的被告人是否真的实施了被指控的行为。因此,在这第一个解释问题中,事情总取决于某种体现于相关意思表示中的实际意志内容的认定。如何处理这个已经认定的意志内容则是另一回事。首要的问题是,他是否意在与他人形成某种联合。而且,如此确定的该意思表示的主观意志是否在合同自由的限制范围内这个问题尤其有待解决。

但如果某种意志宣示的内容含义不清,我们必须推定它具有客观正义性。我们无权将某种非正义意志及其宣示强加于某人。因此,如果我们不能确知这一点,具体意思表示中的疑点必须解释为与正义法原则相符。

从这个意义上说,我们的确可以说这种意思表示被法律实体化了。现在它概指某种独立于它的表示者的法律内容。因此,它的含义在具体情形下完全可以根据客观原则予以判断。而这后一种方法必须予以贯彻,比如说即便在意思表示者在现场并且对他的正式意思表示的内容或许持有他自己的观点——由于上述原因,现在我们必须针对这种观点作出我们的裁决——时,也要予以贯彻。

在这种对主观意志和客观正当内容的考察中,解释意志表示的步骤必须按顺序采取。我们必须先设法决定第一个以便根据其他法律对它作进一步判断。但是,如果它自身的独特性质难以让人弄清——而这种现象在不少情形下一再发生——我们于是必须转向第二点的决定,即转向特定情景下具有客观正当性的决定。重心因此必须放在意志内容特点的实际区别上而不是解释工作的手段上(似乎它具有根本性)。这就是为什么我们的鉴别从概念上不同于传统语言和实际解释的那种推定。

首先,很明显,"语词"和"词组"只是表达某个特定意志内容的偶然手段。我们法院的实践中常遇到对用手势或其他动作所作出的无言意思表示进行明确解释的问题。帝国最高法院最近不得不就某人回答保险申请的一个问题时所划的"破折号"进行客观"解释"。最近的立法在要求许多法律行为"明确"意思表示(《帝国非讼管辖法令》(RGes)5. VI. 96,2;《德国民法典》第 700 条)方面所造成的技术难题无需在这里讨论。不过,在所有情况下都将词组和语词视为无关紧要的东西而将真实含义视为更珍贵的东西尤其不妥。有可能存在一个事情被倒过来的情形。"皇帝的话不得曲解。"但温斯博格的妇人们却坚持"从字面上理解表述的含义",进行繁琐的分析,而并没有发现皇帝的"真实意志",而这种意志是他为了达到和解和真实善意的目的而作为某种宽宥之举予以改变了的。因此存在着两种不同的分类,一方面是"语法的"和"逻辑的",另一方面是主观的和客观的。根据我们的观点,解释工作的第一个问题涉及第二种分类。这并不违反《民法典》第 133 条的规定。我们刚才已经引述了与上述例子相关的这一条款中的重要文字。诚然,这一条款所给我们的是一种不完整和完全孤立的规则。然而,它旨在为解释某种意志的宣示提供指导,而在这一点上它撞上了正确的方法。因为某个意思表示的语言表述的"字面意义"是用以理解和显示某个特定意图的工具之一。这后者在我们论及"真实"意图时是重要的。因为法律所必须承认和实现的就是这个。因此,没有丝毫的理由屈从于哪一个工具,似乎它就是决定性判官,而实际上它只是一个工具,而且只是许多工具中的一个。

真实的东西因此是我们必须"寻找真实意图",无论用于这个目的的手段可能是什么。现在考察者到了这样一个关节,在这个关节上,他不得不说关于这种"主观"意志的内容是什么是有"疑问"的。它可能是此,可能是彼。在这种情况下,如我们以前所解释的,所要寻找的意思表示的含义是那种将具有客观正义性的东西。在观念上包含着意思表示的作出者和该意思表示的接受者的典型社群中,客观正义的东西就是符合正义法原则的东西。这一点我不再赘述了,现按我们的原则顺序举数例如下。

1.尊重原则。在一次商务调查中,被调查者在答复中说,"我不反对……而且我将建议……"现在的问题是这种东西能否被看作是某种特定的要约。这里正确的答案是否定的。因为在这种情况下我们看不出任何理由为什么在这个处于谈判中的典型社群中,一方应比另一方受到更为严格的约束。因此,事情迄今还处于准备阶段。

在遗赠中,就条款的含义而言,义务人的义务延伸多远可能是一个容易引起疑问的问题。因而某人宣布,"我死后将我在两幢楼房中拥有的份额按牌号予以遗赠。"在这么写的时候他拥有每幢楼的三分之一,但后来他又得到了每一幢中的六分之一。适当的解决办法是,该义务人只需赠与以前的份额而无需赠与附加的份额(参看《德国民法典》第 2164 条)。遗赠是一种自由赠与,只导致某种单方面义务。而调整某种利益社群的理念中带有这样一个原则,即,单方面的负担不得延伸至比某种实在理由所要求的更远的地方(参看 D. L 17,9;ib.56)。

一张旧债券的债务人承诺偿付"任何诚实信用地持有"该债券的人。未经证明它已经转让到了他的手里,持有该券的某人要求兑付。基于与上免相同的理由,这种要求应予以拒绝。

2. 参与原则。"在这些日子里,"马塞罗说,"帝国议事会里进行了有关遗赠的讨论。某人在其遗嘱中划掉了继承人的名字。国家财政部门主张领有遗产。受益人主张他们的继承权。其中还发现了几个其继承权已被遗嘱人在遗嘱中给取消了的继承人。法学家们意见不一。安东尼·皮乌斯(Antoninus Pius)审理了该案,并自行作出了裁决。"该案的报告内容如下(D. XXVIII 4, 3):"由于法莱里乌斯·内波斯改变了他的意愿,撕碎了遗嘱,而且删去了继承人的名字,所以根据我上帝般的父亲的一项谕令,遗产被认为不能归属于那些被指定为继承人的人。皇帝对菲斯库斯的辩护人说:'法官是支持你们的。'菲比乌斯·策诺说,'我请求您,皇帝殿下,耐心地听我说。您将如何处置这些遗产?'安东尼皇帝说:'你不觉得那些把继承人的名字删去的人要维持遗嘱的效力吗?'继承人莱奥(Leo)的辩护人考内里乌斯·普里西阿努斯说:'立遗嘱人只是把继承人的名字删去了。菲斯库斯的辩护人隆吉尼乌斯说,'没有继承人的遗嘱,是无效的。'普里西阿努斯说,'立遗嘱人把自由给了几个奴隶,并且给了他们遗产。'安东尼皇帝让所有人都退下。在考虑了一下这个案件后,又把所有人重新叫到一起并说道:'手头的这个案子有更人性化解释的余地。因为我们认为,内波斯只是想将那些他划掉的归于无效而已。'他把他已经给了自由的那个奴隶的名字删去了。安东尼书面答复道:'这个奴隶应当获得自由。他这样做的缘由是出于对于自由的偏爱。'"

按照我们的现代民法,此案可根据《德国民法典》第 2161 条连同第 2048 条很简单地予以裁决。按照罗马法,撤销这些遗赠更有理由。而事实上,当时作为受遗赠人的原告利奥的处境显然不好,直到他的精明的辩护人将"解放"

问题引入了辩论。在这场法律剧中,我们可以想象这种回答给那位皇帝留下了什么印象,而马塞罗那略显僵硬的结束语是多余的。那些被任意排斥于社会性社群之外、拥有人的形体和秉性却被当作法律上的物件对待、在社会经济中只承担义务而不享受权利的人的命运——他们的命运在那个时代每一个有思想有同情心的人的心中都是不可轻视的。因此,当某种意思表示的含义发生疑问时,人们选择了那种将改善和修正特定案件中的不足的结果。因而上案中决定性的事项既不是"语法上"的考虑也不是"逻辑上"的考虑。事实上根本就不存在任何方法上的考察。不过,当安东尼·匹乌斯遇到主观意图上的不确定性问题时,他在相关意志的内容上作出了倾向于客观正义的裁决。这样做时,他在判决中碰到了正确的方法。

某人将他的五个孩子指定为继承人。他在遗嘱中确定,如果其中一个患有精神疾病的儿子未婚死亡,他的那份遗产应在"立遗嘱人其他子女"中均分。立遗嘱人去世了,而他所有的孩子都活着。几年以后那位患有精神病的儿子未婚死亡,而此前他的三个兄弟姐妹已先他死去,而这三个先死者留有子女。那位唯一活着的弟弟要求他一人得到全部的份额,而他兄弟姐妹的孩子则要求代其父位继承。法庭意见不一。最高法院倾向于对遗嘱作出有利于唯一活着的弟弟、将他作为唯一权利人的解释。这肯定是非正义的。由于立遗嘱人本人的个人意思不清,其遗嘱的意思表示必须作出将获得客观正义结果的解释。但在本案中,这将肯定意味着根据如民法典所规定的继承法则(《德国民法典》第1924条,第3条)分配份额。按照我们继承法的精神,直系血亲卑亲属处于与直系血亲相同的同心圆中(第221页)。遗嘱人排斥特定人的确是允许的,且这种排斥只限于按技术规则在有关强制份额权方面进行。不过现实中它是畸形的,且是某种主观和任意意志的结果。因而,当个人意图"实际上"含混不清时,就没有丝毫的理由主张这个。相反,解释者对最后遗嘱内容的解释应本着正义精神进行。

这一点可以在各种形式的遗产处置中观察到。它在一次对某个确立家庭"信托遗赠"(fidei-commissum)——其中的继承顺序似乎不清楚——的文件的解释中被运用。在一份遗嘱中,立遗嘱人"跳过母方的卑系亲属"而将"下列父方亲属即他父亲的兄弟姐妹的直系卑亲"指定为继承人。"但是,"遗嘱继续写道,"由于我不知道他们的全部名字,我只制定下列家属……"有一个家属没有被提到。但法院正确地裁决认为(理由可以在我们上面的讨论中找到),不得因此推论说遗嘱意在排除那些没有被提到的名字。

这个观点得到了由保罗所报告的如下案件的某种确认(D. XXXVI 1,76 [74],1):法比尤斯·安东尼留下了两个未成年子女安东尼和奥诺拉塔。他用一种有效方式取消了他们的继承权,并指定他妻子为唯一的继承人。但她被要求给女儿奥诺拉塔三百现金和一些指定的物件,并将全部遗产给她儿子。"当他已满二十周岁。如果她的儿子在二十周岁之前死亡,则他命令,其遗产份额则归于奥诺拉塔。"这位遗孀继承了财产,一段时间后就死了。根据法律,两个孩子都成了她的继承人。后来安东尼也死了,死时已满十九岁,虚岁二十。他留下一个女儿法比亚·瓦莱里娅娜作为穷困潦倒的继承人。现在后者与奥诺拉塔之间发生了纠纷。奥诺拉塔想按照法比尤斯·安东尼的遗嘱由她本人继承他的遗产。皇帝认为,该遗嘱在引起纠纷的问题上含义不清。此外,这里所用的术语在法律上也有不同的理解。因而,在因满七十岁而拒绝监护时,一个人必须已经进入了七十一岁。另一方面,"艾里亚-森迪亚法"(lex Aelia Sentia)和其他法中规定的情形又有所不同。于是他依照"出于对事物衡平的考虑"(aequitate rei motus)作出了不利于奥诺拉塔而有利于那位儿子的女儿的裁决。如果我们问这种"公平"裁决的理由是什么,我们会发现它就是上面提到的那个理念——对于意思表示作出有利于原告或有利于被告的理解同样可能时,按照同心圆体系,最靠近的那一方必须占优先地位。而在这个补偿问题上,这个占优先地位的人是那位穷困的女儿,而不是那位妹妹。

遗嘱中经常见到这样的约定:活着的配偶有按他或她认为适当的方式管理和使用死者留下的财产的自由。现在已经提出的问题是,这种自由是否也延及妻子带进婚姻中的财产管理所产生的请求。这里的答案必须是否定的。首次处置带有对法定继承人随意排除的权利。实在法允许这个。但是,当在这种排除应走多远的问题上产生了疑问时,我们必须作出有利于限制排除的决定并按照客观正义和有利于其时被排除的继承人的原则对结果进行解释。因此,无论我们论及的是近亲属还是在遗嘱中被指定为继承人的外人,理念是基本一样的。而且它在我们这个特定案件中可以得到更简单的实施,因为那位活着的配偶根本不具有对于那些先前所提出不利于他的请求的豁免的期待权。

第三节　对案件的"合理"评价

现在我们必须将我们的结果与行为上的错误效果理论协调起来。我们指的是《德国民法典》第119条那个众所周知的规定。根据该规定,"如果可以推定表意人在知道事实并知情地考虑事情的状况时就不会作出该意思表示,他即有权撤销该意思表示。"我们因此认为,每一个案件中都存在着意思表示的实际内容和表意人所意图的内容之间的区别。从通过解释所获得的结果看,怎么会存在这种区别呢?

有两种情况是可能的。

1. 这种区别可能因意思表示中的某种外在错误比如说口误或笔误(而非因计算错误和后来以不利价格提出要约方面的错误)而产生;或因传达人或伙伴的误传而产生。

2. 后来可能证明,通过解释所确认的意思表示的内容的客观正当性与表意者本人的意思不符。

两种情况都有这样一个共同点:存在着某种表意者的个人意图,而这种意图在意思表示作出的时候是不明显和不为人知的。但当我们仔细分析其结果时我们发现,它们之间在其与我们已经探讨的问题的关系上存在着差异。

1. 第一种可能在目前的讨论中不会造成困难。表意人的实际意图必须予以确认,而我们必须将上示方法当作解释一个意思表示的首要方法。目前情况的特殊性仅仅是,对这种意图的确认直到后来这种原初的意思表示已经变成具有了法律上的重要性时才发生。此外唯一要做的是对它提出抗辩并予以撤销。因此,如上所释,解释在每一种情况下都必须要进行。区别只是,在上面考虑的情形中,当表意人的实际意图被发现时,才首次开始变得有效,并且有这么做的自由域。任何进一步的决定都必须只有在解释的结果显露出来后才予以考虑。另一方面,在目前的问题中,现在所察知的实际意图发现,某种意思表示的法律后果已经占据了该领域——一个意思表示从他而来,而其意图又与他本人的意图不符。于是要敲定的问题是,那个原初意思表示的结果是否应予以撤销。

只要主体的意志前面有一条开阔的道路,而法律效果依然要遵循,那么唯一首先要考察的东西就只是实际的主观意图,而且理由是这是他的意图。他的实际意图可能可以通过对在这些情况下何种东西将构成某种正当尝试的考虑予以确认,但这种考虑的理由在于这样一个事实,即,如此确认的该意思表示的内容与表意人的个人意志相符。但是,如果该意思表示已经产生了重要的法律后果,即便这种后果不过是第三方对它的信任(一种被法律确认为重要的后果),那么根据以上规范的规定,问题不能单单依据与意思表示内容不符的个人意图来确定。此前,它的存在本身可能已使法律心甘情愿地对它所想望的结果予以确认。主观意志现在已经失去了这个能力。因为现在首要的事情是要将从该意思表示自身产生的法律效果颠倒过来。而为达到这个目的,想得到它的人必须进一步证明那个不同于意思表示的意图具有客观正当性,并基于客观理由应该得到对于意思表示的那些结果的优先权。

民法典中"合理考虑这种情况"(consider the case advisedly)一语就是这个意思。此语构成对于意思表示的抗辩权的条件。遗产处理中并不要求这个。在这里,立遗嘱人实际的最后意志如同其可以被证明是已然意志并且毫不顾忌其口述的客观正当性的那样,甚至在对抗某种以前的结果时也具有决定性意义(《德国民法典》第2078条;不过,第1332条婚姻的缔结中相反的情况是成立的)。

2. 在上述第二个情形下,存在着一个难以解决的复杂问题。这里,意思表示的内容通过解释被认定为是客观正义的并与正义法原则相符。与此相对的是现在被察知的表意人的实际意志——那个(如刚才所言)只有当它是某种"对情况的理性考虑"的结果时,即只有当它是某种客观正义的意志时,才能贯彻它的意图。这种对立是如何可能产生的?

解释源于这样一个事实,即,一个是从接受意思表示一方的立场考虑的,而另一个则是从作出该意思表示一方的立场考虑的。对立的可能性产生于这样的事实：对于后面提到的那方来说，要考虑的材料后来增加了。因为在每一种情况下我们所处理的只是某种意志内容的客观正义性而不是绝对正义性。绝对正义性是永不允许演进和改善的。特定案件中的客观正义指的是目前所知的材料与正义法原则的一致，并为从这个意义上接受它的人所理解。但像任何其他地方一样，这里同样的东西是成立的，即，这里存在着可以经受改进的客观正义的思维和意志。因而可能发生这样的事：在表意人那方，这种材料由附加要素所增补，并本着真实原则的精神而被矫正。迄今只有前一部分是可见的，而接受者对它的领受是客观正义的。现在我们再看表意人，而从他的立场看，可见的事实更多，而在表意人抗辩的基础上，我们再次"合理考虑情况"。而可能的情况是，所得出的结果必定如同在对立中所确认的那样。

在遗产处理中，如果出现错误，那么无需顾及客观理由就可以对遗嘱提出抗辩；因而上面所言原则上适用于合同中的要约和承诺。从《民法大全》时代起，这方面就存在着汗牛充栋的材料。而上述方法可以轻易地适用于它们。

最近人们提出的一个有趣的问题是，如果一个人犯了错而对方声称愿意按照表意人的实际意图履行合同，他还有理由对他的意思表示提出抗辩吗？举例说，一个病人误订了他的医生所开的雪利酒而不是葡萄酒。当错误出现时，酒商愿意交付葡萄酒而非雪利酒。根据《德国民法典》第119条的规定，对该意思表示的抗辩权是不能予以否认的。然而这将有违"正当感"或"商业需要"或"正义"。因为法律的制定"不是为了某种形式上的逻辑原则，而是为了服务人类交往的利益"。所有这些都倾向于一个正义的结果，但肯定不足以使我们找到它并赋予它合理性。但这种结果无疑源于正义法的一般原则及其在"对情况的理性考虑"这一术语中的适用。认为《德国民法典》第119条允许在其订单中出了错的人仅仅因为他想撤销订单就可以对它提出抗辩是错误的。只有当他的与意思表示不符的意图旨在获取某种客观正义的结果时他才可以对它提出抗辩。除此之外他受他的意思表示的约束。如果他用某种更好的东西替代它，他可以撤销它。但如果他想按照他自己的个人意志和任意意志并违反正义法原则来对待对方，那么他就不是在用更好的东西替代它。因而，如果他想就他的错误意思表示提出抗辩并撤销它,那就只有通过用这样一种真实意志替代它——这种意志"按照对情况的理性考虑"与正义法相符。法典只在取代错误意思表示的实际意图带来某种客观正义的结果时才允许对该错误的意思表示提出抗辩。

第四节 "善意"解释

现在我们言归合同的解释。这里首先要考虑的问题是,谈判各方是否已达成某种合意。这个要求是双方独立意思表示以外所需的,或者换言之,双方意思表示中所表达的意志内容必须是一致的。如果缺乏这个合意要素,那么按照现在已然流行的传统理论,合同并没有成立。

从我们前面所讨论的观点看,合意的缺失可能因为两个原因。它可能是对两种表述的解释的结果或者是对其中一个进行抗辩的结果。因此我们全部所需做的是运用我们前面推理的结果。每一个表述必须先就其含义作出厘清,或者在它受到抗辩后予以确认。然后我们不得不看看双方的意思表示能否予以耦合。做完这一切后,我们可以在个案中指明这样的事实:双方可能已经作出某种口头上相似,但又与他们的意志内容不符的意思表示。这一点在《萨克森法典》第809条中得到了特别规定。这个规定是:"如果合同的语句清楚,我们必须接受其所表达的含义,除非可以证明所有合同相关方对这些语句有不同的理解。"就实际生效的法律而言,这一点是不证自明的,就像从我们前面的推论中可以看出的那样。

但另一方面,双方的意志必须旨在实施协议。按照以前的商法典(123:4),完全责任的商业合伙通过合伙人的"双方合意"而解散。因而如果合伙人中的一个同时对另一个提起解散诉讼,法院有时将它置于刚提到的那部法典之下。按照这里所采用的观点,这是不公正的。根据我们现行的民法典,在一个为了在固定期限内形成的合伙中,如果每一合伙人都因"正当理由"(Valid grounds)提起解散诉讼(《德国民法典》第723条),那么问题就可能会出现。

当这个初步问题得到肯定的解决时,即当谈判方之间存在着合意时,对合同的解释工作就开始了。关于这一点,《民法典》第157条给出了上面所议的那种指导。这个法律要求只有在合同条款中存在着某个已经存有疑问的特定问题时才适用——这一点似乎并未总为人们所觉察。法律的这个必要条件可能用两种方式说明它自身。

1. 可能在合意问题上存在某种疑点或意见分歧。这个疑点可能涉及合同的某种特定后果。而两个意思表示在这个问题上都提供不了任何肯定的信息。可能的情况因此要么是存在着某种合意,只是尚不知道它;要么是在这个特定问题上究竟是否存在合同的合意是存有疑问的。在这种情况下,我们必须将合同关于这个有争议的问题的含义认定为"善意"所要求的东西。而事实证明,合同疑点的含义问题与正义法原则在类似情形下所要求的东西相同。因为这里我们碰到了一个原则的另一种情形,这个原则是:合同只作为一种客观的东西而存在,并且必须本着客观精神以合乎其本身意图的方式予以履行。当西塞罗在《论义务》(De Officiis)中教导说,"借贷合同中的公正在于对合同的信守"(Fides est justitia in rebus creditis),他是对的。这一点具有更大的外在清晰性,因为这样一种作为客观规范的合同也可能直接约束第三人,如在所有普遍或个别继承、达成租赁关系(《德国民法典》第571条;第1056条)、对关于有形物请求权的抗辩等情形中所显示的那样。

2. 第一种考察的结果可能是,不存在合意。合同的内容方面不存在任何不确定性,但在那个有争议的问题上肯定不存在合意。于是双重的问题产生了:这样的合同是否依然存在,以及如果存在的话,特定的缺陷将如何予以救济?

下面我们将先讨论第一个问题。第二个问题我们将在本节末尾讨论。

如人们可以轻易猜想的那样,这里的问题与我们讨论"善意"履行(《德国民法典》第242条)时吸引我们注意力的那个问题类似。不过,目前的要求在几个重要的方面有所不同。前者只涉及义务的履行,而现在的问题则涉及合同的所有可能结果——不仅仅是其实施和履行而且可能是其开始和中止。另一方面,这里我们谈的是合同,而在前面,我们谈的是所有类型的义务,包括那些由单方面行为、法律或犯罪所引起的义务。不过话说回来,即便合同是一个所谓的"抽象"合同,《德国民法典》第 157 条也可以适用;因而,对一项义务的承诺(《德国民法典》第 780 条)和接受(《德国民法典》第 781 条)尤其也必须适用合同解释的一般方法。最后,在"善意"履行问题中,所要履行的东西是事先确定了的,再加上某种对它施加影响和变数的情况。而在"善意"解释中,要讨论的问题本身——何种东西将被视为合同的意图——从一开始就是不确定的;而这种不确定性必须依据正义法原则予以消除。

411

最后这个问题在强制性义务的衡量上具有特别意义。在目前的情况下,合同的含义不清,因而必须通过"善意"解释予以确定。于是,法院必须根据第 157 条的宽泛规定尽可能说明一方考虑的客观正义价值,并对义务进行相应的衡量,而这将被视为合同的含义。前一个问题探讨的是强制性义务的履行的问题,而这种履行的含义是明确了的,并处于合同自由的限度以内(第 335 页)。疑点从如下事实中产生:由于重大的情势变迁,严格履行原义务规定的数量可能显得不公平。在这种情况下,法院必须根据第 242 条的较为狭义的规定将其决定局限于对某种变迁的认定。

在这方面一个经常的预设是,这种履行的不确定性并不包含于合同的含义之中。因为如果那样,我们既不适用法典的第 157 条,也不适用第 242 条,而是适用第 315—319 条。在下面的案件中,没有理由因头两个条文而出现难题。一个产业转让合同中约定,转让方的女儿应在她结婚时从接受方那里收到一个婚姻份额。那女孩当时只有一岁大,二十年后她结婚了。这里(根据民法典的规定)涉及的不是一个解释问题或者"善意"履行问题,而是一个按照"衡平"进行认定的问题,即被履行的不确定性变得必要的特殊适用必须依据正义法原则予以施行。但人们根据《德国民法典》第 157 条进行解释时,出现在该条款中的"适当顾及商业习惯"这个附加术语就无足轻重了。人们认为,这个术语可能是合同解释的"善意"规则的某种强化。但这不是两个概念之间的真实关系。我在一个具有启发意义的实际阐释中看到了如下例子。某地马匹市场上的商业习惯是,如果马匹患有夜盲症,卖方应告知买方。如果没有提供这个信息,推论是此马没有这种缺陷,并且这无异于这方面的某种担保。而如果买方因该买卖的不履行而要求赔偿,而卖方指称不存在任何此类的担保,

412

则买方可用《德国民法典》第157条对抗卖方的请求。

这无疑是一次正义的裁决。但位于基部的"商业习惯"构成判断内容的一部分,而不是处理方法的一部分,像"善意"这种语词所指称的那样。显然,缺少加以判断的材料,后者本身一事无成,如前面所详尽说明了的一样(第171页)。但除了"商业习惯"以外,法典本可以加上某些其他术语,如"适当顾及语言习惯",或者"适当顾及当事人足够的知识",或者"适当顾及技艺状态",以及许多其他此类的表述。而这么做的时候,就某种正当解释的目的和方法而言,它不会规定比这一点更多的东西:解释者必须仔细观察他所考虑的材料,而不忽略任何相关的因素。但处理中的材料,即便是"商业习惯",也并不以任何方式显示处理的基本方法。在结束这次考察时,我们将按照我们的诸原则的顺序加上几个解释性语句和观点。

1. 尊重原则。

(1)存在原则。将一份债券进行质押时,质押人加上了这样的声明:"作为银行对他或将来可能对他提出的所有请求权的担保。"后来该银行通过转让获得了一项针对质押人的请求权。现在上述声明可以作无限理解,或者它可以被理解为只包括银行自身所授予的那份债权。低级法院支持第一个解释模式,而最高法院则更正当地采纳了第二个。因为第一个将质押的约束力延伸到了这里存在于有着其特殊合作模式的特别社群的关系圈之外。人们的推定不赞成这种模式所认可的超越义务,因为它是走向迫使某种法律意志屈从于另一个意志的个人运用的第一步。

类似的观点在下面的案件中导致了否定的裁决。某工程师受雇于某铸铁机械厂,其工作包括办公室工作和出差。除了薪水外他还将拿到0.5%的产品销售佣金。如果正确解释的话,这将意味着他将拿到"通过他的活动促成的销售"的佣金,而不是整个企业包括诸多分支企业全部销售佣金。

在另一案中,有人承诺一笔"为顾客担保"的佣金,金额为因此获得的业务的4%。承诺兑现了。后来作为顾客被如此担保的企业解散,其资产和债务被转移给了另一公司。法院裁决(裁决是公正的,如我们以前所证明的那样)认为该代理人无权得到与这个新企业所做成的业务方面的佣金。

下面协议中的情形有所不同:"所有我所持有的有价物……无论来自商业佣金还是其他关系,将作为全部请求的担保。"这里的问题是,该条款是否包括用以获得新的息票单(coupon sheets)的担保物在内,因为当事人无意持有这些东西。最高法院正当地作出了肯定的裁决。因为这是履行商业协议的客观方法,而相关的含义不清的语词所表征的不过是担保的技术性前提条件,即相关有价物的获取。

在一个公共公司的破产案中,根据一份签订的协议,债权人们将得到他们债权的百分之二十五。后来发生的问题是,对于某个特定的债权人来说,如果债务人拥有可抵消其债权的反债权,那么该债权人还能否有权请求这个份额?协议本身没有就此作出任何规定。法院对协议的意图作出了如下正确的认定:各债权人满足于对于普通债务人的请求权额度的百分之二十五,而这个额度是对双方资产和义务进行了调整以后仍然存在的。否则的话,债权人会无条件地放弃其大部分请求权,且仍不免承担对于普通债务人的进一步义务。但这样做的具体理由是不存在的。它将导致对一方即有权提出请求的债权人的一种主观、单方面和任意的对待。

最近的一次司法裁决中出现了如下说法。被告所作的"只要原告仍是被抵押土地的主人,他就不会收回他的资金"的声明不得从严格文义上加以理解。被告的意思并不是在原告拥有所有权期间放弃其全部的终止抵押的权利。他的承诺显然只能意味着,只要原告定期支付其贷款的利息,他(被告)将不会要求返还资金。原告本人不得对该声明作出不同的理解,因为这涉及一个被告按理履行其自身义务所需的一大笔利息的问题。不仅如此,一旦发生执法官予以变卖的情况,他可能会轻易地失去过两年多就会到手的所有钱款。法院的这个观点一般来说是正确的。如果把它放在如这里所给出的其系统联系之中,我们就可以给它一种更深层的理由。如果在相关问题上我们只关注债务人而不同时给予债权人一方以客观的关注,那么债权人所给予的利益将变成债务人一方的一种完全任意的愿望。相应地,在刚提到的这场诉讼中,债务人的请求违背了这里所要遵循的尊重原则,并因此遭到了正当的拒绝。

某人在一家互保公司投了防雹险。他想撤保,并通过发送一封电报对保险公司作出撤保的通知,电报原件有他的签字,并即时以正确形式寄给了该公司的董事们。不过,后者拒绝承认该邮件为合适的告知,因为保险条件中写着:撤保通知必须"以寄给董事们的挂号信的形式"发出。初审法官支持该公司的这种看法,而最高法院拒绝了它——这么做是对的。客观地说,双方的利益都在通知方的程序中得到了完全的保护。为要达到的目的设定一个特殊的形式并使它自身成为一个目的是没有意义的。只要所欲达到的目的以一种令相关双方完全满意的方式达到了,在回顾达到该目的的形式的使用中发生了某种错误这个事实似乎是主观而任意的。这里所涉及的那个特殊形式只是许多可能形式中的一个,而完全不具备某种唯一和必要条件的性质。如果双方的协议约定了那个特殊形式,它只是暗示着,这种通知必须及时和顺序发出。只要实现了这一点,一切本着该合同的正当精神所达成的东西就得到了,而再论所使用的方法和途径的非正规性将构成对正义法的违反。

一个合约中是否存在某种后决或先决条件？了解这一点通常是有趣的。在购买一台捆束机时,加上了这样的条件:如果它在买方地产的山地上不能行驶,卖方就必须收回它。我们必须用如下系统方法看待这个问题。如果该条件是先决的,那么我们只考虑到了买方的利益,而所有的负担、麻烦和风险都落在了卖方身上,因为他必须打包机器并自担费用和风险将它运走。如果该条件是后决的,那么双方的利益都必须予以同等的考虑和调整。买方无需满足任何特殊要求,因为他尚未最终承担义务。卖方得到了一个确定的法律关系的好处,这样他不致仅仅以一种他人主观意志的客体的身份出现。这就因此意味着,对该有疑问的合同的第二种解释是符合我们这里正在考虑的第一尊重原则的。

在另一个具有某种类似性质的案件中,协议的内容是,石料的买方在从为了建造其房屋而定购了这批石料的房主那里得到订货要求,并同时因房屋建造的完工而得到报酬之前,不用支付石料货款。这里的问题是,这是否必须被视为某种先决条件,抑或被视为某种按照公平原则进行的时间上的认定。在第一种情形下,卖方将完全处于对方的支配之下。他将不得不等待房主乐于支付,或者等待买方决定通知房主并履行支付。在第二种情形下,相关双方的利益都得到了顾及。基于建造中建筑物的类型,我们可以轻易地客观断定这种工程完工的时间。于是卖方获取了其确定的权利,而买方得到了适当长度的支付时间。只有第二种符合正义法,因而必须被视为存疑协议的含义。

另一种变形出现在如下地产买卖情形中。"在卖方本人及其妻子双方生命存续期间,卖方保留他本人及其妻子对一部分地产的养护和占有的权利……"后来他妻子去世,活着的丈夫要求未履行协议的存续权。这应该给予正当的否定。因为存在着两个不同的请求,而在任一情形下,客观目的是建立在以有利于卖出财产的那些人的方式进行个人界定的履行基础上的。如果一人死亡,此人的权利就同时终止了,除非有特殊的法定理由可以推出相反的结论。由于本案中不存在这样的理由,因此未死者的要求就不具备客观基础,并且对于买入财产并因此承担了义务的人来说,形同一种任意要求。

(2)履行原则。某音乐教师在接受一音乐学校教职时承诺他"将诚实履行他的合同",如违约即罚一千马克的违约金。当后来事情闹到法院时,法院正确地认定,不得因对合同中任何特定条目的任一违反而施罚该违约金,而是认为,这笔罚款要在违背诚信时才适用。我们应该说,之所以如此,是因为否则的话就会违反上述贯彻模型社群理念的那个原则。

对于"在最迅捷时"、"任何时候"(当权利人年深日久以后才出现时)、力求"良"品或"上"品、求取一名"一流推销员"等意思表示,我们必须给予同样意义的理解。商人们的"大约"条款(the "circa" clauses)也必须用某种自由尺度予以解释,适当顾及如前所述相关当事人双方的利益。这种情形在"边角料"(remnants)的买卖中稍有更多疑问,因为人们会发现它不包含卖方所声称的约量。许多法院认为,卖方完全不对数量负责;认为如果双方以前有过商务联系,卖方最多将对其有关物品的质量方面的承诺负责。从前面提到的相同的观点来考虑这一点将更具正义性。否则的话,买方将陷入所交货物量上的完全不确定性和依赖性之中,如果他得到极小部分货物作为"边角料",他必须感到满足,且又未实现其客观愿望。按照我们的观念,卖方所接到的要求不过是,在买方承担义务之前,他(卖方)得更精确地表明边角料的数量。

一位海滨澡堂主买下一块滩头地带以扩大其经营场所。一座上岸浮桥附着于这块属于海军部的地块,而这块地是由该部卖出的。在将地块移交给买方后,他们拒不拆迁那座浮桥,并开始将它用于其他目的。他们声称,关于浮桥的拆迁,合同中没有任何约定。而买方则认为,这一点被双方视为显而易见的并且暗含于协议之中。对该合同确切含义进行确定性认定的方法是特别社群理念的运用。这种社群,作为一种正义法的模型,出现于这里的目的是,买方获得这块地以作为他为此所支付的价款的回报。双方的目的必须得到观念上的联合并共同付诸实施;而对他们各自利益的调整必须按照这种理念进行。出于这两个方面的考虑我们可知,依据正义法的理念和原则,卖方的程序是不合法的。因为,如果将浮桥留于原地并为了一方的目的而使用它,那就有违那些按照该合同的根本意图应由该特别社群成员共同遵循的目的。而卖方的实际作为违背了各相关当事方必须如此履行义务,以使他能够成为他自己的邻居这个原则。按他们的做法,只有卖方处于这样的位置,而买方则要求这种权利应被赋予双方。因为对卖方所提出的要求只是,他们应搬走那些属于他们的东西,并允许买方对他们所售出的土地进行客观利用。买方并未要求他们作出任何额外的牺牲。

下面的争议有点类似。一房主将其地下室租给了一店主。合同约定的是,"含一间商店外加居室和其他房间的一个地下室"。店主在比邻地下室的院子里搭建起一间木屋放箱子和煤。房主不让他这么做。房主坚持主张,院子是这个房子的所有楼层的人共用的地方,而且木屋中所存放的物品之不当,它们还会对其他租户构成妨碍并导致潮湿。承租人指出的事实是,只有从他的地下室才能走近院子,因而应该专属于他,尽管合同没有如此明确规定。地方法院的裁决支持出租人的说法,这似乎是正当的。不使用那个院子,该租赁的目的能够充分达到。承租人要求独自使用它是在寻求某种单方的独占利益。这要求有特殊的理由,而本案中并不存在这种理由。

近时人们热议的一场诉讼发生于普鲁士和萨克森之间,事关柏林—德雷斯顿铁路。对于我们来说,有趣的问题如下。拥有该铁路的合股公司得到了这两个邦的特许。公司经营不善,并面临倒闭。普鲁士接管了铁路的经营管理。萨克森邦的同意是必需的,这一点没人怀疑。但普鲁士政府认为,两邦之间的条约给萨克森政府施加了一项不得不适当利用其同意权的义务;认为在其与该公司的合同中不存在任何拒绝其同意的合理理由。萨克森政府则要求拥有在整个变局中完全的自由决定权,并反对买卖协议中的特定点。问题后来是由一家仲裁庭解决的。这里我们将仅仅引述解释问题,因为它具有根本的重要性。这是一个两邦之间条约履行的问题,这个问题也必须按照我们的方法予以解释。考察因此必须如是进行:在这个特定争议中,何种结果将能使两个当事方中的每一个都成为其自己的邻居?而何种结果会将这种权利赋予单独的一方?就此而言,情势无疑是这样的:我们心中的那个特别社群的目的是使该铁路的某种令人满意的管理成为可能。普鲁士邦与该公司签订的合同提供了以上示方式达成此目的的可能性。这实际上并不要求萨克森作出任何牺牲。两个政府未来的优先权问题当时尚未成为问题。相反,如果拒绝这个唯一可能的途径,该特别共同体目标的达成就受挫于一方的单方意愿。这里我们不能详述此案所涉的特殊技术细节,但这里我们看到社群理念的基本观与特别主体——他们用法律义务的工具相互"对立",且每个人都力图将其自身的纯粹主观愿望付诸实施——集合的基本观之间的区别的另一个例证。最终全部问题归结于:我们的思维必须有意识地、系统地贯穿正义法的理念,将它视为唯一能够胜任的上诉法庭。

　　下面的案件源于不久前一则英国的报道。三十年前,利物浦某轮船公司想扩大其建筑面积,并为此目的求购一小块属于某未婚且年龄不详的女士的土地。她以极低的价格卖出了这块地,但要求在合同中加上一个条款,通过该条款,她和她的伴侣"将在她有生之年有权免费乘坐该公司轮船"。合同签订后的翌日,她就卖掉了家具,租出了房子,并踏上了该公司首航外出的轮船,她自己也不知何处是目的地。直到她死亡之日,她一直住在该公司的一条轮船上,陪着她的是一位她通过广告寻得的女士,而这位女士的乘船费则被装进了她的腰包。有人算了笔账,她通过如此卖出地产赚到了四万多马克。那家公司几次提出付一大笔钱让她放弃这项权利,但这位精明的女商人总是予以拒绝。现在这位老妇人在成了令该轮船公司头痛三十年的对象之后死去了。

　　如果这则故事是真的,那就表明那里的律师在合同的"诚信"解释方面太缺乏技巧了。问题涉及一项既存义务的履行的问题,而这项义务的存在是没有疑问的。问题是义务人所负义务的限度问题。在本案中,一个涉疑合同必须如此解释,以使义务人在履行其义务时可以仍是他自己的邻居。只有当要求他作出的履行是这样一种类型——在提供免费船渡时,他不会受到对方单方面的利用——时,他才能成为自己的邻居。在评估和衡量双方的义务履行时,总会存在着特定量的自由域。但如果以为通过诉诸合同的几个孤立字眼,权利人都可以将义务人的任意要求视为神圣的,那就属于根本的非正义了。

保罗在他《答疑录》(D. XIX I,43,45)中一有名的案件里所作出的裁决也是如此。某人卖出了一个奴隶,后来的事实证明,这名奴隶实属于某个第三人,而这位第三人要求收回他的财产。买方遂拿卖方是问。在这样的交易中,罗马人常利用"双倍返还之要式口约"(duplae stipulation),即卖方向买方承诺一旦不能占有即双倍赔偿他所遭受的损失。本案中也有这样的约定。只是买方已经同时让该奴隶受到了教育。他成了一位高超的竞技者或一位艺术舞者,并且在当时被评估出了很高的价位。保罗的裁决是:"如果你设想一下,买受人请求的数额大大超出了奴隶本身的价值,以至于这个数额是出卖人从来不能设想到的。在这种情况下让出卖人负担如此高的金钱数额是明显不公平的。……如阿弗里卡努斯(Africanus)所报告的,尤里安也这样讨论过。奴隶在请求返还时,如果在买受人处价值减少的话,出卖人的责任也应当减轻。这是公正的处理方式。"(参看第 296 页以下)。

2. 参与原则

(1)存在原则。这里我们探讨的是合同的解释问题,按照这些合同的含义,一方在某种程度上被排斥于其社会活动之外。当然,这必须首先立足于合同自由的限度以内。在这个范围内,一个特殊问题变得可疑了。然后,在没有特殊的相反理由的情况下,在两个可能的合同含义解释方法中,我们必须优先考虑那个将阻止客观上不可接受的目标的实现的方法。在另一种解释中,存在着一种更强烈的倾向,这种倾向将合同的签订变成了一种违背"善良风俗",甚或违反"法律禁止"的法律行为。关于适用细节,我们提请读者看看我们前面对正义法模型的揭示。这里请注意这样一个事实,即,在将这种倾向视为非正义的时候，我们在决定我们正在追寻的确切含义时就拥有了另一种客观的扶助。

这一点在那些属于合法法律行为限度内的竞业禁止的解释中尤其经常出现。一位雇员不得不如是承诺：他将不"进入"某种与其雇主进行竞争的行业。后来他在另一企业谋了个职位，而此后不久，后者开始了与这位雇员的前老板之间的竞争。法院正确地裁决说，这不在合同禁止范围内。理由见上述文字。

下面是一家低级法院的某个判决中的一些事实，对这些事实的认定令各当事方均感满意。原告是一间位于被告家中的商店的承租人，租期十年。租赁合同规定，出租人不得租出同楼内任何房间从事与原告业务相同的业务。当原告搬进来时，他从事的是干洗业务。但他现在放弃了此业，在同一间屋里卖香烟，因为该房屋的位置为这个新行当提供了更好的前景。在原告作出了如此变动后，被告将其另一间屋子租给了一位烟商。于是原告要求被告给予赔偿，并废除合同（《德国民法典》第536条；第542条）。这个诉求被拒绝，理由可从上面提到的那种倾向中找到，而这种倾向可从该承租人的要求中看出。

在某项防止竞争的交易中，作出承诺的人保证不在"邻街"从事业务。在一个疑案中，这个界线必须在邻近的地方划出。因为任何延伸都易使我们遇到某种真正的非法行为。这种慎防尤其可以通过这样的主张施行，即，"对于从事或参与相同或类似业务"的禁止并不涉及任何"法律行为"（Rechtsgeschaft）意义上的"业务"（Geschaft），而只涉及某种连续的以相同或相似物品的出售为目的的活动。还有，对于眼下这位雇员来说，那个竞业条款"在他一旦辞职或不得不辞职"时发生的效力在该雇员被无合理理由开除时是不得予以承认的。只有当该雇员自动辞职或者当雇主有"合理"理由开除他时才有效。这里我们可以非常清楚地看出，这些道理是如何无需解释就可以从与此处相关的参与原则中衍生出来的。

另一方面，这个观点在回答与人们常问的一个问题相关联时有好处，这个问题是，全权代理是否授权一个人进入所有可允许的交易，包括汇票的签发、不动产的买卖和其他此类重要的处置事项。这个问题必须给予肯定的回答。因为立法者觉得有必要限制重要代理案件中的这种权限，比如说机要秘书、监护人、执行人等情形。但在这种情形下，这种全权代理受到了合同自由的限制，而只有在这种限制之外我们才不得不面对某种交易的客观非正义性。因此，一个给予了某商人"其供应品专卖权"的制造商并不因此放弃出售其自己产品的权利或者雇佣游商为他们寻找市场的权利。因为这种对人的处置权的限制略具某种规定不作为的非法交易的性质，因而，即便它尚未超越这个界限，它仍然不得被视为某个合同的确切含义，除非存在着如此理解的特殊理由。

现在我们也能够解决上面提到的（第 387 页）罗马与迦太基之间的那个争议了。如果在那种情形下双方中的一方有权将后来任何它们喜欢的国家接纳为盟邦，那么另一方让这些同盟国处于确定的和平状态的义务就会构成一种为了一方的主观且无节制的程序而作出的牺牲。条约包含着某种对这两个国家在其国际事务中的人格的限制。它可以用两种方法加以理解。因此我们不得不选择这样一种解释，在这个解释的倾向中，它不用一方主观而任意的愿望限制对方。因此，汉尼拔在当时的所为据此不得被正确地理解为对条约的违反。

西姆罗克（Simrock）不无幽默地描述了顿瓦尔德（Dünwald）修道院与容克尔·施勒布施（Junker Schlebusch）之间的那场官司。僧侣们通过法律和教会的帮助，要求承认其对这位容克土地上田亩的所有权，而这些田亩已由容克尔占有和耕种多年。执行官和世俗法官不知所措。于是那位容克尔提出了一个解决方案，该方案被采纳。"好了，好了，我伸出和平之手，你们将拥有从来不属于你们的东西。不过既然我自动把它让给你们，恳请允许我再次在田地上播种。"这个要求得到了同意。但到了春天，僧侣们吃了一惊："绿油油的带槽口的叶子一大片——正在成为一次收成的这片东西是何物？既不是玉米也不是小麦——天啦！毫无疑问，我们被骗了！是橡子苗！"这作为笑话妙不可言，却不可能在法庭上当真。

（2）履行原则。这些原则包含在如下解释工作中。某个合同规定某人将受到排斥，而争议的问题是这种排斥的方式和程度。关于排斥的事实这里是没有疑问的，有疑问的是它的履行方式。因此在这个章末的讨论中，我简要提请读者注意这里也必须予以遵循的方法。我们将我们的当事方视为组成某种特别社群的东西,在这个社群中,他们各自的意志被联合成一个意志。然后,我们根据刚引述的那个原则对它们进行调整,使他们中的每一个在受到排斥时仍然可以成为其自己的邻居;不应存在某种取决于一方当事人任意意志的单方面愿望的优越性,而要让结果出于某种对于双方利益的客观考虑。

下面的案例与一租赁合同的条款有关,这些条款规定:"非经出租人同意,不得改变建筑物的结构。但如果改建是经出租人同意的,那么当租户搬出房屋时,所有附着、凝固于房屋的东西必须留在房屋内。"这样的约定不得被理解为意味着,承租人有义务未加补偿地将所有他可能花了大价钱所修的建筑物留给出租人。该协议只能被解释为,这意味着承租人无权不顾出租人的意愿而拆除他所建造的东西,像法律可能允许他所做的那样(《德国民法典》第547条*)。但这并不因此意味着承租人必须不加补偿地留下它们。那样会导致全部的损失由他那一方单独承担,而在相反情形下,两方会得到公平的考虑。最高法院最近的裁决在其结论方面与我们这里所表达的这种看法相符,因此该裁决是应予支持的。法院认为,否则的话出租人将得到"非正当利益",这作为一个事实并不太准确,从技术上说也不正确。根据《德国民法典》第547条最后一款,承租人的权利按照合同的含义被转换成了一种赔偿请求权。而就该案的实质性问题而言,该判决的理由可在与该案相关的参与原则所最终揭示的理念中找到。

最后,我们可以提及这样一些合同,在这些合同中,存在着某种程度的相关当事方之间的互相排斥,但各自行为的范围在哪里又不太清楚。这种混乱在南美一些有名的纠纷中司空见惯。1881年,智利和阿根廷签订了一项巴塔哥尼亚划界协议。但该协议后来受到了双方的不同解释。而到目前为止,同样的事情发生了好几次。被任命为仲裁人的英国国王迄今尚不能通过他的使节了解争议地区勘测和划界中所面临的极大技术难题。类似的问题和争议在

---

* 在现行《德国民法典》中,这一条属于第539条。该条第二款规定:承租人有权取走其给租赁物配备的设施。——译者。

私人生活中也可能出现。为了落实我们的方法，剩下的唯一途径是那个我们在根据"衡平原则"处理分割问题时所描述的方法。

第五节　协议旨在达成的要点

但协议并未达成。当事方事实上没有达成一致。对每一方意思表示的解释或者一方的意思表示因错误而受到争议这个事实表明了这一点。于是，如我们前面所说的，存在着两种可能的选择。要么合同的其余部分——关于这一部分各方达成了一致——在整体上丧失效力；要么它仍然完好并具有法律效力。在后一种情况下，关于没有达成一致的那一点，有效部分将由案件的实质性问题所揭示的东西来补充。在这两种选择方案中，决定选择的东西是什么？

我们这里所必须考虑的民法典中的条文有两个。一个与无效行为理论相关（第139条），另一个与合同相关（第155条）。在我们的问题中，第二个是正确的基础性认定依据。它涉及的东西与本节开头所提及的东西相同，即：当事方意图达成一项协议，但没有成功。某种特殊的不成功情形是出现了某种错误的场合，而这种错误使行为受到争议。争议一成立，协议就自始无效。因错误而受到争议并因此变得无效的某项协议的一部分于是用这种迂回方式而不是直接地被迫接受第139条的处理。而第139条本身不是从合同的角度而是从某种行为的无效性这个角度检视这种事项的，不管这种无效性是如何产生的。

不过，从法典的技术角度看，这种微妙的复杂情况对我们目前的考察并没有任何影响，且并不迫使我们作出艰难的区分。因为，所提及的这两个条文在我们所考虑的这一点上是耦合的。《德国民法典》第155条规定，如果未就某一特定点达成一致，"那些已经达成一致的条款只有在人们可以推定在那一点上没有达成一致合同也会被订立时才有效"；而第139条关于部分无效事项也有同样的规定，尽管它是以一种否定的形式予以表述的（第326页）。但是，这两个条文都解决不了我们的问题。因为我们想知道的是，何种方法论上的考虑将使我们能够在上面提及的这两种选项中作出选择？换言之，我们将何时"推定"作为一个整体的合同是有效的？我们不能求助于主观意图，因为事实上没有达成一致；而一方或另一方自身单方面的声称与合同内容问题是没有关联的。

这里也就因此意味着，部分之达成协议的合同是否具有法律效力的问题只有通过这样的考虑才能回答：经过适当补充的业已议定的诸点是否体现为一项与正义法原则相和谐的合同。在特定案件中以及当下的讨论中，如果这个问题的答案是肯定的，那么"我们可以推定"已达成协议的诸点是有效的。但如果我们必须否认达成了和谐，那么已达成协议的诸点是无效的；而且，无需这种和谐受到一方争议，且另一方面无需涉及相关当事方因其消极合同利益而给予对方补偿的义务，它们也是无效的。

帝国最高法院曾经不得不就下面的案件进行裁决。某商人发出了一项确定的要约以购买一匹马。马的主人通过一封日期标为四月十七日的信件答复道："关于布伦斯维加，我恳切地告诉您，这匹牝马的定价是3500马克，条件是她在汉堡的马赛一半为您，一半为我……"要约人于4月23日电话回复此信："您的条件我接受。布伦斯维加我买了。信函稍后奉上。"在那匹马于4月27日参加了汉堡马赛并获得一奖项后，买主于4月29日电告："可能的话，将布伦斯维加于星期四送过来，最好连同骑师，他可以留下。"主人当天电报回复："刚从汉堡回来，发现了您的电报。您说：'信函稍后奉上。'尚未收到任何最后的信件信息，这匹马的买卖自然未成交。"

显然，还有其他事项的意向待决，比如说交付的时间和地点，送货的确切方式等。帝国法院据此推论（否决下级法院的意见），合同尚未因往来邮件而订立。当事方的确已经谈妥了货品和价格，但如果没有就买卖合同赖以履行的诸条件达成一致，合同是不能被接受的。如果订约方之间达成了这样的谅解：万一没有就保留问题达成一致，客观法律规则将决定其相互之间的权利与义务，那么情形将有所不同。

但这是不能让人信服的。立法者在合同法中所规定的补充规则不仅适用于订约方之间通过协议接受这些规则的场合，它们还旨在填补合同空隙，即便当事方没有考虑到它们。他们不曾考虑它们的证据不是适用它们的必要条件。因此,只要部分一致已经达成,而问题涉及这样的合同是否因此得到订立,答案就不得被迫取决于这样一个另外的问题,即,当事方是否明确地就利用可以填补空隙的法典补充规则达成协议。相反,我们问题的回答必须取决于:已经达成协议的诸点连同可能的补充规则是否给出了某种正义的结果。如果当事方尚未议定货品和价格,事情照例是不明确的,因而如果不作单方面的任意变更,它就无法得到改进。在这种条件下坚持合同的有效性将违背第一个尊重原则。但在当下所议的案件中,并不存在任何这类没有希望的模糊性,而且它无需任何任意的改进措施。双方签订的那个协议可以轻易地在待决的诸特定点的关联中得到正当的填充。即便买方意在其稍后"将至"的"信件"中提出的个人意图没有被对方接受,问题本可以根据《德国民法典》第269条*等条款的规定受到客观补充规则的调整。因而,如果他忘了发出他本想发出的信函,而将特定事项留待法律考量,情况并不会有多大的不同。

总结一下本章的内容,我们就有如下图景:

对意思表示的解释		对合同的解释	
对主体"实际"意志的认定以及(用补充方法)对这种情况下客观正义内容的认定(第133条)	因意思表示(无论是"实际的"还是正当意志)之间的差异而产生的争议以及对情况的合理评价(第119条)	所达成合意的某点不明确:根据"诚实信用"进行矫正(第157条)	尚未议定之点:可"推定"为整体有效,如果其余诸点连同补充规则给出了正义法则的话(第156条)

---

* 该条涉及的是合同履行地不明确时如何推定履行地的三种情形。——译者

第五章　法律关系的正当终止

第一节　专有权的否定

　　不久以前,人们曾因下面的事件展开了一场法律讨论。一条小狗掉进了下水道并顺道跑到了第一个地面出口处。由于出口太窄,所有解救这可怜动物的努力都没奏效。消防员来到了现场,也一筹莫展。为了不让小狗遭受不必要的痛苦,人们向那地方灌满了水,淹死了小狗。

　　就此事发表意见的法律人似乎都认为这种情况下对小狗的灭杀是不违法的。他们在"出于人道感而对某物所作的损害"这个标题下讨论了案件事实。但这么做的时候,他们求助于一个原则,而对于这个原则,我们有必要形成某种清晰的、深思熟虑的概念。而人们如上的讨论并没有弄清楚相关的大前提究竟是作为国家的某种实在法还是作为某种理论上的考虑而提出的。

　　一种意见是,该案应适用《德国民法典》第904条*。但如果我们细看一下这条,我们会发现它只许人们干涉现存的财物,而不是将它当作无主物处理掉。不仅如此,这种干涉的发生必须是为了避免某种威胁着第三人的危险,而在这种情况下,损害将在双方身上得到按比例的评估。而在我们的案件中,我们不能说消防员的"干涉是为了避免一种现时的危险所必要的"。而如果你以为这事因狗的主人没有遭受任何可计数的损失——因为不管怎么说狗已经丢失了——而了结,那么这样的一个一般问题尚待解决:对狗的灭杀是否违法?

---

　　* 该条是关于紧急避险的:他人为了避开现时的危险而对物进行必要的干涉,且将要发生的损害相比于因此种干涉对物的所有人发生的损害过于巨大时,物的所有人无权禁止他人干涉该物。所有人可以请求赔偿其所受的损害。——译者

另一种意见认为,该行为不违法,因为那些进行了干涉并出于对这个正遭罪的动物的怜悯将它处死的人"有权预设狗的主人的同意"。我不想否认这种直截了当的说法,但我必须问一问:允许这种预设是基于何种理由?而答案只有一个:因为所采取的行动属于这种情况下客观正义的行为。

不过这又引起另一些问题:选择"预设"主人同意一项正义程序的间接方法是必要的吗?我们不该简单地认定是因为这种行为符合正义法他们才有权这么做的吗?最后,针对这种预设提出质疑是可能的吗?违背主人的意志进行干涉是全然不可能的吗?

在本讨论中变得重要的所有权的基本特征在《民法典》(第903条)中得到了如下的阐明:"物的所有人可以随意处置该物,并排除他人的任何干涉……"因此,法律所赋予他的这种权能使他处于与所有受法律约束的人的直接关系之中。在他的如上概括活动中,他有着真实的要求每个人予以尊重的权利,而且他可以在任何特定情形下针对任何作出了违背它的行为的人兑现这种权利。不过在这里,我们也必须避免错误地认为,专有权人的这种权利来自他本人。我们老遇到这样的观念——因经济自由主义而根深蒂固——,个体在社会生活中是相互对立的,每个人拥有其自身的独立于社会秩序的权利和绝对能力,而这种秩序是国家的创造物并在性质上是次要的。这里我将不再讨论这种幼稚的错误。我们这里提到它只是为了确立这样的思想:全部的所有权和每一种专属权都是由社会赋予个人的;除非社会赋予他这种权利,否则他不会拥有这种权利。

而且,我们这里强调这个思想并非为了形式上的明晰性,而是为了确立和贯彻这样一个客观理念:对个体社会成员专属权的授予只是一种实现正义合作的技术手段。一旦它不再实现正义合作,它就失去了全部的实在合理性。而如果我们在维护专属权时除个人性情和任意欲望以外一概不顾及其他任何东西,那就属于这种情形。这直接与第一参与原则相抵触。如果被赋予了专属权的人不再能够对一个观念上被置于某种与他共同组成的特别社群中的人说:我必须将你排斥在外,因为我必须拥有这种权能以便妥为履行我对这个社群的义务;我必须拥有它,因为否则的话成功的合作似乎就不可能,而且它必须为了一个良好社区的利益而得到维持——而是相反地说：你不得动此物，因为这是我的意志，而且在与它的关系中，你必须如我所愿作为或不作为——如果是这样的话，那就属于这种情形了。

某种只是主观有效的意志和某种客观合理意志之间的区别就在这里。我们追求的是后者。而另一个则实际上不具有任何可以理解的含义。

而实践中，这种考虑存在着一个固有而简单的限度，此即：人的可能性。436 当对某物的控制不再可能并且永远不再变得可能时，坚持某人的权利并排除干涉就是一种徒劳的诡辩。曾经存在的专属权已经失去了其存在的实际理由。

那么我们的实在法在由它所掌控的调整中对这些考虑作了何种利用？它在它的努力中成功地设定过正义规则吗？细致的考察证明，法律对这里所讲的问题没有作出任何规定。民法典没有任何章节涉及处理这种权利的丧失和消失的所有权理论。后者总是在与作为其反面的取得事实的关联中得到处理的。而同样的事情也适用于其他专属性私权，即是说，立法者没有就这里所提及的问题作出任何特别处理。

《德国民法典》第 226 条的规定*在这里是无关紧要的。首先，它不是一个许可某种特定的、此后继续存在的所有权的行使的问题，而是涉及此种法律关系是否应该在特定情形下完全终止的问题。还有，不能得到许可的恶意损害的限制与我们这里正在考虑的事实是不相关的。我们所谈的既不是对邻人或合伙人的"欺诈"，也不是损害的施加。因此，如果《德国民法典》第 226 条不能适用于我们目前的问题，那么如前所云，对于我们来说倒是一种有利的情景。因为进一步的思考表明这个"欺诈条款"并不是一种进步，而是构成我们追求正义法过程中的一种障碍。在所有相关文献中，我们只发现一例我们这里的问题得到了准确思考和表述的情形。它存在于乌尔比安著作中一个在其他方面几可忽略的段落中。在他对诸敕令的评述中，乌尔比安对旁波尼的学

---

* 该条涉及"权利滥用的禁止"：如果权利的行使只以加害于他人为目的，则此种行使不合法。——译者

437 说进行了揭示（D. XLI 1,44）。群狼混进了猪群中，并叼走了几头猪。一附近农夫纵其猎犬追逐群狼并成功地从狼口追下了这些猪。他有权自行拥有这几头猪吗？那位法学家简单地认定，只要丢失物可以追回，它还是它原所有人的财产。如果不能追回，他就丧失了专属权。"就像那些在陆地上和水中被捕获到的动物，当它们重新获得一种自然状态下的自由时，其所有权将不再属于曾其将捕获的人。由此，在其观念认识上，他便将这些动物从其财产的范围中去除掉了。但是他认为，倒不如说，这些动物始终还处于我们所有物的范围之内，如果它们还能被我们再次捕获的话。正如他所描述的那样，这在涉及鱼类、鸟类以及野兽的情况下是适用的。他同样说过，在船舶遇难的情形下，丢失的货物不是立即就不再属于我们，因为那个将货物抢走的人会被处以四倍的罚金。可这样说应该更合适，即，那些被狼掠走的东西，还是属于我们，只要我们能够重新获得那些被掠走的东西。"

这也是我们的现行法应该采取的立场。我们必须在每一种情形下都认定权利人究竟是否有可能追回他的物品。如果这种可能性不再存在，那么实际权利人的专属权也不再存在。例如，某人在炎热季节拾得一些易坏物：一袋草莓、精制糕点等，或者拾得一张即将开演的演出的入场券。存在的选择只是要么让这种东西自然毁灭，要么对它自行利用或者用某种适当方式处置它。这里，如前所述，维护一种永远再也难以实现的权利不可能符合社会秩序的精神。

438 如果法律以某种技术上的终极方式给予某些特定情形以特别的肯定，那也不排除刚设定的那个规范的补充。法律关于对野兽的所有权的丧失（《德国民法典》第960条）以及对蜂群所有权的丧失（《德国民法典》第961条）的细节只是为这些情形而定的，而不是适用于其他物体的前例。同样的原理也适用于打捞法（《帝国非讼管辖法令》.17; V.74）。在关于拾得物（《德国民法典》第973条）和埋藏物（《德国民法典》第984条）的规定中，存在着只为所有权的取得而规定的特殊方式。另一方面，其丧失又取决于使用的不可能性。而唯一得到特别肯定的是那些在某种特定情形下这种不可能性必须被推定的情况。但我们用以开始本次讨论的那种情形以及上面诸例中所涉及的那些必须立即使用的物品在我们的法律中则完全没有得到技术上的处理。但这并不意味着,某种专属权一经承认便永远有效,而不虑及其他任何事情而仅按权利人的主观意愿和观念行事。相反,法律的沉默迫使我们作出推论:在这种情况下我们必须寻求正义的结果(参看第209页)。相应地,我们必须为我们的民法典设定如下的规则,即,当追回的可能性按照我们的最佳判断被全然排除时,对相关物的所有权和其他专属权就不再存在了。

第二节 "正当"理由

已经变迁的情势对强制性关系存续的影响问题是民事立法中最棘手的问题之一。而棘手之处与其说是理论法学上的,不如说是立法学上的。通常显得最艰难的事情是实现正当结果的正当手段的选择。立法者必须记住,无条件履行一份某个时段前签订的合同在许多情况下必定是毫无意义的,如果法律关系的实际基础已经以某种不可预见的方式不复存在,而某种完全不同的情势已经取而代之。而另一方面他不得忘记,如果我们轻易允许某种单方面撤销权的存在,那么民事法律交往的安全性和可靠性可能受到沉重打击。而所有合同和所有法律关系都只是达成特定目的的条件性手段。而另一方面,人们对它们的连续性的信任是社会经营和成功合作的一个重要要素。

于是就有了以"情势变迁原则"这个流行语知名的协调性规则。几种法律在这方面显示出了显见的差别。详细追寻这些差别不是我们的目的。由于某种原因我们予以关注的东西只有一个特殊点。事实上,法律常赋予一方在既存义务关系中的撤销权,如果存在某种"正当"理由(a "valid" reason)的话。眼下撇开依据技术上界定的条件义务关系终止的进一步可能性不管,我们必须首先解释"宽松"法的这个手段是如何被引入实在法的,并同时就在特定案件中正当地适用和贯彻它的方式进行一次方法上的考察。

如上所述,我们这个术语适用于我们现行民事法律的:(1)有关一方给予终止服务合同的通知(《德国民法典》;《德国产业法》第124条;第133条b;从而产生了这些决定在相互之间关系的难题;《德国商法典》第70—72条;第77

条;第 92 条);(2)排除因"提前"通知("premature"notice)而导致的损失(《德国民法典》第 627 条;第 671 条;第 712 条;第 723 条;第 2226 条);(3)有关寄托人要求返还未到期寄托物品的权利(《德国民法典》第 696 条);(4)作为提前终止合伙关系的理由(《德国民法典》第 723 条;《德国商法典》第 339 条);违背协议的共同关系的取消(《德国民法典》第 749 条;另参见第 2042 条;第 2044 条);公益公司的司法解散(《德国商法典》第 133 条;参见第 161 条)。

"正当"理由为撤销社团管理层的选任(《德国民法典》第 27 条);授予合伙人管理权或代表权的撤销(《德国民法典》第 712 条;第 715 条;《德国商法典》第 117 条;第 127 条);监护人、监护监督人和照顾人根据其申请所进行的免职(《德国民法典》第 1889 条;参见第 1895 条;第 1897 条;第 1915 条)以及遗嘱法院对遗嘱执行人的免职(《德国民法典》第 2227 条)提供依据。

如果有"正当"理由,一个抚养权人可以要求一次性补偿而不是他有权收取的货币租金(the money rent)补偿(《德国民法典》第 843 条;参见第 844 条;第 1580 条)。任何时候只要存在解除婚约的"正当"理由,解除婚约人支付赔偿的义务就不发生(《德国民法典》第 1298 条;参见第 1299 条)。

诚然,在某些情况下,"正当"理由这个术语也用于继续有效的法律关系的正确履行方面。这在民法典中出现了三次:拒绝允许转租(《德国民法典》第 549 条)、要求某物出示于(a thing to be produced)该物所处地点以外的另一处(《德国民法典》第 811 条)、父母拒绝同样成年子女结婚时由监护法院取代亲属同意(《德国民法典》第 1308 条)诸情形中。在这些情形下,我们必须适用前述关于"诚信"履行的理论以及避免亲属权滥用的理论。这种区分不会造成任何困难。这里我们只讨论"正当"理由在导致某种法律关系终止方面的影响。

粗略的考察表明,这个问题在极其广泛的不同领域的直接实践中有着极其巨大的重要性。因此,借助于例证说明问题将是一种极不适当的程序模式。显然我们必须先弄清"正当"理由的概念,然后我们就可以将它适用于个案。

这个概念的重要因素是对条件的某种合理顾及的理念,这一点是无需冗长的讨论加以证明的。这里的法律关系是有完全根据的。它的起因和内容无可挑剔。但诸条件已经发生了如此程度的变化,以致我们不能期望双方中的一方继续履行其义务,"他们认为,一个自始有效订立的法律行为,当有不能订立这个法律行为的情形出现时,将失去效力。"(D. XLV 1,98,pr. 1. f)。法律的技术规定和依据这些规定所采取的法律行为不足以消除已产生的疑问。我们必须考虑相关法律关系的客观理由。而为了给这个问题一个肯定或否定的认定,我们必须将那个我们一般用以弄清某项法律内容的正义性或非正义性的方法适用于这个特定领域。这就给了我们如下的定义:"正当"理由指的是一种情况,这种情况使特定社团根据正义法原则达成其所意想的目的成为不可能。

既然这个问题涉及某个既存法律关系将是否存续,那么将导引我们的规范就是以存在为目的的那些原则了,因此就目前来说,就是第一个尊重和参与的原则了。这极大地简化了我们的"正当"理由概念的适用。而且我们可以进一步表明它的影响朝两个方向延伸:1.作为一种对如此改变了情势以致联合在一起的当事方中一方的意志变得受制于对方的任意愿望的情况;2.作为一种将一方合伙人任意排斥于社会合作之外的因素。而这就将我们带到了另一个结论,即,对这个概念及其在实践中适用的决定性认定是由正义法原则提供的。但我们由此可以推出,诸如上述这样的一种结果不得被某种私下法律交易抵消。尤其是,在上述情形中,因"正当"理由限制或撤销发出终止通知的权利的协议将不再存在于合同自由限度的范围内。在个案中,合伙人常达成协议,一旦合伙撤销,发出通知的一方将向对方支付一笔款项。法院也恰当地将这种做法宣布为无效,如果这种撤销是出于"正当"理由的话。

其他演示性例证也可以根据这里所使用的两个原则加以分类。这些原则现在被认为是众所周知的,作为正义法模型的特别社群的理念也一样。而在适用它们时,我们将遵循履行的诸类型。

(1)根据尊重原则的"正当"理由。

A. 一方被要求允许对方对其人身的滥用。

当某人有理由解除一项婚约时就是这种情形。恰当地说,婚约象征着某种法律上的信任关系,通过这种关系,每一方必须作出此后某个时候进入婚姻所必需的事情,否则婚姻本身就应终止。这种考察意在弄清是否存在解除婚

443 约的"正当"理由,这表明存在着某种法律关系,而引起这种关系的唯一东西自然是合同。因此,"正当"理由将意味着在此情形下因一方不能实现婚姻生活的理念而使婚姻生活的目的不可能达到的任何情况。这可能是其行为所致或其品性所致。所有情况下的对婚约的违背都属于这种情形,如从上面所作的与婚姻的准备的基本关联中所必然推出的那样。如《德国民法典》第 1299 条那样将这个问题倒过来的可能性自动适用。

人们常问这样一个问题:"不信教"是否构成直接解除的合理理由?某大型工厂的工人未经事先通知而被解雇,因为他不顾其雇主的再三命令而拒绝在教堂举行他的结婚仪式。如果我们记得如上界定的"正当"理由的准确含义的话,这个问题会在合理基础上得到正确解决。根据这个定义,我们不得适用某个外在的现成标准。相反,我们必须关注相关特别社群的特殊目的,并基于讨论中一方的行为弄清该目的是否能够由对方通过不违反正义法原则的其他方式达到,即是说,在这种情况下,通过他的人身的某种单方面的牺牲而达到。这一点在我们这里所考虑的一个普通工厂工人的情形所显示的问题中难以得到一般的认定。当一位雇员被带进家庭社群中时,这个问题会充满疑问。而如果该社团或服务是为了促进宗教忠诚的目的本身而确立,而一方突然按上示方式行事的话,那将是一个露骨地违反我们心中的那些原则的例证。

一位雇员要求与他的雇主决斗已被人们恰当地认定为解除与后者一方关
444 系的"正当"理由。因为在这里,将来在和谐的合作中实现由迄今存在的特别社群所确定的目标是不可能的——这一点是毫无疑问的。

另一方面,普鲁士 1810 年的《主仆法》规定:"仆人可以不经事先通知而停止其服务,……如果其主人想要他们作出违反法律或善良风俗的行为。"(第 138 条)这个规则被《产业法》第 124 条第三款所吸收。何种情况下构成这种情形可从本部分第二章中推出。要求作出这种行为构成私人滥用,而这种滥用使得根据正义法运行某种特别社群成为不可能。

B. 一方对属于他人的人身的滥用

将孩子放在寄宿学校是一种不同于普通的根据特殊信托关系进行的服务租赁合同。根据上述观点,对孩子的虐待自然构成一方立即撤销合同的充足理由。不,基于合理理由的对这种虐待的恐惧就构成撤销的充分理由,例如在父母与寄宿学校经理人之间关于孩子们的正当照护和教育的纠纷中就是如此。

仆人对托付给他们照顾的孩子或其他人的诱奸构成无需事先通知即可解雇的"正当"理由,这一点是不难从上述考虑中推出的(再参看《普鲁士主仆法》第120条)。

在前面的讨论中我们还指出过,学徒合同一旦其主要目的,即对学徒的培训按照师傅的教导方式似乎难以达到即可终止。《产业法》第127条第2款中没有使用"正当"理由一词,而是赋予人们解除学艺的权利(除法律上的特殊技术性理由外),"如果师傅以一种危及学徒的健康、道义或教育的方式疏忽其对学徒的法律义务,或者滥用其师父戒律权,或者变得不能履行法律所施加给他的诸义务的话。"这极大地便利了该理论在实践中的进一步践行。

C. 照护个人财产的"正当"理由。

某书商受雇于某合作社。经理们决定定购一批钱包,并想从两家企业获得竞争性估价。一家叫价一万只钱袋90马克,另一家叫价87.5马克。书商将这个秘密透漏给了第一家企业,而他们立即发来85马克的要约。该社当即未经事先通知解雇了书商。书商告了他的雇主,要求得到两个月的薪水,要求在雇佣期间尚未届满的剩余期间继续工作。低级法院判他胜诉,上诉法院推翻了原判。事实上,并非每一种对义务的违反都可以被机械地视为这里所指含义上的"正当"理由(按照《德国民法典》第723条的规定,合伙中的情形是不同的)。该问题取决于,实际上的合作目的是否能够在通知时间期内达到。即行解雇只有当这种目的明显不能达到时才是允许的。因此可知,初审法院的判决比二审法院判决更支持这个说法。

下面的情形是不同的。一男厨与吧女秘密订婚,并联手欺骗酒店店主(D. XIX 2, 38; C. IV 65, 22)。

罗马法学家的法律解答中有一些有关一方合伙人给予解散合伙通知权的提示(《德国民法典》第723条):"如果这位合伙人特别声明退出合伙的话,他将不会因合伙人诉讼而承担责任。因为一个特别针对他的合伙契约的约定没

318　第三部分　正义法的实践

有被遵守。或者,当一个合伙人的行为违背其作为合伙人的义务,并且造成了严重的损害后果时,还应当期待继续地忍受他吗？——或者因为他不允许为了经营合伙事务而使用该物。——同样的情况也适用于,当一个因为国家事务而长期并且非自愿不出席(合伙)的合伙人声明退出合伙时,他会将合伙事务的经营管理委托给第三人或者其他合伙人完成。尽管如此,也会时而有反对的意见向他提出；然而这只是在下列情况下才有效：即,当其他合伙人非常适合于从事合伙事务的经营或者对于缺席的合伙人而言,合伙事务的经营可以很容易的由第三人完成。"(D. XVII 2, 14—16 pr.)。就裁决的措辞而言,这可谓是典型的表述。

一种独特的基于"正当"理由的终止情形是一次性付清款项对货币租金的取代。最近出现了一些裁决,根据这些裁决,当某人根据《德国民法典》第843条的规定负有损害赔偿义务,但不能确保货币租金的支付时,这种取代就是可取的。当特殊情况下第一尊重原则无法以其他方式找到实现途径时,这种取代在所有情形下都将是正确之举。

债权人不再对义务的履行具有任何利益的情形只构成我们所讨论的这个理论的某种特殊适用。我们必须承认这种情形在其表述和意义上并不太精确。在汇纂学派的早期理论中,它曾追溯到民法大全的某些篇章中,而这一点部分可在当时被变得必要的判付之款(condemnation of money)的关联中得到解释,部分是因裁决的理由并不总是显得正确和详尽。但总的来说,困难是难以克服的,而这种困难产生于这样一个事实,即,某种请求的理由已不复存在。而且在最近的立法中,人们已对在义务的履行中丧失了所有利益的义务人这一问题赋予了全新的重要性。我们可以在这里作出某种区分。如果债务人在义务的履行中不再具有任何利益,那么他可以拒绝某种不完全的或延迟的履行。如所周知,这一点在法典中以一种与双务合同的履行相关联的显要方式得到了规定。显然,在这种情况下,决定性因素也不是债务人的主观喜乐,而是某种客观的正义利益。不过他只需自然地证明他现在需要作出某种牺牲,而这种牺牲是他本可以不作出的,如果债务人恰当地贯彻了特别社群的理念的话。其次,我们的问题可能显得有利于义务人。

某人受到了另一个人的恶意侵害。后者承认其对受害方的赔偿义务，因为他失去了劳动能力。经过反复的谈判后，他们就一笔货币租金的数目达成了协议。一年后，受害人完全康复，并能重新工作了。如果法院的终审决定认定债务人负有义务，那么将适用《德国民事诉讼法》第323条。但对于一项私人契约来说，是不存在任何相关的法律规定的。

某店面的承租人约定，店面主人不得将房屋的另一间租给一个像该承租人一样从事干洗业的人，否则将处以罚金。不久以后，承租人放弃了干洗这一行，而开始卖香烟。出租人于是将隔壁房间出租，办了个干洗店。

根据正义法原则对这类问题进行裁决是不难的。特别社群所欲达成的目的已经因当事一方的决定而放弃，因而其达成已成为不可能。只要情形如此，他就不能在这种情况下继续为了他自身的利益而给对方强加义务——那些只作为实现原初目的的手段才有意义的义务。因此，罗马人在面对某种附以惩罚约定的（某种请求权）的不定型放弃（formless release）时认定，祈求放弃的债务人必须因此推定惩罚已经被人接受（即，他不得既请求放弃又要求得到罚金）（D. II 14, 10, I；—D. XXVII 9, 10）。

但是，根据我们的现行民法，是否允许考虑此类根本正义的终止请求权的理由可能完全是一件充满疑问的事。这些请求是基于合同的，就此而言，这个问题的答案必须是肯定的。因为这些合同的含义必须予以"诚信"地认定，因而，在疑点中，必须与我们的那些原则相符。但如果这一点不明确，我们不能指望任何恰当给予我们此种权威的实在法规范。而它这方面的沉默只能真实地意味着，人们对上述终止理由的关注都被排斥在所有单方面义务和法定义务之外。

第三节 基于参与原则的"正当"理由

毫无疑问，也可能存在着终止专属权的"正当"理由。上面给出的该概念的一般定义（第441页）在所示情形下必定含有此意。这些情形会是这样的，在这些情形下，如果我们想维护严格意义上的专属权，它就将导致法律联合体的某个成员陷入孤立无援的境地。他将不得不亲身领受社群的排斥,并且不得不用他的人身为那种专属权的无条件存在而付出代价。这将使他成为被他人任意喜乐所排斥的对象。而如果我们想到那个包含着此人和那个专属权人的特别群体,我们就会明白这是有违正义社会生活的理念的,而后者的维护唯有通过对相关专属权的摒除才能得到。

我们知道,这使我们能够恰当考虑那些经常被人们触及的必要情形(cases of necessity)。必要性理论的历史表明,许多事实以及对它们的解释和裁决是充满变数的。现在它们属于技术法的范畴。而设想一下包含直接依据正义法原则作出判断的同等必要性的其他问题是不易的。

特别是,我们不得将它们与这么一些情形混淆开来,在这些情形下,人们所议定的义务的履行只有通过作出某种未曾预见到的新的牺牲才是可能的。某管理人不得不管理某重病病人的财产,并被迫呆在南方。后来他成为了另一省份里一份小型财产的主人,而这份财产现在迫切地需要他的照护。这构成不经事前通知而撤销合同的某种"正当"理由吗?在另外一些情况下也可能产生类似的问题。例如一位得到了一次美满婚姻机会的女性雇员(参考《普鲁士仆人法》第54条)。或者设想一下下面的情形:一旅行者以优惠条件在某酒店寄宿,条件是他得呆上一定的时间,并且在离开前八天通知店方。突然,该旅行者因个人原因觉得有必要离开。

这些事实从方法的角度看并非不重要,并因此可以在这里得到粗略的强调。在考虑这些情形下的"正当"理由问题时,我们必须小心,莫将目光专门盯在那位初看起来似乎要成为特别受害者的一方身上。决定性的问题是,这个特别社群的特殊目的是否能够在不违反正义法原则的情况下依然达到?而这里我们必须再次区分存在的因素和履行的因素。而在刚提到的那些情形下,即便是发生了变化也不存在绝对解除其自身意义上完全合理的义务关系的必要。变化的效果仅仅是,一当事方在履行其依然有效的合理义务时必须作出某种特殊的牺牲。这意味着,不作变更地坚持义务的继续履行将与正当履行原则相抵触。换言之,上述情形不属于基于"正当"理由的解除范畴,而属于"诚信"履行的范畴。

第四节 婚姻的恶意破坏

　　本质上说,婚姻的解除不过是某种法律关系基于"正当"解除的理由而被解除。这里我们撇开离婚与判决分居(judicial separation)之间的区分问题,因为婚姻关系的解除和变形的"不共寝食但保持婚姻关系"的分居(separation "a mensa et thoro")都受现代法中的同样条件的约束。

　　按照上示方法,如果特定情况下婚姻共同体所欲达到的目标不能依据正义法原则达到,就可以推定离婚的正当理由了。因此,我们将首先分析婚姻联合的基本理念,然后再竭力将这些原则适用于个别情形。这里我们将不考虑公认的对既定婚姻观的偏离,也不考虑普鲁士一般地方法第二部分中的那些过时而奇怪的指导规则。

　　婚姻中蕴涵着的理念是,当一方完全放弃自己的人身时,他从对方同样的无条件放弃的领受中又将自己的人身找了回来。这种观念我们已经在另一个问题上使用过了(第280页)。现在配偶中一方的行为可能给这个理念的展开带来某种矛盾。现在或将来他不愿意将他自身完全屈从于对方,而他究竟是部分意识到了这一点,还是完全意识到了这一点,抑或是根本没有意识到这一点是无关紧要的——表明这个事实的行为模式中就会出现这种情形。因为在所有这些情形下,该事实本身意味着另一配偶被要求成为没能履行其义务那一方主观愿望和任意喜乐的对象。

　　婚姻忠诚因此只是连贯思维的顺理成章的结果。迄今为止,它的要求与人们所朦胧感受到的道德观无关(如现代主观主义者所天真认为的那样),遑论那些未经证明或难以证明的纯粹教条传统。相反,它倒是建立在避免思维矛盾的必要愿望的基础之上的。那些将本人或他人变成某种有条件的目的的纯粹工具的人,那些无视人性本身就是目的这个理念并将人当牲畜和物产对待的人——这样的人如果期待他人把他抬举为某种无条件目的的承载者,而不是相反地把他视为某种他人目的的有限工具和他人喜乐的纯粹对象的话,他简直是不讲逻辑的。

因此在两性委身(sexual surrender)中,一方允许另一方任意处置其人格。而要想避免那些后果,唯一的途径是此前关于婚姻的概念的论述中所提及的那种。相应地,当我们在这种情况下进入婚姻共同体时,我们立即就陷入了某种矛盾中,如果我们想维持某种法律关系,而这种法律关系的履行(既然它是建立在完全的相互容从基础上的)因一方的行为而变得不可能。而且,不仅如此,既然在一个完全而持续的两性共同体中必然包含着某种生活和生存的完全融合,如果在维持整体婚姻关系时我竟然允许在某个特定点上的任意违反,那将是一种"语词矛盾"(contradictio in adiecto)。

这可能使人认为,将来的法律不会为离婚设定任何特定的理由。用一般语汇给予某种指导,或许使用"正当"理由一词可能显得更好;或者未来的法律会意识到,强调婚姻的含义并让人们从中推出离婚的理由就够了。在任何情形下,当我们想到这样一种可能性时,我们总意味着申明,法律意识到了其实现正义的目标,并且不像罗马法那样让婚姻的存在受制于一方配偶的主观喜乐。

但今天与我们相关的法律体系并没有尽可能地按上示方式行进。它们使用了我们前书正义法的工具中所描述的那种方法。他们用技术规则设定了离婚得以被允许的特别条件。因而现时的民法典也用三个条款(第1365—1367条)确立了这些规则。不过,这并不使离婚从根本上变得更难;相反,与可能从婚姻的基本法律理念中所作的推论相比,它使离婚更容易。婚姻是一种持续的生活共同体。一方配偶的某个单一的错误——法律所示作为一种理由的那类——未必理所当然地使婚姻所含目的的未来达成成为不可能;但根据上面所言,仅此一项会构成婚姻解除的理由。而这也是教会法的拟定者们在其反对婚姻关系的解除时所考虑的因素,即:婚姻是一种生活纽带,而精神分离者的和解途径永远不应因一方配偶的分离和再婚而切断。而同样的理念在我们现行民法典中(《德国民法典》第1570条)得到了体现,因为它规定,法律所规定的一方配偶过错情况下的离婚权"因宽恕"而被禁止*(D. XLVII)。

---

* 原文如此。中译本现行《德国民法典》第1570条没有这个规定。——译者

民法典中所谓离婚的"绝对"理由没有顾及这方面的考虑。它们是建立在法律制度的固定表述基础上的,而这种制度在这里也足以涵盖一般情形。在这些情形中,推定因离婚的某个理由的单一出现而造成的婚姻解除照例会为其自身提供客观理由是完全合理的。因此我们迄今为止所讨论的离婚理由属于技术法学方面的问题。同样的事情适用于精神疾病作为某种理由的情形(这一点这里我们将不予讨论),即,它也可以仅用技术方式依照医学专家的报告予以处理。而我们目前的讨论关注的是那种离婚的终极理由,这种理由法学家们习惯地在这方面称为"一般条款"。"如果配偶一方因严重违反婚姻义务或者因不体面或不道德的行为而造成如此严重的婚姻关系的混乱,以致另一方不能被推定为有义务继续该婚姻,则该另一方可诉请离婚"……(《德国民法典》第1568条)。

这里我们看到了一种援引正义法原则论证离婚诉讼合理性的情形。不过,还不是一种一般情形,如订婚的正当撤销情形那样,而是带有明确的限制。在订婚的正当撤销中,重要的问题只是,意想的婚姻共同体能否在新发现或新出现的条件下真正得到,不管那种预防性"正当"理由源于何处。而根据《德国民法典》第1568条的规定,离婚的理由必须由一方的某个过错行为所致,正如该法所继续表述的那样。关于"不体面或不道德的行为"这一术语,请读者参看前面对该问题的讨论(第283页)。

另一方面,我们正在讨论的离婚理由问题与以前关于婚姻权利的可能"滥用"的讨论之间的关系可作如下理解:在后一情形中我们考虑的只是某种对婚姻义务的违反的现时存在,而在离婚中,由于婚姻关系的严重"混乱",重要的问题是,未来的某种完全的生活共同体是否似被摧毁,而某种持续改善的希望是否按照人性的评估被排除。

要在实践中适用《德国民法典》第1568条中所表述的那个规范,我们必须就该规则的含义作出某种辨析。一、有一个特指的过错的问题。二、我们必须认定如刚描述过的那种"严重混乱"是否已经实际发生。这里我们必须小心,勿将我们在特定情形中的注意力过多地倾注于这两个问题中的第一个,以免冒着忽视第二个问题的危险。因为第二个问题适构成我们推论的中心点。前者只涉及对那些实在法或正义法原则所要求的义务的顺从,而关于这一点我们前面讲到过。而且,对特定情形下婚姻关系中所产生的特别结果的考虑可以轻易地补充它。这里,当过错与那三个所谓的"绝对"离婚理由密切相关,但实际上又不属于其中一种理由的时候,就可能产生这样的问题:我们能否援引《德国民法典》第1568条所提到的那种离婚理由?举例说,不属于《德国民法典》第1565条范围内的性犯罪可以成为第1568条所规定的离婚理由吗?根据眼下正讨论的这个规范,那种不能被视为《德国民法典》第1567条所指的故意抛弃的婚姻关系的不履行仍然能够有效吗?

在这个问题上,司法法似乎有摇摆的倾向。恰当的解决方法似乎是,一般来说,通过对于某种因过错造成的婚姻生活的"严重混乱"的关注来补充实在法的特别条款必须被视为可允许的,但特定离婚理由的精确适用中所产生的对于不同案件的裁决注定要有所区分。从而,违背性道德的刑事犯罪无疑能够满足《民法典》第1568条的要件,而婚姻关系的简单中止则不能。后一种情形下的唯一出路无疑是严密遵循《民法典》第1567条所规定的那些有意抛弃的特殊细节。

不过,如果问题涉及的是作为我们裁决案件的基础的方法,那就必须着重强调一方的过错是否导致了某种真实而严重的"婚姻关系的混乱"这一问题。在法学和其他讨论中,这样的问题的确被人们提起,即,此行为或彼行为是否构成离婚的充足理由。但这只能因法典中所规定的那四种技术性离婚理由而得到认定,而无法根据《德国民法典》第1568条的规定在我们目前的讨论中得到确定。该条也将"粗暴虐待"作为例子。但这也不能看作是一种纯粹的独立法律事实。所有这些情形下的重要问题是,这种虐待是否导致了某种良好生活共同体的破坏。而这个问题的确出现在无数"残忍"情形下的司法裁决中,尽管这里所提出的双面思考方式仍然可以变得更精确和更有分量。

如果与此相反,法院表现出了那种太过实际、轻易确立可理解的规则的倾向,那么某些情形下的结果就是很奇怪的。"普通的一记耳光,"一则司法判决意见认为,"会造成某种一时的轻度不适,但不会造成危险。"此论同样出现于"脚踢"的情形下,如果被踢者被踢在了"脚上"。不过,当裁决中出现"酒杯砸向了对方的头,而他被一只靴子击中了"的时候,法官就会让人更加印象深刻。为作为离婚理由的监禁时间的长度确立某种固定限度的尝试也是不幸的。因而某种从前的实践已经变成了一句箴言:"至少四年期的监禁给予无辜配偶诉请离婚的权利。"而帝国最高法院此前的一项判决肯定是非正义的,该判决认为,"离婚的理由不是犯罪行为本身,而是与惩罚相连的那个行为。"鉴于此,当一方的过错被另一方的过错抵消,而离婚诉讼被拒绝时;当人们在从前的理论中最终找到了二十七种离婚理由时,就不值得惊讶了。这种情况下所有的机械肯定性都是邪恶的,而且只能以牺牲实质正义的方式求得。制定一种"实践上有益"的严格法则——按照发给柜台旁职员的指令的方式——是不行的。法官应学习正义法的概念和方法。按照那些原则中所含的指引,他必须在每个案件中自行独立思考是否婚姻共同体依然可以本着正义法原则的精神予以实现,或者是否一方的过错已经使这种实现成为不可能。

第五节 对于违背"诚信原则"结果的防止

两位希腊智者之间曾打过一桩貌似复杂的官司。这桩官司由罗马作家们——特别是格利乌斯(Gellius)在他的《阿提卡之夜》(Noctes of Atticae)中——传给了我们。我们得知,案子诉至其面前的那些法官们对双方提出的诡辩是如此不知所措,以致他们根本没有下判。案件事实如下:阿布德拉的普罗塔哥拉(Protagoras of Abdera)通过合约承担了向幼阿瑟拉斯(Euathlus)——一位富家公子——讲授演讲术尤其是辩护术的义务。议定的酬金是20塔伦特,其中一半于开讲之时支付,另一半于授完之时——当这位年轻人赢下了他的首场官司时支付。第一部分酬金付清,授课就开始了。授课完毕,幼阿瑟拉斯拒付余款,也不承接案件,无论是为他自己还是为他人,尽管他通过为他人提供咨询的方式实践着他所习得的艺术。最后,普罗塔哥拉等得不耐烦了,提起了诉讼,要求支付那10塔伦特。他说,被告在任何情况下都得支付。如果他被认定为有支付义务,他必须依法庭的判决支付;如果他胜诉了,他必须按合同支付。幼阿瑟拉斯则辩称,"我在任何情况下都无需支付。要么我败诉,于是我无需付款,像合同所约定的那样;要么原告的诉求被拒绝,于是我也无需支付,因为我被法庭免责了。"

每一个现代法律人一眼就知道,该案必须依《德国民法典》第162条裁决。该条规定:"条件的发生受到一方违背诚信的阻止,而该方将因此而处于不利地位的,该条件视为已经发生。条件的发生因一方违背诚信的行为所致,而该方将因此获利的,该条件视为未发生。"

这个规则源于罗马法,尤其出现于罗马法学家的裁决及其一般表述中。现代立法赋予它某种原色,尤其是它的第二部分。某种意义上与此类似的是《德国民法典》第1299条、第628条(D. XIX 2, 19, 9),还有第2113条。一个特别制定的规则出现在第2076条中。不过《德国民法典》第815条尤其必须与其他诸条并列。它涉及"因对价落空而要求返还财产之诉"(condictio causa data causa non secuta),并排除此诉(其他条件保持不变),"如果结果的出现'自始'不可能,而履行给付者知道这一情况,或者履行给付者违背诚信原则阻碍结果出现的。"

这两个法律规则在它们的实在方面是耐人寻味的。前者必须依据条件理论详细理解。它可能发生于这种情况下,即,条件的促成和阻却发生太快,如下面案件中的情形那样。两建筑承包商为建筑工程订购木材。一半价款一俟房屋内外装修完工即交付,另一半于房屋被允许投保时交付。后来建筑商整个停止了建筑工程。正确的裁决是,在任一种情况下,在两个条件按建筑工程的通常进度履行之前,无需履行部分付款。

上述第二个规则在不当得利理论中得到了解释。我们的任务不是为了技术法而对此刨根究底。这里也无意分析那些依据《德国民法典》第162条所规定的先决条件和附随条件以及任一此类条件下的动产和不动产权所可能导致的可能性。我们所要做的是根据"诚信原则"说明正义法理论在这种特殊判决形式中的有序适用。

我们将这种讨论放到了这一节,尽管我们这里所关注的结果显然并非总与某种行为的终止相关。不过,它一直涉及一个迄今存在的法律情势的终止问题,而这种情势的最终变迁要么得到了承认,要么得到了否认。因此,我们更有理由将这里视为此种讨论的合适地方,因为如前所述,后者的实际意义在于,它的目标是在实践中实现我们已经确定的那种方法。本着这种方法,在目前语境下我们不得不着重强调维护那个我们视为以特别方式按照普遍指令存在于参与人之间的特别社群。根据这个特别社群,某种特定的目的将要实现于合作之中。而目前的情景下的一方当事人自行其是,并阻碍了该社群目标的实现。因此他违背了存在原则,违背了尊重原则或参与原则——视情况而定。只是当他如此自行其是时,他会利用实在法的特定安排和规定。他可以藉此视情形促成或终止某种法律交易。但这种实施法律的方式在特定情形下会导致某种与法的正义合作的根本目的不符的结果。法律于是打断了其指令通常的形式主义过程,并决定取消以前的结果而促成那种在特定情景下更符合正义法理念的结果。因此在上引条款中,"违背诚信原则"一语也可以理解为:违背如本案中所正当履行的特别社群的目的。

某人卖掉了一个奴隶,但让这笔交易附上了一个条件:该奴隶先向他的主人开列出一张令人满意的账单——"当他根据其主人的判断报账时。"(si rationes domini computasset arbitrio.)但他没有从奴隶那里收取账单,也没有免除他的这笔债务。罗马法学家们考虑到了两种可能。一是将这笔买卖视为取决于卖方的主观喜乐,在这种情况下,买卖是无效的。二是从某种客观的角度打量开列账单一事。他们采行了后者。"因此,在古代的法学家中得到普遍承认的观点是:应该接受的是,这个条款更多的是由一个正直之人作出决定,而不是由其所有人随意作出决定。当他能够承认结算时,买卖的条件就满足了,而且出卖人也可以基于买卖而承担责任。"(D. XVIII 1,7 pr.)。

下面的案件对我们的理念作了更好的揭示。某人购买了一个图书馆,条件是坎帕尼亚"市议员"将卖给他一处适当的场地以容纳图书。但后来该图书馆买者没有采取任何步骤以从坎帕尼亚人那里获取该场地。购买该图书馆场地的条件被视为成立(D. XVIII 1,50)。现时代经常出现的一个类似例子是,当执业于某特定行业需要政府许可时,某人以政府给予许可为条件获得这种业务,而后来没能采取任何进一步的步骤或者通过他的行为而使这种许可的获得成为不可能。

如果某人将某物捐赠给另一个人,条件是后者对捐赠人进行终生的妥善照料,那么如果他本人用十足的暴行、虐待或危及照料人生命的方式使他们的共同生活变得不可能,他就不能正当地声称该条件的未成就。因为,无论是我们将这种行为归于"正当"理由,从而人们"不能被推定为"其是在维护该共同体,还是认为他"违背诚信原则"妨碍条件的实现,都没有差别。基本问题是一样的——对于正义法原则所命令的东西的违背。

因此,我们不得让法律规则的适用取决于某种特别性质的不良意图的存在。"民法中确立的规则是:只要是为了自己的利益而欲使条件不能成就的,导致的结果则是,尽管最终条件没有成就,但视为已经成就。"(D. L 17, 161)。比如说,当范格罗(Vangerow)*想将这个规则限制适用于那些其条件的不出现包含着某种非正义或欺骗的案件中时,他是错误的。重要的问题仅仅是,在求助于某种结果的不出现或者相反情形下结果的出现时,出现了某种与正义法原则相抵触的情况。"当条件的不成就可以归因于因条件的成就而将负担债务之人时,则条件将视为成就。"(D. XXXV 1, 81, 1)。因而,如果一债务人得到了宽限,直到他谋得了某种职位,而同时他继承了一笔像样的遗产并完全放弃了他的雇员职业,请求支付的诉讼不得因此予以拒绝。"如果一个人能够做到他能使条件成就,就视为条件能够成就。"(D. L 17, 174 pr.)。

不过,这一点在具体适用中会产生两个有趣的问题。条件性结果的出现可能完全因一方当事人的意图所致,而他之所以促成这个结果的发生是因为对方为它提供了某种实在的理由。因而《德国民法典》第815条并不反对这样的新娘父亲,他因"正当"理由撤销了婚约,并进而向前新郎索回那些此前他为了婚姻的缔结而给予新郎的东西。因为,并非如许多法学家所言,结果的不出现不"违背基本交易的含义"就足够了。正当的事理是,不得违反正义法原则。

---

* 卡尔·阿道夫·冯·范格罗(Karl Adolf von Vangerow, 1808—1870),德国法哲学家、概念法学家、罗马法专家。著有《学说汇纂教程》。——译者

而在上述案件情形和程序中，事实上这一点并没有得到顾及。

某制造商购买了一项专利，条件是某个特定技术员留下来至少服务一年。几个月后，他自己基于"正当"理由辞掉了那个人。某锁匠师父所雇的雇员们突然罢工了。后者从"雇佣者罢工保险"中收取了保险费，并用一桶啤酒招待那些罢工者。罢工者当即按原来的条件复工。保险部门于是起诉那位锁匠，要求返还保费，或至少返还尚剩下的那些，理由是他因明显的疏忽大意而导致了罢工。某担保人为一项债务作保，条件是他新近从事的木货业应不断红火，以使他得以从它的受益中支付担保款。不久以后他因合理理由放弃了这项业务。

在这些疑难案件中，如果我们想应用上示观点的话，就会产生这样的问题：关于结果不出现的证明，谁负有举证责任？这里我们是在探讨某种对法律的修正，而这种法律自身所作承诺与其特定结果不符。在事件的正常轨道中，某种法律交易将因某个法律条件的出现或不出现而产生或终止，或者在不当得利的情况下，某种返还请求可以变得有效。与此相反，这种情况将造成其不利的那一方认为，用除外方式这种结果不得发生，因为它是由对方以"违背诚信原则的方式"所致。于是在这种情况下，不得不主张违背诚信以免于一般结果的那一方负有举证责任。实践中，允许阻止结果发生的那一方用补充资料作出他不负非正当程序之责的反证通常被认为是适当的。不过，举证责任认定的根本基础自然不因此受到影响。

第六节 基于客观判断的终止

法律交往中常出现的情形是，某种权利的存在取决于一个相关当事方甚或一个第三人的决定。这既可以涉及相关法律关系的起源，也可以涉及其终止。不过通常出现的情形是后者。而这个理论可以基于与前一节所给出的相同理由适用于这种情况。

根据一种古老的分类，这里有三种可能性。1. 根据一个人自身喜乐所作的认定；2. 对于某种不确定情况的依赖，也许是对于义务人某种行为的依赖；

3. 根据某种客观正义的判断所作的认定。头两种可能性人们常在"条件"理论中谈到,尤其在与"条件:当我将要……"(condicio si voluerim)的关联中谈到;而在这种情况下一般可予忽略。除了由其名称所提供的综合性观点以外,我只从我们目前的考察立场再加上一个问题。

比如说,不难出现的情形是,某种权利的终止依据实在法规则必须给予肯定的推定,但这样做将经不住正义原则考量的检验。在火险条件下,存在着为投保人列定的特定义务,而忽视这些义务将导致保险关系的立即终止。其中特别规定,投保人在其家中从事任何危险营业之前必须通知保险公司以便作出新的安排。作为示例,规则中还规定,香烟的制造属于这种危险的营业。而一个已经投保的人在未经所要求的通知就腾出一个房间制造香烟。后来房屋着火了,但造烟房未受殃及。公司声称他们的义务已告终止。这种异议被法庭视为有效。罗马时代有分量的罗马法的确认为,"能借助衡平抗辩废弃诉讼的,同时也受欺诈抗辩的保护。"(D. XLIV 4,12)。但普通法的司法实践已经拒绝一般采纳和贯彻帕比尼安那里所表达的理念。而根据现时的有效法律,可从上引片断中推出的这种疑问似乎肯定是不再允许的。

根据我们的法律,关于某种义务关系的存在的合同的认定所受到的对待不同于与这种义务的履行有关的合同。因为在后一种情形下,我们一般适用以上所论的《德国民法典》第 242 条的规定。而在前一种情形下,"合同法"(lex contractus)不仅仅是某种正义法的尝试,且在特定案件中,这种尝试可能不得不让位于宽松法。真实情形毋宁是,只要交易原属于合同自由限度范围内且无需后来基于"正当"理由终止它,它的存在问题将仅按技术法予以认定,如同它适用于相关交易一样。如果这在特定情形下导致某种非正义结果,从实在规则中得利的那一方就有寻求宽松的余地。但根据现行法,不存在任何施行正义的强迫。这个立场已经被比如说许多人寿保险行所刻意采用,特别是在涉及被保险人自杀、适用方面的错误陈述和其他终止合同的理由情况下关于政策的可抗辩性争议中。较好的保险公司经理们实践上已经自愿并乐于遵从正义法的要求,但他们不愿无条件、无异议地承认被保险人获得全额保费理赔的权利。

根据这里所作的揭示,我们在刚提及的诸案件中只举出了一个宽松法和技术制定法之间的合同的例子。而如前所述,我们的现行法并不支持这样一种可能的安排,通过这种安排,某种特定情形下人们对正义法的遵守可以被强迫为一种法律事项。它眼下只选择一种途径受它支配,并倾心于一般技术上的肯定性而不是特定情形下更大的客观正义。人们当然预设的是,相关合同的含义自身是清楚明白的,而且在其解释方面没有疑义。因为在后一种情况下,如我们所知,它必须得到"诚信"履行(第 415 页)。

现在言归上面提及的那三种区分。这里我们尤其感兴趣的是第三种,根据这一种,某种义务的终止将取决于一方或第三人的客观判断。在这方面,我们的实在法中不存在任何特别给出的情形。与他们有点类似的继承权的规定(《德国民法典》第 2048 条;第 2154—2156 条)被更妥帖地归类于依据"公平"和衡平原则的法律关系的正当履行。

另一方面,经常发生这样的事:对于某种请求权存在的这种依赖是由某种交易引起的。有一个有待帝国最高法院作出判决的富有启发意义的案件。一穷亲戚得到了扶助的承诺。由所有相关当事方签了字的文书特别包含如下约定:"此种扶助将有赖于受扶助人的道义行为和对其子女的良好抚养;而且,一旦她的景况改善到她及其子女能够挣到足够多的钱以供养其家人的程度,扶助即告停止;此事将由家务议事会予以认定。"

在这份协议中,那三种可能性得到了完全的体现。在这三种可能性中,对于某种请求权终止的客观判断可以得到切实的运用。它可能涉及某个特定的单一目的,而人们意在通过相关请求权实现这个目的,比如说对孩子的抚养、对病人的照料或者对不能自行谋生者的供养。其次,这一点是可能的,即,请求权的存在取决于权利人整体的正当行为。这里我们可以径直利用我们此前对"不体面或不道德"行为的概念所作的讨论。最后,人们可径使这种权利的继续存在取决于对方或第三方的客观判断。如果情形如此,那么在关键情景下,我们必须弄清权利人是否通过这种义务关系的维持和继续可能变得受制于请求人违背正义法原则的个人喜乐。在用我们的方法详细证实这个理念时,我们恰可遵循我们的前面所论。而且我们必须记住,除非这种请求权的存续使正义法原则的坚持成为绝对的不可能,我们不得将这种请求权的终止视为正义的。在最近关于保险的争论中,人们提出了公司经理人或其他机构是否能够改变规则的问题。举例说,旧法允许这种变更,而权威部门认定,鉴于某些新出现的事实,某种旧的保险政策的终止是可取的。就我们可能的理解而言,目前的司法实践主要倾向于将这种被推定的终止视为尚未发生。这是客观正义的。它在特定案件中的合理性必须从对于正义法原则的遵从中推出。可允许的变更和增补不得属于这样的类型——某种严格正义的法律关系的存在受到他人判断的干扰,或者一方承受了更重的义务或者受到了更广泛的排斥。可能变更的纯粹保留也不能无条件地让自行承担义务的人受缚于这样的合同。因为我们的意思是,如果具备客观理由,该当事方自己保留着变更权或终止权,无论这种限制是在明确表达还是在有疑义的情况下出现在合同的字里行间的。而如我们所说,只有当既存关系与正义法之间维持和谐绝对不可能时,这才为干预提供正当性。这为我们提供了审视这类案件的适当方式,并且也决定了举证责任在哪一方。因为要求终止某种关系的一方必须妥为确立某种正当的终止理由。缺了这个,保罗的话语依然有效:"若条件是在约定债的内容当时添加的,则有效;而若条件是在债的内容已经约定完毕之后附加上去的,则无效。"(D. XLIV 7,44,2)。

结　语
正义法的使命

　　教育于族群于个体皆有其目的所在。受教育者所受教育包含着某种目标。

　　　　　　　　　　　——莱辛

结语　正义法的使命

第一节　社会关系体系

如果不勉力表明正义法在总体哲学中的地位和意义，我们对正义法理论的揭示将是不完整的。一种理念，只有当它作为某种根本生活观念构筑中一个必要成员时是有用的时候，才能保持其持久而真实的价值。我们的问题因此是，正义法如何回应这种要求？它在人类历史中的角色和使命是什么？它命定的功能是什么？

显然，在这个问题中，法律意志正义的理念必须从它自身予以理解，并进而作为一种自身完整的东西在更大、更根本的概念统一体中被赋予适当的地位。我们可按三种上升式的连续性方式做到这一点。

1.正义法构成每一种社会思考统一体的条件。它是每一种人类社会生活研究中的最高普遍点(highest universal point)。

2.它还为某种对于一般社会史的可能理解提供必要的基础。它导致了法观念的产生，而这个观念不得不在这样的理解中加以秉持；并且它是使人们运用某种绝对有效方法对作为某种统一整体的社会存在的认识成为可能的唯一东西。

3.最后，正义法用它自身的独特方式向我们指明通向某种与所有其他根本性努力融合的路径，而这种融合也是以正当意识为鹄的。因此它在引导它的追随者获取某种坚定生活观念时尽着它的本分。

我们将在后文中简要讨论一下这三点，然后言归第一点，尽管在我们揭示它时，很少能够道出真正新颖和本书前面的讨论中所未言述或者其先行者尚未言述的东西。不过，某种简要和综合的总结或许可行，而无论如何我们无法在这部专著的末尾撇开它。

我提请读者回想一下基本社会概念的系统关系。我们的课题是人的社会生活。它作为联合起来的人们之间的合作而展现它自身。在这个概念中,我们在那些条件性要素(形式)和被这些要素所决定的东西(质料)之间作出区分。前者代表外部的制定规则,后者体现实际的和谐行为。在外在规范内,任意命令只有主观意义,而习惯规则的概念地位是由法律赋予的。因而在探讨社会概念的条件性要素时,我们侧重其法律要素。

这是我们现在探究法学研究统一体问题的地方,而这个问题在此前还不得不被放在一边(第88页)。我们学说基础的一部分是,有关法的概念、强制性和内容的问题必须先予以分别对待。但同样无疑的是,我们必须进而设法将它们再次融合起来。不过我们不能通过给予这三个问题中的每一个以同样的逻辑价值的方式完成这种融合。相反,我们必须采用如下方式:法的概念是法的强制性问题的开端,而后者只能被确定为实现社会生活统一性的工具。最后,由于后者总是受到正义的法律内容的限定,因此,作为最高控制点,它构成一般社会研究的王冠,并为所有社会条件的考察提供联结地。

耶林有一种正确的感觉,即对法律的科学考察必须不忘其与一般社会生活之间的适当联系。缺少这种规划,实在法就会面临如下危险:变成某种没有任何内在联系的分散而孤立的命令聚合体,而人们长久以来对民族精神的真实存在的信仰提供过这种内在联系。因此,上面提到的这位作者勉力思考"利益"和"需要",并将它们与法律体系关联起来。他还从它对此种利益和需要影响中看到了其功能的一面,或者反过来说,他在"目的"中找到了具体法律规则的创制者。但是他没能由此实现他解决法律与社会生活必要融合问题的目标。

耶林所使用的唯一方法是某种一般描述的方法。为了应用这个方法,他不得不将法律规则和"生活的需要"视为"相互作用与反作用"的真实而不同的客体。他未能藉此理解社会存在的基本概念及其正确系统关系。要想做到这一点,绝对有必要将外在规则和为了满足人的需要而进行的合作视为某个相同东西的要素——视为虽然的确可以用抽象方法予以区分但不得被视为分别拥有某种经验上区别和独立存在并相互施加"影响"的精神因素。任何法律规范都已然昭示某种特定的合作方式;而在社会研究中,任何需求的满足都已然预设了某种外在的规则。

因此,法不是某种将它自身附着于自然利益或者同时被后者所寻求的独立事物。就社会学的考量而言,唯一的利益、目的和需要是那些受到社会规制的利益、目的和需要。它们拥有某种自然性存在,并可以得到技术上的满足。就此而言,除非它们在受到规制的合作中被赋予了某种地位,它们并不成为社会存在。它们的确可以促成这种受到规制的合作方式上的某种变化,但这种变化总会发生在社会生活框架以内。另一方面,并不存在可予以先验确定的具有独立社会意义的"人类需要体系"——具有绝对有效性的具体目的。将"法"视为某种为了达到干预这些利益和需要的目的而被选择的独立东西的方法也是不允许的。社会系统中的真实关系是,利益和需要必须被看作是社会概念的质料要素,而法律规则构成其形式要素——如前面所述。

我们由此赋予法律在社会存在整体中的适当地位,而法律构成这个整体的一个单元。它是一种决定和谐行为和活动的形式。作为内容正当的东西,它也是良好社会生活的条件,而不是某种不同的另类物质性客体。这也解决了那个人们如此常求的"为法律而斗争"[*]的问题。

实在法的完全实施本身永远不能构成某种伦理学上的强制命令。实在法只是一种条件性工具,而这种工具的正当性经常是一个待决的问题。一个显然有资格的人的"人格"指涉也解决不了这个问题。因为对其"人身"的漠视也可能是反对其纯粹主观意愿的结果。只有在此人在特定情景下与正义法理念相协调的意志中才可以找到某种确定的限制。而耶林所寻找的那种公式不是他所给出的那个(即为法律而斗争一般构成某种强制性命令),而是:正义法的意志是一种强制性命令;但是为实在法而斗争——如果仅仅因为它存在——

---

[*] 一译为"为权利而斗争"。德文中"权利"、"法"和"正义"均为一个语词,而本书英文版将该词译成了"law"。——译者

决不是一种义务。

法,因其独特的强制性要求而构成社会控制的形式条件。而正义法提供的则是所有社会生活和工作的共同目标。它是普适于所有社会思考的最高原则,并用同样方法决定所有这种思考。

第二节 社会发展理论

正义法总体理念的第二个和更大的意义表现于社会生活的历史思考中。我们可用三种方法做到这一点。

1. 着眼于技术目的的外在规则的历史。无疑,在相当多的情况下,法律规则和规定的实际含义只有在我们了解了其产生的条件的时候才能得到确定的认定。因此,法的历史是理解实在法意图的有益工具。而由此也可知,这种考察方法属于技术法学。它只有助于弄清法的实际意图,而不能指望它向我们提供被如此揭示的技术内容的实际正当性。

2. 被客观认识的社会安排的历史。这种情况下的历史被看作是一个"导师"。我们喜欢从这样的事实中获益,这个事实是,过去,可以说"已经摸索了同样的问题"。如果这种有益的教导是成立的,那么显然有两点是必要的:第一,特定质料应当在两种情况下重合;第二,我们必须理解让这种质料经受同样方法处理这一问题。每个人都明白,第一点只能得到大致框架上的理解。存在着太多不可避免的复杂情况,而对于那些属于不同时期的社会问题的复杂质料的特定类似性,我们只能用某种非常近似的方法并通过忽略诸多独特要素才能有所论及。另一方面,对它进行加工的方法程序,将它导向某种正当目的的肯定性,将是一样的。因为这体现的是某种形式程序,而为它设定一个普遍方法是可能的。导致正义法的东西正是这个。

因此,当我们上面提到过去事件的教益性时,我们的意思是,我们可以知道某种特定社会情景中的特定扶助手段是如何得到或没得到正当的成功使用的,而后者的衡量标准自然是要看某种正义的结果是否得到了实现。这个看法在某个类似问题上将引导我们确立某种类似的理论。因此,在如此讨论这个问题时,我们只是在将本结语第一部分所说的东西应用于社会史某种特定情景中。但这样并没有增加任何新的东西。方法总是一样的,即,在每一个社会事件中,我们都必须强调其统一的向正义法概念和意志项下的归类。而我们现在所谈的是特殊社会问题、困惑和经验。

3.作为社会发展理论的整体社会存在的历史。要想适当解决这个问题,我们有必要思考那个人们如此常问的关于历史法则的问题。人们问,是否存在历史法则?它们是什么?人们所说的这方面的历史指的是社会史,而人们真正想问的问题是,用某种绝对统一程序对那些在历史中展现在我们面前的人类社会生活事件进行恰当理解和认定是如何可能的?关于它们,我们何时能够说明它们被理解和认定为受法则的支配?

而某种令人满意的答案似乎经常受到这样一个事实的阻碍,这个事实是,在社会史中,人们所获得的知识也是因与果的知识。当最近的史家追寻"历史法则"时,他们多半想的是自然事件的一致性,且弄不清这种一致性是应该见于典型群体现象中还是见于对特定行为和特殊人物的观察中。但这完全偏离了社会事件的根本性质。后者的特性是它设定了目的并追求这些目的。社会史是一种目的史。

477

我们永远不能忘记社会史是分析性的。它的真实特性存在于这样的事实中,即,它对某种思维过程进行系统认知,而这种思维对它的质料内容的追踪是在它们在时间中出现和演进过程中完成的。但我们这里关注的是时间中的某种特定演进和递嬗这个纯粹事实并不构成我们认为这里所要采用的正确方法是那种按自然科学的方式根据因果关系所确定的现象起源的方法的理由。事情也不因如下情况而改变,即,所有对意识理念的实证都回溯到自然和自然物的起源。音乐的历史是某种完全不同于音调的起源的东西。

李比希(Liebig)*教导说,粮食的持续种植会使土壤逐渐丧失种植所需的营养素。要想肥力不受影响,这种营养物质必须被取代,而这种取代并不能通过让所有废物流入江河的方式完成。为了"证实"这个观点,他特别引述了罗

---

* 19世纪德国著名化学家和化学教育改革家。——译者

马帝国的衰亡的事实,在罗马帝国中,人们没有理会这个必要问题,而与此相反,在长期延续的中华帝国里,人们的确遵循了上述原则。

不过,当他将两个东西即土壤的自然性质和人的社会状况直接关联起来,并将它们当作某种同一种质料加以处理时,他的方法是错误的。他所认同的自然法则必须由它本身予以证明。某些特殊经验于是的确可能像自然科学中的实验——在这种实验中,人们只关心因果关系——那样无关紧要。但在这种情况下,我们必须靠近自然科学领域。而这样一种社会观察不能被援引为自然现象中的法则证据,也不能用这种自然因果知识证明某种社会状况的正确性。因为前者与事功和目的相关,并因此必须将其自身局限于这样的问题:某种手段是否构成达成某种正当目的的正当手段?

我们对这个问题是进行某种因果论考察还是进行某种决定论考察,似乎其中一个像另一个一样正确——这也不取决于我们的自由选择。这是桑巴特(Sombart)近来试图以一种极有趣的方式去做的事。他认为,"我们究竟将社会事件中的特殊现象诉诸终极原因还是诉诸终极目的"是一个选择事项。但是不存在任何诸如"终极原因"这类东西。这将违背因果律,而根据此律,每个原因都必须被理解为相应地成为另一个原因的结果。还有,正确的对应不是在"原因"与"目的"之间,而在结果与目的之间;而与原因相对应的概念不是目的而是手段。

而解决这个问题的关键是,社会生活的历史是合作的历史。但这根本上必然以目的的达成为旨归。而且更有甚者,它的独特性质在每一种情况下都决定于那种限定性规则,而这种规则意在促成某种特定的行为方式和生活方式。我们总是在面对那些不得不被用以达成某些目的的手段的问题。

社会研究永远无法摆脱这个思维过程。如果我们以为我们只需面对某种因果发生过程,我们就容易铸下大错。因而,比如说,唯物史观的鼓吹者认为,助产士的活动(隐喻地适用于社会干预)必须单从因果律的角度予以考量,但它最终离不开目的的实现。而相应地,任何时候当史家追问社会历史事件中的"原因"时,如果我们对此仔细审视的话,它的意思不是"为什么",而是"为了什么"。

关于法国大革命的"原因",不论我们所持的见解可能是什么,答案必须建立在如下系统性概要的基础上:传统的社会条件在哪个方面不适合于实现正义社会生活的手段?代之而起的特殊目的是什么?而用以实现达成这些目的的手段又是什么?且当共产党宣言认为书面传承下来的历史是"阶级斗争"的历史时,当它宣称所有以前的社会运动是"由少数人或代表少数人的利益"发起,并以所有无产者联合体的战斗呼声终结时,所有这些除了是某种用努力和目标、手段和目的的方法构建的观念结构以外,还能是其他的什么?

无疑,我们有时可以在适当范围内从其因果发生的角度追踪某个特定目的的起源,并就用以作为手段的质料的自然确定的性质进行分析。但是在这个问题上我们的思维过程的根本方向必须仍然是对目的和目标的研究。在对手段的揭示中,我们或许可能偶然地并以某种辅助方式思考已知原因与结果的问题。但在社会研究中这并不赋予后一种思考与决定论同等的权利,仿佛它是某种个人选择的问题。相反,每一种只与因果关系相关的决定对于社会生活来说都只具有预备性和不完全性。而另一方面,每一种社会现象考察就其方法特性而言必然导致(由于它们是受到规制的合作中统一的群体现象)对手段的讨论,而这些手段是被用以达成社会经济中特定目的的。

因此,社会生活规律不可避免地与自然现象的规律区别开来。一个社会事件就其内容而言,如果它是达成某种客观正义目的的适当手段的话,它是符合规律的。这里规律这个概念只意味着,我们这里所关注的意识内容必须本着某种根本统一体的精神予以安排和引导。这是自然材料与社会材料唯一共同的东西。但根本统一体自身在两种分析模式中是有区别的。因此,在社会历史中寻找自然现象统一体意义上的规律是徒劳的。因为,即便手段的因果发生能够得到比在常见的情形中更准确的理解,迄今为止我对如此产生的东西——即作为某种手段的东西——的正当性仍然一无所知。而社会历史的观察者所欲弄清的正是这一点,即,某种特定的合作方式、某种社会规则的制定或适用和施行是否构成某种正当手段。这是至关重要的问题。

最后,我们也不能将最后这个问题理解为有如下区分,即,我们先确立社会意志事件的因果起源,然后将伦理判断适用于这些行为。这两方面的思考在我们目前的研究中都只具有偶然性和补充性。当我们谈到社会存在的规律时,我们指的是社会生活的形式,即被视为实现正当社会生活手段的行为规则。而同理,每一种对于国家和民族以及所有社会事件的历史思考都与社会合作的手段相关,而这种社会合作的规律存在于其与社会生活的最高理念的一致。

不过,这种可能性的确使我们首先打通了不过是通向一种无数个别情况群的道路,而这些个别情况中每一个的内容是按照一般规律加以认定的。甚至在所有这些程序以后,历史只提供了康德曾在另一种情况下称为"多面迷宫"的东西,即某种无限延伸的不断增加的具体情况集合体,这种集合体在特定情况下可以得到客观认定和判断,但在得到如此认定和判断之前,是缺乏某种更深层的统一体的。而在寻求人类历史的规律时,我们探寻的正是这个统一体。发展的理念使这一点成为可能。

这个术语所创造的历史与一般规则的历史相同。它也已变得以某种单方面的方式受限于自然科学知识的观念。只是,它一般指的是某个客体向某种预想的目的的接近和适应。而这也可以适用于某种受到具体限定的客体领域,比如说,当我们按照特定原则对某种整体意识内容进行界定并将我们的注意力导向对它的考察时,尤其如此。在所有这些情况下,发展的理念不过是某种启发式准则。它是一种自然现象起源和过程观察或者社会手段和目的存在观察中的理想向导。相反的观点将成为没有根基的形而上学。因为它将不得不再次设定绝对存在物——某种自身存在的东西,而它的运动似乎是无条件的抽搐。但如果与这种模糊而含混的观念相反,我们认为问题总是涉及个人自身意识的内容,认为症结在于将这种基本知识、意志和艺术创造领域中的意识客观化,认为我们所关心事项的要点是对适用于这个客观化过程中原则和方法的反思——如果我们明白这一点,发展的理念及其在社会领域里的应用就会全然不难理解了。因为它只代表某种独特的整体理解社会生活历史过程的根本方法。目的理念也不是某种自身存在于我们之外并附着于现象的东西。它指的是我们意识内容的某种根本方向。因而,它在发展分析中的运用不可能包含任何方法上不同的东西。

如果有人问，"我们从有关内在政治发展和国家立法起源理论原则中学到什么了？"我们的回答是，如果你的目的是获得包含具体质料内容的命题，那么我们会一无所获。因为那种基础性东西属于纯粹物理学知识的范畴，且仅与统一的认知观相联系。而政治和立法与社会生活的处理相关，并且在其独特的方法上以某种正当意志的形成为目标。二者因此处于根本不同的一般条件之下。每一种意识内容视其属于其中的哪一种而分属于不同的方法考察领域。说到将起源理论的内容直接适用于人类社会研究，那是荒唐的。

我们从相关物理学考察结果中所能学到的唯一东西是一般发展理念的运用；自然不是模糊的纯粹运动和时间连接意义上的发展，而是某种如是完善意义上——在某种不间断演进过程中接近某个理想目标意义上的发展。自然科学学科有权声称它们率先确立和实施了这种解决其问题的观察和判断准则。现在要做的事情是要在社会考察中独立运用这种发展概念。因此，社会发展理论是作为人性朝着更好、更正当方向演进的社会史观。

这个过程还不得被视为一种机械过程。如我们已经充分证明的那样，它的目标是为了达到特定正当目的而运用正当的手段。它所表达的理念一言以蔽之：这种手段的正当使用正在变得越来越频繁和越来越有把握。

但这也不得被理解为某种实际情形的断定。那将无异于纯粹的蹩脚预言。而且它甚至不能声称是某种以前经验的直接连续。我们希望避免法国大革命时期的那种错误，在这种错误中，人们期望朝着理想社会的进步是一个肯定的事实并相信他们能够证明这种进步正在发生。不过我们也必须避免社会唯物主义者们所犯的那种错误，他们将社会史视为某种自然机体的发展，而由于这种方法上的根本错误，他们根本无法运用社会发展的理念。不过，我们并不将这个理念视为发出某种关于已经实际发生东西的信息的东西，也不视为某种即将发生并且或许可能现在已经被认定的事件的图景。

谁会斗胆确定地擅言一位年轻人将如何在未来"发展"？他的"发展"将趋善还是趋恶，我不得而知。不过我能够知道的是，除非一个人意志和活动的过程受到如下标准的衡量和判断，即他是否或多或少朝着他的存在和义务的固定目的靠近和调适自身，否则任何人都无法就这种发展作出恰当的判断——

无论是作为愿望、希望还是恐惧,抑或是稍后的回想。而另一方面,可以肯定,通过坚持这种目标并且唯有通过坚持这种目标,将他生活的全部视为一种发展并因而视为一个整体才是可能的和被许可的。

单个人的情形如此,共同体的生活亦如是。没有人能够无误地声称人的历史将如何演进。然而,将发展的理念应用于人的社会性一面的整体之中,并且如前所述,在某种启发式准则意义上加以应用却是可能的和正当的。

据此,各种趋善的社会工具被镶嵌于某种统一的思维过程中。无论何种特殊的回流可能因落后民族、阶级和个体的具体行为方面的错误或因其持续的沉溺而存在,对于社会意志的整体而言,某种渐进研究的准则仍然是不可撼动的。尽管它因此只涉及社会的整体,它在这个领域创造了某种思维上的统一体。但作为一个探索原则,它也允许我们将社会意志的任何部分视为某种进入连续渐进矫正过程并在其中找到一块和谐地的尝试。这使某种新的补充性地审视历史事件的方式成为可能。

这种认识的形式正当性是由这样的事实所赋予的,即上述意义上的发展理念体现着人类社会生活统一体可由以得到理解的唯一条件。而其实质上的正当性则源于这样一个事实,即,某种客观正义社会生活的目标已经暗含于共同体这个概念之中,而这个目标一经消除,该概念必陷于矛盾之中。而良好共同体的目标除非建立在正义法的基础上,否则是无法存在的。我们的概念因此被证明为构成将社会史整体理解为一个统一体这个课题的根本要素。

第三节 正识

社会发展理论还不构成人类探索和追求的绝对落脚点。因为作为社会的发展,它仍局限于某种特定的客体。尽管它包含着出现于历史之中的社会的整体,但为明晰性及准确性起见,它必须时刻不忘它与其他事物之间的区别。

这种系统性界限是再明显不过的,因为我们必须在向正义法的演进与向伦理意图的演进之间作出区分。而完整目的的统一体只由这两种倾向的再次融为一体的发展构成。进而,某种个别错误无疑出现于向更完美、更正义和更好的意志过渡的点上。而每个个体必须被赋予其在人类整体中的位置,他的自我完善为后者的进步服务。不过,在作为意识基本倾向的意志的发展中,会再次出现这种错误。且它会进一步趋向某种终极目的,而在其统一体中,这个终极目的将所有的东西囊括于它自身之中,除它自身外,它再也看不到它四周的任何东西。但这种发展理念无助于我们在这个进一步的过程中行进。

不过,如果我们想作出尝试的话,就有必要放大这个理念,以使它得以调适成某种包含所有存在物的普遍性形式概念。而作为这样一个概念,"发展"仅标志着向某个固定目标的连续不断的适应。目标的理念因此成为了某种独立的东西并且区别于朝向它的具体接近。但如果我们追问有关发展的根本方法本身的问题,我们就无法将它与具体客体区分开来,而这些客体的不断适应正在我们的考虑之中。自然现象的发展出于对通过因果而设想的某种完善的认定。社会事件的发展说的是某种手段与目的的进步。因而如果我们除了"发展"概念以外一无所有,那两种东西(外加艺术创造的产品)就永远不会再次联合。唯一共同的东西仅仅是不断适应于某个目的的理念。但后者的独特性质仍然是迥然有别的,并且同理,朝着所示方向完善的方法必然不同。

而反思性思维几乎无法满足于此。它总是力图在因果和目的这两个王国之间进行协调,并将二者包含于一个统一的观念之中。这并非仅出于某种外在统一的需要,还因为其中每一个单一体不会导致完全令人满意的结论。一个指向另一个,并等待着它的协助和合作。

纯粹物理存在是含混和缺乏指向的。无论人们多么强烈地迫使自己无视自然发生以外的任何东西,并闭眼不见目的理念的强大压力,如我们已经知道的,他还是不禁要把它带进他对"发展"概念的考察之中。而且他将永远不会倾向于剔除他意识中的那种追求真理的坚定意志和探求自然科学知识的崇高目标。因而如果没有意志及其规律的帮助,就不仅不可能存在令人满意的正确经验科学的前景,也不可能存在这种科学在正当人类利益方面的恰当实际利用的前景。

目的规律诚然还是独立于具体情景中实际结果的。对于特定目的和事功正当性的客观判断实际上并不受发生和实在化的影响。不过它指设着某种即将存在并即将据以实现的东西。而且，尽管这种意识内容的客观正义性是自身存在的，但我们可以理解那种期待形成贯彻它的方式和本着根本目的规律的精神形成客体图景的冲动和愿望。

只就这两个领域中的一个作出评价的时代的确可怜，但想切断与自然事件以外的任何东西之间的关系的时代最可怜。它并不开垦它本可从中获取丰收的土地，并在一个它能够发号施令的地方甘愿屈身为奴。它徒劳地期望它对美的追求会赋予它所想望的自由。因为艺术为人类的欢欣和愉悦所可能提供的一切只能充当某种补充物，只能成为那种显著的东西，并且是人们所说的作为生活的装饰品的东西，而不是它的基础和目的。修饰并非完善。人类生存的价值和命运并不是由它来衡量的。

因此，在我们的思维中始终紧迫的问题中，在某种终极的、包含万有的统一体的理念以外，并不存在任何固定的和最高的支撑点。在这个统一体的绝对存在面前，甚至人类知识、意志和艺术塑造的规律也只作为某种具体而个别的东西存在——无所不在地伴以那个无限存在物的关涉。我们称为"世界观"（Weltanschauung）的东西恰是对于这个普遍统一体的统一规律的态度。所有特殊事物必须被带到它跟前加以认定，必须从它的角度显示自身，只以有关意识的各种根本方向的规律为中介。

不过另一方面，这种最高存在统一体的理想思想也建立在这些规律的基础之上。获得这种思想的唯一可靠的途径是经由正当意识内容的这种清晰方法。它是正义学说在其全部适用领域的继续。因为它的目的是要将它们全部联合于它的规则之下。因而对它的揭示和实证在任何地方都将正义知识预设为一个基本方法。而我们可以用正识（orthosophy）这个词来指称这种因此产生的基本观念。

它显然不同于以前时代的形而上学思考。"原初理由"问题、"对世界的解释"问题、"事物的终极原因"问题等等，实际上总是含混不清的。而当人们经常试图将它们适用于法律和社会问题中时，尤其如此。

另一方面我们不能承认，某种"世界观"的认识论基础与该世界观自身具有系统性区别，以致对前者必然性的根本强调排除了后者的施行。情况是相反的。诚然,如果对我们知识的根本批评和对限定它的那些普遍因素的揭示一方面防止了哲学上的蹩脚教条主义和浅薄主义,而另一方面又使我们与早熟和专门实践隔离开来,那么它就有了太多的作为。目前我们尚不够如此先进,以致让我们自身经受特殊情况的专门检验,而不经常认真诉诸正义方法的检验。而在社会科学中情形尤难如此。不过,即便情况并非如此,认识论考察仍然必须面对更进一步和更大的问题,以便像人们不时所要求的那样,为获得某种新的和统一的生活观——不与后者对立,而是恰恰作为它的基础——而铺路。

如果我们现在将这种思考适用于这里所讨论的理论的那个最后的功能之中,那么我们将发现,在现在讨论的问题中,正义法不再是决定性条件,如同它在社会系统和社会发展理论中的地位那样。但它仍然是必要的预备步骤之一。因为,如果一个人想达致某种终极而无所不包的存在统一体,他必须先穿越一个具体的意识领域并对它的规律有所认识。只有做到了这一点并到达了各种类型的正义聚合点,他才能够开始行进在寻找那遥远的统一目标的旅途中。

后者常被视为某种源于自然考察中的东西。如果那个考察"世界"问题的人在现象王国之外对目的王国及其规律有所把握,那么情形完全可能如此。但是,让意志及其基本规律成为遨游广袤世界的出发点可能是更和谐、更紧迫的问题。因为不难看出,在遵循那条不得不被某种独特规划跨越的路径时,人们将某种质料上受到限定的自然的记忆视为权威性向导。所有有限但受到系统认定的客体向无限世界的直接变换反映的只是思维的不断飞越。而这里毫无疑问(存在着这方面的显示),从纯粹自然现象观察出发也容易使人在观念王国中——他想对这个王国进行把握——发现某种实际上不过是对于环绕我们的那个受到限定的自然的反思。而以类似方式行进的人不仅是这种规划的辩护者,而且是它的反对者。

不过,意志及其规律、其目的及其实际正当性不太容易遭受这种危险。因此,对于一个有着对整体进行了解的冲动的人来说,从这个领域出发并从中获取他的装备更为可靠。为他提供某种援手,帮助并有利地引导他,是我们理论的最后功能,也是正义法的一个目的。

其界限的界碑就在这里。寻找终极基本观念的人将这些界限留在了身后。某种不同和更大的东西现在要填充观察者的思想和反思——某种新的东西将出现于他的视野。不过在离场的时候,让他再次将他的目光导向并回溯那片土地——在这片土地中,他找到过下一段旅行的路径和手段——即,正义法的理论路径。

附录一

R.施塔姆勒的批判体系[1]

弗朗西斯科·惹尼[2] 著

要目：

1. R.施塔姆勒的哲学和法学著作
2. 其法哲学思想的流变
3. 笔者探讨施塔姆勒著作的特别视点
4. 施塔姆勒的总体哲学倾向
5. 施塔姆勒最初的关于法的观念
6. 施塔姆勒探讨一般法学方法问题时的立场
7. 施塔姆勒"正义法"的一般理念
8. 施塔姆勒对主要法律思想运动的态度
9. "正义法"的基本理念和原则
10. "正义法"典型模式和途径
11. "正义法"理论在实践中的应用 合同自由问题
12. 说明该问题的一般观察
13. 从"正义法"的角度（从"良德"的理念）看合同自由的限制
14. 对施塔姆勒"正义法"理论的总结
15. 对施塔姆勒理论的批评——它的长处
16. 该理论的缺点与不足

---

[1] 此文构成 F.惹尼《实证私法的科学与技巧》(*Science et Technique en droit privé positif*)（巴黎,1915年）的第六章,第 127—190 页。

[2] Geny:法国南锡大学私法教授。此文由宾夕法尼亚大学伊萨克·胡克教授从法文原作译成英文。

17. 矫正该理论的尝试。对施塔姆勒科学著作的总括

1. R. 施塔姆勒的著作无疑代表了 19 世纪德国法学家们所提出的法哲学的最杰出的丰碑。由于其思想的极端抽象性及其表述的纯逻辑形式性——一种很少贴近现实且将心灵持续置于更高领域的形式,他不会很快赢得受众。撇开这点不谈,有一点似乎毫无疑问,即,他的重要性使他的著作拥有足与萨维尼、耶林和科勒尔的伟大著作并驾齐驱的地位。

不过,在法国,施塔姆勒的这部著作远远没有获得它应该受到的承认。[①] 除了作为"内容变化的自然法"这个著名公式[②]的发明者,施氏在我们这群人中事实上几乎不为人知。而这个公式只表达了一种无限丰富理论的极小一点内容,有对隐藏在一种空灵的深度下的清晰理念予以误导的一面。而且,即便如此,人们要想理解该公式,就必须把它放置在施氏思想整体演变中的适当位置上。而本文实际上只是一个有助于记忆的总结。这位哈雷思想家的哲学建构必须从一个更大视点予以审视。他的同胞们对他的看法没有错。他们认为,施塔姆勒的著作通过一系列新的价值判断旨在替换传统法学体系的轴心。不过,由于他们全然固着于他们对他所进行的大胆综合的一般倾向所持的立场,因此,他们常常忽视对它的特征方面进行清晰的理解。[③] 而即便在德国文献中,我们也几乎找不到一种对施塔姆勒的思想的比较全面和纯客观的揭示——在这种揭示

---

① 不过萨莱耶曾对此有精彩的描述("历史学派与自然法"[École historique et droit naturel]),见《民法季刊》(*Revue trimestrielle de droit civil*),1902 年,vol. I,第 80 页,注 1,第 92 页,第 96—97 页,第 99 页,另,尤见萨莱耶《意思表示》(*De la déclaration de volonté*),巴黎,1901 年,第 197—204 页,第 228 页。同见 J. 沙尔蒙:《自然法的复兴》(*La renaissance du droit naturel*),蒙特利尔及巴黎,1910 年,第 167—173 页。

② R. 施塔姆勒:《唯物史观语境下的经济与法律》(*Wirtschaft und Recht nach der materialistischen Geschichsauffassung*),2 A. 莱比锡,1906 年,第 181 页(§ 33);参看 1 A. 莱比锡,1896 年,第 185 页。

③ 例如见:G. 齐梅尔:《社会学方法》(G. Simmel, "Zur Methodik der Sozialwissenschaft"),载《德意志帝国立法,行政和经济年鉴》(G. 穆勒,1896 年)XX,第 575—585 页。施塔费尔:《论施塔姆勒"正义法的理论"》(Ueber Stammlers 'Lehre vom richtigen Recht'),载《民法教义学耶林年鉴》,1906 年,vol. L 第二辑,vol. XIV,第 301—322 页。马克斯·韦伯:《施塔姆勒对唯物史观的"克服"》(R. Stammler's 'Ueberwindung' der materialistischen Geschichtsauffassung),载《社会科学文献》(*Archiv für Sozialwissenschaft*),1907 年,vol. XXIV,新编,vol. VI,第 94—151 页。H. U. 坎托罗维奇:《论正义法的理论》(*Zur Lehre Vom richtgen Recht*),柏林和莱比锡,1909 年。

中,批评家主要试图找出作者的全部基本理念,并将这些理念放在他自己思想的熔炉中淬砺,标上能使所有人更容易认出它们的图案和颜色。①

　　这种努力就是我在这里想作的,同时记着我这部分活儿的适当对象——特别是它实际上着力探讨法的科学阐释——给我施加的限制。因此,我将撇开施塔姆勒有关实在法的著作不谈,无论其涉及理论②还是实践③,尽管它们的深度、种类及其对具体生活的理解证明了这位杰出法学家的渊博学识。我将专门探讨他的法哲学,以便弄清它是如何解释和加工社会本质的素材的,这些素材可能向我们揭示构成实在法的人类外在行为规则。④ 只有通过紧密追踪施氏的复杂体系和全面贯穿其中的一般思想才能达此目的。

　　记住这一点,且要想忠实地坚守本文的客观性,首先就得决定那些将为我们提供素材的著作,以使我们能够从中找到我们研究的坚实基础。我们将按照我们业已宣示的观点追求这一点。

　　2.施塔姆勒的法哲学学说是在一系列著作中展开的。按照时间顺序对这种哲学进行追踪并按同样的顺序成功地进行总结是有趣的,因为那样我们会发现一种理念,这个理念起初有些不确定,而且初示于人时几乎有点模糊;但逐渐

---

　　① 不过请看弗伦克尔:《弗里斯和施塔姆勒的批判法哲学》(Die Kritische Rechtsphilosophie bei Fries und bei Stammler),哥廷根。1912 年 A,I,§ 2—12,第 9—26 页;参见§§ 17—19,第 32—37 页(A,II)。而关于"正义法"的理论,参看布吕特:《法律适用的技巧》(Die Kunst der Rechtsanwendung),柏林,1907 年,§ 7,第 112—124 页。

　　② 主要内容将稍后阐述,第 496—501 页(no.2)。尤见:《论基于早期普通法与现代立法即德意志帝国刑法典之起源背景下的紧急状态的刑罚意义》(Darstellung der strafrechtlichen Bedeutung des Nothstandes unter Berücksi chtigung der Quellen des früheren gemeinen Rechts und der modernen Gesetzgebungen,namentlich des Strafgesetzbuches für das deutsche Reich),爱尔兰根,1878 年。《对受益权的请求》(Der Niessbrauch an Forderungen),爱尔兰根,1880 年。《第三方抗辩的权利》(Die Einrede aus dem Rechte eines dritten),哈勒,1900 年。《法律主体的不确定性》(Unbes timmtheit des Rechtssubjektes),吉森,1907 年。

　　③ 我尤将引用:《学说汇纂练习入门》,莱比锡,1A.,1893 年;2A.,1896 年。《法学阶梯练习入门》,莱比锡,1986 年,后两版改为《罗马法习题集》,莱比锡,1901 年,1910 年。《民法实务高级教材》,莱比锡,1A.,1898 年,2A.,1903 年。《民法实务入门》,莱比锡,第一卷,1898 年,1902 年;第二卷,1903 年;新版为一卷本,1909 年。还可参见:《债务关系法通论》(Das Recht der Schuldverhältnisse in seinen allgemeinen Lehren),柏林,1897 年;"法律"与"债务关系"诸文发表在康拉德,莱克西,埃尔斯特和勒宁:《国家学手册》(Handwörterbuch der Staatswissenschaften)上,耶拿,费舍尔,第二版,第四卷,1901 年,第 327—341 页和 611—632 页。

　　④ 见 F.惹尼:《实证私法的科学与技术》,I,巴黎,1914 年,注 16,第 47—52 页。

352　附录一　R.施塔姆勒的批判体系

意识到了它自身,在两部主要著作中靠其自身的努力详释并纯净了它自身;然后以一种令人吃惊的清晰度和饱满度在一种为众人设定的实质性总结中显现了它自身;而最后——不过在不影响未来的情况下——在一次精湛的综合中作了更有分量和有力的再一次显现,而这种综合指出了它的基本连贯性,这种综合似乎旨在让该著作在学界横空出世。

事实上,如果我们关注一下构成施塔姆勒职业性法哲学体系的那些科学论著,我们会发现,它们是由五部内容无与伦比的主要著作组成的。[①]

首先是1888年于温德希德获得博士学位五十周年之际出版的一本小册子,书名为《关于法的历史理论的方法》。[②] 可以说我们在这里看到了一种初步的摩擦,在这其中,施塔姆勒在对历史法学派的方法论进行了非常个性化考察的表象之下,在书的基本概要中让我们瞥见了他后来要强调和锤炼的批判性观点。

其次是八年以后(1896)出现的一部巨著——《唯物史观语境下的经济与法律》——的首版。[③] 这是一部通体充满着哲学原创精神和力量的著作。说是要对马克思和恩格斯的著名理论提出一次尖锐的批评,作者考察了一种科学,这种科学将一些原则视为社会考察的基础——而这些原则类似于那些在其他学科成功地被神圣化的基本原则,并最终使社会屈从于不可缺少的法律调制之下。这部著作内容极其充实,有时充盈而溢,理念的喷涌中尽管仍有些许的不清晰,但事关两个重要的社会生活问题。我们已经看到了一些重要观念的出现,比如在解释"经济"与"法律"分立时的质料与形式的区分;二者通过社会一元论的相互结合;内容可变的自然法的观念;直接对应因果论的决定论,前者对社会中的人起作用,并以社会目的论告终;最后是社会理想论,此论倾向于造就一个基本和谐的"拥有自由意志的人的社会"。所有这些被放进了一个没有伸缩性的体系中,超越于历史偶然性之上,并浸透着一种区分法观念

[①] 我省去了一些仅旨在该理论的普及的小部头著作,比如:"法制与国民经济中的规律性"(Die Gesetzmässigkeit in Rechtsordnung und Volkswirtschaft)(1902年2月15日在德累斯顿戈赫基金会的讲演),德累斯顿,1902年,第27页。

[②] 载于《伯恩哈德·温德沙德执教五十周年纪念集》(*Festgabe zu Bernhard Windscheids fünfzigjährigem Doktorjubiläum*),哈勒,马克斯·尼迈耶,1889年,第1—63页。

[③] 《社会哲学研究》(*Eine Sozialphilosophische Untersuchung*),莱比锡,维特出版公司,第一版,1896年,第668页;第二版,1906年,第702页;第三版,1914年。

和类似观念(惯例、习惯和任意命令)的不断努力,并试图导向"正义法"的理论——在这里,该理念还仅仅是作为一种可欲的东西被暗示着。

第三是出版于 1902 年,书名为《正义法的理论》(*Die Lehre von dem richtigen Rechte*)的著作。此书专为建构"正义法"理论而作,窃以为它至关重要。① 在这里,所有那些此前尚处于不确定的萌芽状态中的观念显得姹紫嫣红,内容大为拓展了,并且在一个无可挑剔的框架中得到了系统性的规整的陈述。此论的介绍以对两种关于法的理论的区分作为开端。一是技术法学,它循着既定法显身其中的各种形式追求法律结构的知识,并将其自身当作一种目的。二是理论法学,它从更广阔的范围考量法,把法视为服务于人类目的的一种手段。技术法学的确是生活中不可或缺的,不仅如此,它还增添了理论法学的适当客体;不过后者因其更高的直接趋向"正义法"的目标而超越了它。作了如此区分后,他进而在第一部分中通过"正义法"与制定法、道德信条、自然法、宽松法(grace)之间的比较对"正义法"进行了清晰的阐释。他还比较了与之相反的、位于"未经充分分析的法观念"名下的直觉理论、浪漫或倾向(tendencious)理论。这些理论主张将法建立在自然法律情感的基础上,建立在民众心中法律感觉的基础上,建立在一个法律社区的主要观念的基础上,以及阶级道德和法官自由评价的基础上。设定了"正义法"理念后,他在第二部分中刻意描画了它的方法。通过这些方法,他区分了法律内容中具有形式上的一般性属性的诸要素,并藉此在哲学范围内构思出目的规整法(the law of the regularity of ends)这个东西。这里我们首先必须说,"正义法"的理念既不现形于自由或平等,也不现形于福利或福祉,而是现形于社会理想(the social ideal)。而社会理想实现于"拥有自由意志的人的社会"。为了将社会理想付诸实用,有必要将"正义法"的原则与个体和社会的主要目标区分开来。不过靠其自身,这些原则会在真空中发生作用。要使它们具有实效,就有必要了解"正义法"的质料。这种质料是历史地给定的,并完全由社会关系的经济因素构成。此外还有各种显现于各种法律规则倾向中的"正义法"的工具。而除了"正义法"的模型外,没有任何其他的东西会对这种方法有所补充。这种模型

---

① 由 J. 古滕塔格出版社出版,柏林,[即本译本]。

建基于某种特定社群的理念中,这种社群由这样一些人组成,其关系必须由法律调整;要顾及你的同胞的理念,他们主宰着这些关系,且顾及他们可能相互施加的典型服务或义务的类型。通过严格遵循(至少一般情形下如此)这种如此界定的方法,作者在第三部分中在一系列实际情形中对"正义法"进行了实际利用。这些情形经过了司法组合并精致地展开,从而展现了他所作努力的全部实在和具体价值。最后,在结尾的"正义法的使命"的标题下,他试图将他的体系与一种原创性进化观连接起来,并试图将它包含于一般哲学的框架之中。

第四、如此精心构筑的体系由于它所提出的见解的纷繁复杂就存在着失去其整体性的危险。这就需要一个全景式总结,围绕几个主要理念对所揭示内容完整而微小的细节进行压缩。施塔姆勒在与人联手编辑专门研究系统法律科学的《辛尼博格选集》这部书——该书于1906年出版——时找到了这样做的机会。施塔姆勒自己在题为《法与法律科学的本质》的一书中向世人呈现了其全部法哲学的极其简明、清晰、沉定而精确的纲要,并进一步通过就向法律人开放的一般活动的主要领域的前景提出一些看法而完善了它。[①]

第五、几年以后的1911年,他以更广泛和更富原创性的形式再次就一个确定的综合理念进行了探讨。这种综合应该是他全部科学工作的皇冠和完善之作。这就是他关于法律科学理论的大师级著作(《法律科学的理论》[②])的研究对象。他的受众似乎是初入门者,特别是他的反对者。为了说服他们,或者为了让他们陶醉于他的理论力量本身之中,他通过一个新的计划以及有时从一个新的角度再次论及了他的主要理念。他从他自身的哲学观察高度循序渐进地就法的主要方面,如法的一般概念、它的实效、基本概念、方法、体系、最高理念、技术和它的历史进行了审视,并在一系列章节中展开和完善了它们。他苦心孤诣地用鲜明的精确性赋予了每个因这些标题而显得突出的问题以抽象性和

---

① 《当代文化》(*Die Kultur der Gegenwart*),第二部分,第八章,"系统法学",(*Systematische Rechtswissenschaft*),柏林和莱比锡,1906年,《法律和法学的本质》(*Wesen des Rechtes und der Rechtswissenschaft*),第I—LIX页,《法律和法学在未来的任务》(*Die Zukunftsaufgaben des Rechts und der Rechtswissenschaft*),第495—507页。

② 哈勒·a. S.,《魏森豪斯手册》(*Buchhandlung des Waisenhauses*),1911年。关于对此书的某种总结和评价,参看F. 伯罗尔兹海默:"理论法学"(Eine Rechtsnissenschaft der Theorie),载《法律与经济哲学文献》(*Archiv für Rechts und Wirtschafts Philosophie*),1911—1912年,vol. V,第311—320页。

形式上的一般特征,而这种特征在他看来似乎是学术表述的理想。这部著作也许是施塔姆勒独特天赋和可以说是他的科学特质的最典型表征——如果这是真的,那么正因为这个原因,它似乎比任何其他著作更使他的学说难以为他人接受。似乎出于对他的批评者的一种抗辩,作者在该书中将他那晦涩而枯燥的风格——这种风格倾向于将社会生活变成一种概念和语词的构架——推向了极端,甚至推到了这样一个地步:使那些热衷于现实的人本能地排斥它。

3. 因此,鉴于这里我得设法按我们的观点向法国法律人介绍施塔姆勒法哲学的最容易为人们所接受的那面,我将刻意放弃选择我刚提到的最后那部著作作为我论述的基础,尽管这部著作是一部伟大的力作。我承认我既无勇气也无能力激活这座抽象物的金字塔,我也担心会给读者仅仅留下一种不可接近和空洞的感觉,如果我将自己的论述限制在对一部著作进行完全的浓缩式界定、微妙的区分和多半无法迻译的格式化的话。

我希望,如果我将我的努力主要导向施塔姆勒本人在《法哲学体系》中所概括的概要部分的话,我会有更好的机会达到我的目的。在该概要中,该理论可为人知、可以交流的线条似乎得到了更清晰的描画,而后者直接与每一位法律人所熟悉的一些观念相关联。围绕这个中心——它的渊源保证了它的牢靠——组合一些辅助性解释是容易的,而这些解释构成表述施氏体系全部领域的基础。我将从他的其他一般著作——主要是《正义法的理论》——中借用这些解释,而《正义法的理论》的某些流变对我们来说特别有趣。[①]

[①] 为了对援引进行简化,我将使用如下简写语:

《经济与法律》(*Wirtschaft und Recht*);《唯物史观语境下的经济与法律》(*Wirtschaft und Recht nach der materialistischen Geschichsauffassung*) 2 A,莱比锡,1906 年;《正义法》(*Richtiges Recht*);《正义法的理论》(*Die Lehre von dem richtigen Rechte*),柏林,1902 年[在本译文中,"正义"(Justice)取代德文书名,而页码指的是现版页码。——英译者]。《法律的本质》(*Wesen des Rechtes*);《当代文化中法律与法学的本质》(*Wesen des Rechtes und der Rechtswissenschaft in Die Kultur der Gegenwart*),第二部分,第八章,"系统法学"(*Systematische Rechtswissenschaft*),柏林和莱比锡,1906 年,第 i—lix 页;《法律的未来任务》(*Zukunftsaufgaben des Rechtes*);《当代文化中法律与法学的未来任务》(*Die Zukunftsaufgaben des Rechtes und der Rechtswissenschaft in Die Kultur der Gegenwart*),第二部分,第八章,"系统法学"(*Systematische Rechtswissenschaft*),柏林与莱比锡,1906 年,第 495—507 页;《理论》(*Theorie*);《法学理论》(*Theorie der Rechtswissenschaft*),哈勒 a. d. S.,1911 年。

无疑,这么做时完全可能发生这样的事,即,在试图以一种易为人们所理解的方式将作者复杂而精微的理念与我们考察的适当对象关联起来时,我会剥去它们的原色,使它们稍微变形,而且在使抽象公式——这些公式实际上用适当的方式表达了他的哲学的基本理念论——变得具体化(以使它们适应社会生活的更加现实的观念)时,我将冒险改变该体系的纯粹性和完整性。对于每个解读他人哲学思想的人来说,这个危险是潜在的,而施塔姆勒的其他批评者似乎没能避免。我不过是有言在先而已。另一方面,不管愿意与否,冒此危险的目的必须是希望得到让法国公众接受这个极其个性化和有力度的学说——窃以为它值得所有知识人的高度同情——的好处。

我想用我可能意识到的批判性观察追踪施塔姆勒法哲学的这种纯客观的揭示。而这些观察在确定我本人关于施氏理论的立场的同时,将让读者就它可能为我们提供的价值作出判断。

一

4. 施塔姆勒法哲学的固有理论以"Richtiges Recht"或者说"正义法"的理念为中心。他那本从一种使我们在这里直接感兴趣的单一角度最清晰地表达了他的思想的著作就是专门探讨这个理念的。不过这个理论在某种意义上依赖于更一般的知识倾向,其中有的具有适当的哲学意义,有的具有特别的法学意义。因此,了解一下茁壮的枝叶所从萌生和勃发的营养土壤是有益的,由此得以形成我们学科的一个最后的避难所。

从哲学的观点看,施塔姆勒无疑是最忠实地听取了发起于19世纪末叶的"回到康德去"的呼声的人之一。他还决定性地倾心于黑格尔的形而上学——一种在我们东邻人中长期以来受到尊敬的理性主义批评术。此术以一种精炼分析的方式将知识的客观要素融解,并将它们转化成能够通过将现实限制在没有伸缩性的框架内的方式把握现实的公式。他的所有努力都旨在通过发现类似于牢固地奠定了自然科学基础、并像物理规则服从因果律那样严格原则

附录一 R.施塔姆勒的批判体系　357

的方式将道德和社会生活体系化。从这个意义上说,他的理性主义甚至超越了康德的理性主义。

在施塔姆勒看来,社会中人的道德生活要受到一种无条件的一般价值的基本调制(Gesetzmassigkeit[①]),并在一种恒定而同质的形式中实现它自身。我们必须经由一种对我们的知识方式提出的尖锐批评而将它分立开来,并用适当概念让它在心灵中得到反映。[②] 为此,他刻意排斥所有实践理性的情感性灵感,并至少在表面上选择了纯粹理性的更严格的程序来取代它们。[③] 他甚至将历史的教导(对事物的起源的考量)归入到背景中去,作为只不过是偶然的补充性支撑点。[④] 而他的全部体系建构基本上建立在理性的基础上。这一点尤其在他那奇特的进化观[⑤]上表现了出来。通过这种建构,他试图将"正义法"向他揭示的两个理念筑进一个普遍性的哲学体系之中。[⑥]

不过,这并不是说,道德世界自身在他看来变成了一种受无所逃遁的因果律支配的机械物。相反,他尽可能完全地将因果观念从他所考察的领域中剔除出去。[⑦] 在他看来,社会生活中的任务无非是用手段达到目的的关系。他所受到激励的和我们必须注意的那种哲学的典型特征是:它显然是决定论的。[⑧] 主要问题是发现人类社会的最高目的,并赋予它那种构成其价值显著标志的

505

[①] 关于这一点,参看 R.施塔姆勒:"法制与国民经济中的规律性"(1902年2月15日在德累斯顿戈赫基金会的讲演),德累斯顿,1902年。
[②] 《经济与法律》,第二版.,1906年,§1,第3—6页。
[③] 《法律的本质》,第 III 页。《经济与法律》,第二版,1906年,§1,正文与注释1,第6页和第631页。
[④] 《经济与法律》,第二版,1906,第7页(§1,结尾),第12页,第105,214—215,374—375,411—414(§75),462,528—529,581页。《正义法》,第18—20,28,80,136,137—139,180页。《法律的本质》,第 ii—iii 页。《法律的未来任务》,第501—503页。《理论》,第39—42页(I,1),第541—545,766—770页(IX,4);参看第16,37,95,189,448—450,517—518,651,658,754,790页。而关于法的历史的一般理论,参见《法律的未来任务》,第500—505页。《理论》,第751—835页(IV)。
[⑤] 《正义法》,第475—485页。参见:"论法的演进",《法律的本质》,第 xlv—xlvii 页;在历史中的情况见,《理论》,第797—802页(IX,10)。
[⑥] 《正义法》,第485—490页("正识")。
[⑦] 《经济与法律》,§63,第337—345页。《法律的本质》,第 xviii—xxii 页。
[⑧] 《经济与法律》,第355—356,392—394,529—531,589,616—619页。《正义法》,第141—144,175,478—480页。《法律的本质》,第 xiv,xviii—xix 页。《理论》,第49—62(I,4—6),288—311(IV,8—11),324—328(IV,15),606—612(VII,11),759—765页(IX,3);除此以外还可参见第70—72,295,27,540,800,804页。

形式上的一般性特征。考察的主要努力必须朝向这一点。①

5. 而且，所有这些哲学公设只能从远处提供将施塔姆勒导向"正义法"的法律概念。② 但在论及这个最后的顶点之前，有必要先构建将包含整个组织的框架。在这个框架中，恰当地说，法找到它的位置。

因此，从复杂而变化的实在法和成文法群体——我们一开始打量这个世界就遇到它——开始，我们必须确立它的整体和秩序，并找到一个批判性思维能够决定和控制社会生活无限特殊性的残酷混乱的坚实着陆地。③ 要达此目标，我们必须解决三个问题：(1)法是什么？(2)我们如何能够证明构成所有法律组织典型标志的法的拘束力？(3)在何种条件下法律规则的内容能够得到正当证明？④ 在施塔姆勒看来，这三个问题必须分开来考虑，并按其自然顺序加以解决。而在他之前的法哲学体系——他将它们归纳为三个主要体系：自然法理论、历史法理论和唯物史观，并逐一进行了批评⑤——所常犯的错误是，它们可以将这三个问题捆在一起，并试图用一个公式来解答它们。⑥

施塔姆勒本人按照他的精确分析方法首先设法确立法的一般概念，并仔细地将它们与类似的概念区分开来。⑦ 一方面，他在社会生活规则和构成它的基础的东西即人类为了满足其需要——不仅是物质性需要，而且包括所有类型的需要——所作的一般努力之间进行了区分，并将它们作为质料与形式相互关联起来。⑧ 另一方面，尽管他将道德视为与意图的纯粹性或个人善良

---

① 尤见《经济与法律》，第四编全部，"社会目的论"，第335—474页。
② 在施塔费尔：《论施塔姆勒"正义法的理论"》（载《耶林年鉴》，1906年，vol. L. 续辑，vol. XIV，第301—312页）一书中，读者会发现一种对于"正义法"理论从施氏哲学或者更准确地说从由氏所属的马堡学派（被称为新康德学派）所复兴的康德批判哲学中衍生方式的非常敏锐的揭示。
③ 《经济与法律》，第 i 页。而关于进一步的发展，参见：《理论》，第1—38页（导论）。
④ 《法律的本质》，第 ii—iii 页。《正义法》，第85页。
⑤ 《法律的本质》，第 iv—xiv 页。
⑥ 《法律的本质》，第 xiv—xvi 页。《正义法》，第86—89页。
⑦ 《法律的本质》，第 xvi—xxxi 页。《经济与法律》§2, §§22—40, §§86—91。《正义法》，第21—25, 40—71, 167—187页。
⑧ 《法律的本质》，第 xxviii—xxxi 页。《经济与法律》，第7—11页(§2)，第112—121页(§22)，第131—233页（§§25—40）；参看：第303—305页。《正义法》，第167—187页。参看：《理论》，第306—311页(IV, 11)及第796页。

意志相关涉的东西,但由于对内在生活至善的渴望,他将法放到了决定外在行为的那些命令的范畴下。① 当然,这些命令也有各种类型之分。其中有约定规则(conventional rules),或者说亲善协议,个体只在这种意义上受它们的约束:他们同意受到这种约束。② 其次是任意性命令(arbitrary commands),即源于纯粹主观的专制禁令。③ 最后是习惯规则(custmary rules)——在施氏看来不过是约定规则的属类——,它们在内容上接近法律规则,但在要求服从的特征方面又与它们不同。因为,尽管前者表现为一种朝着某种给定行为方式的有条件邀请,但法被认为因其构成一种自身拥有控制力的社会意志而享有正式效力。④ 最后,我们看到了法的理念,它清楚明白地作为构成"人们社会生活的规则、从其自身发布命令且本质上不可违反"的因素而出台。⑤

有了法的理念以后,我们下一步要证明总是构成法的基本特征的那种拘束力。毕竟,如果出于其他理由我们不得不在无政府主义的反对意见面前低头,并承认,社会生活唯一真正可证明的形式是一种纯粹的共同生存的自愿调整,因而所有的约束——而约束与法的理念是分不开的——会在事前受到谴责,那么进一步探讨和欣赏法律规则的内在正义有什么用呢?因此,在反驳了社会主义学派提出的那种富有活力的理论——根据这个学派的理论,法的专断力已经通过某种心理上的或者简单的社会秩序上的考虑而被历史地确立为

---

① 《法律的本质》,第 xx—xxii 页;参看:pxxxvi。《经济与法律》第 99,101—107(§ 20),378—385 页(§ 69)。《正义法》,第 40—71 页。《理论》,第 109,303—304,452—454,457,492—494 页。

② 《法律的本质》,第 xxiv 页。《经济与法律》,第 121—130(§ 23—24),477—481,518—519 页。《正义法》,第 81—82,88—89,99,472 页。《理论》,第 96,102,109,302,417,425,503—504,509—510,707 页。

③ 《法律的本质》,第 xxiv—xxvi 页。《经济与法律》,第 477—488(§ § 86—87),492—496 页(§ 89)。《正义法》,第 81—82,88—89,99,472 页。

④ 《法律的本质》,第 xxii—xxiv 页。

⑤ 《法律的本质》,第 xxviii 页。关于以意志作为基础的法的理念的进一步分析,见:《理论》,第一章,"法律的概念",第 39—113 页。还有第二章,"法律的适用",第 114—179 页。关于我们将可能稍后有机会讲述的法的范畴,另参见上引书第三章,"法律的范畴",第 180—262 页。还有第五章:"法律的体系",第 364—436 页。关于法的理念,参见施塔姆勒《卢梭的"普遍意志"观念及其范围》["Nation et portée de La volonté générale chez Jean Jacques Rousseau"],载于《形而上学和道德杂志》(*Revue de métaphysique et de morale*),第 20 卷,第 386—387 页。而关于法的理念及其作用,参见上引书,第 387—388 页。

某种经济关系的必要产品(某种不可逃避的因果意义上的)——以后,他证明了到那时为止由法哲学家们所提出的目的论解释的不足。这种目的论解释将法的拘束性表述为通过结束"所有人对所有人的战争"的方式维持人类的自然生存的不可或缺的手段,或者,根据众多的不同说法,表述为确保人们道德生活的唯一有效方法。

针对所有这些观点,他另辟蹊径。他的观点同样具有目的论倾向,建立在社会生活的规整性理念的基础上,以某种一般性形式规则为支撑,并在这样一个命题中达到顶峰:"法律意志就它从它自身施加其效力的适当品质而言,是将所有可想象的人联合于社会之中,并对所有可能的社会进行无条件限定的不可避免的工具。"这种限定不仅表明了习惯规则的不足,而且在他看来能够独自为法的拘束力提供某种坚实的理论基础。①

确定了这一点后,除了着手探析法律规则的内在内容以便根据特定基本原则对它们的价值进行评估以外,似乎没有其他什么事情可做了。这正是"正义法"的课题,而该课题构成施塔姆勒的主要研究对象,而他人格的巨大魅力以及他的观念的力量也体现于其中。

不过,对他关于这件事情的学说要点进行总结之前,我将试图就施塔姆勒在法学方法的一般问题上所持的两种立场作一下说明。要想对他的"正义法"观念所被认定的范围进行切实的了解,这些立场是重要的。

6.(1)施塔姆勒不止一次地对法的理论和法的技术作了区分。他关于"正义法"的巨著的导论部分专门就这种区分进行了充分揭示。② 按他的说法,法的技术着眼于发现于历中的法律组织的控制,并将这种有组织的法律知识看作某种最终目的,而法的理论则将法律规则视为某种服务于人类目的的手段,

---

① 《法律的本质》,第 xxxiv—xxxvii 页。关于这个问题的展开,参看《经济与法律》第二版,1906年,第 514—559 页。

② 《正义法》,导论,正义法的问题,第 1—14 页。另,《法律的本质》,第 iii 页。《法律的未来》,第 495—500 页。《理论》,第七章:"法律的技术",第 559—652 页。为了避免各种模棱两可,我们应注意在施塔姆勒著作的其他段落中,他将"技术"一词理解为工业和农业技术。在《经济与法律》,第二版,1906 中,他就是在这意义上对"技术"一词做了最经常的使用,因此便有该书的第 132,186,224,295,400 页,特别是 §39:"法律对技术的影响",第 224—226 页。

某种受到限定的导致某种特定结果的手段。根据这些观点,前者只是力图弄清特定文本或制度的实际含义和内容,将它们包含于某种概观之中并按系统顺序予以呈示;而后者思考的问题是,如此被传统所接受的法律是否构成达到某种合法目的的正义手段。① 简言之,如果用具体术语表达这些稍显一般化的公式的话,那么,施塔姆勒所理解的法的技术将自身局限于对既定法的微观解释和适用,而法的理论只身上升到对法的价值的评估,并透过某种更高类型的正义对既定法进行判断。显然,在法的一般理论的这两个层面中,只有第二个才与法哲学直接相关。不过前者也作为实现"正义法"的必要过程而与它相关。② 不仅如此,除了这种略嫌狭隘的纯粹技术理念外,施塔姆勒似乎的确还瞥见了某种更宏大的、旨在使抽象的"正义法"规则适应社会生活的人为工具。而尽管他否认作为提升到某种原则策略的"合目的性"(Zweckmassigkeit)可以取代"正义法"③,但他看重某种纯形式上的法,而这种法优先于基本正义,或者说被期待通过某种纯理论对生活需要的让步而使后者变得更确定。④ 但他似乎没有将任何这种看法引入他个性化的法律技术观念之中;⑤而无论怎么说,所有这些权变在他看来将仍是绝对从属于更高的"正义法"观念的。

(2)此外,这种"正义法"的实际重要性也有赖于一个更重要的问题,即,它在法律生活实践中的确切价值是什么?为了确保具体社会生活的某种驾轻就熟的控制的正义性,"正义法"必须在政治家、国务活动家、立法者或行政者按要求确定形式法的限度时激励他们作出决定——这一点是毫无疑问的,而且施塔姆勒的全部著作如果不想丧失其全部实在意义的话,绝对暗含着这一点。⑥ 但

---

① 《正义法》,第3—5,7—9,10,11页(导论)。《法律的未来》,第497—498页。《理论》,VII,1. "法律与技术",第559—563页。

② 《正义法》,第11,13页;参看第174页。《理论》,VII,17,"形式的法律与正义的法律",第647—652页。

③ 《正义法》,第175—176页。《理论》,第469页(VI,6)。

④ 《正义法》,II,4,§3. 实际法和形式法,第200—206页;参看:卷二,4. 明显的非正义法,第206—207页。《理论》,第649—65页(VII,17)。

⑤ 《正义法》,第435页。参看:《经济与法律》,第二版,1906年,第161—162页。《理论》,VII, 16."法律漏洞",第641—647和651—652页(VII,17)。

⑥ 《正义法》,I,卷一,1. 正义法与实在法,第17—39页;卷二,4,§§1—4,第188—207页;卷三,2,第300—347页。另见:《法律的本质》,第lix页。

是,法的解释者,恰当地说负有宣示法律的法官,或者为法的适用确定基础的理论家又怎样呢?——他也可以从这种典型的社会正义渊源中吸取其解决问题的原则吗?这是一个重要问题,而他似乎没有就这个问题进行很仔细的考察,而且他的纯理论目标无疑避开了对这个问题的缜密思考。① 窃以为,施塔姆勒的想法似乎有些躲闪,如果不说是甚至有些模糊的话,尽管他的一些批评者毫不含糊地将他的意图解释为热衷于"正义法"的宽泛使用。② 就我对他所能作的理解而言,当我尽可能地在他的犹豫不决中发现某种同质而连贯的方向时,我想说他尤其认同根据制定法(formed law)创制者的意图而认定的制定法的至上性和独立性,而唯有这些创制者能够保证他们的规则的完全技术价值。③ 唯其如此,施塔姆勒没有全力保证将"正义法"的精义用于法律规则的解释之中,除非他觉得得到了立法者明示或默示的如此做的授权。④ 不过另一方面,如果后者碰巧没有就某个特定法律问题进行立法,而这个问题实际上呈现了它自身——制定法程式中空隙的存在的不可避免恰如另一方面这些空隙诚然在作为整体的实在法体系中不能存在一样⑤——那么在这种情况下用"正义法"原则填充技术法的不足就是必要和合法的了。⑥ 换言之,如果我可以设法更确定地表述施塔姆勒对这个问题所可能的回答,我将用

---

① 从《法律的本质》,VI,第 liv—lix 页(法律的意义)微妙而精致的结论中可以清楚地看出这一点。该结论必须仔细而完整地阅读作者的表述方式才能领会。我提请读者注意这个耐人寻味的段落:"正义法的理论与一般法的实际效力毫无关系,而只涉及它的另一个完全不同的课题,即它的可能的正义性,"第 lvii—lviii 页;还有:"正义法的理论所想做的只是提供一种方法,通过这种方法,我们可能得以用根本正义的方式对某种源于经验的法律意志的细节进行引导,而且根据这种方法,人们尤其可以在那些有效的法律直接对它发出指令的个案中通过一种尽可能确定的展示程序自行选择正义规则,"第 lvii 页。参看 ibid. 第 xv 页。

② 尤看 L. 布吕特:《法律适用的技巧》,柏林,1907 年,第 113 页结尾,第 118 页;另见§7,也见§§8,10,11,12。还可参看施塔费尔《论施塔姆勒"正义法的理论"》,载《耶林年鉴》,1906 年,第 L 卷,续辑第 XIV 卷,第 310 页和第 312—314 页。

③ 《正义法》,第 26—27;80—85 页。参看:《法律的本质》,第 lviii—lix 页。

④ 《正义法》,第 240—241 页,及第三部分,正义法的实践,第 236—467 页多处。参看:《法律的本质》,第 lv—lvi 页。

⑤ 《正义法》,第 641,642,651—652 页。

⑥ 《正义法》,卷二,4,§5."法律空隙",第 207—210 页,关于原则及其特定适用,第 438,第 441 页,第 442—443 页。参看:《法律的本质》,第 lvii, lix 页。

几乎是重复他本人所作的某种区分的方式说:"两件事是可能的。要么立法者明确诉诸衡平(在该语词更广泛的意义上),要么他保持沉默。在第一种情况下,相关人必须从一开始就按照'正义法'原则对相关情景进行规制。而在第二种情况下,他必须首先弄清是否可能在某个特定法律的具体组织内容的含义中发现某种认定,而只有在结果是否定的时候,根据法律组织自身的基本原则解决问题才变得必要。"① 更简要而且或许更清楚地说,只有当制定法没有确定任何方向——无论多么朦胧——时,"正义法"才可以得到合法的运用。②

7. 那么,这个实际上表现为核心并似乎体现法律组织全部实质的"正义法"是什么?为了解释它,施塔姆勒采用了亚里士多德式的质料与形式的区分,尽管他用他自己的方式对这种区分进行了揭示,也许完全改变了这位希腊哲人理论的纯本体论性质。③

我们意识中的各个具体内容作为某种由不同而紧密联系的基本部分构成的复合体向我们呈示其自身。这些基本部分尽管彼此不同,但被分成两类。第一类包含那些永久性要素,这些要素在不同的心灵表述中永远保持不变。第二类包括那些其本质上可变的要素,这些要素在演化的过程中可被更改。因此,我们一方面拥有限定性要素,它们构成概念的形式;另一方面拥有被一个决定并构成概念的质料的要素。如果我们自问,哪些部分可以在思维上省去而同时使概念不受影响,而另一方面哪些部分一经消除就使概念本身无所依存,那么这两个不同范畴的区分就难以在每一个一般概念中实现。后者构成概念的形式,而其余的属于它的质料,像空间和时间(形式)之于物体世界(质料)一样。④

---

① 《正义法》,第 210 页。还可参见第 230—235 页。

② 这个结论,尽管仍不免含糊,是唯一能让我自己作出的一个,鉴于如下著作中的新发展:《正义法》,卷三,《法律的适用》,第 714—750 页;参看 VII,16"法律漏洞",和 17,"形式的法律与正义的法律",第 641—652 页。

③ 尤见《经济与法律》第 2 版,1906 年,§22. 形式与质料(社会生活的),第 112—121 页。《正义法》,卷二,3,§1.(法的)质料与形式。这种区分前人已有述及,特别是 H. 博格鲍姆:《法理学与法哲学》,第一卷导论,第一章《当代自然法》,莱比锡,1892 年,第 543—544 页。不过,最后这位作者给了这种区分一个不同的范围,而且总体上是一个小得多的范围。见第 544—552 页。

④ 《经济与法律》第 2 版,1906 年,第 112—113 页(§22)。

而如果我们思考一些社会现象,如国家的形成、阶级斗争、罢工、价值观的改变等等,我们可以在观念上将所有那些构成某种具体事物的现象的情况放在一边,同时保留那种构成社会事件并因此完全不同于形体上的自然现象如天体的运动、自然力的碰撞或者物体的变换之类的东西。但如果我们消除了这样的观念,即,我们在讨论人们之间一般受到调制的关系时,我们就会全然失去关于某种社会现象的特殊观念。这就因此意味着,某种受到调制的东西的方法上的理念构成我们称为现象的人类事功合作的适当考虑的形式逻辑条件。① 因此,"人类社会的形式不过是外在调制的理念,作为唯一能够在其下形成社会性人类事功合作概念的逻辑条件。"② 简言之,法律调制构成社会生活基本形式,而它的质料则在于那些道德的、政治的和经济的安排,或者更理想地说,在于一切着眼于满足每个人需要的集体事功——施塔姆勒用"Wirtschfat"这样一个难以译成法文的语词来表述它——之中。③ 而恰当地说,如果我们将自身局限于法律生活,它的质料只能是包含着其受到经验上限定的要素的既定法,或者说,如果你不反对的话,包含于其历史结果之中的既定法,而它的形式则存在于按照某种客观正义的理念控制这种可变内容的一般思维之中。④

因此"正义法"的问题基本上旨在发现某种能够保证社会生活根本调制的形式上的一般价值方法,而这种规制能够将其无限种类的内容包含其中,并保持其必要的统一性。⑤ 因此,在寻找"正义法"时,我们不是在欣赏那些取决于

---

① 《经济与法律》第 2 版,1906 年, § 20, 第 101—107 页;参见:第 248 页。
② 《经济与法律》第 2 版,1906 年, 第 113—115 页,尤其是第 115 页(§ 22)。
③ 《经济与法律》第 2 版,1906 年; § § 23—24, 第 121—130 页, 作为比较请看 § § 25—29, 第 131—158 页。这个稍带弹性的"经济"概念受到有些人的批评;比如 L. 布吕特:《法律适用的技巧》,柏林,1907 年,第 113 页(§ 7)。
④ 《正义法》,第二部分,3,§ 1,(法的)质料与形式,第 167—169 页。
⑤ 《法律的本质》,第 xvi—xvii 页.《理论》,第六章,"法律的理念",第 437—558 页,多处,特别是 § 1, 第 437—443 页;§ 3, 第 450—452 页;§ 8, 第 475—481 页;§ § 15—16, 第 518—529 页;§ 20, 第 522—545 页。参见:R. 施塔姆勒:《法制与国民经济中的规律性》,德累斯顿,1902 年. 关于法的理念与法的概念之间的区别,参见 R. 施塔姆勒(《卢梭的"普遍意志"观念及其范围》,载于《形而上学与道德》杂志,1912 年,第 20 卷,第 386—388 页(§ Ⅲ)。参看上文第 507 页,注释 5,结尾。

社会演化中各种变迁的情况的多项、偶然的规则本身。我们也不是在用"应然法"(lex ferenda)反对"现行法"(lex lata),或者在历史中形成的法与理想创制的法之间作出区分。我们关心的事情是发现这些内在要素某种统一性和普遍效力意义上的形式标准。① 因此就有内容可变的自然法这个公式。与前面的讨论联系起来,这似乎用一种非常显眼的方式表达了施塔姆勒的主要理念。②

8. 这个公式同时也表明了他对传统自然法学说所持的态度。在作为一个偏离点和用界定的方式接受"自然法是一种其内容符合自然的法"③这个理念的同时,施塔姆勒不赞成它,因为他不承认某种法律内容与其自身永远同一、普遍且不可改变的观念。与此完全相反,他认为,不存在任何一个其内容能够得到先验确立的法律原则,因为后者是由经验和历史偶然事件所产生。④ 但是,要想用那种构成它的东西来囊括、决定和导引这种无限可变的内容,比如说人类需要及其满足方式,我们可以而且必须确立一种具有一般效力的形式上的方法,且这种一般效力将赋予它客观正义的特征。⑤ 而这足以实现自然法⑥——它意味着某种与法的性质相符而非与自然的性质相符的内容——根本而永远真实的理念。⑦

在他如此支持——特别是针对博格鲍姆⑧的盲目攻击——传统自然法学说⑨并极大地改造了它的概念的同时,施塔姆勒本人对历史法学派以及所有

---

① 《法律的本质》,第 xvii 页。《正义法》,I,1,第 17—21 页;II,1,§1,第 133—137 页。参看:《理论》,VI,6,第 463—470;VI,14,第 511—518 页;VI,17—18,第 529—541 页。
② 《经济与法律》第 2 版,1906 年,第 181 页。参见整个 §33,第 180—183 页。
③ 《经济与法律》第 2 版,1906 年,第 165—166 年(§31)。《正义法》,I,3,§1,第 72—76 页。《法律的本质》,第 iv—vi 页。《理论》,第 124 页(II,4)。
④ 《经济与法律》第 2 版,1906 年,§32,第 172—180 页。《正义法》,第 90 页(I,3,§5)。《法律的本质》,第 vi 页。《理论》,第 125 页(II,4),第 714—715 页(VIII,14)。
⑤ 《经济与法律》第 2 版,1906 年,§33,第 180—183 页。《正义法》,第 89—90,91—93 页(I,3,§5)。《法律的本质》,第 vi—vii 页。
⑥ 《正义法》,卷一,3,§3,80—85;参看,卷一,§2,第 21—25 页。
⑦ 《正义法》,第 76 页及第 76 页(I,3,§1)。参看:《法律的本质》,第 iv—vi 页以及《卢梭的"普遍意志"观念及其范围》,载于《形而上学与道德》杂志,1912 年,第 20 卷,第 384 页。
⑧ K.博格鲍姆:《法理学与法哲学》(Jurisprudenz und Rechtsphilosophie),第一卷导论,第一章,"当代自然法",莱比锡,1892 年。
⑨ 《经济与法律》第二版,1906 年,§32,第 168—171 页(§32)及第 453—454 页(§81)。

那些似乎由此产生的经验体系表现出了严格得多的态度。①

对于历史学派,他用浪漫的"民族精神"观进行了整体总结。这种民族精神神秘而不可抗拒地——因而逃避所有的批评——创造了某个特定民族实在法赖以产生的共同信仰。在他看来,这个学派活该受到声讨,因为它只看到了偶然存在的问题,而忽视绝对必要的问题——应然的问题。不宁唯是,它在设想"民族精神"时,还不顾正常逻辑规则创造了一个自身不包含任何不可或缺的东西并完全脱离经验的生命体。实际上,这种似是而非的"民族精神"不过是某个给定国家"民族特性"的总括。这种民族特性的存在和重要性不容否定,但它们必须被赋予某种次要角色,而且在任何情况下它们都无法构成形式条件——只有在这种条件下人们才可能将历史给定的法律生活的质料包含于一个一般统一体之中——的一部分,因为这些"特性"包含于这种质料本身之中。②

至于那些经验体系,虽然它们在历史学派富有想象力的程序的基础上得到了无限放大,但并没有坚持历史学派用它的"民族精神"观③所获致的那种统一观点——这些体系要么建立在一般正当感的基础上,要么建立在人类睿智判断观念的基础上,要么建立在法律共同体所盛行的观念的基础上,要么建立在文明的社会伦理规则的基础上,或者建立在利益等级的基础上,遑论那些主张由法官自由裁量问题的人的理论体系,施塔姆勒的理论显然与它们毫无共同之处,因为它们忽视重要的质料与形式的区分,并且考虑的是特殊的东西,而不寻求某种具有一般效力的限定性形式条件。④

---

① 施塔姆勒法哲学著作的出发点似乎是对于历史法学派的严厉批评。《论历史法学的方法》(Ueber die Methode der geschichtlichen Rechtstheorie),第1—63页,载《伯恩哈德·温德沙德执教五十周年纪念集》,哈勒,马克斯·尼迈耶,1889年,第1—63页。

② 《法律的本质》,第 vii—xii 页。《经济与法律》第2版,1906年,§56,末尾及§57,第306—312页。《正义法》,第一部分,5,§2,第114—117页。《理论》,第338—392(V,9)页;参看:第146页(II,8),第482页(VI,9),第710页(VIII,13),第775—776页(IV,6),第781页(IX,6)。

③ 《正义法》,第116—117页(I,5,§2)。

④ 《法律的本质》,第 iii 页及第 xl—xliii 页;及第 xlviii—xlix 页。参看:《正义法》,I,5,§1,第112—114页;I,5,§3,第117—119页;I,5,§5,第123—129页。《理论》,VIII,C,§§9—13,第687—714页。

对于一种他认为显然不同于历史法学派的观念运动即唯物史观,他似乎更有善意——不,有某种私下的同情,尽管他对唯物史观的批评构成了他的最著名的巨著*的基础。① 因为他将这个体系中的原则与社会主义推动者们从这个原则推导出来的社会主义结果妥为区分开来,②而他从这个体系中看到了发现那种能够为社会生活客观内容塑造某种形式框架的根本统一体和规整性的首次并且是迄那时为止唯一的一次尝试。③ 有一种哲学将人类历史视为一个用严格自然方法加以研究的机械过程。在这种哲学的影响下,历史唯物主义声称能够通过设定一个论题而实现上面表明的那种结果,这个论题是,法律(社会生活的形式)自然依赖于生产和交换(社会生活的质料和运动)的次经济现象,因而后者所发生的变化必定在绝大多数情况下以观念为中介从而导致相应的法律组织上的变化。④

不过,当你转而适用这个理论时,从健全的知识论的角度看,它显得半途而废和雕琢不足。说它半途而废,是因为它并没有对它所使用的诸如社会、经济现象、社会生产方式等基本概念的含义作出批判性界定,而是通常自足于某种与技能的模糊关联,尽管实际上这是一个涉及社会事功合作中实际把握自然的问题。同时,说它雕琢不足,是因为它没有清楚地说明所发生的法律的变化会要求何种必然性,因为它的演变的纯粹观念不足以保证其内容的正义性。内容的正义预设着目的,而目的预设是这个理论所公然指责的,尽管它的鼓吹者们利用它时并不迟疑。⑤ 因此,比如说当唯物史观将受到限定的质料与一般形式相混淆,并将阶级道德设定为法律的标准时,⑥它是以纯粹经验性结论而告终结的。不过,尽管它在为自身设定的目标方面完全失败了,但这一点依

---

* 指的是施塔姆勒于1896年出版的《唯物史观语境下的经济与法律》。——译者

① 《经济与法律》第1版,莱比锡,1896年;第二版,1906年,注8,第632页。

② 《经济与法律》第2版,§13,第55—62页。《法律的本质》,第 xiv 页。

③ 《经济与法律》第2版,1906年,第15页(§4),第18页(§5),第439页(§78)。

④ 《经济与法律》第2版,1906年,§§5—8,第17—34页,《法律的本质》,第 x—xiii 页。

⑤ 《法律的本质》,第 xiv 页。《经济与法律》第2版,1906年,第19页(§5)及§78,第431—440页。《理论》,第796—797页(IX,9)。

⑥ 《经济与法律》第2版,1906年,§85,第470—474页。

然不假:它的主要努力十足地朝向了某种作为纯形式的统一而普遍有效的药方。

这些相对于迄今法哲学中所提出的主要体系的鲜明立场凸显了施塔姆勒的主要观点,并且赋予了那种纯形式的标准最精确的特色,而这个标准构成他整个大厦的基石。①

在赋予这种纯形式标准——到目前为止这个形式只看似某种稍带弹性和伸缩性的封套——以普遍性质以后,施塔姆勒还得将它变成一套坚不可摧的能够严格包含社会生活现象的盔甲。这就是"正义法"理论的主要目标。②

二

9.首先,为了准确地概括这个统一而普遍有效的形式——而这个形式必须施加于体现为为了达到满足其需要的目的而联合起来的人们的共同努力的历史性和处于持久演变之中的质料之上,何种基本理念必须放在"正义法"的基部?③ 这个基本理念不是自由,因为自由的适用会导致一种恶性循环,或者导致与法的概念本身不协调的背反。④ 也不是平等,因为平等只为法律概念提供某种分析性和无结果的展开。⑤ 也不是福利和幸福(即便这是一种一般理念),因为在这里面人们只能找到一种主观倾向,甚或一种纯粹的赘语。⑥ 取代所有这些古老程式的,是施塔姆勒为我们提供的"社会理想",一个他以极大热情乐此不疲地予以展开的概念。⑦ 这个"社会理想"不仅与马克

---

① 再参看:R.施塔姆勒:《法制与国民经济学中的规律性》,德累斯顿,1902年,§§3—8,第7—27页。
② R.施塔姆勒:《正义法的理论》,柏林,1902年(英译本即现在这本书),特别是第二部分,正义法的方法,第131—235页。参见:《理论》,第六章:"法律的理念",第437—558页。
③ 《正义法》,II,1,§§1—2,第133—145页。《法律的本质》,第xviii—xxii,xliii—xlv页。
④ 《正义法》,第145—147页(II,1,§3)。
⑤ 《正义法》,第147—148页(II,1,§3)。
⑥ 《正义法》,II,1,§4,第148—155页。
⑦ 尤其是在演讲"论社会的理想"中,该演讲收录在《经济与法律》第2版中,1906年,§102,第577—601页。Add,ibid.§§99—100,第560—577页和§§103—105,第602—630页。

思的"社会唯物主义"①对立,而且与 R. 冯·耶林的"力量政治"②对立,也与其他法哲学家提出的"文化的追求"③对立。它在施氏理论中被表述为"自由意志人共同体"(the community of men with free volition)④这样一个基本概念,即一个其中每个人将他人的目的视为自己的目的,只要这些目的具有客观正当性的社会⑤这个基本概念之中。

但这样一种理想作为形式乃是"正义法"的最高尺度。它的实现要求一些原则,这些原则将使人们对于经验地和历史地给定的质料的阐释成为可能,而且通过对那种主观标准的取代,将成为那个一般程式在特别情况下具体适用的第一中介。⑥ 这些原则不得依赖某种或然判断的结果,也不得表现于具体规则之中,但它们要求某种能够保证其为方向判断提供确定性的主要功能的系统充分性。如是,它们可以轻易地从如下观察中推出,即,作为与个体目的的联合相关联的"社会理想"这个程式包含着两个思维方向:一个热衷于每个参与人适当利益的维护,而这种参与人在这方面要求他人对他本人的尊重,并对他人示以同样的尊重;另一个意在所有人的目的的连贯和融通,为的是利益的巩固,而这种巩固强调的是所有人在整体目的中的合作。于是我们有两个不同的引力极,一是对个体法律意志的尊重(每个人必须承受自己的负担),另一个是所有人在人类事功共同目的方面的合作(每个人必须承受他人的负担)。而由于这种双重方向对于具体法律问题的调适是通过法律关系实现的,而每个人对于个体和社会权利与义务又产生于法律关系之中,因此从某种形

---

① 《经济与法律》第 2 版,1906 年,第 61—62 页(§13)。
② 《法律的本质》,第 xxxviii 页。参看:《经济与法律》,第 480 页,末尾(§86)。《正义法》,第 22 页,末尾(I,1,§2)。
③ 《理论》,第 515—516 页(§14)。
④ 其含义可理解为,免于所有只具有主观正当性的愿望。《经济与法律》第 2 版,1906 年,第 600 页。参看 R. 施塔姆勒:《卢梭的"普遍意志"观念及其范围》,载于《形而上学与道德》杂志,1912 年,第 20 卷,第 398 页(§IV)。另见 385—386 页(§II)。
⑤ 《经济与法律》第 2 版,1906 年,第 581 页及第 600 页(§102)。《正义法》,II,1,§5,第 152—155 页。《法律的本质》,第 xxxviii—xl 页。《债务关系法通论》,柏林,1897 年,§§10—12,尤其是第 41,43,45,47 页。《理论》,VI,7,第 470—475 页。
⑥ 《正义法》,II,2,§1,第 156—158 页。《法律的本质》,第 xlviii—xl 页。

式一般性的角度看，我们可以明白，这种调适问题将适用于法律关系的创设或维持，或者更简单地说，适用于法律关系的存在和发展。①

于是就确立了两个系列的"正义法"原则，其中每个系列包含两个命题。

I. 一方面是尊重的原则。该原则旨在保护受法律约束者的适当意志的自由和自决权。它被表述为：1.某个意志的内容不得经受另一个意志的任意控制。2.一项法律要求的存在必须以义务人仍然可以成为他自己的邻居为条件。② 这两个公式的共同结果是为了防止一个法律规则以这样一种方式使一个参与者完全成为另一个人纯粹主观意志的牺牲品，这种方式是：该参与人竟然不得不成就对方私下的有限目的，并将这种有限目的视为他的最高法则。这种形式上的思维方向存在于义务的存在的问题中（例如善良风俗对合同自由的限制），也存在于由此产生的法律关系的发展中（例如债务人本着完全的诚实信用履行其义务的原则）。③

II. 另一方面是合作的原则。它所体现的理念包含在"社会理想"之中：为了共同生存斗争而将个体联合起来的法律规则不得自相矛盾地将义务专门施加于一个法律迫使其经受社会事功合作的人。当这个原则适用于法律关系的存在和发展时，被表述为如下公式："1.一个法律上与他人联合在一起的人不得被任意排斥于共同体之外。2.某种法律上授予的处置权不得具有排斥性，除非被排斥的人仍然可以成为他自己的邻居。"④ 由此产生了无数的结果，从极其困顿的情形开始，而在这些情形中，个体将不得不单独从事其生存斗争，并远至法律交易最微小的细节处，而这些细节出现于与限制贸易和抵制相关的问题中。⑤

不过，我们必须提防这样的观念，即，"正义法"诸原则像具有某种一般性

---

① 《正义法》，II，2，§2，第158—161页。《法律的本质》，第1页，末尾，及第 li—lii 页。

② 即是说，为使一个正义的意志成为可能，每个人必须成为他自身的目的。关于这一点，请参见《正义法》，第217—218页（II，5，§3）。参看.第523页，注释2(no.9)。

③ 《正义法》，II，2，§3，第161—163页。《法律的本质》，第 li 页。

④ 总是在构成他自己的目的这个意义上适用，以使某种正义的意志成为可能。参见《正义法》，第217—218页（II，5，§3）。参看上述，第522页，注释2(no.9)。

⑤ 《正义法》，II，2，§4，第163—165页。《法律的本质》，第1页，末尾，及第 li 页。

的法律文本一样,而这些文本表述综合性法律规则,或揭示法律组织的基础。它们只是方法上的方向性文字,其自身调适于某种历史过程中给定的并在社会运动中不断变化的质料之中,以便让它接受形式上的正义属性的检验。因此,它们只是在为了达到限制意志的外在规则的目的时才适用,而这就是所有法律处置的功能;它的适用目的还包括根据某种详尽而专门的区分,用绝对方式将正义的标签或者非正义的污名贴在它身上。①

10. 不过,这些直接从"社会理想"中推导出来的"正义法"原则本身太抽象,太远离生活,以致难以轻易而有利地适应繁多的具体情况。在后者与诸原则之间,施塔姆勒设置了"正义法"的典型模型作为一种具有方法性质的新型中介链,而这个模型由于具有一般效力并同时具有更大的适用伸缩性,因此使理论到实践的过渡变得变得容易而肯定,并从而使个案中的判断最终成为可能。②

当施塔姆勒谈到"正义法"的典型模型时,他希望我们观念上设想一个独立的社群,像其权利正在人们讨论之中的当事方之间的情形那样。每个人将他的意志和要求连同其相互关系带进这个社群中,在这种关系中,唯有"正义法"原则能使某种客观选择成为可能。③ 在这种特别社群中,"邻居"的观念起着重要作用,如同它在"正义法"原则中所起的作用一样。它体现为一系列围绕着个体划定的并标明他所活动于其中的利益范围相对程度的同心圆。④ 而且,由于每一个法律规则都倾向于向主体强加某种态度(作为或不作为)——这种态度通常可以称为行为(Leistung),因此,在适用它时,我们必须就每个人所作出的行为作出区分,看看它究竟是针对他自己的人身,还是涉及他的财产,抑或是针对那些法律上委托于他的人(家人),我们注意到,与财产

---

① 《正义法》,II,2,§5,第165—166页;参看:第163—164页(II,2,§4)。《法律的本质》,第 li—lii 页;参看:xlvii。《理论》,VIII,7,第676—682页。

② 《正义法》,II,2,§1,第211—215页。

③ 《正义法》,II,2,§2,第215—217页。参看:《法律的本质》,第 liii 页。参看:《理论》,VI,C,§§9—13,第481—511页。

④ 《正义法》,II,5,§3,"谁是我的邻居(同胞)?"第217—223页。读者尤须注意(第218页)这里所引《启示录》中"善良撒玛利亚人"的预言的微妙之处。参看见《理论》,第136页(II,6)。

372　附录一　R.施塔姆勒的批判体系

相关的行为涉及事物客观价值这个严肃问题。① 在立法领域（施塔姆勒的"政治"指的就是这个），所有这些理念的适用将使我们认可某种一般公设：法的安定性公设、人格公设、普遍关怀公设和尺度公设。在民事和刑事正义施行领域，我们的任务将是从这些理念中获得某种指引——形式上和实质上的指引，而这种指引将能够使我们让事实经受决定性法律标准的检验。②

最后，对于"正义法"实现途径类型的思考同样重要。③ 社会权力可能进行权威性干预，以对所有世俗事功进行引导；或者它可以让个体当事方自由调控其法律关系。④ 立法者可以自行制定一些抽象而曲辨、严格而具有伸缩性的原则，以使争议获得正当解决；他也可以放任法官甚至当事方自己在每个个案中寻求和发现正义的解决方案。⑤ 有时，人们也可以便利地让法律受限于它的全部实际情景，而有时为了更好地达成眼前的目标，通过某种人工形式对作为一个整体的规则和程序中的实际条件进行简化——像书籍登记制度中的情形那样，可能显得更合时宜。⑥ 有时，鉴于一些妨碍"正义法"有效实施的事实紧急情况的出现，为了不削弱法律拘束力的不可违反的属性——这会导致法律自身渊源本身上的麻烦，人们甚至刻意施行非正义法。⑦ 更不用说那种立法者的沉默，这种沉默通常构成确保正义法实现的不可或缺和同样富有效验的至高工具。因为尽管空隙在正义法的程式中是可能的，但它的实质中不可能存在任何空隙；它在根据主宰每一个法律组织并使之成为强制实现客观正义尝试的根本理念确定每个个案中"社会理想"所要求的东西时所负的使命中也不可能存在任何空隙。⑧

---

① 《正义法》，II，5，§4，第223—228页。
② 《正义法》，II，5，§2，第228—235页。参看：《法律的本质》，第liv页。
③ 《正义法》，II，4．"正义法的途径"，第188—210页。
④ 《正义法》，II，4，§1，第188—193页。《理论》，第592页（VII，8）。
⑤ 《正义法》，II，4，§2，第193—200页。参看：《法律的本质》，第lii—liii，lv—lvi，lvii页。
⑥ 《正义法》，II，4，§2，第200—206页。
⑦ 《正义法》，II，4，§4，第206—207页。参看：《法律的本质》，第lviii页。
⑧ 《正义法》，II，4，§5："法律漏洞"，第207—210页。另参见：《理论》，VII，16—17，第641—652页。

11. 剩下的事情是要证明,这种"正义法"理论不仅是一种理论规划,而且还可以不受不可攀越障碍的阻却而适用于真实实践之中,以从中开发出牢靠而丰硕的结果。施塔姆勒在他大师级的著作《正义法的理论》第三部中所竭力做的就是这个。在那里,在"正义法的实践"的标题下,他向我们展示了前述理论在法律生活最重要领域中的适用。他按照某种私法整体的合成观——尽管是私见——将这些领域分为:既存法律关系的正义发展、意思自治或合同自由的限度、正义法所施加的义务、对法律行为正义内容的裁决和法律关系的正当终止。①

尽管施塔姆勒著作的这一部分在为我们提供他的方法操作上的非常清晰印象方面是绝对重要的,尽管这部分得到了匠心独运的处理并受到罗马法教科书的支持以及帝国最近立法的支持,②但我们这里尚不能对这部分进行总结。

不过,为了完成对该方法的充分介绍,并在它最有利的一面完成这种介绍——至少为了方便法国法学界理解它,我只想从那个显赫的整体中挑出一个系列的适用情况——一个我特别感兴趣的系列。我只想一步步地指出它的展开顺序,并特别注意那些最妥善地说明了该理论的有效功用的情形,而无意按它的整体幅度来揭示它。

为此,我将选择"合同自由的限度"这个问题。施氏《正义法的理论》第三编的第二章专门探讨了这个问题。他在这一章的开头谈到,这个问题迄今为止很少得到任何有深度的阐释。他的意思是,这个问题尚未得出任何牢靠建立在原则基础上并通过某种强力演示程序推出的解决方法。其结果是,案件应当据以被排列的统一理念仍然模糊不清;对于实践中人们在这个方面提出的问题的回答似乎来自纯粹个人印象,而不同的解决方法并不回溯到任何连贯的整体中。这位来自哈雷的教授认为,"正义法"的理论将填补这些空隙并消除其缺陷。③ 他试图用如下方式证明它。

---

① 《正义法》,第三部分,"正义法的实践",第237—467页。
② 尤见:《正义法》,第三部分,前言,第239—242页。
③ 《正义法》,第300页(III,2,§1)。

12. 他首先提出了几个一般要考虑的因素,从而触及了这个将在其实践层面上得到更彻底探究的制度。

合同自由,或者毋宁说法律行为的自由(我们常称之为意志自治),这个施塔姆勒包含于作为与"统一规制"相对的"自由合作"这个术语之中的东西,先验地表现为"正义法"的工具之一。因而它呈现出某种普遍性制度的性质,尽管在绝大多数情况下它得到了实在法默示的或部分的认可。① 为了保证"正义法"在冲突利益中的君临地位而确定这种自由限度的必要性似乎同样具有普遍意义。②

如果你想深究这些限度的根本性质,你得区分两个类型,这两个类型依次相应于"正义法"的两个新工具,即社会权力用技术形式确立的"严格法"和将法的准确解释留予法律适用者判断的"伸缩法"或"宽松法"。③ 事实上,在意志自治的这种狭义而严格法律限度以外,的确还存在其他只有"正义法"的一般观念才允许确立的限度。而比如说,如果我们拿1896年的《德国民法典》第134条和第138条进行比较,这种区分就一清二楚了。前一条不认可违反法律禁止的法律行为,因此,要对这些行为予以认定,所需的是简单的技术适用。后一条宣布违反善良风俗的行为无效,而善良风俗就是"正义法"的原则。④ 还有必要说明的是,从我们的观点看,第二个范畴像第一个范畴一样所提出的恰当地说不是一个道德问题而是一个法律问题。因为这只是一个对某种外在态度作出判断而不涉及内心情感的问题。⑤

最后,根据此前的观察,为了"正义法"理论的适用,由合同自由限度问题所提出的主要问题可以表述如下:我们如何根据正义法原则对违反善良风俗的法律行为确定一个方法上的典型"正义法"模型的适用方式?⑥ 但为

---

① 《正义法》,第301—302页(III,2,§1);参看 II,4,§1,第188—193页。
② 《正义法》,第302页(III,2,§1)。
③ 《正义法》,第302—303页(III,2,§1);参看 II,4,§2,第193—200页。
④ 《正义法》,第302—303页(III,2,§1);参看 第36—38页(I,1,§5)。
⑤ 《正义法》,第302—305页(III,2,§1);参看第40—41页(I,2,§1);第44(I,2,§2);第48—49页(I,2,§2);第54页(I,2,§3);第58—59页 et 第62—63页(I,2,§4)。
⑥ 《正义法》,第305页(III,2,§1)。

了更清晰地确定这个考察领域,似乎有必要看看那些违反法律禁止的行为。而甚至在此之前,我们必须注意某些能使我们更好确定这个问题的程度的要素。①

探讨这最后一点时,施氏首先竭力弄清所探讨法律行为内容的含义。② 这种内容与行为的起因毫无关系,它被判定为取决于正义法的义务。③ 它基本上包含那些与它联系密切的条件,连同法律意志的对象本身。④ 意志的动机或激励本身是漠然的(例如为赌博提供的借贷和保证金;在卖方知情的情况下将武器卖给一个策划谋杀的人;与声名狼藉的堂馆相关的合同),对这种动机或激励进行区分是一件更精致的事情,但根据正义法原则,如果经过分析,它们最终被证明为默许对第三方进行欺诈(例如,用偷来的钱向卖方付款而卖方知情;对某种非法获得物的赠与的接受)时,或者当它们表现出破坏正规达成的交易的执行(如一个人购买一件他知道已经被卖出但尚未交付的动产)时,这种动机会导致行为的无效。⑤ 另一方面,我们将那些合同整体要受到法律责罚的情形与那些只有特定条款要受责罚,而合同其余部分在某些特别困难的保留情景下原则上不受影响的情形区分开来。⑥ 最后,注意到这一点是重要的,即,这些将特定法律行为宣布为非法的规则可以延伸覆盖那些产生权利却违反同样禁止的简单行为,例如非正规获得的俾斯麦亲王尸体的照片的情形就是如此。⑦

作出了如此观察之后,施氏对威胁法律行为的主要法律禁止作了回顾。这里我们探讨的是立法者在其平均正义观的驱使下所作的处置,而法官则必须将这种正义当作绝对正义予以实施。这种处置的施行因此纯粹是一种技术

---

① 《正义法》,第 305 页(III,2,§1)。
② 《正义法》,第 305—309 页(III,2,§1)。
③ 《正义法》,第 306 页(III,2,§1);参看 III,3,第 348—386 页。
④ 《正义法》,第 305—306 页(III,2,§1)。
⑤ 《正义法》,第 306—309 页(III,2,§1)。
⑥ 《正义法》,第 309—310 页(III,2,§1)。
⑦ 《正义法》,第 310 页(III,2,§1),另:第 112 页(I,5,§1),参看施塔姆勒:《民法实务》,2,A.,莱比锡,1903 年,第 230—232 页(4,xxxiii)。

事务。而法哲学家——他思考的时候用观念打量实践——的任务将这种事项本身变成了对这些处置进行分组区分,表述其基本理念,并用例证对它进行解释。①

施塔姆勒在对三种类型的法律禁止进行区分时所想做的就是这样。在这些法律禁止中,原则的最重要的适用情形被分为源于罗马法的禁止或源于现代德国法的禁止甚或当代法律实践所径直要求的禁止。1.私法所规定的对特定法律行为的直接禁止,如根据《德国民法典》第138条第2款对高利贷行为的禁止;对于从事不可能活动的合同或者与"非交易物"相关的合同的禁止以及1896年《德国民法典》所规定的众多特别禁止(例如第248、第310、第312、第1229、第1714、第2302、第925、第1019、第1433、第2065、第1297诸条);更不用说那些违反"反欺诈法"的行为的无效,而此法可视为由那些被实施的行为所违反的条款间接形成的。② 2.源于刑法的禁止,这种禁止所涉及的法律行为是人们用以引发或加深某种犯罪的行为,或者涉及某种可惩罚的行为的共同实施。这些行为必须与另一些行为仔细区分开来,后者是允许的,尽管其当事一方在实施这些行为时使他自身易于受到处罚(例如不顾法律规定的星期天禁止营业的销售、执行中被扣押物的转让等)。③ 3.立法者通过赋予特定法律以某种特别的重要性而希望阻止特定法律行为的法律规定。这涉及过时的公共秩序观,并特别责罚那些通过对虚假事实的指认和承认获得离婚的合同;已婚者与第三方的订婚;旨在用某种不确定和不可撤销的方式给店主强加特定酒类的合同;在涉及受到公众谴责的行为时,以沉默的强加为其目的的协议,或者为某种社会义务而付款的协议。④

所有这些关于能影响法律行为的法律禁止的发展因此不得不对通过将那些完全源于善良风俗观的禁止与那些某个条文就即将作出的判决进

---

① 《正义法》,第310页 f.(III,2,§2)。
② 《正义法》,第310—313页(III,2,§2)。
③ 《正义法》,第313—314页(III,2,§2)。
④ 《正义法》,第314—318页(III,2,§2)。

行界定或限制的情形区别开来的方式对前者进行限制。这不仅为法律程式提供了某种完全的技术效果的保证,而且此外,甚至在《德国民法典》(第 309 条和第 134 条)的某些特定处置情形以外,涉及这两种法律禁止之间在这些禁止生效于其中的立法领域的地域(地方法)、国际私法以及这些禁止生效的时间方面的区别。① 一般来说,源于"正义法"——这里成为善良风俗——的禁止显然比那些其效力源于法律条文的禁止有更大的适用范围。因此,恰当地说,后者对于法律技术的意义比对于正义法理论的意义更大。②

13. 相应地,施塔姆勒更侧重违反善良风俗的法律行为,而这些行为的禁止与纯粹道德不同,只在"正义法"的规则中拥有它的基础。③ 在论及由格鲁霍特(Gruchot)所提出的对这些行为进行系统性分类的不足尝试④以后,他自己也尝试着按照他已经在前面确定的"正义法"原则对它们进行图解,所遵循的方法是将这些原则适用于具体案件之中,而这种方法他也已特别是在被认为是存在于对行为的效力感兴趣的当事方之间的某种特别社群的典型模型基础上予以确立。⑤

他一开始用几句话对上面提及的那些特殊情况进行了规整。在这些情况中,对于法律行为的某种孤立(而非整体)的处置违反"正义法"的基本原则,而其最值得关注的情形在《德国民法典》第 139 条中得到了规定。⑥ 然后他论及将某种法律行为整体宣布为因违背善良风俗而无效的更一般的条件。他从一开始就表明,在我们所讨论的行为的存在本身(不单是它的完成)的那些假想情形下,尊重的原则和合作的原则以其第一形式入局表明,无论就一方当事人被施加的义务而言还是就其被排斥于社会生活而言,他

---

① 《正义法》,第 318—322 页(III,2,§3)。
② 《正义法》,第 322 页(III,2,§3)。
③ 《正义法》,第 322—323 页(III,2,§3)。
④ 《正义法》,第 323—324 页(III,2,§3)。
⑤ 《正义法》,第 324 页(III,2,§3)。
⑥ 《正义法》,第 325—327 页(III,2,§3)。

都不能被置于受他方任意控制的境地。而我们无需按照实在法的技术考虑这种结果究竟是在物权的形式下还是在债权的形式下造成的。①

而如果我们现在注意到，要么由于缔约一方对他方的剥削，要么由于双方联手对第三人的剥削，某种如此性质的结果所采取的形式要么是施加于该人自身的行为，要么是施加于他周围人身上的行为，或者有时仅仅是加重其财产负担的行为，而这些行为可以是作为也可以是不作为，那么我们就通过这些模式的结合获得了只需填充的假想情形的梗概。②

要做到这一点，施塔姆勒渐次思考了那些旨在作为的非法法律行为和那些强使人不作为的非法行为。③

Ⅰ.1.第一列被"正义法"斥为非法的旨在某件事的作为的法律行为是那些使当事一方的人身本身受制于另一方任意控制和需要的行为。这种行为违背人身尊重的要求，而如果它们显然出自义务人自身的意志，那么它们就表明他已经为对方而放弃了自己的意志，并将其自身完全放置于他的处置之下。这种放弃显然与特别社群理念相矛盾，在这种社群中，每个人必须将他方视为他本方的某种适当目的。法律无法容忍这种矛盾。④ 因而我们认定下列做法因违背善良风俗而被禁止：任何形式的奴隶制、赌掉自己的人身自由、《威尼斯商人》中夏洛克所签得的那种协议、让自身挨打以酬报从对方获得的某种承诺、鼓励酗酒的合同、与娼奴的契约以及所有其他婚外性交易，以及限制宗教自由的协议。⑤ 对于其他情况必须作如下区分：保育合同原则上有效，除非它导致保育者为了所保育的孩子而牺牲了自己的孩子。危及承诺人生命的服务合同（与海员、登山向导、斗牛士签订的合同）是否有效要看所欲达到的目的而定。一个人对自己的躯体所作的处置原则上无效，除非这种处置从至高的进步利益中获得了正当性。⑥

---

① 《正义法》，第 324—325 页(Ⅲ,2,§3)。
② 《正义法》，第 327 页(Ⅲ,2,§3,末尾)。
③ 《正义法》，Ⅲ,2,§§4—5。"非法的积极法律行为"，第 327—337 页；"消极法律行为"，第 338—347 页。
④ 《正义法》，第 327—328 页(Ⅲ,2,§4)。
⑤ 《正义法》，第 328—330 页及第 330—332 页(Ⅲ,2,§4)。
⑥ 《正义法》，第 330—331 页(Ⅲ,2,§4)。

2.恰如一个人不能将自己的人身弃于一个第三方,他也不能有效地漠视涉及法律上委托于承诺人的人身的行为。因此,贬损儿童宗教教育法律原则的协议必须受到责罚,就像两个未成年人的婚约完全由其父母决定的做法受到了古典罗马法的责罚一样。至于父母之间签订的有关其子女受教育的合同,只有当它们超过专为受教育的孩子的利益而设定的尺度并受亲权或监护权享有人的私下利益驱动时,才违反"正义法"原则。同理,关于父母据以将其子女弃于第三方的合同,只要孩子的人身被弃于对方的任意意志支配之下,交易就无效。

3.现在我们将转而讨论那些某人允许他本人在财产上受他人剥削的实在约定。这里我们发现有三种不同的范畴,而除了我们将要作的限定以外,这些范畴属于受"正义法"谴责之列。(1)首先是《德国民法典》第138条第2款所规定的范围以外,并受到实在法(按照《德国民法典》第134条)禁止的高利贷剥削。这里包括这样一些情形:承诺人像一个被动的工具一样被置于对方的处置之下,比如说在如下情形中:某些通过补偿进行的捐赠、酿酒商向贫困的经销人的放贷而将后者置于前者的支配之下,以及某些其他侵害性合议。不过为了让禁止适得其所,对债务人的盘剥是必要的,而这意味着债权人是知情的。① (2)将某些专有要素弃于第三方的完全裁量之下,比如说可能是如下情形:因义务的不确定性,工作合同的约定将罚款的施加置于雇主的裁量上,或者某些演出协议条款使导演在出现事前约定的情形时任意扣留艺员们的薪水。在所有这些情况下,人们必须弄清是否真的存在以另一方为代价的投机。② 3.最后,旨在为某项义务的履行进行能够补偿的法律行为,无论该项义务源于某个法律条文甚或(尽管这里存在可能的疑问),仅仅源于"正义法"。理由是,在这两种情况下,法律义务的理念与协议相冲突,而该协议以该项义务的履行为目的——一项约定后者依赖于义务人任意意志的协议。*③

---

① 《正义法》,第334—335页(III,2,§4)。
② 《正义法》,第335—336页(III,2,§4)。
* 这里法文原文可能有错误,这里"créancier"无疑是"debiteur"之误。——英译者
③ 《正义法》,第336—337页(III,2,§4)。

II. 原则上说，放弃一项自然或法律赋予我们的权利是允许的。但是如果这种放弃取决于权利人的任意意志，我们就面对着涉及某种弃权的法律行为，而这种行为在大多数情况下是违反"正义法"原则的。而且这里可能出现如下重要特性，即，几个人联合起来以达到让义务人屈从这种依附条件的目的。即便如此，属于这一理念层面的可能性仍可像作为的非法法律行为情形一样予以同样的分类。①

1. 于是我们首先看到一方由以限制其自身人格的法律行为。例子有：一个人通过某种自愿监护关系的确立而对放弃其行使权利的能力；任意压制或限制结社自由的合同；租赁条款中，通过即时通知的违约罚金的设定而阻止承租人召请指定的医生，甚至在紧急情况下亦如是；限制住所选择自由的协议（比如说由一已婚男性与其岳父岳母之间达成）；在没有仲裁庭替代的情况下向法院申请权的放弃；婚姻权的限制，如某些显贵家庭所实行的那样；法定撤销权的放弃，特别是订婚后因新娘由第三人致孕而拒绝结婚的权利。② 不过，施塔姆勒并不认为一个人在处罚条款下向某个禁酒协会立誓是一种对人格的任意限制，而认为只要这种安排有益于某种正规的社会生活，它们就是有效的，至少当处罚条款只禁止无节制饮酒时是如此。③

2. 其次我们必须注意——至少从理论可能性上讲——的是法律条文以外所施加的禁止中旨在停止对于委托于我们的人的照看的法律行为，或者旨在疏远法律只有不完全规定的亲属的法律行为。④

3. 但属于"正义法"谴责范围的最重要的对于某些事情的不作为的约定范畴是这样的一些情形，在这些情形中，对于特定专有活动的放弃被迫使因法律行为而取决于利益相关人以外的某个人的判断，无论是一方当事人因另一方一时的心血来潮而同意被驱逐出社会合作之外的情形还是

---

① 《正义法》，第 338 页(III,2,§5,开头)。
② "就藉此确定结婚义务的意图而言，就存在着违反第一尊重原则的问题；就撤销权的排斥而言，就存在着违犯参与原则的问题。"《正义法》，第 339—340 页(III,2,§5).关于正文中的全部讨论，见《正义法》，第 338—340 页(III,2,§5,1)。
③ 《正义法》，第 339 页(III,2,§5)。
④ 《正义法》，第 340 页(III,2,§5)。

缔约各方达成某种谅解以便按照他们自己的意志排斥某个第三方的情形。显然，在这些条件下，"正义法"的原则和模型将在多数情况下即时适用。① 施氏因此将自己的探讨局限于对法律实践所揭示的主要可能性，只提请人们注意其中一些所导致的犹豫或犹疑的动机。② 因此，他否弃改变拍卖竞价自由的协议（pacta de non licitando；参看1810年的《法国刑法典》第412条第2款），任何时候只要它们被滥用，无论是缔约方相互关系中还是与拍卖商的关系中。③ 他被迫作了更多的区分，他是在一系列例证中向我们提供这些区分的，而在这些例证中，他从同样的视角就旨在限制个人得在特定行业、职业或社会活动分支中所行使的权利的行业限制条款作出判断。这些在新的《德国商法典》第74条中得到了不完全的体现，而且，除非它们任意地并在缺乏合理经济或社会动机的情况下影响任何人的自由活动，否则它们不应被废止。④ 另一方面，他在对本着敌意和恶意切断与对手经济联系的协议作出判定时非常严格，并毫无保留地将抵制行为斥责为明显违反"正义法"原则的行为。⑤ 最后，他从同样的角度将注意力引向了卡特尔、集团、辛迪加、托拉斯和其他集团，目的是分别在每一个领域对生产和交换的无政府状态作出反应。在一方面提请人们注意它们的经济优点——这些优点使它们与"正义法"的某些方法相仿佛，而另一方面指出其来自其根本主观渊源的并能使它们变成参与者或消费者的压迫工具的危险以后，在注意到罗马法教科书在类似实践问题上对我们的现代法无甚说明以后，他只按照具体情况和合作原则进行判断。一方面，我们无法承认，一个组群的个体成员被剥夺其适当参与经济生活的机会，并仰赖他人的任意意志。另一方面，产业协议的提具者针对第三方（消费者或其他人）所签订的以将后者置于前者的处置下而不是旨在对共

---

① 《正义法》，第340—341页(Ⅲ,2,§5)。
② 《正义法》，第341页(Ⅲ,2,§5)。
③ 《正义法》，第341—342页(Ⅲ,2,§5)。
④ 《正义法》，第342—343页(Ⅲ,2,§5)。
⑤ 《正义法》，第344页(Ⅲ,2,§5)。

同营生进行正义调制的这些协议也应无效。最后,在这里记住这一点是重要的,即,个体不仅仅是在过去从社会得到了一切,而且他仍在继续从中获取。如果我们承认这一点,我们就无法设想他可以因热衷于某种直接与社会目的相对抗的态度而诉诸社会。①

14. 被施塔姆勒如此认真对待的、完全根据意思自治的限制问题的发展而来的某种概述和总括的大要在我看来就是如此。②

实际上,为了更好地理解这位杰出法学家学说的实在和实用意义,将他所渐次述及的"正义法"实践的所有适用情形一个接一个进行探讨是必要的。③而如果一个人想探究施塔姆勒思想的底蕴以便发现其中所蕴藏的全部理念财富,他就不得逃避这项将因这种思想所显示的意识的新奇而给他带来额外充足补偿的任务。不过就我而言,且为了忠实于某种更高更一般的目的,我必须限制我对这一点的揭示。我得原谅自己对仅仅作为"正义法"理论的某种简单"示例"的东西进行简要而枯燥的概要式陈述,并因此冒着对这位学识渊博的哈雷*思想家广阔而深邃的风格作出不精确和不忠实介绍的风险。不过,我不得不试图完成我对他整部著作的介绍。

而现在如果我想再次进行总结,以期达到我此刻研究(实证私法的科学解释)的适当目标,并对这一整部以"正义法"理论为中心——尤其以措辞铿锵的公式表现出来以便在一种极端逻辑化的体系中处理社会现实问题——的著作作一最后的简介,我或许可以将主要结论表述如下。

作为满足人们需要的人类共同营生的社会生活在经验地给定的历史可变现实中找到它的质料。而法律,作为约束人们行为的外在规则,必须赋予社会生活某种超越时间和地点偶然性的形式。这种作为以确立某种具有一般效力的统一调控为目的的形式被足够精确地称为"内容可变的自然法"。这种形式

---

① 《正义法》,第345—347页(III,2,§5)。
② 读者可比较一下R.萨莱耶在《意志表示》(De la déclaration de volonté)(巴黎,1901年,第251—302页)中对《德国民法典》第138条的深刻研究。
③ 《正义法》,第三部分,"正义法的实践",第237—467页。
* 哈雷(Halle),德国中部城市。——译者

的实现体现在"社会理想"中,而"社会理想"给我们展示的是"一个自由意志人的共同体",或者更妥帖地说,一个每个人在其中将他人具有客观正义性的目的视为其自身目的的社会。为了适应实际生活,"社会理想"本身体现为两个从尊重的理念和合作的理念中推出的原则。在一个双重情景下,后者主导法律关系的存在和发展。要想利用这些"正义法"原则,我们得自我展示某种后者的典型模型,这种模型由一个社群构成,而这个社群被认为是存在于被法律冲突所分离的人之间,而在这种社群中,每个人必须在从属于他人的同时自身成为一个同胞,而不得放弃任何具有根本尊重和合作性质的东西。因此,在面对法律所确立的人们之间的各种法律关系时,我们可以轻易地就那些强加于他们身上的行为作出判断,无论这种行为涉及他们的人身,还是涉及与他们密切相关的人,抑或是涉及他们的财产。而且,人们不得忘记"正义法"途径的类型——所有的途径都指向那个唯一的将要达到的根本目标。①

最后,如果我可以被允许在施塔姆勒完全而系统化组合的程式中加上一点我的私见的话,那么这个根本目标本身似乎与一个存在于被赋予同等价值的人之间的社会的最高概念趋同,而这些被赋予了同等价值的人必须是既独立又被确保社会联系的,以便追求其各自的目标。

三

15. 我已试图从整体上并通过尽可能综合总结的方式对施塔姆勒的法哲学进行解释,并考虑到它的那种不许它被视为可忽视的东西的健全框架。至少我们不能否认他的这一优点,即他为自始恼人的自然法问题或者更恰当地说为实在法的科学和道德基础提供了解答。这些解答的全面性、逻辑连贯性和实际应用的可伸缩性是一种体大思精的深邃思想体系的表征。在这个体系面前,对它的批评应该肃立和反思,无论这种批评事关对该体系的不朽部分进

---

① 参看:《理论》,IX,16."追寻完美的结尾"(Das Suchen nach dem volkommenen Abschlasse),第829—835页。

384　附录一　R.施塔姆勒的批判体系

行区分,还是事关它的缺点或需要重新探究的课题的发现。①

　　这种批评我得在这篇揭示性文章的末尾作出作为其结论的概述,而不致失去我自己的目标。不过,我将遵从该理论的大向,而不纠缠细节。因为对细节的详述会使我冒险忘记该著作的基本倾向。因此我将从它所声称予以确定的结果的角度而不是从严格逻辑方法——在这个方法中吹毛求疵是轻而易举的,而某种确定的直觉大可弥补这种瑕疵——的角度②对这种倾向本身进行考察。③

　　在试图在其"正义法"中确定某种典型的法律——这种法律不主张其内容的普遍性和无懈可击,但摆脱了法律意识的主观性并且仍然保留了与社会生活最根本目标相符的某种实践理想的层面——的时候,施塔姆勒坚持自然法的主要理念,而这种理念旨在满足为法律规则寻找一种比人的任意意志更深厚基础这种不可遏制的需要。而当他对法律实证主义作出如此反应时,他同时避免了人们长久以来已经形成的并为博格鲍姆所新近重新阐发④——尽管遭到严厉攻击——的针对迄那时止为人们所主张和无意识地遵循的某种法哲学学说的那种反对意见。该著作的显著批判"精神"本身足以确保一种为每一次观念运动所期许的实质价值,而这种观念运动旨在将我们从某种压抑的智识奴役状态中解放出来,并且为了对它们进行引领,能够瞥见或预见那种交汇于崭新创造性时代的必然起始点的期冀。⑤

---

　　① 人们可以查阅一下如下对施氏哲学著作的批评(在我看来是偏颇的):(1)关于经济观点,马克斯·韦伯:"施塔姆勒对唯物史观的'克服'"(R. Stammler's 'Ueberwindung' der materialistischen Geschichtsauffassung),载《社会学文献》(Archiv für Sozialwissenschaft),1907年,第XXIV,N,F,VI卷,第94—151页;(2)关于法律观点,H. U. 坎托罗维奇:《论正义法理论》,柏林和莱比锡,1909年。

　　② 我想藉此将我自己的观点与那种在我看来有些学究气的前注中所提到的引发马克斯·韦伯和H. U. 坎托罗维奇提出批评的观点明确区分开来。

　　③ 参见 F. 惹尼:《实证私法的科学与技术》,I,巴黎,1914年,注25—28,第75—87页;注32,第143—145页(注48);注56,第161—164页;注61—63,第181—194页。

　　④ K. 博格鲍姆:《法理学与法哲学》第一卷,导论,第一章"当代自然法"莱比锡,1892年。

　　⑤ 这个重要的——尽管仍有些模糊的——优点已得到甚至是施塔姆勒最坚定的批评者们的承认。尤见马克思·韦伯:载《社会学文献》,1907年,vol. XXIV,续辑 vol. VI,第94—96页。施塔费尔:载《耶林年鉴》,1906年,vol. L, Zw. F. vol. XIV,第301—302,315,322页。H. U. 坎托罗维奇:《论正义法理论》,柏林和莱比锡,1909年,第5,9—10,37页。G. 弗伦克尔:《弗里斯和施塔姆勒的批判法哲学》(Die Kritische Rechtsphilosophie bei Fries und bei Stammler),哥廷根,1912年,第7—8页(注54)。F. 伯罗尔兹海默:《法哲学与经济哲学文献》(Archiv für Rechts-und Wirtschaftsphilosophie),1911年—1912年,第V卷,第320页。

但施塔姆勒在设法描述这种法律理想的特征时将他的努力推进了一步，而他将这种理想抬到了人类生活之上。他将它视为某种统一和一般有效的"形式"，意在通过赋予它稳定、精确而正规的外观来认定某种偶然的、有伸缩性的和不停变化的"质料"，而这种质料是由社会生活的历史性和经验性资料提供的。尽管有人对它提出了理论上的反对意见，①但这再次揭示了某种深刻的、可导致有价值结果的见解，因为由此可知，如果没有某种物质性基础，法的理念不过是一个空壳，此壳的内容由事实情况所施加，而如果缺乏这种事实资料，理想就缺乏任何实质，并且最终，"正义法"将自身变成了某种强力气息，而这种气息必定激活某种先前业已存在的无意识的物质。②

这不是全部。施塔姆勒将他的理想界定为一种"社会理想"，即某种必须免予主观愿望的扭曲，并必须旨在通过协调所有人在同一更高目标中的需要和期望而确保人类社会最根本方面的客观使命的实现的东西。而有人认为，这不过是某种空洞的赘语。但我觉得这里藏着一种富于创见的理念。尽管它并不完全新颖，但至少施塔姆勒侧重和构建它的方式使它适合时代的需要，且使"正义法"在特定导向内得到维护，并确保对生活的影响。③

在这些实质性优点之外，施塔姆勒还用一种他用以揭示其理论的方式本身展现了一种对现实的敏锐见解，一种深刻、刚直的情怀，一种既高超又符合实际需要的灵感，一种理念对事实的急速适应，总之，展现了一连串优良的品格，而这些品格通过它们所显示的秘密不可抗拒地将心灵引向真理的中心，而

---

① 尤见 H.U. 坎托罗维奇：《论正义法理论》，柏林和莱比锡，1909年，第10—32页。F. 伯罗尔兹海默：《理论法学》载《法哲学与经济哲学文献》，1911年—1912年，vol. V，第319页。

② 参看：L. 冯·萨维尼：载《G. 施默勒……立法年鉴》，1901年，vol. XXV，第428—434页[第二期第46—52页]。从更严格的逻辑观点看，这种将某种物质形式看作法的特征的观念是由 G. 德尔维齐奥所特为阐发的：《法的概念的哲学前提》(I Presupposti filosofici della nozione del diritto)，博洛尼亚，1905年。尤见以下各处：第109—133页，第165—188页。《一门普遍法的科学理念的比较》(Sull idea di una scienza del diritto universal comparator)第二版，都灵，1909年，§ II，第14—16页。另见同一作者的《法的概念》(Il concetto del diritto)，博洛尼亚，1906年。《自然的概念和法的原则》(I concetto della natua e il principio del diritto)，都灵，1908年。《法律的实在性》(Sulla positivitá come carattere del diritto)，摩德纳，1911年。

③ 参看：L. 冯·萨维尼：载《德意志帝国立法，行政和经济年鉴》，vol. XXV，1901年，第414页（第二期第25页）。L. 布吕特：《法律适用技巧》，柏林，1907年，第119—120页。特别参看：伊萨克·布罗伊尔：《施塔姆勒社会哲学基础上的法律概念》，柏林，1912年。

人们觉得这种真理就包含在这部精妙的著作之中。

16.然而,尽管有如此难得的优点和如此有力的前提,当施塔姆勒的努力变成意在实现其方法的规则的时候,而且更加特别的是,当它屈身于法律生活的具体问题所要求的应用的时候,它似乎一无所成并留下巨大的失望。这究竟是怎么一回事呢?因为我们必须承认情况本如此。施塔姆勒用一种奇妙的方法将数不清的微妙实践难题囊括于他的宏伟计划之中,并用巧妙的指法解开它们的网络系统。如果我们对此表示钦慕,我们仍然充满了一种强烈的感觉,即:这些解决办法并不自动源于预先设定的那些原则;相反,它们由许多情况下某种更通常的目的论对主观起源的不同考虑所暗示;它们仍然离意想的出发点相去甚远,①而且像人们已经证明的那样,它们的矛盾有时甚至倾向于瓦解那种似乎构成其基础的东西。②

从科学的法哲学观点看,批评者们已得以在施氏个性化阐释方式中发现了方法上的瑕疵,而这些瑕疵很大程度上解释了他所作所为的相对失败。在数不清的不同例证细节中,它们可以被表述为几个基本特征:概念分析的滥用,而这种滥用只导致分析性判断,而实际上无法拓展我们的知识;极端的逻辑化,由直觉的缺位所致,并因某种不充分的抽象而变本加厉——在这种逻辑主义中,概念的不矛盾是其真理的唯一标准,而无视它们的内在价值;更一般地说,对合理的伦理和道义价值的不承认甚或忽视,以保证纯粹理念对现实的完全主宰;由此导致某种建立在逻辑命题链基础上的演示与对其真理的证明之间的经常混淆。③ 而如果我们对这种批评进行进一步追溯,我们不难承认,这些缺陷的大

---

① 尤见 G. 弗伦克尔所引用的实例:《弗里斯和施塔姆勒的批判法哲学》,哥廷根,1912 年,§§17—19,第 32—37 页。此处参看,H. U. 坎托罗维奇:《论正义法理论》,柏林和莱比锡,1909 年,第 33—35,36—37 页。

② 见 L. 布吕特:《法律适用技巧》,柏林,1907 年,第 120—124 页。参看 L. 冯·萨维尼:载《德意志帝国立法,行政和经济年鉴》,1901 年,vol. XXV,第 417—419 页(第二期第 35—37 页)。为了恰当理解这位作者所提出的批评,要注意他的文章发表于 1901 年,即早于 1902 年出版的《正义法的理论》,而且实际上,《正义法的理论》完全建立在《唯物史观语境下的经济与法律》(1896. 第 2 版于 1906)第 1 版的材料基础上。

③ G. 弗伦克尔:《弗里斯和施塔姆勒的批判法哲学》,哥廷根,1912 年,§§20—25,第 37—45 和 47—48 页(注 27)。H. U. 坎托罗维奇:《论正义法的理论》,柏林和莱比锡,1909 年,第 13—14;23—29 页。

部分系内在于康德哲学中的某些危险所致,而康德哲学中的这些危险是施塔姆勒全然遵从并有时甚至予以放大和调和的。①

这些因素尤其涉及该著作的方法论程序,并在某种程度上对它的缺失作了解释。此外,我们认为从更实用的观点看,如果我们对这些结果进行更仔细的打量,我们可以在后者自身中发现其不足的秘密,而这个秘密更有可能启发我们关注施塔姆勒在确立实在法的科学基础——这是我们著作这部分的基本目标——方面所作努力的决定性价值。

人们起先或许可能认为,施塔姆勒试图做不可能做的事,即试图将实际生活最微妙的问题囊括于一种哲学理念之中。而我承认,如我稍后想证明的那样,②要求意识或经验本身所暗示的原则能使我们通过连续的推理从中推出某种直接而令人信服的答案以解决生活于社会之中人们日常存在的多面事件所引起的法律问题的确是一种太过非分的想法。

但是,当我们对这个主要问题进行一时的责难时,或者说当我们承认人们可以通过本书稍后将予以揭示的考虑③轻而易举地对施氏所概括规则的过度矫正而保留其体系的基本理念而不将其细节性适用推到太远时,这一点仍然是确然的:无论如何,"正义法"的实践结论似乎是远离其出发点的,而且我们难以看出那种将这些结论与不可抗拒的必然性关联起来的逻辑联系。且我认为,人们可以为这种不协调性给出两个主要原因,而这种不协调性在我看来无可救药地糟蹋了施氏的著作。

一方面,关于"正义法"与某个特定国家和时代的实在法之间的关系,施氏并没有作出清楚的认定。毕竟如我以上所示,④他试图在这方面作出的解释是模糊而混乱的。施氏真的承认"正义法"对社会生活的有效主宰到了将它自身强加于立法者和法学家的程度吗?并且到了为法律实践——从其最大处

---

① 参看施塔费尔:载《耶林年鉴》,1906年,第L卷,续辑第XIV卷,第302—321页。G.弗伦克尔,上引书第38页(注320),第47页(注27),第1—92页(注54)。坎托罗维奇,上引书第13页。
② 见下面的第二部分第九章(XIV),特别是注177,以及我们的第三部分[这里未予翻译](指惹尼《实证私法的科学与技巧》一书的相关内容——译者)。
③ 续看本书第三部分[这里未予翻译]。
④ 见上面第6节。

看——提供其完全有效所必需的自然的和科学基础的程度吗？他没有在任何地方清楚明白地说明这一点。① 而如果我们不知道这一点，我们就不明白他试图将他的理想适用于实际生活时的意图。因而，他的整部著作中存在着某种令试图对法律进行动力功能上的理解的人痛苦不堪的模糊性。不过，这可能只是一种知识上的不适感，这种不适感人们可以试图通过自行揭示施氏所没能清楚陈述的观点加以克服。②

但另一方面，而且这是重要的一点，施氏一旦从概念和公式领域走下来，并切身面对社会现实时，他那种纯形式的逻辑分析会将他的努力不可避免地化为泡影。③ 事实上，施氏全部法哲学努力在分析概念、界说区分、设定标准、浓缩和雕琢定义时消耗了它自身。因而它的主要价值和优点出于他所详释的异常丰满和成熟独特的公式。但它们是些抽象的公式，只以统一性、一般性和普遍效力为目的。因而，如果你想让它们适应生活的可见情况时，它们无法派上用场；至少会证明自身不堪此任，因为它们要求事实"非具体化"，而这是不可能实现的。我们因此必须致力于更低调的计划，这种计划与事前设定的理想毫无共同之处。因而在计划与计划的实现之间存在着某种不协调的背反。这种背反已现于那高调、枯燥、不可移译和实际上不可吸收的著名"正义法"原则的形式中，而这些原则可谓从未经证明而径直被确认。而且，如已所述，这些原则让人想到康德的普遍道德律令，④ 只是没有同样轻易地将它们自身付

---

① L. 布吕特：《法律适用技巧》，柏林，1907年，第118页。在这一点上，布吕特为施塔姆勒贡献了一种决定性的立场，而在我看来，施氏本人并没有宣称这个立场。

② 这就是我在上面（第6节）中所试图做的。参看施塔费尔：《耶林年鉴》，1906年，第L卷，续辑第XIV卷，第312—315页；和L. 布吕特：《法律适用技巧》，柏林，1907年，第118—119页（§7），第146页（§10）和§§10—12，第146—214页。

③ 我的这个印象在我阅读康特诺维茨对施塔姆勒所提出的严厉批评（H. U. 坎托罗维奇：《论正义法的理论》，柏林和莱比锡，1909年，第10—31页）时得到了确定的验证。不过，这种针对该体系逻辑基础的稍显严厉的指责从其实际结果看好像不过是某种对"情感法学"的辩护（无力的辩护，我相信）。尤见第23—29页。关于这一点，读者可优先比较施塔费尔所提出的更温和更公正的批评（载《耶林年鉴》，1906年，第L卷，续辑第XIV卷，第312页和第31—322页）。这种批评也是从文德尔班、李凯尔特、齐梅尔的方法论哲学开始的，它试图将道德价值观念引进施塔姆勒的体系之中，而且除了在为智识努力打基础的时候以外，并不加进情感。

④ L. 布吕特：《法律适用技巧》，柏林，1907年，第120—123页。

诸实际应用。① 同样的背反在与"正义法"的典型模式的关联中被进一步强化，该模式除了为所有其他公式添加一个新的公式以外几乎一无所成。施塔姆勒匠心独具的辩证法并没有使其徒劳的抽象结出果实。② 最后，在该理论的适用中，当我们发现具体解决方法完全独立于那些预设的公式，以及具体裁决要素相对于那些理想观念的遥远的一般性优势时，这种背反达到了登峰造极和证明其自身匪夷所思的令人失望之处的地步。③

17. 相应地，那些不满足于关注这部著作的这些瑕疵的批评者们已经着手纠正其错谬或者填补其漏洞，并全力以赴地对实在的具体因素进行发掘和界定，而这些因素来自社会现实而不是思维抽象——像那种最终将更能够使"正义法"观念"人性化"并使其公式适应于它将予以控制的社会生活的内容的东西一样。

他们中的一些人的确只能够提请人们注意在经验现实和客观正义之间建起一座桥梁的必要性，而没有为我们提供必要的建筑材料。④ 其他人则循着文德尔班和李凯尔特更自由的批评灵思，至少已试图证明在与自然科学相对的文化科学中，价值和目的的观念是如何必须使道德和社会进步压倒纯粹逻辑概念秩序的。⑤ 还有一些人认为，除非人们用一种直率的现实主义哲学——这种哲学将我们带到非常接近古典自然法的立场上——的反思对施氏体系加以说明，否则他的思想体系不可能变得有效。⑥

在所有这些努力中，应特别注意 L. 布吕特有关法律解释艺术的著作。⑦ 该

---

① H. U. 坎托罗维奇，上引书，第 31—35 页。G. 弗伦克尔：《弗里斯和施塔姆勒的批判法哲学》，哥廷根，1912 年，§15，第 29—31 页；参看 46（§.26）。

② H. U. 坎托罗维奇，上引书，第 35—36 页。G. 弗伦克尔，上引书，§6，第 31—332 页；参看 46（§26）。

③ H. U. 坎托罗维奇，上引书，第 36—37 页。G. 弗伦克尔，上引书，§§17—19，第 32—37 页。

④ 参看比如说 L. 冯·萨维尼：《自然法问题及其解决方法》，载《德意志帝国立法，行政和经济年鉴》，G. 施穆勒，1901 年，第 XXV 卷，第 407—437 页（第二期第 25—55 页），特别参见第 417—419 [35—37 页]，第 425[43]、427[45]、428—434 页[46—52 页]。

⑤ 见施塔费尔：《论施塔姆勒的〈正义法的理论〉》，载《民法教义学耶林年鉴》，1906 年，vol. L（第二期，vol. XIV），特别参见第 315—319 页。此外参见第 320—322 页。参看 H. U. 坎托罗维奇：《论正义法的理论》，柏林和莱比锡，1909 年，第 13、23—29 页。

⑥ I 在这个意义上参看，G. 弗伦克尔：《弗里斯和施塔姆勒的批判法哲学》，哥廷根，1912 年，§§37—54，第 66—92 页。

⑦ L. 布吕特：《法律适用技巧》，柏林，1907 年。

551 书用可谓最具决定性的方式——用持续获得的当代观念运动来丰富它,并通过将它的结果引进法律自身的实践而确保其确定的有效性——使这位老师的学说更具伸缩性在对该著作未进行详细分析的情况下,尽管它阐明了一些独具匠心的深刻观点,并贯穿了某种极其博大的精神,但我这里只想说,由于 L. 布吕特被他的主题引向了法的最高要素,他因此将施塔姆勒的主要观点当作了他的基础,并想用某种纯粹现实主义的东西激活它。① 因而,在将"社会理想"保留为只能限定和限制考察的某种纯粹分析原则②的同时,他用如下标准取代"正义法"的原则和模型:"法者,如将民族文明的发展推向尽可能远的地方,并以最佳方式致力于将民族力量从潜能转化为实际,就是正义的。"在他看来,这个标准似乎更彻底、更富于成效。当然,人们理解,上面公式中的"发展"一词不可能意味着一个简单的编年学过程,而是意味着某种更大区分和更完美整合意义上的变化。而"文明"一词必须被视为在其总体目标上包含某种理想秩序中的利益连同纯粹物质需要的东西。③ 进而,因感觉到这种标准中仍然存在着某种内在模糊性并

552 且这种模糊性不可能由实在法——他坦承实在法具有某种技术学科的性质——予以纠正,为了对它自身中不可避免的某种主观主义的过度进行遏制,他强调"中间目的"(intermediate ends)的重要性——诸如经济发展、等同于生产方式的所有东西、反对剥削国内劳动者的斗争等等。这些东西人们不难认同,除了不危及其他根本利益的情况下实现这些目的的手段以外。④

我们可以从实用的角度通过比较由 L. 布吕特所概括的(着笔太轻)因善良风俗理念对法律行为自由的限制的诡辩性研究⑤与上面所总结的"正义法"的作者所作的类似阐发⑥来审视他相对于施塔姆勒理想主义解读的"转换性"价值判断的结果。⑦ 然后我们将不难发现,我想,这位徒弟远未达到那位师傅

---

① L. 布吕特,上引书,第 111—119 页;120—124 页(§§6 和 7)。
② L. 布吕特,上引书,第 119—120 页(§7)。
③ L. 布吕特,上引书,第 125—138 页(§8)。
④ L. 布吕特,上引书,第 139—140 页(§8)。
⑤ L. 布吕特,上引书,第 202—212 页(§12)。
⑥ 参见上述,第 527—539 页(注 11—13),尤其是注 13,第 532—539 页。
⑦ L. 布吕特,上引书,第 146 和 148—149 页(§10)。

的高度。

不仅如此，不管对一种太富个性化力量以致无法容忍修正的学说进行改进的尝试取得了多大的成功，我们对施塔姆勒这部著作批判性考察末尾的态度是，如果它为法的科学阐释的适当目标的定位提供了某种有价值的引导的话，那么给予它达到这种目标所需的要素是不够的，而它适应生活需要的问题则是一个完全待决的问题。

附录二

施塔姆勒及其批评者

吴经熊[1]

"务必:任何观察者都不可能揭示真与善的全部,尽管每一位观察者可从他所站的特殊角度获得某种局部的见识优势。即便监狱与病房也有其特殊的启示。我们每个人都忠于自己的机会并自求多福,慎毋试图对广阔天地的剩余部分进行规制,足矣。"——威廉·詹姆斯[2]

施塔姆勒的法哲学代表着经过长期演变的德国法律思想的顶点,恰如社会法学在美国可谓经过一个多世纪的司法实践后才集其大成一样。理当如此,绝非偶然。个中道理不难寻得。哲学在德国找到了它最适宜的土壤,而社会法学则成了美国的一门无与伦比的学问。法学家们照例使用手边最易寻得的器具,而其著作的调子多决定于其听众的个性——决定于其所处的社会和知识环境。在从其他源流吸收观念时,他们一般受"邻近法则"的制约;在传播他们自己的思想时,他们会不自觉地循着最少遇到抵抗的路径而行。就此而言,可以毫无争议地说,绝无缺乏根底的法哲学——任何图景都不可能离开其背景而保留其天然和绚丽。无论怎么说,纵然我们对因魏格莫尔[3]的精彩报

---

[1] 中国比较法学院法学教授,中国国家自治研究院政治学讲师。

[2] 詹姆斯:《与老师们谈论心理:与学生们谈论某些生活的理念》(*Talks to Teachers on Psychology: and to Students on Some of Life's Ideals*),第246页。詹姆斯哲学的实质与其说在于他的实用主义不如说在于他的放松理论。今天我们中的一些人不再视生活为"地图",而是"舞蹈",这是一种美好的迹象。对老一代人来说,这听起来可能是亵渎,但对我来说,在多年自愿远求真以后,我发现自己特别同情 H. 埃利斯稍显夸张的话:"在中国,伟大的幸存文明中也唯有在中国,我们发现艺术激活了全部生活,甚至它的道德。"《生活的舞蹈》(*The Dance of Life*)(1923年),第27页。但愿本世纪是一个哲学上宽容与和谐的世纪。

[3] 魏格莫尔:《明斯特贝格教授与证据心理学》(*Professor Muensterberg and the Psychology of Testimony*)(1909年),《伊利诺伊法律评论》(ILR)第3期,第403页。此文是一件精妙的艺术品,魏格莫尔与我们的女主人跳了一曲绝妙的舞蹈。

告而显得不朽的文迪维尔法庭(the Court of Wendyville)的意见——"思想具有无限性和普遍性"——表示认同,但我们仍难以认同它的裁决,该裁决认为,哲学家因此是居无定所的,因而无论在何处适逢其会,他们都会被人们理解。

施塔姆勒的著作绝非纯粹云山雾罩的思辩;它是穷施氏毕生精力以解决现代德国法律和经济生活中一个极其实在和恳切而非玄想的问题的尝试。对他的哲学提出批评或者将它撕个粉碎是不难的,只要你在它的表层浅尝辄止;而要想理解一位如此重要的思想巨匠的苦心孤诣,那么就得进入他灵魂的最深处,并准确领会最激励他思考的东西以及需要迫切解答的问题是什么。有鉴于此,我们应该简要叙述他的法哲学思想来由,只有这样我们才能给他和他的批评家们一个公平的对待。

一、施塔姆勒的法哲学缘起

19世纪的德国哲学史充斥着各种畸形和病症。滥儒们肆意追求超越善恶评判,蔑视正义与非正义的区分,试图用辩证法为宇宙立法,从非存在物中寻求拯救,将历史视为一种经济力量的工场,——如此做派在今天追求公正的学人中也会引起不安感和厌恶感。施塔姆勒就在这样的场景中长大。他差点被弥漫在空气中的积尘所窒息。幸而,他的道德情怀和哲学禀赋使他免于成为瘴疠的牺牲品。唯我且傲慢的哲学家们将国家偶像化,崇拜蛮力和物质,且将"现状"合理化。普罗米修斯式的施塔姆勒振臂一呼:不! 必须让这种唯我主义、唯物主义和帝国主义思潮走到尽头。法居于国家之上,正义居于法之上。他是一位曙光哲学家;"长夜之中乌鸦一般黑",这个谜团般的观念将他驱向了极端。这种逼仄感是他哲学的开端,且制约着他,并在某种程度上使其哲学未来的发展轨道变得狭窄了。

但是,他不仅仅是一位有正义感的人,他还是一位天生的学问家。因此,他试图将他内在的直觉裹罩在一种科学性、批判性和为人普遍接受的形式之中就再自然不过了。他的哲学的优点和缺点都源于此。说优点,是因为在当今,观念如果不具备某种确定而合理的基础就一文不值,而要想在一个分析性和实证性时代构筑一种正当和正义的信念,哲学家就得先表明他比他同时代的人在更大程度上具有分析和实证精神。只是这也是其缺陷之所在,因为,就事物的本性而言,通过逻辑论证建立①一些人们本能上接受但又无望进行证明的理论是不可能的。

施塔姆勒最喜欢的座右铭是:"快乐存在于对目标——无论就知识的基本根据还是就其上层建筑而言——的追求中。"②只要他将这点用诸实际,许多恼人的争论和误解可能得以避免。毕竟,理想的知识——其终极基础和实在架构都如是——像理想的生活一样,是不可获得的。

不过,人们不可误以为我在责备我的老师。实际上,欲将信念抬到科学"良伴"的高度是伟大灵魂的显证。威廉·詹姆斯不是也试图用"激进经验主义"征服经验的心灵吗?而这种"激进经验主义"不过是旧式"天路历程"的一种新的时髦的名头,难道不是吗?同样的倾向在我可敬而慈善的朋友霍姆斯法官身上同样显而易见。霍氏倾向于用"愤世嫉俗者"甚或"恶人"的尺度对法律进行检验。F.惹尼提供了更好的说明,因为他希望将他的自然法大厦建立在"实证主义"的基础之上。图尔图隆则一开始就对目的论加以指斥,声称他可以通过证明自由意志的存在而终结此论。我还听说一位杰出的大师为了论证他自身所要揭示的真理,常常引用一个又一个权威的言论,加上一个又一个注释,并倾注其几近用之不竭的渊博学识。科勒似乎比其他人稍微独断些,但人们还是能够在他身上找到精神冲突之处;因为知识的桎梏使他失去了耐心,丧失了平衡,并最终将它丢开,像一个被惯坏了小孩一样哭喊:"如果上帝所居的天堂是空的,如果诗歌是聋的,而艺术是哑的,那么知识的目标将指向何处?"③

---

① 我使用"确立"这个词是在这个意义上使用的——满足我们全部情感和智识天性,或者,至少要产生"觉察",关于这一点,看怀特海:《适用于物理学中的相对论原则》(*The Priciple of Relativity with Applications to Physical Science*)(剑桥,1922年),第 4 页。在我看来,支持绝对不变正义的论据就像那些支持上帝存在的论据一样,"如果你心中已有上帝,这些论据就让你信服;如果你是无神论者,你就无法被说服。"詹姆斯:《宗教经验的类型》(*Varieties of Religions Experience*),第 437 页。

② 施塔姆勒:《现代法理学的基本趋势》(*Fundamental Tendencies in Modern Jurisprudence*)(1923年),《密歇根法律评论》(*Mich. L. Rev.*)卷 21,第 889 页。

③ 科勒:《法哲学的使命和目标》(*The Mission and objects of Philosophy of Law*)(1911 年),《伊利诺伊法律评论》,卷 5,第 422 页。

我可以无休止地援引更多的例证，但我希望我所引用的上述例证足以对现代文化业已将我们卷入其中的景况的讽刺性有所阐发。科学是我们的发妻，而我们的秘密情人却常与别人偷情。而这恰恰是哲学的始发点。哲学从其真正本性上说是一个涤罪所，怀疑和希望的调味品交替让我们品尝；但是，尝试在二者之间保持一种半庄半谑却总属良好性情的平衡依然是一种至乐。如 B. 罗素所言，"作为哲人的伟人们素来感受到了科学和神秘主义两者的必要性：旨在协调二者的尝试是这样一种东西，它使哲人们的生活以及必定使哲学——无论哲学具有多名顽固的不确定性——成为一种对于某些人来说比单独的科学或宗教更伟大的东西。"①

施塔姆勒就是这样一个人，而他的哲学恰是这样一种尝试。一方面，他懂得生活之谜；另一方面，他具备"心灵的科学习惯"，这种习惯用弗洛伊德的话说，其特征是"能够满足于近似性而非确定性，且能够不因缺少最终确证而影响建设性工作的进行。"②尽管从更广泛的意义上说，即他并没有为生活之谜因此也没有为法律之谜提供任何答案——尽管从这个意义上说他没有成功，但他是否已然在哲学范围内获得成功则仍然是需要追问的。他的哲学显然是一座位于现实与我们心灵之间的半路居所③。他提出的问题不关我们能否包容全部的法律现实，而是关于我们用逻辑解决法哲学问题能走多远。

二、施塔姆勒的批评者

施塔姆勒的哲学所引起的文评已经汗牛充栋，以致要想将他的全部批评者——无论是友善的还是恶意的——予以罗列实不可能。其中最重要的批评

---

① 罗素：《神秘主义与逻辑》(*Mysticism and Logic and Other Essays*)(1918 年)，第 1 页。哲学可以被定义为由冷静的推理所制衡的"神圣的疯狂"。
② 弗洛伊德：《精神分析引论》(*Introductory Lectures on Psychoanalysis*)(1918 年)，乔恩·利维艾尔(1922 年)译，第 39—40 页。
③ 《基本趋势》，前引，注释 4，第 901 页。他认为知识的理论是将一种观念视作理所当然并仅仅在其自身的特性上进行分析。

396　附录二　施塔姆勒及其批评者

者是：勃格鲍姆[1]、克拉梅尔[2]、齐梅尔[3]、弗伦克尔[4]、伊流德罗普洛斯[5]、托尼斯[6]、布吕特[7]、魏兰德[8]、丹克尔[9]、莫尔[10]、拉斯凯恩[11]、谢培尔[12]、拉斯克[13]、韦伯[14]、坎托罗维奇[15]、巴特[16]、佛兰德尔[17]、那托普[18]、拉德布鲁赫[19]、克罗齐[20]、

---

[1] 勃格鲍姆（Bergbohm）：《法理学与法哲学》（Jurisprudence und Rechtsphilosophie）（莱比锡，1929年），第141页及以下。

[2] 克拉梅尔（Krahmer）：《哲学周刊》（Philos. Woch. Schr.），第146页及以下；第164页及以下；第210页及以下；第362页及以下。

[3] 辛梅尔（Simmel）(1896年)：《立法、行政与民族学年鉴》（Gesetzgebung, Verwaltung u. Volkswissenschaft）第20卷，第575页及以下。

[4] 佛兰科尔（Frankel）：《普里斯与施塔姆勒的批判的法哲学》（Die kritische Rechtsphilosophie bei Fries u. bei Stammler）（哥廷根，1921年）。

[5] 伊流德罗普洛斯（Eleutheropulos）：《社会学》（Soziologie）（耶拿，1904年），第9页及以下。

[6] 托尼斯（Tönnies）：《鲁道夫·施塔姆勒》（Rudolf Stammler）(1898年)，《系统哲学》（Systematische Philosophie）（第四卷）第109页及以下。

[7] 布吕特（Brütt）：《法律应用的艺术》（Die Kunst der Rechtsanwendung）（柏林，1907年），第112页及以下。

[8] 魏兰德（Wieland）：《法学中的历史方法与批判方法》（Die historische und die kritische Methode in der Rechtswissenschaft）（莱比锡，1910年），第24页及以下。

[9] 丹克尔（Duncker）："施塔姆勒的正义法理论"（Stammlers Lehre vom richtigen Recht），《改革》（Die Reformation）第一期，第482页及以下。

[10] 莫尔（Moór）：《施塔姆勒关于正义法的学说》（Stammler helyes jogrol szolo tana），布达佩斯，1911年。

[11] 拉斯凯恩（Laskine）(1909—1912年)，《社会学年鉴》（L'Ann sociologique），第328页及以下。

[12] 谢培尔（Schepper）：《新康德主义的法律思考》（Nieuw-Kantiaansche Rechtsbeschonwing）（哈伦，1917年）。

[13] 拉斯克（Lask）："法哲学"（Rechtsphilosophie），载《20世纪初期的哲学》（Die Philosophie im Beginn des awanzigsten Jahrhunderts），第二版（海德堡，1907年），第279页及以下。

[14] 韦伯（Weber）：《施塔姆勒对唯物主义历史观的"克服"》（R. Stammlers 'Ueberwindung' der materialistschen Geschichtsauffassung），载《社会学与社会政治》（Sozialwissenschaft u. Sozialpolitik）第24卷，第94页及以下。

[15] 坎托罗维奇（Kantorowicz）：《论正义法的理论》（Zur Lehre vom richtigen Recht）（柏林，1909年）。

[16] 巴特（Barth）：《作为社会历史的哲学》（Die Philosophie der Geschichte als Soziologie）（莱比锡，1915年），第24页及以下；第595页及以下。

[17] 佛兰德尔（Vorländer）：《鲁道夫·施塔姆勒的正义法理论》（Rudolf Stammlers Lhre vom richtigen Recht）(1903年)，载《康德研究》（Kantstudien）第8卷，第329页及以下。

[18] 那托普（Natorp）(1913年)：《康德研究》（Kantstudien）第18卷，第1页及以下。

[19] 拉德布鲁赫（Radbruch）：《法哲学的基础》（Grundzüge der Rechtsphilosophie）（莱比锡，1914年），第21页及以下。

[20] 克罗齐（Croce），《历史唯物主义与卡尔·马克思的经济学》（Historical Materialism and the Economics of Karl Marx）（纽约，1914年），第27页及以下。

惹尼①、萨莱耶②、伯罗泽梅尔③、科勒尔④、庞德⑤、辛科维齐⑥、塔农⑦、维利考斯基⑧、布鲁埃尔⑨、宾德尔⑩、考夫曼⑪、索尔⑫、迈耶⑬、霍金教授⑭。为方便起见,这些批评可分为三类:(1)社会学的,(2)哲学的,(3)法学的。我将选择三个批评家分别作为每一个类型的代表:(1)韦伯、坎托罗维奇和辛科维齐;(2)维利考斯基、宾德尔和那托普;(3)萨莱耶、惹尼和庞德。

1. 社会学的批评

(1)马克斯·韦伯

现代社会科学的处境已被能干的斯莫尔教授数语道破:

"现代科学纯粹主义的一个可爱教条是,在面对事实的时候,必须摒

---

① 惹尼:《实证私法的科学与技巧》(巴黎,1915年),第二章,第127页及以下。
② 萨莱耶:《历史学派与自然法》(1902年),《民法季刊》,卷一,第96页及以下。
③ 伯罗泽梅尔(Berolzheimer):《世界的法哲学》(*The World's Legal Philosophies*)("现代法哲学丛书"(*Modern Legal Philosophy Series*)),第392页及以下。
④ 科勒尔(Kohler):《法哲学》(*Philosophy of Law*)("现代法哲学丛书"),第26页。德文第二版和第三版删掉了这一批评。
⑤ 庞德(Pound)(1911年):《哈佛法律评论》(Harvard L. Rev.)第25卷,第147页及以下。
⑥ 辛科维齐(Simkhovitch):"鲁道夫·施塔姆勒"(*Rudolf Stammler*)(1904年),《教育评论》(*Educational Review*)第27卷,第236页及以下。
⑦ 塔农(Tanon):《权利与社会意识的变迁》(*L'Evolution du Droit et la Conscience Sociale*),第3版(巴黎,1911年),第77页以下。此部分的英译本作为耶林的《法律:作为实现目的的手段》(*Law as a Means to an End*)的附录出版。
⑧ 维利考斯基(Wielikowski):《法哲学中的新康德主义者》(*Die Neukantianer in der Rechtsphilosophie*)(慕尼黑,1914年)。
⑨ 布鲁埃尔(Breuer):《施塔姆勒社会哲学基础上的法的概念》(*Der Rechtsbegriff auf Grundlage der Stammlerschen Sozialphilosophie*)(1912年)载《康德研究》(增订版,第27卷)。
⑩ 宾德尔(Binder):《法概念与法理念——评施塔姆勒法哲学》(*Rechtbegriff und Rechtsidee: Bemerkungen zur Rechtsphilosophie R. Stammlers*)(莱比锡,1915年)。
⑪ 考夫曼(Kaufmann):《新康德主义法哲学批判》(*Kritik der neukantischen Rechtsphilosophie*)(图宾根,1921年)。
⑫ 索尔(Sauer):《秋天情感中的新康德主义与法学》(*Neukantianismus und Rechtswissenschaft in Herbststimmung*),载《逻各斯》第10卷,第162页及以下。
⑬ 迈耶(Mayer):《法哲学》(*Rechtsphilosophie*)(柏林,1922年),第22页及以下。
⑭ 霍金教授(Prof. Hocking)的批评在出版中,我有幸阅读了他的手稿。

弃对事实进行价值判断。尽管找到一个严格遵守该教条的非常显著的例证是困难的,但该教条却显赫地书写在正式的科学法典中。诚然,这是思维钟摆向相反方向的摆动,这种钟摆方法不讲良知,而是布道式地将轻易的事实判断强行纳入观念领域。用聊聊数语为这些倾向划定精确的界限是不可能的,但是,可以说,这种将意想的事实付诸有效叙述和分析的侵害的说教方法构成18世纪的规则而不是例外。19世纪的批判向其自身方法的回归可用某种公平的方式描述为显要顺序的倒转,而此前人们有时认同叙述的显要性,有时认同评价的显要性。更古老的方法极其过分,它允许评价创设它自身的事实;对这种方法的逆反也极其过分,它侵犯了人们对事实进行评价的权利。"①

马克斯·韦伯的批评可以从这个角度得到更充分的理解。韦伯代表的是所谓的"科学纯粹主义",而施塔姆勒则标识着批评向其自身的回归。韦伯认为,只有自然科学才能拥有精确性和客观性,而在文化科学领域,即在目的和规范领域,一切都是主观的。相反,施塔姆勒认定,自然科学和文化科学都受客观原则的支配;前者受因果律的支配,后者受目的论原则的支配。② 在韦伯看来,经济和社会政策不能在"科学"的基础上加以决定,因为所有的价值判断都会"在历史过程中随着文化的个性以及受观念支配的人的变化而变化"。③施塔姆勒当然同意这个说法的后半部分,但他并不因此认为社会科学是不"科学的"且不具任何客观性。价值判断会因时因地而发生变化这个命题本身如果是成立的话,也构成一个客观的真理。韦伯没能分辨出一门科学的客体和与这些客体相关的命题之间的极其重要的区别。即便在自然界,一切也都处于流动之中,物理学的定律本身体现的不过是关系,并涉及诸多的"条件";但

---

① 斯莫尔:《社会科学的含义》(The Meaning of Social Science)(芝加哥,1910年),第214页。
② 参见斯图尔特:《作为一种逻辑过程的评价》(Valuation as a Logical Process),载于杜威《逻辑理论研究》(Studies in Logical Theories)(芝加哥,1909年),第227页。
③ 迪埃尔:《马克斯·韦伯的生平和著作》(The Life and Work of Max Weber)(1923),《经济学季刊》,第94页。

因果律已然是有效的。同理在目的领域,虽然主观标准可能并且必定发生变化,但目的论原则总是有效的。只要我们将客体与命题之间的区别牢记在心,自然科学和文化科学之间在客观性方面就不会存在真正的区别。因为所有的命题都受两个逻辑规则的支配:1. 矛盾律——一个命题不能既真又假;2. 排中律——一个命题必须或真或假。

这些规则对自然科学和文化科学具有同样的支配力。因而,施塔姆勒的立场是不能通过以文化科学为代价而抬高自然科学的方式受到攻击的,因为二者最终是从相同的渊源获得其客观性的。如果说它可以受到攻击的话,那必定是通过追问那两个逻辑规则的客观有效性以及因而一般科学的客观有效性来完成的。这种思路当然未被韦伯尝试过。相反,由于幼稚地认定自然科学为精确性和客观性的典型,韦伯显得既过于武断又过于犹疑;而这确是所有"科学纯粹主义者"会不可避免地陷入其中的那种困境。

(2) H. U. 坎托罗维奇

坎托罗维奇自始就承认施塔姆勒对法律科学作出了"不朽的"贡献。按他的说法,此种贡献在于苦心孤诣地在18世纪自然法理论的乌托邦式粗鄙和历史法学派非分析性冷淡之间铸成了一种"金色的中庸",在于创设了一种普遍有效的方法以确定什么东西在特定的时间和地点是正义的和正当的。① 能够率先感到重建现代法理学的必要性,并将"内容变化的自然法"这个"划时代"的理念宣示为法律思维所迫切需要的东西,他将此事功归之于施塔姆勒。施塔姆勒为20世纪的法学家提供了强烈的促动并指明了妥帖的方向。不过,能够为他辩说的只有这些,因为,在坎托罗维奇看来,施氏并没有成功地恰当利用他自己所提供的促动或者遵循他自己的方向。总之,施氏的优点在于他提醒了人们对问题的关注而不在于问题的解决,因为这个问题不是用分析方法可以解决的。

于是我们会问,坎托罗维奇用以替代的分析方法是什么呢?他提出"借助于历史现实主义的方法研究主观上有效的法律理想的历史链,解释其因果关

---

① 前引,注释23,第9页。

系，按适当顺序并参照其作为达到目的的手段的相对价值来排列其要素，而不致意想对这些理想自身进行评价，或期望对与这些理想相关的规则进行评价——除非评价的角度是其满足一个经验地给定的文明阶段的正义感的能力。"①我承认，我没有完全弄懂他这个长句的意思。依我看，其论点要旨是，理想是不可按照其内在价值加以评价的，但可按照帮助实现特定目的的相对能力加以评价。只是在我看来，这似乎是在一种恶性循环中移动；它没有解决问题而只是将难题从一点移到了另一点。因为，如果理想只是达到目的的手段，我们就得追问这些目的是什么，以及它们是如何被决定的。于是，这个思路没让我们得出任何结论；它不过是一种无意识的摸索。伯罗尔兹海墨同样是一位经验主义思想家，他谈到过"一种多愁善感的法理学的危险性"②；而我会毫不犹豫地说 G. 弗雷维乌斯③属于这么一群法学家，他们作为理念恐惧症的牺牲品④，会拒绝承认任何理论——显然包括他们自己理论——的客观有效性。如是，则他们重复了萨姆森的悲剧。

在另一个地方，坎托罗维奇批评施塔姆勒说，由于将知识与善并列、将无知与恶并列，施氏走上了苏格拉底的路径。他认为，"应然领域里对'客观性'的追问并不依赖于包含现实性的客体，"⑤因而不能被他的"现实主义"方法所吸取。像韦伯一样，他宁愿将客观性仅仅留给自然科学。这一点已经在前文中受到批驳。但为了对这种幼稚的思维方法再予一击，这里引述 W. E. 约翰逊著作的一个重要段落也许是适宜的：

"用因果描述代替标准评价已经在一些声称将论理学建基于心理学和社会学的著作中司空见惯，这是令人悲哀的。就此而言，一种对心理学或社会学事项的描述性或因果性叙述与一种对标准或规范的检验之间的

---

① 前引，注释 37。
② 见贝罗尔泽梅尔：《当代情感法理学的危害》，柏林，1911 年。
③ 格勒乌斯·弗拉维乌斯：《为法学而斗争》（Der kampf um die Rechtswissenschaft）（海德堡，1906 年）。
④ 参见科恩为图尔图卢写的编者前言《法律发展中的哲学》《现代法哲学丛书》，第 xxiii 页。
⑤ 前引，注释 23，第 26 页。

区分在当今是至关重要的。"①

(3) V. C. 西姆霍维奇

作为一个马克思主义经济学领域里的权威,西姆霍维奇是施塔姆勒的学生。窃以为,他关于施氏对经济学思想所作贡献方面的分析性评价(1904年所作)在许多方面可视为金科玉律。容我在这里引述几个特别值得我们关注的段落:

"施塔姆勒对马克思主义学说的态度极似 F. A. 朗格对形而上唯物主义的态度。他尊重它们。像我们将会明白的那样,施氏对马克思主义的这种尊重态度不仅具有局部的和理论性影响,而且具有极大的现实意义。他在马克思主义的本土击败了马克思主义,而且马克思主义者们不得不承认他们的失败……

"1895年秋,施塔姆勒首部巨著出版。书名是《唯物史观语境下的经济与法律》……

"在施塔姆勒看来,马克思主义哲学比历史法学派神秘的历史性'民族精神'和伦理—历史经济学派混乱而主观的目的论具有无限的优越性……

"但施塔姆勒表明,马克思主义体系的基本公式包含着逻辑上的谬误。马克思从生产的角度理解经济生活的技术。而技术科学只是自然科学所关涉的事项。一旦人们不从抽象科学意义上理解它,而从由社会实际应用于为满足其需要而进行劳动的技术的意义上理解它,那么它就预设了外在的形式,即法律、惯例和习惯的框架。任何社会生活……都不能在这个框架之外表达它自身。法律和习惯构成逻辑限度,而社会生产只有在这个限度内才成为可能。

"此外,社会需求完全具有唯物的经济属性,而所有其他人文观念、是非观念、伦理和宗教观念都必定依赖于所谓的物质需求和生产条件,这是

---

① 约翰逊:《逻辑学》(*Logic*)(剑桥,1921年),一,第226页。

一种完全未经证实的任意猜想……

"因果关系无法为我们提供一种法律作为我们的目标,或提供一个公式作为外在规范的形式。"①

不过,从特定意义上说,人们永远无法用逻辑武器"击败"马克思主义这么一种如此有活力的运动。生活太微妙,无法受逻辑支配,这是常识。马克思主义自诩为"科学的",这本身受励于隐蔽的利益并受庇于混乱的情绪。斯宾诺莎说得好,一种情绪只能用另一种情绪来征服;因此,逻辑要想在实际生活中产生效用,就必须先转化为情绪。就当下情景而言,无论存在着何种转化,这种转化部分源于默认(estoppel,即既然马克思主义自诩为"科学",那么其信徒就不能拒不应对任何声称为合乎逻辑的反驳),部分源于拔高。西姆霍维奇告诉我们它是如何形成的:

"虽然是一位求实的法学家,但施塔姆勒首先是一位高深的思想家。他从未参加实际政治活动,但他的理论——尽管在一位美国人看来显得奇怪——已经对德国的政治局面形成了深刻的影响。在施塔姆勒著作的影响下,以 E. 伯恩斯坦、C. 施密特、L. 沃尔特曼为领导的德国社会民主党发起了"回到康德"的运动,并逐渐从一个革命的政党转变成为一个和平的社会改革党。该党更进步、更具影响力的成员已经抛弃了按共产方式组织社会的乌托邦,而采用了抽象的社会正义的理想作为他们的目标,并以朝着这个目标迈进的进步运动作为他们的口号。"②

2. 哲学的批评

(1)G. A. 维利考斯基

施塔姆勒将意识析为两个要素:印象(Wahrnehmen)和意志(Wollen)。

---

① 前引,注释33,第240—246页。
② 同上,第250—251页。

按施塔姆勒的用法,"印象"用以指称所有这样的情形,人们在这些情形下对某种东西进行感知、理解和记忆;而"意志"则用以指称所有这样的情形,人们在这些情形下想望、渴求、瞄准或者试图达成某种东西。比如说,在我们日常对话中,任何时候当我们说"我明白了",那么"印象"的要素就出现了,而任何时候当我们说"我要做那件事",则"意志"的要素出现了。施塔姆勒的法律观是建立在如此分析的基础上的;它是用如下方式通过一种排除程序而形成的。

```
                        意   识
                          │
            ┌─────────────┴─────────────┐
           印  象                      意  志
          个 体 性                     社 会 性
          诱 导 性                     强 制 性
          任 意 性                    不可违抗性
```

因此得出的结论是:法等于不可违抗的、强制性的、社会性的意志。

如果对意识所作的上述两个范畴的区分是正确的,那么接下来的东西似乎就是不可挑战的。既然法显然不是一种印象,那么它必定属于另一个范畴。但维利考斯基就这种区分本身的合适性提出了质疑,并提出了如下分类:

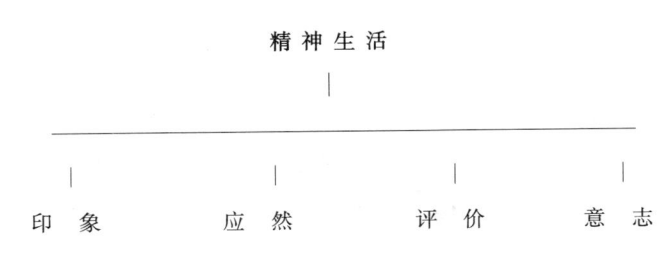

```
                    精 神 生 活
                        │
        ┌───────┬───────┼───────┬───────┐
       印 象   应 然   评 价   意 志
```

他认为,从意志——目的安排——的角度界定法,没有穷尽法律生活的全部可能性。因为"法律生活中有某些现象源于纯粹的情绪;法律经验的整体并不在有意识的渠道中流行;其基本面的许多东西存在于无意识和下意识之中"。① 要想给法一个全面的解释,我们就得将直觉、应然感以及或多或少无意识的评价过程纳入考虑范围。

施塔姆勒简单的回答是:"应然不过是一种正当的意志,而评价则只是对为达成某个既定目的而采用的特定手段的可利用性的某种考量。"②因此二者都可以包含在意志的范畴内。还有,意志无需总在意识中形成。一只飞鸟躲避追赶它的孩子的意志可能完全是即时而下意识地形成的,但它已然是一种意志。模仿其邻居生活方式的人的意志仍然是一种意志。无因精神事件意义上的意志是不存在的——这会违反因果律。所有意志行为都由某种东西引起,但它们并不因此受到任何贬损。

对于维氏的批评,另一个施塔姆勒似乎没有意识到的回答是,他们心里想的是两种不同的东西,因而他们之间的争论并没有提出一个实质性问题。施氏为我们提供的是"法"这个类名称的概念或内涵。他追寻的是逻辑地暗含在"法"这一语词中的那些本质的特有属性,如果缺少了这些属性中的任何一个,则该名称不可适用,且缺少这些属性的任何个体就不会被看成是该类的一部分。③ 而维利考斯基想的是那些可能构成或可能不构成法的质料的具体因素。

维氏批评的真正可取之处实在于,他指出了法的观念中所必然涉及的那种客观关联,一种类似于另一为批评家提出的法的存在的关联:"法的观念预设法的形式。"④

(2)J.宾德尔

宾德尔不赞同维利考斯基就施塔姆勒将意识区分为印象和意志而提出的反对意见。但他与施塔姆勒在两个要点上有别:一点是,既然意志是一种经验性东西,那么施塔姆勒的法的定义——该定义中包含了意志——必须也是经

---

① 前引,注释35,第66页。
② 施塔姆勒:《法哲学教科书》(*Lehrbuch der Rechtsphilosophie*)第二版,柏林,1923年,第55页注8。更为全面的答复见《法学年鉴》(*Zeitschr. f. Rechtsphilosophie*)第2卷,第154页以下。
③ 凯因斯:《形式逻辑》(*Formal Logic*)第四版,伦敦,1906年,第23页。
④ 参看《密歇根法律评论》卷21,第536页。

验的而非纯粹的①;第二点是,正义的理念和正义法是等同的,因而,既然不存在任何绝对的正义法,那么也不存在任何绝对的正义理念②。

施塔姆勒对第一点的回答是,他所用以界定法的"意志"一词指的不是某个特定意志,而是一般意志,即作为一种意志的属性③。它指的是公式的第二格语词:法＝意志。他对第二点的回答是,宾德尔将二者的等同纯粹是一种胡搅蛮缠。正义法总是不完美的,其意义是有条件的,它自身永远不能体现纯粹社群的绝对理念。而法虽然永远不可能是绝对正义的,但这并不意味着不存在绝对的正义理念④。

窃以为,第一点可用另一种方式回答。我们可以承认意志是一种经验的东西,但这并不意味着任何用这个词进行的界定是一种经验的东西。法＝意志这个公式所表达的关系如果真的构成某种关系的话,就具有普遍有效性,尽管处于这种关系中的两个语词都是经验的东西——这个观点是完全合乎逻辑的。如康德所言:"尽管我们的全部知识由经验始,但这绝不意味着全部的知识由经验起。"⑤由于篇幅的限制,这一点我就不作进一步的展开了。

(3) P. 拿托普

拿托普曾对施塔姆勒的《法律科学理论》的惊异进行过精到的揭示,他对施氏的批评也由于此。他对施塔姆勒富于活力的思辩表示了无限的钦敬。不过如果人们能够读懂其字里行间的言外之意的话,那么也许就能看出,拿托普原是暗中希望施塔姆勒理应葆有在他的首部巨著《唯物史观语境下的经济与法律》中所表现出的青春的激情和华丽的风格,以便稍微中和一下一些批评家对他的《正义法的理论》⑥所提出的指责——不管指责是对是错——他那过度的抽象。拿托普对该书催人奋进的末章给予了赞扬,而就是这种赞扬声暴露了他对该书前面部分的些微不满。

---

① 前引,注释36,第58页。
② 同上,第214页。
③ 前引,注释54,第63页,注释1。
④ 同上,第206页,注释1。
⑤ 康德:《纯粹理性批判》(Critique of the Pure Reason)(梅克勒约翰译本),绪言。
⑥ 前引,注释25,第78—79页。

真实的情况是,在他晚年最后几年里,他越来越沉溺于克利福德所说的"无限情感"(cosmic emotions)之中,而施塔姆勒则在逻辑反思中变得越来越纯净,直到科学成为了他的宗教。拿托普如今可以感受到歌德这句话中的真谛:"理论是灰色的,而生命之树常青",①而施塔姆勒则甚至抛弃了他自己那曼妙的修辞:"内容变化的自然法",弃之为某种非分析性神秘主义②。

3. 法学的批评

(1) R. 萨莱耶

萨莱耶是施塔姆勒"内容可变的自然法"理论的普及者。但如我们已经知道的那样,施塔姆勒很久以前就抛弃了这个理论。不过,看看萨莱耶对该理论作了何种利用是有趣的。对施塔姆勒来说,"自然法"是一种理念;到了萨莱耶的手里,它变成了一种情感,一种心理需求。这种心理需求深深地根植于人类本性之中,任何旨在获得任何程度的成功的政治或经济理论都不得不予以正视。萨莱耶说:

> "历史学派想将自然法的理念从法的领域里清除出去注定是要失败的。它拒不相信那种社会法,根据这种社会法,如果说天下熙熙皆为利来,那么人类也拥有一种情感层面的利益;它或许是这么一种利益,即调和经济需求的满足和正义与理性的理想的利益,但这并不因此而对它的不可摧毁性造成任何程度的减损。"③

对他的理论所作的这种功利主义和浪漫主义的表述没有得到毫不妥协的

---

① 那托普:《当代哲学自画像》(*Die deutsche Philosophie der Gegehwart in selbstdarstellungen*),莱比锡,1921年,第24页。

② 在《自然与法》(*Wirtschaft und Recht*)(1896年)的第一版中,"内容变化的自然法"这一表述被用作第33节的标题。在第二版(1906年)中,这一表述改成了"客观正确的法内容的可能性"。之所以修改,是因为"自然法"这个术语的含混性。严格来说,任何法都是实定法,"自然法"或"非实定法"不过是未燃之火。但是我并不反对在比喻的意义上用这个词,尤其是当我们说"自然法则"而不是说"自然法"时。

③ 前引,注释25,第78—79页。

施塔姆勒丝毫的由衷赞许。他爱真理胜于爱名气,而他的伟大就体现在这里。不过我们不要忘记,萨莱耶本人也是一位有独创性的思想家,而有独创性的思想家总是不驯服的信徒。

(2)F. 惹尼

人们说康德被一些批评家称为"普鲁士的休谟",而被另一些人称为"柏拉图式的梦幻家"。① 像康德一样,施塔姆勒的思想代表了一种世界观的综合性与细致、耐心的分析之间的精致结合。因此,如果他也遭受了同样的命运那就不足为奇。对于那些持反对意见的人来说,施塔姆勒的哲学似乎是一种奇怪的传教哲学;对于那些持赞同意见的人来说,他又像是一个可怜的迟到的追问上帝的人。前者抱怨他肯定得太多了点,而后者抱怨他肯定得太少了点。

惹尼属于后一类型。他是一位有着形而上和宗教倾向的法学家,在信仰和知识之间偏信信仰,在直觉和逻辑推理之间偏信直觉。为了理解他对施塔姆勒提出的批评,我们必须明白他是在什么基础上试图建立他自身的自然法理论的。他说:

"于是,仅仅在经验的基础上,辅以理智力的解释,我才愿意在这里认同宇宙构造本身中如此显见的二元论甚至多元论,认同有神论连同其所有的必要结果,认同人类与其他动物之间的基本区别,认同人类灵魂的不朽性、其基本自由、其走向上帝的至上目标。"②

尽管我无比崇敬惹尼,但我不得不说他如此为我们提供的已经不再是哲学了,而是一种纯粹而简单的教条。教条不一定是谬误,但是,窃以为它与法哲学全然无关。

如果一个人移樽就教于施塔姆勒以求得启示,他只会大失所望。他不是预言家,而是一位沉静的学者,一位批判性思想家。我几乎要说他是一位将智

---

① 参看布特鲁(Boutroux):哲学的历史研究(*Historical Studies in Philosophy*),(伦敦,1912年),262。

② 前引,注释28,第356页。

识上的好奇心作为主宰性激情的"逍遥派"①。连他的正义观也显然仅仅是一种反思,而不是一种创造性或动态性力量②。要将自身限制在知识的范围内,没有一种斯多葛式自制和东方式逍遥是绝对不行的。

因而,我们就知道,施塔姆勒和惹尼之间的差别是一种气质上的差别;因而因我们自身气质的不同而不得不各有所向。当我们说到"宇宙的构造"时,我们已危险地接近于"生活之谜",而每个人得按其自身的方式并按不同时刻的灵感来解这个谜。这个问题现在可以摆在桌面上;但如果某个人想在这个问题上得到一种哲学上的指引的话,那么我愿冒昧地指出,霍姆斯大法官一席话之透彻已是一位哲学家所能讲的最透彻的了。霍姆斯是这么说的:

"宇宙在它的限度以内而不是以外为我们提供了我们所有的信仰和爱心,这对我们来说已经够了。如果我们将我们的存在视为一种宇宙界内活力中心的存在而非界外的某种神明的存在,我们就找到了一种无限的东西作为我们的背景。它赋予了我们唯一的却是足够的意义。一粒沙子具有同样的意义,但是,一位能人所设想的他对一粒沙子的理解是什么呢?"③

现在我们回到地上,并看看某种更实在的——尽管是更雄心勃勃的——东西。

(3) R. 庞德

在全部的法律思想史现象中,我所碰到的最有趣的是施塔姆勒的法哲学和社会学派通过截然不同的方法所得到的相同结果。这个现象应该引发我们智识上的好奇心,并值得仔细研究。因为我们相信,就是在这里才有可能出现一种新的综合。让我们先比较一下他们在诸多法理学问题上的见解。

---

① 帕藤:《英国思想的发展》(*Development of English Thought*)(纽约,1899 年),第 390 页。
② 《密歇根法律评论》卷 21,第 649 页。有关理想化但却委顿无力的意识的功能这一观点的讨论,请参见佩里:《当代哲学的趋势》(*Present Philosophical Tendencies*)(1912 年),第 346 页。
③ 霍姆斯:《自然法》(*Natural Law*),见《法学论文集》(*Collected Legal Papers*),第 316 页。

A. 对17、18世纪理性主义的批评

(a) 施塔姆勒

"18世纪作为一个启蒙的世纪夸大了这种人文思想的作用。它设定了一个绝对的自由立法者。人们只需在理性中找到正义的东西，而那位立法者被认为能够即刻在立法中实现这个理想。这种观念在法国大革命中达到了顶峰，而时至今日，咆哮奔涌的洪流尚未完全退潮。但此中全部理念从科学的角度说是不可理解的。当我们用感知的方式打量实在法内容的产生时，我们总是不得不面对可以感知的诸表象。但在可感知的世界，所有的变化都受因果律支配。因而，绝对自由的立法者的理念会对所有既定的现代科学真理提出挑战。它在康德的批判哲学中看到过曙光，但现在我们应该将它丢到过时观念的废物场里去了。"①

(b) 庞德

"根据格老秀斯的定义，正义'是指一个人所拥有的那种品质，这种品质使他要么能够公道地或正当地取得某些东西，要么公道地或正当地作出某些行为'。中世纪的观念是，法的存在旨在维护对事物的控制权，并维护社会制度所认同或赋予每个人的行动权。格老秀斯的观念是，法的存在旨在维护理智为我们发现的每个人身上的某些内在道德品性并赋予这些品性以效力。通过法律我们应该拥有某些对事物的控制或拥有某些行动权……

"而17、18世纪的理论混淆了独立于法而存在的利益和作为法的创造物的法权两个概念。它在法所全部或部分承认并试图取得的利益和被承认或接近被承认时法所由以赋予这种利益以效力的权利之间造成了混淆。自然权利恰意味着我们认为应该获得的利益；意味着人类可能提出、我们认为应该得到满足的需求。创造它们的既不是法也不是国家，这个说法是完全正确的。但对于所有健全的思维来说，将它们作为法律概念看待是致命的。就法权而言，法所用以获取那些便于承认的利益的工具是法所打造的，因而在这个意义上说是国家打

---

① 《密歇根法律评论》，卷21，第899—900页。本段和以下段落中的重点号是我（指作者吴经熊——译者）加上去的。

造的。由于源于自然权利理论的个人利益的抬高和其中所含的利益与法权的内涵的混淆,人们的自然权利立即变得像国家和统治者的神权一样暴戾。"①

B. 对历史法学派的批评

(a) 施塔姆勒

"'民族精神'被视为一种特殊的独立存在物。这无疑与百年前的浪漫主义的正统观念相适应。它将个人的价值压进了背景中。他的信念是作为这种复合的精神现象的简单操作而出现的……

"不过,这种表述不仅神秘且内在模糊,而且蕴涵着一种无法解决的矛盾。它违反了因果律。因为如果民族精神会在经验界产生特定信念,那么作为一个有限的原因,它自身必定反过来是其他原因的结果。将它作为一种经验事实来呈示同时仍然将它视为某种原因——这个原因本身不会反过来成为其他从属原因的结果——的企图与任何可能科学的必要条件处于不可调和的冲突之中……

"将人的集体生活仅仅视为被看作独立单位的个人的总和肯定是不对的。但另一方面,没有理由将人的生存自身的社会个性当作一种实际存在,并拿它与作为某种特殊生存体的个体的总体相比较,尽管这种特殊存在体在个体中间激起了如今所需的信念。

"历史法学派理论的合理内核在于,它强调了这么一个事实,即法的全部发展依赖于历史的限度;实在法的真实含义只有通过求诸其渊源才可能得以全然领会。但为了达到这个目的,我们无需那种源于浪漫主义并在很长时间内对法律科学及其实践造成极其消极影响的神秘特征。"②

(b) 庞德

"要想理解上个世纪历史学派的法律信条,我们必须记住这一点,即它是一种通过对哲学时代中积极的创造性法学思想的反动的方式形成的对法律课题的消极限制性思维方法。不宁唯是,它还是对于最后阶段的自然法思维的

---

① 庞德:《普通法的精神》(*The Spirit of the Common Law*),(1921年),第91—93页。
② 《密歇根法律评论》,卷21,第651页;第653—654页。

两个方面的反动。这两个方面是：制定书面宪法并自信地置传统政治制度和时间和空间上的条件于不顾——这是法国大革命时代的特征；相信理性的力量，认为理性能够创造立法上的奇迹，因而同样自信地尊奉18世纪末和19世纪初的法典创制……在反思法国大革命时代的这种观念时，伯克在政治科学领域摸索着那些后来被历史学派奉为法理学中具有当代意义的观念。在萨维尼不朽的小册子问世的十四年前，这些观念已被科科（Cuoco）在政治史中提出。伯克的《法国革命沉思录》对萨维尼形成了直接影响，这一点确似已经得到了证明……

"历史法学沿着这个方向发展了一个世纪以后，我们渐渐认识到它完全不是一个历史学派。它将法律史视为一种绝对给定的事实。它将进步视为这么一种东西，人们在其自身内能够找到一个基础，如理性或精神的进步，或者理念展开中的进步。它认为法律史中存在着一个单一的起作用的因果要素，认为某种理念足以为全部的法律现象提供充足的解释。它在一种被称为'视角的幻境'中艰难行进。因为当我们在一个不同的背景中——过去的规则或裁决或法条在这个背景中现形并适用于其中——通过一种理性化的法律分析和系统的手段考察这些规则、裁决或文本时，我们是为了解决现在的问题的目的并带着我们眼前所拥有的观念和背景来考察它们的。这决不意味着我们通过现在的场景所观察的东西构成实际适用于任何地方或任何时候的案件裁决的任何东西。它更可能构成某种用过去文本语言来表述的对现在法律问题的理想化反思。任何时候当我们反观法律时，当我们观察我们眼下实际司法过程以外的任何东西时，为了某种目的且在甚至是当时的某种关系中，我们必须进行解释。在历史学派看来，解释，或用克罗齐的话说，历史书写，被认为是历史本身……

"然而……它画出的连续性图景中存有真意，因为传统专业思维方法和艺术规则中是存在连续性的，而且，当一个法律体系的质料处于重塑之中并适用于新的用途以满足新的需要或旧的需要的新形式的时候，这种思维方法和艺术规则构成一种强大的限制性力量。"①

C. 对分析法学的批评

(a)施塔姆勒对耶林目的法理论的评述

"《法的目的》一书是建立在这样一个前提之上的:法因目的而成形。不过耶林的'目的'是指利益和有限的目标。他就社会的目的和个人自我主张进行了描述,并试图谋划一种'社会机制'。他将目的理解为人们用以推动意志运行的杠杆。它们部分是奖赏和强制,部分是义务感和爱心。不过,整体是通过作为'政治力量体系'的法而起作用的。

"耶林用他辛辣的风格特别详尽地解释了最后这个论点。他的著作中奢谈此点的那段具有特色,值得引述。耶林是用这种方式构思出他的社会划线人(social ruler)的理想的:'由于永远受他自身利益的引导,这个死心塌地、无可救药的自私主义者通过经验的积累为他自身收集了大量的生活规则。为了从他的权力中获取最大化利益需要采用何种适当的路径?这些规则都旨在就此问题为他提供指导。'……

"它(耶林的法哲学计划)从一开始就注定要失败。因为他对'目的'概念的界定是不适当的。耶林将它界定为'心理学上的因果律'。这么做,他没有跨越自然科学的界域。因果律表征着一种将业已发生的物理变化系统化的形式方法。具有确定性的现实由此从过去的角度得到了衡量。通过'目的',人们的注意力被引向了未来。这不过是一种为了实现一个设定于未来的目标而选择现在的正确手段的问题……

"法不是由'目的'创造的,法只是某种特别类型的目的宣示。"②

(b)庞德对奥斯丁命令法理论的评述

"在其最早的形式中,权威理念是作为对一种神定或神授规则体系——如由太阳神现成交给汉穆拉比的汉穆拉比法典、摩西法典、由摩奴之子当着摩奴

---

① 庞德:《法律史的解释》(*Interpretations of Legal History*)(1923 年),第 12—13 页;第 19—20 页;第 43—44 页。

② 《密歇根法律评论》,卷 21,第 784—785 页。

的面并在他的指导下授给圣人们的摩奴法典——的信仰而显现的。在其最近的形式中,此论成了这样一种信条,即法由一种政治性组织社会中最高权力的命令体系构成,最终建立在任何被认为是隐藏在那位主权者的权能背后的基础之上。这就是共和时代的罗马法学家关于严格法的学说……这种思维方法是那些认同16、17世纪皇权的法律人所认可的,并经由他们而进入了现代公法理论之中。1688年以后,这种思路未加阻碍地受到了科克的议会万能论的调适,而此论现已成为一种政治真理,并成为了正统的英国理论。在美国革命和稍后的法国大革命时期,当'人民'也被认为继承了英国议会或法国国王的那种主权时,此论被人们轻易地用以调适人民主权论。在任何这些形式中,此论将某个单一的不可挑战的终极创制者放置在法律秩序的后面,并视之为每一个法律规则的渊源。这个创制者仅凭他的身份就可以使他业已宣示的意志具有拘束力。它认为,在实施正义的过程中所实际应用的全部规则都间接或直接源于这个渊源……它树立了一尊以国家或人民的形式出现的政治神以取代原始法典中的自然神或宗教神。在这种思维方式中,他们的眼光放在了静止而非变化的需要上。他们通常拒绝承认法的变迁性,或至少没有看到法的表面下不断发生的变化。他们不时通过改变记录下来的启示,通过使文字不受影响而赋予文本以全新含义的解释,通过通常堪与小孩们那种'我们来玩'这或那的游戏相比拟的拟制或通过一种更微妙的新式权威的神谕——是对旧式神谕的宣示——的拟制而作出一些不可避免的调整。当完全意识到了变化并因此被迫追寻一种固定而绝对的基础时,威权的信徒又刻意地并且指天发誓地设定了他的政治神的特别创造物或新的启示。"[1]

D. 对法律史的唯物主义解释的批评

(a)施塔姆勒对马克思的评论

"根据这种倾向,社会经济被认为构成社会生活的'质料'。社会结构和社

---

[1] 《法律史的解释》(前引,注释74),第3—4页。

会组织依赖于生产方式和产品的分配方式。法只是独立存在的社会经济之上的一种'上层建筑'。每当发生基本变化时,法出于辨正的必然性也必定发生变化……

"在对历史进行唯物主义解释——与生产和交换相关的社会经济似乎构成该学说的基础——的全部讨论中,从未曾明确提出这么一个问题:社会经济究竟是什么?如果该学说的代表人物提出了这个问题,他们就会不可避免地发现,它事关合作性努力。而这只有在讨论、同意和系统规制的条件下才是可能的。如果不存在签订一份劳动合同的法律可能性,那么谈论工资水平的高低、工作条件、税收或罢工是无益的;如果一个法律秩序没有就私人财产和资金作出任何规定,考虑价格的高低就是不可能的。社会生产是在法律交易基础上进行的;产品的分配也毫不例外。因此,观察起来有趣的是,社会经济是一个确定的法律秩序的付诸实施。"[①]

(b)庞德对布鲁克斯·亚当斯的评论

"如布鲁克斯·亚当斯对普通法的令状史所作的观察那样,起先,当国王想颁发某个特定目的的令状时,'就下令颁发一份他所热衷的令状……而大法官法庭的一位职员就写出该令状'。很快这种令状的颁发变成了一项潜在的收入来源,并遭到了那些男爵们的反对,理由是,'如果正义可以卖给出价最高的人,他们的日子就没法过了。'于是他们逼迫约翰王作出一项承诺:他不再出售正义。后来他们又坚持要求大法官不得发售新的令状,而应信守古代习惯。但王座法庭的事务量是如此之大,以致国王的事务用现有的令状无法做完,因此议会处心积虑地通过《威斯敏斯特第二条例》进行补救。对于国王来说,土地乡绅阶层太过强大。法官们'如愿地受到了当时的巨头们的影响',且该条例收效甚微。

"你也许已经感觉到了,这个论点是建立在科克和布莱克斯通对《威斯敏斯特第二条例》的解读和相关的司法解释基础上的。如果这种解读不成功,该论点的大部分必定站不住脚。它也没有考虑到任何解释中所必须考虑到的相关现

---

① 《密歇根法律评论》,卷 21,第 766—767 页。

象。降至13世纪,我们顶多处于一个向严格法过渡的阶段。因此法是流体的,且有时很大程度上依赖于国王任意的人格力量。不过亨利二世是一位本能的法律人,而格兰维尔的书尽管材料基于令状,表明在12世纪,这位法律人已经着手整理这些令状,力求将它们系统化,并从经历了或多或少杂乱无章的演化的一堆法律材料中求取一种严格法。换言之,一种对不依赖于阶级利益和阶级影响的赞同和反对的某种东西的刻意寻求必须得到承认。我们还需记住的是,中世纪的法律观是一种远古的习惯,而国王是受法律约束的。我们也不可忘记,贵族阶层自来在争取个人自由方面立场最坚决,因为在贵族统治的全盛期,也许是贵族集团才容易拥有富于活力的人格力量并从个体的自我主张的角度思考问题……中世纪的人们用固定的理论语言思考正义和权利,并全然不顾君主的行为而对它们作出上述理解。这些观念为一些特别的可能拥有经济渊源的运动赋予了色彩,并指引了方向。伦理解释只看到了前者,经济解释只看到了后者。如果我们必须作出选择的话,伦理解释通常能为我们提供更多的东西。"① '如愿地受到了当时的巨头们的影响',且该条例收效甚微。

E. 对自由法运动的批评

(a) 施塔姆勒对马尼奥和"自由法运动"的评述

(该运动的特征是,要求废除全部的有绝对拘束力的制定法。所有的法都毫无例外地必须具有伸缩性。在任何情形下,裁决都将完全基于"良心"作出,当然,即是说,按照个案的情况而定。)

"此论骤然见来并非没有道理,但经不起批判性考量。许多法律制度是建立在这么一种理念基础上的,即,某些前提和重要性必须在一种严格的形式意义上予以遵循,如一份汇票或支票。如果一个人蔑视这些形式上的要求——这些要求部分依赖于法律条文,那么他就是恰恰在摧毁这些制度的本质……。尽管一般来说制定法的形式要求可能在诸多方面造成不便,但另一方面它能给法律事务带来不少的客观确定性。有关时间的一般法律条件照例不能由良心的关照而代替。在每个特定案件中,一个人是否达到了法定年龄不可能无

---

① 《法律史的解释》,第100—102页。

条件地成为一种按良心加以认定的事项。人们需要一个有约束力的一般规定,然后才可能在特殊情形下从中作出例外的变通,如罗马法中'未成年人依王令而成年'(venia aetatis)制度以及现代法典中的相关规定……

"如果像'自由法'鼓吹者们所要求的那样绝对禁止立法者利用固定而有拘束力的法律规定的工具,那将是一种空前的不切实际的局限。它会弱化我们的法律秩序,而不会带来任何补偿性益处……

"这个观点如果仅仅反对人们那种对'流行的舆论'的放大性敬意,那么它会是对的。……在人们对晚近法规所进行的诸多评论中,评论者通过解释一项要求按照'良心'或'衡平'进行裁决的规定告诉大家:所谓'良心',依流行的舆论的说法而定……在我们的历史过程中,什么样的由'流行的'观念形成的迷信和迷狂我们没有经历过?……关于这一点,康德在解释什么是真正的'启蒙'时说得更为精当:'要敢于认识(Sapere aude)','鼓起勇气运用你的理性,这就是启蒙的座右铭。'"①

(b)庞德关于《个人政府的复兴》

"有关目前这场运动意义和结局的昭示在法的历史中彰彰可见。历史表明,法的进步是以这么一种形式出现的:对更广泛的利益圈的不断承认和对更多利益的不断获取。原始法*只考虑一种利益,即安全和秩序方面的社会利益。严格法将狭窄的和平与秩序领域里的既得利益圈拓至了更宽泛的一般利益领域。这种发展的主要形式是防止侵犯个人安全和防止任意长官行为的一般安全。衡平法或自然法阶段通过增加一般道德方面的社会利益并通过将诚信义务径直当作道德义务加以设定而间接地增加交易安全方面的社会利益进一步拓宽了业已承认的利益圈的范围。法的成熟阶段尽管承认一般道德层面的社会利益,但紧抓一般安全层面的社会利益不放,并通过将取得安全和交易安全发展成为现代经济社会的基础的方式拓宽了后者

---

① 《密歇根法律评论》,卷21,第873页续。

* 庞德的法哲学将法的发展分为原始法、严格法、衡平法与自然法、成熟法和社会化法五个阶段。——译者

的地盘。不过,业已承认的利益地盘的这种不断扩大过程在过渡时期总是给法律制度造成压力。在固着和安定以后的生成时期尤其如此。因此,当我们见到一种一时的朝向无法无天的正义倒转的时候,我们大可肯定,一个法律发展的新阶段正再次拓展法所认可和保障的利益领域。诚然,眼前和不久的将来的重要利益必是个体生活中的社会利益——每个个体享受完全的道德和社会生活的要求,享受人道生活的要求以及获得受到承认和保障的社会利益的要求,这一点似乎是显而易见而且合乎理性的……

"但是,如果既存法没能保障要求获得承认的新利益,那么补救措施不是抛弃法律而建立起一个个人统治的新王朝,而是要求法律人坚定而理智地面对由于新利益的兴起所引发的问题。"①

我希望,这些样本足以给两个不同的分离点带来补救。我无意进行任何综合——这个任务还是留给更能干的人去做吧。不过思考一下我们从以上比较考察中实际学到了什么也许不是一件了无生趣的事。一方面,施塔姆勒不断提及因果律和逻辑上的同一律和矛盾律。他试图通过要么证明其他学派对因果律的无知要么证明其逻辑谬误对他们的理论进行反驳。尽管仅凭对因果律和逻辑同一的把握可能不足以构成构建新学说的基础,但无知和谬误却足以推翻旧学说。

另一方面,我们看到庞德说了"反应"、"影响"、"源于"、"变得"、"利益"、"需要"、"时间和地点条件"、"相关现象"、"可调整的"、"适宜的"、"生成"、"发展"、"刻意追求"等语词。任何时候他想反驳某个理论,他就会向我们说明该理论源于对某些运动所作的反应,而由于这些运动不再危害我们,因此这种反映自身也必定中止,因为它的基础已被颠覆;或者说明某个特定的理论是"见解幻觉"的结果,因而必定作为一种幻灭的自然结果而被人抛弃;或者说明该理论已经产生或可能会产生某些令人不快的结果,如专制、迷信、僵化、阻碍进

---

① 庞德:《个人政府的复兴》(*Revival of Personal Government*)(1920年),从《佐治亚律师协会年度报告》(*Annual Report of the Georgia Bar Association*)中重印,21—23。再参看卡多佐:《司法过程的性质》(*The Nature of the Judicial Process*),第三讲。

步或失序。

施塔姆勒的方法预设了:(1)因果律、同一律①和矛盾律是绝对有效的;(2)无视这些规律的行为于我们无益。当苏格拉底喝下毒酒时,他知道他会因此而死,尽管他义无反顾。但如果他以为他喝的是补药并因不知情而死,那么他就会在历史上贻笑大方了。因此,知情是德行和壮举的条件。18世纪人相信理性是万灵药方,并无视因果律而造次,实为错谬。因此对我们来说,仿效他们是无益的。

庞德的方法暗含着:(1)我们实际上知道某些东西至少一时是理想的,而另一些东西是不理想的;(2)法的进化中存在着客观因素,这些因素我们必须面对,如果我们要想避免幻觉的话;(3)这些因素按照因果律和其他客观规则而互相关联。

换言之,我们看到,用一个方法得出的结论构成另一个方法的起点。难怪施塔姆勒说过:"逻辑和心理学必须相辅相成。"②如果我们赋予心理学同等的被承认作为哲学的基本方法——而不是将它隶属于逻辑之下——的合法请求权的话,我们甚至可以比施塔姆勒走得更远。毕竟,既不是逻辑学也不是心理学而是某种别的东西教会了施塔姆勒明察这一真理:"逻辑和心理学相辅相成。"

在形成新的综合之前,各派信徒如说"不反对我们的就是拥护我们的"也许就够了。在形成新的综合之前,法理学教师大可阅读一下魏格莫尔关于《法学论辩教学新方法》(*Nova methodus Discendae Docendaeque Jurisprudentiae*)的述评③。该述评指出,人们对法的研究是通过不少于六种显而易见的精神活动或过程进行的。但这并不意味着这几个过程可以同时被顾及。让我们再次求助于威廉·詹姆斯吧:"所有的客体都是只能渐次为我们所认识的诸属性的井泉,而人们说一花一世界、一叶一菩提,诚哉斯言。一个事物直接或间

---

① 例如,良心=良心,良心≠通行的理念所认定的良心。我们可以说,就像霍姆斯说的,通行的理念对法官的影响是必要的,但不是必须的。

② 《密歇根法律评论》,卷21,第901页。

③ 《哈佛法律评论》卷30,第812页。

接地与所有其他事物相关联;而欲知其整体,须知其所有的关系。但每一种关系都构成它的一个属性、一个角度——一个人们可藉以认识它,并在如此认识它的时候可能忽略它的其余部分的角度。"①

三、结 论

在此文结尾处,窃以为添上下表是有益的。我希望这样能够将施塔姆勒的全部法哲学在一个简易的表格中显现出来:

	前面的暗礁	中间道路	后面的涡流
1. 知识	怀疑论 | 韦伯	逻辑现实主义 | 施塔姆勒	独断主义 | 科勒尔
2. 社会哲学	个人主义 | 斯丹勒	社会理想主义 | 施塔姆勒	社会主义 | 马克思
3. 法律史观	机械主义 | 萨维尼	批判目的论 | 施塔姆勒	目的论 | 耶林
4. 法的应用	不谈正义	法中正义	法外正义

---

① 《心理学原理》二,第 332 页。

索　引

（本部分所涉及的页码是原书页码，即本书边码）

Adams, Brooks　亚当斯，布鲁克斯　579
Africanus, Caecilius　阿弗里卡那斯，凯基里乌斯　128
Aanarchism　无政府主义　xxxi
Aristotle　亚里士多德　194, 235
Balmy, Kathinka　巴尔米，卡辛卡　328
Barth　巴尔特　558 页及注释 16
Bergbohm, H.　勃格鲍姆, H.　第 513 页注释 3，第 516 页及注释 7，第 543 页及注释 1，第 558 页及注释 1
Bernstein, E.　伯恩斯坦, E.　565
Berolzheimer　伯罗尔兹海默　xi，第 500 页注释 2，第 543 页注释 3，第 544 页注释 1，第 559 页注释 4，第 563 页及注释 1
Binder　宾德尔　第 559 页及注释 11，第 567 页以下
Bismarck　俾斯麦　530
Björnson　比约恩森　378
Böckh　伯克　3
Boutroux　布特鲁　第 570 页注释 2
Boycott　联合抵制　344
Breuer, Issac　布罗伊尔，伊萨克　第 545 页注释 1，第 559 页及注释 10
Brütt, L.　布吕特　第 495 页注释 1，第 515 页注释 1，第 543 页注释 2，第 545 页注释 1，第 546 页注释 1，第 548 页注释 2、注释 3，第 549 页注释 1，第 551 页及注释 1—5，第 552 页及注释 1—3，第 558 页及注释 7
Bulgarus　布尔加鲁斯　376
Burke　伯克　575

Cardozo, Judge　大法官卡多佐　第 583 页注释 1
Cartel　卡特尔　345

Cathrein　卡特林　88, 90
Celsus　克里索　128
Charmont, J.　沙尔蒙, J.　第 494 页注释 1
Cicero　西塞罗　151, 410
Cohen, M. R.　科恩, M. R.　第 563 页注释 3
Community, the special　社群, 特别的　第 215 页以下
Conrad　康拉德　第 495 页注释 3
Constantine　康斯坦丁　352
Contract, freedom of　合同的自由，第 300 页以下
Crispinade　克里斯宾纳德　65
Croce, B.　克罗齐, B.　第 559 页及注释 1
Cuoco　科科　575
Custom　习惯　第 80 页以下

Dernburg　邓恩伯格　255, 375
De Tocqueville　德·托克维尔　211
Dewey, J.　杜威, J.　第 560 页注释 2
Diehl　迪埃尔　第 560 页注释 3
Diocletian　戴克里先　334
Duncher　丹克尔　第 558 页及注释 9

Eleutherplulos　伊流德罗普洛斯　第 558 页及注释 5
Ellis, Havelock　埃利斯，哈夫洛克　第 553 页注释 2
Elster　埃尔斯特　第 495 页注释 3
Empiricism, in law　法律中的经验主义　第 27 页以下
Engels　恩格斯　497
Equality　平等　第 145 页以下
Ethics, and politics　道德与政治　第 56 页以下
Euathlus　幼阿瑟拉斯　457

索 引

Feuerbach　费尔巴哈　205
Fraenkel, G.　弗伦克尔, G.　第 495 页注释 1, 第 453 页注释 3, 第 544 页注释 3, 第 545 页注释 2, 第 546 页注释 2、注释 3, 第 549 页注释 2, 第 550 页注释 4, 第 558 页注释 4
Frederick the Great　腓特烈大帝　第 243 页以下
Freedom, and equality　自由与平等　第 145 页以下
Freud　弗洛伊德　第 557 页及注释 2
Freytag　弗赖塔格　249

Gaill　盖尔　291
Gaius　盖尤斯　262, 394
Gary, Elbert H.　盖里, 阿尔伯特·H.　xi
Gellius　格利乌斯　456
Geny, Fr.　惹尼, Fr.　493, 556, 第 559 页注释 2, 第 570 页以下
Gnaeus, Flavius　弗雷维乌斯　第 563 页及注释 2
Goethe　歌德　237, 240, 569
Göschel　格舍尔　198
Grace, in law　法律中的宽宥　第 94 页以下
Gray　格雷　ix
Grotius, Hugo　格老秀斯, 胡果　xxxvii
Gruchot　格鲁霍特　323, 533

Hannibal　汉尼拔　387, 426
Happiness　幸福　第 148 页以下
Haymann　海曼　86
Hebel　赫伯尔　329
Hegel　黑格尔　503
Herodotus　希罗多德　169, 171
Hinneberg, P.　辛尼博格, P.　500
Historic law　历史中的法　第 169 页以下
Hocking　霍金　第 559 页及注释 15
Hogarth　贺加斯　47
Holland, T. E.　霍兰, T. E.　第 xvii 页以下；与施塔姆勒比较　xxii
Holmes, O. W., Justice　大法官霍姆斯　556, 572 以及注释 1
Hommel　霍梅尔　341
Horace　贺拉斯　242
Huber, E.　胡贝尔, E.　217

Hugo, G.　胡果, G.　xxxvii
Humboldt　洪堡　146, 189
Husik, Issac　胡克, 伊萨克　第 493 页注释 2

Ihering, R.　耶林, R.　xxxix, 126, 189, 473, 第 494 页及注释 3, 第 505 页注释 5, 521, 第 543 页注释 3, 第 548 页注释 3, 第 549 页注释, 第 550 页注释 2, 576
Innate law　固有法　第 105 页以下
Ivo, of Chartres　沙特尔主教　106

James, W.　詹姆斯, W.　第 553 页注释 1, 第 555 页注释 1, 556, 585
Javolenus　加佛伦　275, 340
Johnson, W. E.　约翰森　第 563 页及注释 5
Judicial discretion　司法裁量　第 123 页以下
Julianus　尤里安　127
Jurisprudence, historical　第 xxxv 页以下, 517；自然法学派　xxxvii；分析法学派　xvii
Just law　正义法　第 133 页以下；principles of…
　正义法的原则　第 156 页以下；matter of…
　正义法的质料　第 156 页以下；means of…
　正义法的手段　第 188 页以下；model of…
　正义法的模型　第 211 页以下；duties of…
　正义法的义务　第 348 页以下；mission of…
　正义法的使命　第 471 页以下
Justice　正义　xxv, 第 17 页以下, 第 133 页以下, 第 156 页以下, 第 193 页以下

Kant, E.　康德, E.　50, 66, 131, 162, 173, 219, 220, 289, 294, 481, 503, 504, 第 505 页注释 5, 546, 565, 第 568 页注释 5, 570
Kantorowicz, H. U.　坎托罗维奇, H. U.　第 495 页注释, 第 542 页注释 2、注释 3, 第 543 页注释 3, 第 544 页注释 1 和 3, 第 545 页注释 2, 第 546 页注释 2、注释 3, 第 548 页注释 4, 第 549 页注释 2、注释 3, 第 550 页注释 1、注释 3, 第 558 页及注释 15, 第 561 页以下
Kaufmann　考夫曼　第 559 页及注释 12
Keller　凯勒　64
Keynes　凯因斯　第 567 页注释 2
Kohler, J.　科勒, J.　第 xxxix 页以下, 494, 第 556 页及注释 2, 第 559 页及注释 5
Krahmer　克拉梅尔　第 558 页及注释 2

Lange,F. A. 朗格,F. A. 162,564
Lask 拉斯克 第558页及注释13
Laskine 拉斯凯恩 第558页及注释11
Law,definition of 法律的定义 第 xxi 页以下;philosophy of 法哲学 第85页以下;universal standard of, 法的一般标准 第89页以下;innate 固有法 第105页以下;just l 正义法 第133页以下;principle of j. l. 正义法的原则 第156页以下;matter of j. l. 正义法的质料 第167页;historic l. 历史中的法 第169页以下;means of j. l. 正义法的手段 第188页以下;actual l. 实际法 第200页以下;formal l. 形式法 第200页以下;lacunæ in l. 法律空隙 第207页以下;model of j. l. 正义法的模型 第211页以下;duties of j. l. 正义法的义务 第348页以下;mission of j. l. 正义法的使命 第471页以下;law and ethics 法律与伦理 xxviii,第40页以下;l. and religion, 法律与宗教 xxx;l. of nature 自然法 第 xxxvii 页以下,第72页以下。
Legal science 法律科学; two kinds 两种 第3页以下
Leibnitz 莱布尼茨 113
Leniency,and justice 宽松与正义 第193页以下
Leroy,M. 勒鲁瓦,M. viii
Lessing 莱辛 469
Lexis 莱克西斯 第495页注释3
Liebig 李比希 477
Liepmann,M. 李普曼,M. 第544页注释3
Liszt 李斯特 380
Loening 洛宁 第495页注释3
Luther,Martin 路德,马丁 8,60,80,172,194,235

Machiavelli 马基雅维里 66
Magnaud 马尼奥 581
Marcellus 马赛罗 394,399
Marezol 马勒佐尔 103
Marriage 婚姻 第450页以下
Marx,Karl 马克思,卡尔 225,226,497,521,563,564,579
Mayer 迈耶 第559页及注释14

Menander 梅南德 36
Mill,John Stuart 密尔,约翰·斯图尔特 189
Miraglia 米拉利亚 xi
Modestinus 莫迪斯蒂努斯 331
Mommsen 蒙森 331
Moór 莫尔 第558页及注释10
Moral,meanings of 道德的意义 第48页以下
Möser,J. 摩塞尔 204

Natorp 那托普 60,67,第558页及注释18,第568页以下
Neighbor 邻居 第217页以下

Papinianus 帕比尼安 33,36,102,103,104,127,278
Paterson 帕特森 viii
Patten,S. 帕藤 第571页注释2
Paulus,Julius 保罗,尤利乌斯 127,198,386,394,402,422,423,467
Perry,R. B. 佩里 第571页注释3
Petronius 彼得罗纽斯 21
Philosophy of law 法哲学 85
Plato 柏拉图 67
Politics and ethics 政治与伦理 第56页以下
Pomponius 庞波尼 253,378,437
Pound,R. 庞德,R. 第559页以及注释6,572,573,第574页注释1,575,第576页注释1,577,579,582,第583页注释1
Principles of just law 正义法的原则 xxviii; p. of respect 尊重的原则 第161页以下;p. of participation 参与的原则 第163页以下
Protagoras 普罗塔哥拉 457
Pufendorf 普芬道夫 75
Purpose 目的 第137页以下

Radbruch 拉德布鲁赫 第558页及注释19
Richert 李凯尔特 第549页注释,550
Ring 垄断集团 345
Rockefeller 洛克菲勒 347
Romanticists 浪漫主义者 第115页以下
Rousseau 卢梭 75,86,87,230,第507页注释5,第515页注释3,第516页注释6,第521页注释5

索　引　423

Russel, B.　罗素, B.　第 557 页及注释 1

Saleilles, K.　萨莱耶, K.　第 494 页注释 1, 第 539 页注释 3, 第 559 页及注释 3, 第 569 页以下
Sauer　索尔　第 559 页及注释 13
Savigny　萨维尼　xxxv, 115, 126, 376, 494, 第 543 页注释 2, 第 544 页注释 2, 第 545 页注释 1, 第 546 页注释 1, 第 550 页注释 2, 575
Scaevola, Cervidius　斯凯沃拉, 切尔韦迪乌斯　127, 294
Schepper　谢培尔　第 558 页及注释 12
Schiller　席勒　13
Schlosser　施洛瑟　151
Schmidt, Conrad　施密特, 康拉德　565
Schmoller, G.　施穆勒, G.　第 494 页注释 3, 第 543 页注释 2, 第 544 页注释 2, 第 550 页注释 2
Shylock　夏洛克　328, 534
Sienkiewicz　显凯微支　22
Simkhovitch　辛科维齐　第 559 页及注释 7, 第 563 页以下
Simmel, G.　齐梅尔　第 494 页注释 3, 第 558 页及注释 3
Simrock　西姆罗克　426
Small　斯莫尔　559, 第 560 页注释 1
Smith, Adam　斯密, 亚当　225
Social economy　社会经济　第 184 页以下
Socialism　社会主义　第 xxiii 页以下
Socrates　苏格拉底　vii, 119, 563
Sombart　桑巴特　478
Staffel　施塔费尔　第 494 页注释 3, 第 505 页注释 5, 第 511 页注释 3, 第 543 页注释 3, 第 546 页注释 3, 第 548 页注释 3, 第 550 页注释 2
Stammler, R.　施塔姆勒, R.　第 xx 页以下;其对法律的定义　xxi;惹尼论施塔姆勒　第

493 页以下;572
Stuart　斯图尔特　第 560 页注释 2
Syndicate　辛迪加　345

Tanon　塔农　第 559 页及注释 8
Terence　特伦斯　26
Thomas Aquinas　托马斯·阿奎那　88
Thomasius　托马修斯　11, 75, 395
Tillier　梯利尔　330
Tipping　小费　363
Tönnies　托尼斯　第 558 页及注释 6
Tourtoulon　图尔图隆　556, 第 563 页注释 3
Trust　托拉斯　345
Tryphoninus　特里封尼　50, 127, 274, 275
Twelve Tables　十二铜表法　301

Ulpian　乌尔比安　267, 269, 286, 296, 336, 356, 357, 436

Vangerow　范格罗　104, 461
Voltaire　伏尔泰　204
Vorländer　弗兰德尔　第 558 页及注释 17

Weber, Max　韦伯, 马克斯　第 495 页注释, 第 542 页注释 2, 注释 3, 第 543 页注释 3, 第 558 页及注释 14, 第 559 页以下, 563
Welfare　福利　第 148 页以下
Whitehead　怀特海　第 555 页注释 1
Wieland　维兰德　149, 第 558 页及注释 8
Wielikowski　维利考斯基　第 559 页及注释 9, 第 565 页以下
Wigmore, J.　魏格莫尔　第 554 页注释 1, 585
Windelband　文德尔班　549 页注释, 550
Windscheid　温特沙伊德　104, 205, 497, 第 517 页注释 2
Woltman, L.　沃尔特曼　565
Wu, John C. H.　吴经熊　553

图书在版编目(CIP)数据

正义法的理论/〔德〕施塔姆勒著;夏彦才译.—北京:商务印书馆,2012
(法学译丛)
ISBN 978-7-100-08347-8

Ⅰ.①正… Ⅱ.①施…②夏… Ⅲ.①正义—研究②法理学—研究 Ⅳ.①D081②D90

中国版本图书馆 CIP 数据核字(2012)第 138495 号

所有权利保留。
未经许可,不得以任何方式使用。

法 学 译 丛
正义法的理论
〔德〕 施塔姆勒 著
夏彦才 译

商 务 印 书 馆 出 版
(北京王府井大街36号 邮政编码 100710)
商 务 印 书 馆 发 行
北京瑞古冠中印刷厂印刷
ISBN 978-7-100-08347-8

2012 年 11 月第 1 版　　开本 787×960　1/16
2012 年 11 月北京第 1 次印刷　印张 28¼
定价:69.00 元